江苏省高校哲学社会科学研究重大项目(2020SJZDA084)
湖北省高校人文社科重点研究基地开放基金重点项目(2019-SDSG-01)
扬州大学出版基金

|光明学术文库｜经济与管理书系｜

城市社区"微共同体"的生产逻辑

梁贤艳 ｜ 著

光明日报出版社

图书在版编目（CIP）数据

城市社区"微共同体"的生产逻辑 / 梁贤艳著. --北京：光明日报出版社，2022.12
ISBN 978-7-5194-7057-9

Ⅰ.①城… Ⅱ.①梁… Ⅲ.①城市—社区管理—研究—中国 Ⅳ.①D669.3

中国版本图书馆 CIP 数据核字（2022）第 253332 号

城市社区"微共同体"的生产逻辑
CHENGSHI SHEQU "WEIGONGTONGTI" DE SHENGCHAN LUOJI

著　　者：梁贤艳	
责任编辑：李壬杰	责任校对：李　倩　李　兵
封面设计：中联华文	责任印制：曹　净

出版发行：光明日报出版社
地　　址：北京市西城区永安路 106 号，100050
电　　话：010-63169890（咨询），010-63131930（邮购）
传　　真：010-63131930
网　　址：http://book.gmw.cn
E - mail：gmrbcbs@gmw.cn
法律顾问：北京市兰台律师事务所龚柳方律师
印　　刷：三河市华东印刷有限公司
装　　订：三河市华东印刷有限公司
本书如有破损、缺页、装订错误，请与本社联系调换，电话：010-63131930
开　　本：170mm×240mm
字　　数：350 千字　　　　　　　　　　印　张：19
版　　次：2023 年 7 月第 1 版　　　　　印　次：2023 年 7 月第 1 次印刷
书　　号：ISBN 978-7-5194-7057-9
定　　价：99.00 元

版权所有　　翻印必究

目录 CONTENTS

第一章 导论 ·· 1
　第一节　问题的提出 ··· 1
　　一、以社区为单位建设共同体的历史缘由 ······························· 2
　　二、社区共同体的突出优势与现实困境 ·································· 5
　　三、城市社区"微共同体"可不可能和何以可能 ······················· 7
　第二节　国内外城市社区共同体研究述评 ···································· 9
　　一、西方社区共同体研究的历史流变 ···································· 10
　　二、国内社区共同体研究回顾 ·· 20
　　三、城市社区共同体研究结论与评价 ···································· 26
　第三节　研究设计 ··· 32
　　一、核心概念：微共同体 ·· 32
　　二、分析框架：交往的共同体 ·· 36
　　三、研究方法与个案选取 ·· 40

第二章　城市社区微共同体生产的社会文本 ································· 47
　第一节　一分两进三改：XGW区城市社区治理创新 ····················· 47
　第二节　利益共同体的生产：XGW区CJRJ小区之困 ··················· 49
　　一、业委会选举一波三折 ·· 49
　　二、物业更换中的"派系斗争" ·· 51
　　三、再次选聘物业的"无解纷争" ·· 53
　第三节　自治共同体的生产：XGW区JMHY小区实践 ················· 55
　　一、老旧复杂小区的"软硬兼失" ·· 55

二、历经曲折先行院落自治 …………………………………… 56
　　三、小区自治共同体的最终形成 ……………………………… 58
　第四节　情感共同体的生产：XGW区XSJY小区探索 …………… 61
　　一、管网维权终获成功 ………………………………………… 61
　　二、小区自治稳步开展 ………………………………………… 62
　　三、个体交往与情感联结生成 ………………………………… 64

第三章　规模与城市社区共同体的生产 ………………………… 70
　第一节　规模与居民的交往事由 ………………………………… 70
　　一、城市社区居民交往事由演化 ……………………………… 70
　　二、规模小微化与居民交往事由的产生 ……………………… 73
　第二节　规模与居民的交往难度 ………………………………… 75
　　一、规模小微化与居民交往成本减少和收益率提高 ………… 75
　　二、规模小微化与选择性激励条件的具备 …………………… 81
　第三节　规模与居民的"在场"交往和情感密度 ………………… 86
　　一、不同交往方式与社区共同体的生产 ……………………… 86
　　二、规模小微化与居民"在场"交往条件具备和情感密度增强 …… 89
　第四节　规模与居民的社会分化程度 …………………………… 90
　　一、社会分化：本质意志的决定性因素 ……………………… 90
　　二、规模小微化与居民社会分化程度的降低 ………………… 95

第四章　城市社区微共同体的主要类型与基本生产单位 ……… 98
　第一节　微共同体的类型建构要素 ……………………………… 98
　第二节　城市社区微共同体的主要类型 ………………………… 100
　　一、独立型和部分型楼栋共同体 ……………………………… 101
　　二、阶段型和永久型院落共同体 ……………………………… 102
　　三、共权型小区共同体与分散型楼栋或院落共同体 ………… 104
　第三节　微共同体基本生产单位厘定 …………………………… 104
　　一、可分割性、经济性与碎片化 ……………………………… 105
　　二、微共同体的基本生产单位 ………………………………… 113

第五章　城市社区微共同体的生产过程 ………………………… 114
　第一节　以利为利：利益共同体与被动性邻里萌芽 …………… 114

一、利益共同体:微共同体的必经阶段与初始形态 ………………………… 115
　　二、微社区内居民的共同利益及其触发机制 ……………………………… 116
　　三、共同利益的实现与认同感的产生 ……………………………………… 121
　　四、被动性、脆弱性与短暂性:利益共同体的显著特征 …………………… 123
　第二节　以义为利:自治共同体与主动性邻里复兴 …………………………… 125
　　一、结构性强化:从公共精神启蒙到持久参与形成 ………………………… 126
　　二、居民自组织:从微自治预演到自治共同体生成 ………………………… 130
　　三、归属感的形成与主动性邻里复兴 ……………………………………… 135
　第三节　以情为利:精神共同体与情感联结生成 ……………………………… 139
　　一、微共同体的情感层次结构 ……………………………………………… 139
　　二、个体化交往与亲密感的生成 …………………………………………… 142
　　三、熟人机制与情感共同体的生产 ………………………………………… 147

第六章　城市社区微共同体的生产主体 …………………………………… 149
　第一节　业委会:居民的"管家" ………………………………………………… 149
　　一、维、为、违与伪:业委会的主要类型 …………………………………… 149
　　二、特殊委托代理与业委会类型 …………………………………………… 153
　　三、微共同体生产中的业委会角色定位 …………………………………… 155
　第二节　市场:居民的"亲家" …………………………………………………… 159
　　一、市场的行为逻辑与居民—市场关系 …………………………………… 159
　　二、合同治理结构与双重委托代理 ………………………………………… 164
　　三、市场的公共性及其角色定位 …………………………………………… 168
　第三节　政府:居民的"娘家" …………………………………………………… 170
　　一、微共同体生产中的自组织与他组织 …………………………………… 170
　　二、政府的行为逻辑与政社关系 …………………………………………… 172
　　三、微共同体生产中的政府角色 …………………………………………… 175

第七章　城市社区微共同体的"生产要素" ………………………………… 179
　第一节　微社区内的资本与共同体的生产 …………………………………… 179
　　一、文化资本与社会资本 …………………………………………………… 180
　　二、经济资本与时间资本 …………………………………………………… 187
　第二节　居规民约与微共同体的生产 ………………………………………… 192
　　一、现代性语境中规约的可能性与形成过程 ……………………………… 192

二、微共同体生产中居民规约的作用机制 …………………… 197
　第三节　微共同体生产的结构要素 ……………………………… 201
　　一、微社区内的社会结构与共同体的生产 …………………… 201
　　二、微社区内社会结构的理想类型与二重性 ………………… 203
　第四节　文化与微共同体的生产 ………………………………… 213
　　一、文化与微共同体的逻辑勾连 ……………………………… 214
　　二、微社区内文化的物质外表、动态显现与内在灵魂 ……… 218

第八章　结论与讨论 …………………………………………… 223
　第一节　主要结论 ………………………………………………… 223
　　一、城市社区微共同体可不可能 ……………………………… 223
　　二、城市社区微共同体何以可能 ……………………………… 226
　第二节　冰冷的现代性与温暖的共同体:经典命题与全新转向 … 241
　　一、共同体的本质与方向之争 ………………………………… 242
　　二、微共同体转向及其解释力 ………………………………… 246
　第三节　微共同体边界:未竟议题的讨论 ……………………… 250
　　一、流动的现代性与稳定的共同体:流动与微共同体的生产 … 250
　　二、共同体的居民还是居民的共同体:微共同体与居民自由 … 254

参考文献 ………………………………………………………… 258

附　录 …………………………………………………………… 284

后　记 …………………………………………………………… 292

第一章

导　论

第一节　问题的提出

　　人类社会在经历社会变迁时，往往会产生巨大的社会问题，而且这些问题会扩大到地方社区的层面。① 中国社会在转型期带来的社会分工、社会流动、社会分层、社会组织等新情况，引发了民主、民生、民稳、精神文明与社会资本等一系列新问题，为此中国选择了一条"通过社区来整合社会"的城市社会建设道路。② 在长期的社区建设实践中，将社区建设成为居民生活共同体的目标逐渐清晰，并成为贯穿城市社区建设的主线，虽然中共中央、国务院发布的《关于加强和完善城乡社区治理的意见》，将社区建设的奋斗目标表述为建设"共建共享的幸福家园"，但该目标本质上还是秉承着共同体的精髓。因为在一般情况下，任何一种形式的共同体生活，都会形成并存在着劳动和享受的不同分配，劳动和享受具有相互性。③ 共同体就是一个成员共同建设（劳动）、共同享受的统一体，"共建共享的享福家园"与"居民生活共同体"具有天然的逻辑勾连。然而令人沮丧的是，社区共同体始终难以走出居民内生动力不足、居民之间整体仍是"互不相干邻里"的困境，社会学意义上的社区已然让位于地理意义上的社区论调随处可见。然而当社区共同体生产弥漫着悲观论调时，小区、院落甚至楼栋内的居民自治等集体行动却层出不穷。在集体行动的基础上，不少小

---

① DENTLER R A. American Community Problems [M]. New York：McGraw-Hill Book Company，1968：94.
② 张大维. 中国共产党城市社区建设的理论与实践研究 [D]. 武汉：华中师范大学，2010：212-214.
③ 费迪南·滕尼斯. 共同体与社会：纯粹社会学的基本概念 [M]. 林荣远，译. 北京：商务印书馆，1999：62.

区、院落、楼栋的居民之间建立起长期交往，并逐步累积集体认同感、归属感以及亲密感，显示了越来越浓厚的共同体特征。小区、院落、楼栋，可不可能建设居民生活共同体？如果可能，何以可能？本书拟对此做一探讨。

一、以社区为单位建设共同体的历史缘由

从发展历程来看，无论是两阶段①、三阶段②、五阶段③还是六阶段④说，改革开放以后的城市社会建设都是以社区为单位进行的。从已经颁布实施的法律来看，现行《城市居民委员会组织法》第二条明确规定，居委会是"居民自我管理、自我教育、自我服务的基层群众性自治组织"。这是截至目前我国法律明确确认的最基层自治组织和自治单位。《物权法》虽然承认了业主委员会（以下简称"业委会"）的法律地位，如赋予业委会决定以法律效力、业主对业委会的合法决定必须服从以及业委会侵权的法律救济等⑤，但并未将业委会定性为居民自治组织。2000 年，民政部颁发的《关于在全国推进城市社区建设的意见》明确提出，要把城市社区建设成为"聚居在一定地域范围内的人们所组成的社会生活共同体"。为促进城市社区发展，各地进行了一系列卓有成效的改革，涌现了一批有着鲜明特色和突出影响的模式，如上海模式、沈阳模式、江汉模式、深圳盐田模式、安徽铜官山模式等。这些模式虽然形式和内容各异，但共同点都在于围绕社区进行综合体制改革，将权力下放、资源下沉到社区，然后以"社区作为城市基层组织的微观承载单位"⑥开展城市社区建设。其中，安徽铜陵市铜官山区等地实施的社区综合体制改革，更是撤销街道办事处建立"大社区"体制，以激发以居委会为代表的城市社区活力。以"社区"为单位建设共同体主要有以下四个方面的考虑。

一是后单位制时代社区地位的上升。在单位制时代，国家在城市社会主要通过普遍存在的"单位"与个人建立联系，即建立"国家—单位—个人"的纵

---

① 潘小娟.中国基层社会重构：社区治理研究［M］.北京：中国法制出版社，2004：51-62.
② 张必春，张彩云.我国社区建设历程中居民主体性变迁分析［J］.社会主义研究，2017（4）：98.
③ 董欢.和谐社会视野中的我国城市社区建设研究［D］.北京：中共中央党校，2009：127-135.
④ 刘继同.中国城市社区建设发展阶段与主要政策目标［J］.唯实，2004，（3）：73-74.
⑤ 中华人民共和国物权法［EB/OL］.中央人民政府官网，2007-03-19.
⑥ 沈瑞英，周霓羽.行政体制改革视阈下城市社区自治模式探析：以 B 市某花园社区为例［J］.中共福建省委党校学报，2016，（11）：77.

向链接,单位承担了大量的社会事务管理职能。虽然与单位制并存的有街居制,街居主要负责少量没有单位的居民社会事务管理,但相比于单位制,街居制居于绝对从属地位,在某种程度上是单位制的一个补充。随着国家管理体制改革的不断深入,单位制逐渐解体,单位需要将社会职能转移出去以便将主要精力聚焦于主业,大量从单位转移出来的社会事务急需社会主体承接,而与单位并存且本就承担着社会事务职能的社区重要性迅速凸显出来,从原来的绝对次要从属地位上升为社会事务的主要承接者。与社会职能同步转移的还有大量单位职工,大量"单位人"转变成社区居民,社区人口规模短时期内迅速膨胀。国家开始投入大量人力、物力、财力到社区建设,寄希望于社区能够出色完成社会事务承接和人口管理任务。社区也逐渐成为政府在基层社会的"代理人"①。

二是理性化个体重回亲密情感联结②的迫切愿望和"共同体"的想象力。随着市场经济的发展,人们对物质财富的追求达到前所未有的高度。但随着物质需求的逐渐满足,人们的精神需求尤其是重回亲密情感联结的愿望越来越迫切。人们急需从理性、务实尤其是孤独、冷漠甚至冷酷无情的个体化游离状态中解脱出来,用温情去融解"冰冷的社会"。这也在某种程度上印证了中国"仓廪实而知礼节"的古话,或者说美国心理学家亚伯拉罕·马斯洛的需要层次理论,即人们的生理、安全、情感和归属、尊重和自我实现需求有如阶梯逐层递升,一般的情况下,低层次的需求满足后更高层次的需求则凸显出来。而作为城市居民主要聚居地的社区,则再一次成为实现这一愿望的理想场域。所以20世纪90年代中国在社区服务的基础上进一步提出要加强社区建设,而社区建设的一个重要不同之处就在于,其将目标明确界定为要将城市社区建设成居民生活共同体。从"社区服务"到"社区共同体",这一目标的变化为原子化居民再组织化,并在此基础之上重新获得组织认同与情感归属提供了巨大想象空间,将逐趋理性的人们从日渐冰冷的社会,重新拉回到千百年来人们对温暖情感联结的追求和努力之中。

三是社区居委会的比较优势。以社区为单位建设共同体,与社区居委会自身所具有的比较优势密不可分。经过几十年历史沉淀,居委会积累了明显的比较优势。当单位制解体分离出大量社会职能时,最好的选择就是由街办和社区

---

① 陈伟东,余坤明."转代理":转型期低收入社区居委会自我"减负"的行为模式[J].社会主义研究,2005(4):86.
② "联结"有联络、联系、连接之意,是心理学的一个重要概念。所以本书用"联结"这一更具心理和情感色彩的词语,强调由互动、交往、沟通形成的心理或精神纽带,如心理认同、情感归属、亲密等。

居委会来承接，而且当时除了街办和居委会外，没有任何一种社会组织能够把这些社会职能全部承接下来。① 因为任何一个社会组织都难以在短时间内将流动的生产要素和人、财、物信息划分完全，从而实现社会治理方式的变革，这一点政府和企业都非常清楚。② 具体而言，社区居委会的比较优势主要体现在两个方面：一方面，由于长期处于服务居民的一线，居委会对社区情况非常熟悉，对居民需求非常了解，掌握了较为专业和熟练的群众工作经验和技能，积累了较高的威望和认同；另一方面，经过多轮社区体制改革，社区组织机构已不断完善，涌现上海模式、沈阳模式、江汉模式以及后来的安徽铜官山模式、深圳盐田模式等一系列各具特色的社区组织体制，社区工作者队伍也越来越稳定且素质越来越高，社区财力越来越有保障等。社区共同体建设主体是社区居民，但社会组织是重要的参与者，社区居委会在组织、人力、财力等方面的优势是其他社会组织所不能比拟的。所以，建设共同体的重任便历史性地落在了社区居委会肩上。

四是社区建设的国际经验与启示。为应对工业化对社会发展带来的一系列挑战，西方国家在不同的历史阶段采取了不同的措施予以应对，如1765—1832年德国先后实行的汉堡福利制度和爱尔伯福利制度；伦敦于1869年成立的慈善组织协会和1884年成立的世界上首座睦邻中心汤恩比馆；20世纪初英、法、美等欧美国家推行的"睦邻运动"；"二战"后由联合国发起并推广的世界性社会运动"社区发展计划"等。这些措施虽然内容各异，但其中心议题都是要解决工业化带来的一系列社会问题，这些问题包括社区经济发展、社区邻里关系、居民民主和公共精神、社区伦理与道德等。各国主张应对社会问题的方式主要为：以居民不同时期的实际需要为基础，以社区居民的积极参与、自助与互助为重点，整合社区内部资源，如人力、财力甚至情感资源③等，外部资源，如政府和志愿者组织资源等，解决社区发展中出现的各种问题，增强社区凝聚力，发展社区社会网络，重建人们之间的情感联结，提升社区发育水平。西方社区建设的经验，尤其是"二战"后联合国大力倡导的"社区发展计划"在世界范围内取得的成效，引起了我国的兴趣和重视。这在某种程度上为我国以社区为单位，建设居民生活共同体提供了良好的国际经验和外部氛围。

---

① 李学举. 社区建设工作谈[M]. 北京：中国社会出版社, 2003：41-47.
② 李强. 中国社会变迁年[M]//王颖. 改革与城市治理结构变革. 北京：社会科学文献出版社, 2008：135.
③ ROSS M G, Ben LAPPIN W. Community Organization: Theory, Principles, and Practice [M]. 2nd Edition. New York: Harper and Row, 1967: 6-7.

二、社区共同体的突出优势与现实困境

以"社区"为单位建设居民生活共同体的突出优势表现为"纵向共同体"的产生。美国社会学家沃伦以关系结构为维度建构了一个共同体模型,用以解释共同体与外部社会之间的关系以及共同体自身的变迁。在该模型中,共同体中的关系在结构上被划分为纵向关系和横向关系两大类型,其中,纵向关系或者垂直轴面关系是指共同体内部各单位与超级共同体,如区域性、州、全国性共同体之间的关系;横向关系或水平轴面关系是指共同体内部个人与个人、团体与团体之间的关系。① 以笔者调研的 XGW 区为例,作为全国首批 35 个(后增至 38 个)社会治理创新试点城市,XGW 区所在的 Y 市社会治理创新亮点在于其首创的"一本三化"服务体系。所谓"一本"是指以人为本,即社会治理目的是要为辖区居民提供人性化服务;"三化"是服务手段信息化,服务方式网格化,服务过程全程化。其具体做法为:按照"街巷定界、规模适度、无缝覆盖、动态调整"的原则,将全市城镇社区划分为 1700 余个网格,每个网格配备一名网格员,专职负责网格内的居民服务工作。网格员的日常工作主要为两大类:一是信息采集,二是跟进服务。

信息采集主要是指网格员通过"一日双巡"制度,及时发现井盖丢失、垃圾乱堆、广告乱贴等城市部件变动信息,老人生病、邻里纠纷、人员迁徙等城市人口变动信息等,然后将变动信息及时上报至整合了政府各部门信息的信息系统,包括人口基础信息库、城市部件信息库、法人基础信息库在内,相应职能部门迅速跟进服务,如网格员通过日常巡查发现某个井盖丢失,则直接用手机拍照上传至后台信息系统,城管部门会迅速跟进更换,如果超过规定时间系统会自动亮黄、红灯,亮灯次数和办结时间长短以及群众满意度将直接影响该部门与领导个人绩效考核成绩。跟进服务主要是指政府通过网格管理平台,以网格员为中介为居民提供的"两个生命周期服务"和"错时服务":"两个生命周期服务"是指居住周期和生命周期服务,即本地居民从出生开始到去世结束,外来居民从进入开始到离开结束,政府部门都会及时主动提供全程化服务,如一个婴儿出生后,相关部门会在不同的时段第一时间提供户籍、入托、入学、就业、计划生育、婚姻、养老等服务,无须居民主动申请相关服务直接上门;"错时服务"是指为方便居民办事,所有社区部门中午不休息,下午延长一个小

---

① WARREN R L. The Community in America [M]. 3rd Edition. Lincolnshire: Rand McNally College Publishing Company, 1978: 69.

时下班,错时上下班以便上班族办事。

Y市为居民提供的服务具有几大特征:一是主动性,以网格员为纽带,通过网格员的主动巡查,主动发现问题并跟进服务,无须居民上报或上门,真正做到了"让信息多跑路,让百姓少跑腿";二是及时性,城市部件和人口信息变动后,政府的服务会在第一时间跟进,如井盖丢失过去可能很久无人更换,进而可能导致居民生命和财产受到损失,而现在会在第一时间得到处理;三是高效性,"经过静悄悄的革命"的政府机构内部"柏林墙"得以倒塌,而"无缝隙政府"真正形成①,过去政府部门各自为政、信息不能共享,而现在所有信息得以集成,不仅节约信息收集成本而且壁垒得以消除,服务效率大幅提高;四是全程性,即居民从出生到去世、从迁入到迁出,全过程都有主动、及时的人性化政府服务。虽然网格化方式在国内的争议还比较多,尤其是居民信息使用和安全方面不少人表示了担忧,Y市也通过地方立法形式予以严格保护,但其"一本三化"服务体系确实在加强居民和政府纵向或垂直轴面的联系,提高居民满意度等方面,起到了显著作用。

> 由于与居民相处融洽,我们的网格员被居民亲切地称为"格格",我们监管中心每个月都会进行"一率一度"测评,掌握居民对网格员的知晓率和对网格服务的满意度,并在全市范围内进行通报。抽样测评数据显示,居民对网格员的知晓率,平均维持在90%以上,对网格服务的满意度,稳定维持在80%以上。(Y市网格监管中心主任ZCG访谈:ZF-WGZX-ZCG-20160628)

"建构型"与"悬浮型"共同体:以"社区"为单位建设共同体的现实困境。尽管城市社区纵向关系得以加强,但与此同时,横向居民个体之间的关系仍然没有根本性的改善。正如沃伦利用其关系结构模型所得出的结论那样,现代社区的突出特征是纵向关系趋强而横向关系渐弱,或者说垂直整合(vertical integration)超过水平整合(horizon integration),社区居民之间的横向关系已被整个社会变迁吸纳并进入大众社会。② 以笔者田野工作的LXJ社区来看,该社区是Y市社会治理创新的发源地和试验田:

> 接待的来自全国各地的考察团不下百个、人数不下万人,高峰期的时候,后面有几批参观团队站在门外排队等候前一批考察团结束,当时我们

---

① 拉塞尔·M·林登. 无缝隙政府[M]. 汪大海,等译. 北京:中国人民大学出版社, 2013:3-6.
② WARREN R L. The Community in America[M]. 3rd Edition. Lincolnshire:Rand McNally College Publishing Company, 1978:69.

好几个工作人员因为连续接待，嗓子都是哑的。（XGW 区 LXJ 社区居委会副主任 WJC 访谈：SQ-LXJ-WJC-20160719）

即便是这样一个社区，居民在与社区建立联系的同时，相互之间的熟悉和亲密程度无论是从交往频率还是所占比例来看都很弱。这种"纵向共同体"体现明显的建构型和悬浮型特征，即社区纵向关系亲密化的动力主要来源于政府自上而下的推动，而居民自身的积极性并没有得到很好体现，居民之间的交往整体处于被动和低层次水平之上。

行政建构特征适应了单位制解体后从国家体制中游离出来的原子化居民纵向整合的需要，居民通过社区建立起"居民—居委会—国家"之间的纵向联系，而不是直面国家。"纵向共同体"也适应了社会转型的需要，而且也有学者认为，随着政府介入方式从控制主导向培育主导转型，社区共同体维护和体现了成员的自主性，政府培育主导型社区共同体是既有演化路径的发展和超越①，但行政建构型共同体始终没有解决居民之间的横向联系问题，然而最能体现共同体特征的就是社区居民之间的横向社会关系②。在这种自上而下的建构方式下，当下中国城市社区总体上看既不是守望相助、亲密与共的共同体，也不是精于算计、人情冷漠、机械结合的社会，而是在特定场域中存在的社会③，它离那种具有成员互动性这一本质特征意义上的社区渐行渐远了④，而这种互动性正是我国未来社区建设需要破解的重点和关键所在。而且，即便从与社区建立亲密关系的群体来看，也主要是独居老人、低保群体、困难群体等弱势群体，而其他居民群体尤其是在职居民群体与社区交往并不多。虽然在建构型共同体中社区居民之间有不同程度的交往，但从交往群体来看主要局限于"一老、一少、一弱"，从交往层次来看主要局限于文体娱乐、环境卫生、社区治安等浅层次交往，这使得社区共同体始终处于一种"悬浮"状态。

三、城市社区"微共同体"可不可能和何以可能

现有研究表明，基于居住的社区共同体有四种理想类型：一是西方的宗教

---

① 郑琦、乔昆. 论社区共同体生成的政府培育主导路径 [J]. 北京社会科学，2010 (12)：58.
② 兰亚春. 居民关系网络脱域与城市社区共同体培育 [D]. 长春：吉林大学，2012：VI.
③ 刘少杰. 新形势下中国城市社区建设的边缘化问题 [J]. 甘肃社科学，2009 (1)：11.
④ 吴锦良. 用"智慧革命"推进我国基层共同体重建："浙江智慧社区网"对社区建设的价值分析 [J]. 中共浙江省委党校学报，2012 (6)：40.

社区，二是中国社会的传统村落，三是单位制社区①，四是唐人街、犹太人区、日本城、城市村庄等特殊社区②。而一般的城市社区，共同体要么如雷蒙·威廉斯所说"它总是过去的事情"，要么如齐格蒙特·鲍曼所说"它总是将来的事情"③，而就是不能是"现在的事情"。至于城市社区共同体为何难以形成，社区成员流动性、结构开放性、权力扁平化、公共服务社会化等④客观原因，社区社会组织⑤、社区公共精神⑥、政府角色定位⑦、社区居民交往⑧的强弱和合理程度等主观原因，是讨论的焦点。

在城市社区，资格准入标准逐渐变为赤裸裸的货币，不同种族、民族、信仰、职业、阶层的人们，只要能支付等量货币即皆可入住同一个社区。慢慢地，精神生活让位于物质生活，社会需求让位于经济满足，人们在对商品价值的追求中，忽视了邻里关系的意义，失去了对生活意义和自我本质的追求，这几乎是世界各国普遍存在的问题，是人们长达数百年的精神迷失，现代人们虽然得到了大地却失去了天空。⑨加之政府角色定位、社区社会组织、居民公共精神和交往水平等因素叠加，导致普通人参与公共生活的唯一方式和途径就是保持沉默和充当听众，"只有把你的情感变成秘密，这些情感才是安全的；只有在掩饰的时刻和地方你才能够自由地和他人交往"⑩。如果城市社区精神和情感空间衰竭了，则预示着一个公民社会的衰落，意味着居民之间心理隔阂的加深、对立情绪的放大甚至社会冲突的出现。现代城市社区普遍存在的邻里冷漠，频繁发

---

① 李宽. 城市社区共同体的生成机理：从陌生人到熟人［J］. 重庆社会科学，2016（5）：39.
② PAHL R E（eds.）. Readings in urban sociology［M］//GANS H J. Urbanism and suburbanism as ways of life. Oxford：Pergamon Press，1968：95-118.
③ 齐格蒙特·鲍曼. 共同体：在一个不确定的世界中寻找安全［M］. 欧阳景根，译. 南京：江苏人民出版社，2003：4-5.
④ 何绍辉. 场共同体：陌生人社区建设的本位取向［J］. 人文杂志，2015（4）：109-110.
⑤ 赵欣，范斌. 敦亲睦邻：社区公共空间的分类运行机制与共同体构建［J］. 晋阳学刊，2014，（6）：96.
⑥ 陈友华，佴莉. 社区共同体困境与社区精神重塑［J］. 吉林大学学报社会科学版，2016，56（4）：54.
⑦ 梁绮惠. 治理视域下城郊发达社区共同体复归及其可能［J］. 中共福建省委党校学报，2017（5）：76.
⑧ 雷霆. 共同体的重构：社区建设的目标模式［J］. 理论月刊，2015（1）：143-151.
⑨ 丁元竹. 滕尼斯的梦想与现实［J］. 读书，2013（2）：44.
⑩ 理查德·桑内特. 公共人的衰落［M］. 李继宏，译. 上海：上海译文出版社，2008：189.

生的邻里纠纷、维权冲突甚至群体事件等，已经敲响了精神和情感空间衰竭的警钟。

但笔者以为，共同体规模过大可能是一个长期被忽视的关键因子。根据国家统计局最新统计数据显示，1989年和2021年我国社区居委会数目分别为9.36万个和11.7万个，但在此期间我国城镇常住人口数已由2.95亿攀升至9.14亿，据此测算，我国社区平均人口已由1989年的3152人上升至2021年的7812人①。在中东部尤其是东部人口稠密城市，人口上万甚至超过十万的社区并不罕见。如此大规模人口，相互之间难以在相互交往的基础上建立相互了解、彼此信任直至守望相助、亲密与共的共同体关系。相反在楼栋、院落、小区等微社区内，居民为维护基于住宅产生的一系列权利，如以建筑质量、房屋维修、共有设施和场所使用、共有收益分配、居住安全保障等为主要内容的建筑物区分所有权（"物"权），以成立自治组织、确立自治规则、实现自主目标为主要内容的自治权（"治"权），以民事权、政治权、社会权为主要内容的公民权（"人"权）②，通过共同出资、出力、出智等方式联合起来，不再是"互不相干的邻里"，有的微社区居民还在此基础上经过持久交往，形成认同感、归属感、整体感，以及亲密感，显示了越来越浓厚的共同体特征。所以，本书要回答的问题是：在一些城市社区出现的"微共同体"，究竟只是局部、个别、暂时、偶然的现象，还是蕴含着全局、普遍、趋势性和必然性规律？城市社区"微共同体"可不可能？如果可能，何以可能？

第二节 国内外城市社区共同体研究述评

为了明晰研究脉络以便更好地与理论和现实对话，梳理已有文献对任何一项研究都是相当有必要的。梳理已有文献可以开阔我们的视野，为研究者提供新的概念和理论框架，已有研究成果、原始资料、研究者个人理解三者一起，形成了一个稳定的三角互动关系。③

---

① 数据来源：国家统计局官网，https：//data.stats.gov.cn/easyquery.htm？cn=C01.
② 陈鹏.从"产权"走向"公民权"：当前中国城市业主维权研究[J].开放时代，2009（4）：126-139.
③ 陈向明.扎根理论的思路和方法[J].教育研究与实验，1999（4）：59.

一、西方社区共同体研究的历史流变

任何一种理论兴起都有其深厚的实践土壤。社会转型带来的一系列社会问题,引发了不同学科的思考,这使得共同体从西方社会科学产生初期,一直到后现代社会学家那里,始终是一个是经久不衰的理论话题,① 也使得"共同体"这一概念成为社会科学最重要的概念之一。因为研究者的问题意识和研究进路不同,"共同体"这一概念引发了研究者不同的思考,形成了不同的知识脉络和研究范式。社会学对共同体的关注,起源于19世纪的欧洲。在社会学语境中,"共同体"一词刚开始主要是指与"社会"对应的一种人与人的结合方式,这在滕尼斯、涂尔干、韦伯等经典社会学家那里得以充分体现。尤其是滕尼斯和涂尔干,二人被认为是社会学视角下探讨共同体的两大渊源。②

滕尼斯于1887年创作的《共同体与社会》一书,被认为是对共同体的第一次系统性阐述。在该书中,生活在早期现代化的滕尼斯,在传统与现代、乡村与城市的比较中觉察到社会变迁带来人类结合方式的变化,并以人的意志为基础,运用类型学的分类方法将人类从传统向现代转型的结合方式,抽象为"共同体"与"社会"两大大相径庭的类型:共同体是指人们基于中意、习惯、记忆等本质意志所产生的一种人与人之间紧密持久的结合方式,它强调的是一种富有认同和归属感、守望相助、亲密与共的社会联结,而社会是人们基于深思熟虑、心愿、概念等选择意志所产生的一种人与人之间松散疏离的结合方式,它强调的是一种依靠法律和契约维持的社会联结;共同体中的人们之间过的是一种持久和真正的共同生活,因此共同体是一种生机勃勃的有机体,而社会中的人们过的是暂时和表面的共同生活,因此社会是一种机械聚合和人工制品;共同体建立在本质意志基础之上,人们之间的和睦是一种原始或天然状态的人的意志统一,而社会建立在人的选择意志基础之上,社会中的人们虽然像共同体中的人们一样,以和平方式共同生活和居住在一起,但是人们之间基本上是分离的,所以是否基于本质意志是判断是否共同体的关键因子。而共同体有三种形式,即血缘共同体,如家庭、氏族、宗族、部落等;地缘共同体,如邻里、

---

① 杨瑞玲. 解构乡村:共同体的脱嵌、超越与再造 [D]. 北京:中国农业大学,2015:15.

② STEVEN B. Gemeinschaft revisited: rethinking the community concept [J]. Sociological theory, 2001, 19 (1): 1-6.

村落、城邦等；精神共同体，如师徒、友谊、宗教等。①

涂尔干以劳动分工和集体意识强弱程度为基础，将社会结合方式抽象为机械团结和有机团结两种类型。在劳动分工欠发达社会，社会成员具有很强的同质性，具有共同的观念和倾向，不带任何中介的直接隶属于社会，人们对社会机构有着较强的依附性和参与性，人们之间有着紧密的社会约束力，注重仪式庆典，有着相似的外表特征，共同的历史经验、道德信仰、生活方式和秩序等。② 以这种方式结合的社会成员完全依赖于集体，作为集体成员的个体本身只不过是社会分化外在形式和固有复杂形态的结果，这种个体就像无机物中的分子，所以这种团结被称为"机械团结"。随着劳动分工的发展，社会成员的职能和活动日渐专门化，个体获得无与伦比的价值和自由，异质性越来越突出，同一人类群体的所有成员不存在任何共同之处，共同之处仅仅都是人。③ 共同意识和集体感情的确定性和强度同时减低，从而导致群体的地理划分纯粹是人为的，因为地理划分意义上的群体根本无法唤起深厚的情感，基于地理的精神意志已经烟消云散、无影无踪。社会之所以不解体是因为成员需要相互依存，从而构成社会的各个组成部分，劳动分工代替共同信仰和感情的社会整合功能，成为维系社会关系的纽带，人们相互协调、互相隶属，共同构成一个统一的有机体，所以这种团结称为"有机团结"。④

韦伯以社会行动的指向为基础，将社会关系抽象为共同体与结合体两种类型。其中，共同体关系是指社会行动指向建立在成员主观感受到的传统性、情感性或情绪性隶属之上的社会关系；而结合体关系是指社会行动指向建立在价值理性或工具理性的利益动机之上的社会关系。韦伯认为，结合体关系有三种纯粹类型：一是目的理性的自由市场交换，二是依自由协议组成的"目的结社"，三是依价值理性动机成立的"信念结社"。韦伯的共同体与结合体的概念，与滕尼斯的共同体与社会具有连续性，但韦伯更强调共同体与结合体共存性。韦伯认为，大部分的社会关系都同时具有共同体和结合体的性质：无论社会关系是基于何种程度的理性计算或目的理性，经过持续的交往其仍然很可能具有

---

① 费迪南·滕尼斯. 共同体与社会：纯粹社会学的基本概念 [M]. 林荣远，译. 北京：商务印书馆，1999：52-65.
② STEVEN B. Gemeinschaft Revisited: Rethinking the Community Concept, Sociological Theory [J]. 2001, 19 (1): 56.
③ 达尼洛·马尔图切利. 现代性社会学：二十世纪的历程 [M]. 姜志辉，译. 南京：译林出版社，2007：30.
④ 埃米尔·涂尔干. 社会分工论 [M]. 渠东，译. 北京：生活·读书·新知三联书店，2000：73-92.

情感性的主观感受，并有超越功利性目标的情感增长；同样反过来，在共同体式的社会关系中，也可能会出现部分甚至全体成员的行动指向，或多或少地具有理性权衡或利益考量。①

齐美尔认为，社会关系之所以冷漠，与金钱有莫大的关联，维系现代城市运行的共同媒介是金钱而不是其他，金钱抹杀一切事物的价值和特点，挖空了事物的精髓，成为衡量一切价值的共同标准，对于大多数人而言，货币意味着目的论序列的终点。② 城市社会也因此被塑造为一个高度理性、效率、庞大且复杂的社会。理性、效率的社会无疑是排斥情感的，而且复杂社会成员之间的高度异质性也销蚀了共同体的存在基础。

20 世纪初，社会学从欧洲传入美国。美国是一个典型的移民国家，不同的文化背景使得城市社会问题成为社会学关注焦点之一，加上注重经验研究的美国社会学强调小型社会的参与式观察，某个地理范围内的群体研究逐渐成为重要研究进路。以帕克为代表的芝加哥学派认为，社区最简明扼要的定义就是指生活在一个被或多或少有着明确范围界定地域上的群体，虽然是组织制度而不是人最终决定着社区与其他社会群体的区别，而且社区居民有着安全感、必须得到承认、不能缺少爱和亲密关系等各种各样的欲望，但地域是所有社区共同的特征。③ 在芝加哥学派的影响下，滕尼斯的"共同体"越来越成为一个具有鲜明地域特色的"社区"，当时的美国社会学界对"community"的 94 种界定中有 69 种都包含了帕克所说的地域因素。④ 但帕克等人也认识到，除了某些种族聚居区外，现代城市社区中的邻里关系正在失去其"在更简单更原始的社会形态中所具有的重要性"，城市社区居民虽然近在咫尺却连见面的点头之交都没有，人们之间互不相识甚至互不相干，居民与地方的社会联系越来越松弛。⑤

与某个地域范围内的群体研究一样，将现代城市生活与传统生活进行比较

---

① 马克斯·韦伯. 社会学的基本概念 [M]. 顾忠华，译. 桂林：广西师范大学出版社，2005：55-56.
② 西美尔. 货币哲学 [M]. 陈戎女，耿开君，文聘元，译. 北京：华夏出版社，2002：167.
③ PARK R E, BURGESS E W, MCKENZIE R D. The City [M]. Chicago：The University of Chicago Press，1968：115-119.
④ HILLERY G A. Definitions of community：areas of agreement [J]. Rural sociology, 1955, 20（2）：111-123.
⑤ SENNETT R. Classic essays on the culture of cities [M] // PARK R E. The city：suggestion for investigation of human behavior in the urban environment，1916. New York：Appleton Century Rofts，1969：91-130.

研究，同样是欧洲社会学传入美国后的研究进路之一。以芝加哥学派沃斯为代表的学者，在选用人口数量、异质性、居住密度等指标，将现代城市生活与农业社会传统生活进行深入比较后认为，城市化过程也是社会生活方式变革过程，异质性是城市社会的本质，城市社会人口规模庞大、人口密度较高、社会结构分化、社会失范增多，社会传统作用减弱，居民之间互动机会降低，居民在城市化过程中逐渐失去相互信任和依赖感，个人心理孤独和疏离感加重，城市居民之间的关系在"社会断裂"的现代城市社会中，逐渐失去了首属关系的性质而向次属关系转化，维系社会的力量逐渐减弱，社会失范开始增多。① 这种观点在20世纪30年代至60年代成为城市社会研究的主流，并得到安德逊②、左保③、斯腾④等的实证支持。

沃斯等的研究也受到质疑。甘斯认为，沃斯的学说具有片面性，其研究结论只能代表内城区而不能代表城市生活全貌，具有相同文化的群体受城市化的影响较小，共同的文化能够补救城市居民因异质性、人口密度和群体规模引起的疏离、冷漠关系的负面影响，在城市村庄，居民群体仍富有认同感和归属感，居民之间的互动和邻里交往并不都是沃斯所说的次属关系，而是一种"准首属关系"，而这种"城市村庄"在发达国家和发展中国家都较为普遍。⑤ 萨脱斯认为，城市社区可以在居民和社会之间建立一个缓冲带，从而缓冲城市化对居民个体带来的社会影响，成为居民互帮互助和进入外面世界的安全地带，简而言之，城市化所致的社会变迁并未造成城市社区共同体的消亡。⑥ 刘易斯通过对墨西哥、波士顿等地的移民以及唐人街、日本城、犹太人区等地居民的生活调查后认为，这些地区移民仍然延续着他们原有的生活和交往方式，他们之间的交往与互动仍然是一种情感交往，群体成员之间仍是亲密的首属关系，城市并未

---

① WIRTH L. Urbanism as a way of life [J]. The American journal of sociology, 1938, 44 (1): 1-24.
② ANDERSON N. The Hobo: The Sociology of the Homeless Man [M]. Chicago: University of Chicago Press, 1923: 76-83.
③ ZORBAUGH H. The Gold Coast and the Slum: A Sociological Study of Chicago's Near North Side [M]. Chicago: The University of Chicago Press, 1929: 143-156.
④ STEIN M R. The Eclipse of Community [M]. Princeton: Princeton University Press, 1960: 211-213.
⑤ GANS H J. The Urban Villagers: Group and Class in the Life of Italian-Americans [M]. New York: The Free Press. 1962: 165.
⑥ SUTTLES G D. The Social Order of the Slum: Ethnicity and Territory in the Inner City [M]. Chicago: University of Chicago Press, 1968: 94.

对他们的生活方式和精神情感造成多少影响。①

霍加特在对英国利兹市的一个工人聚居区进行调查研究后认为,从居民的地域同一性、社会同一性、居住连续性三方面来看,现代城市中类似传统共同体的社区仍然存在;古斯菲尔德批判了芝加哥学派认为社区共同体必将被完全吞没的观点,通过对现代城市社会"多元化"模式的构建后认为,现代城市社会中居民之间的地域性社会联系虽然较以往少得多,但基于地域的社区共同体依然是人们生活中存在的众多共同体中的一个重要共同体;萨特利斯通过对芝加哥贫民区的考察表明,贫民区居民虽然不属于同一民族或种族,但他们确切知道社区的界限,居民有一种强烈社区感,同一社区的居民彼此认同;帕乔恩通过对英国格拉斯哥市760名对象的调查表明,城市中有相对明确地域界限、有意义的内聚力邻里共同体依然存在。②

20世纪70年代开始,以费舍尔为代表的社会网络理论日臻成熟,开启了运用社会人类学网络理论研究城市社区的新视角。费舍尔等通过实证研究发现,同类亚文化群体成员之间的亲密关系所形成的社会网络,对城市居民日常生活形成强烈支撑,城市居民在达到"关键数量"后会形成亚文化,这种可自行生长发育的亚文化能够承载同类亚文化人口的存在,同类亚文化的群体有着相同的特征,彼此之间有着自己的价值体系,成员相互联系并参与共同生活,形成实质意义上的共同体,费舍尔称为"个人社区",个人社区同时支持亚文化的进一步发展,而且城市居民并不猜疑他们的邻居,但不同亚文化群体之间的居民确实是疏离的。③ 费舍尔的亚文化理论和个人社区理论认为,社区的本质应该被重新定义,社区应被界定为一种社会网络而不是一种地域范围内的群体,居民即使不住在一起也可以发展出超越地域的社会关系网络。④ 雷顿和韦尔曼通过对美国北加利福尼亚州部分社区的调查证实,城市社区居民存在大量超越地域的社会网络,这种社会网络的广度与居民教育水平和收入呈正相关关系,因此,对城市社区人际关系的研究不能仅仅局限在地域之上,这种视角容易忽视早出

---

① LEWIS O. Urbanization without Breakdown: A Case Study [M]. The Scientific Monthly, 1952, 75 (1): 31-41.

② 转引自:高春燕. 社区人口与发展 [M]. 北京:中国环境科学出版社, 1999: 148-209.

③ FISCHER C S. Toward a subcultural theory of urbanism [J]. American journal of sociology. 1975, 80 (6): 1319-1341; FISCHER C S. The study of urban community and personality [J]. Annual review of sociology. 1975, 1 (1): 67-89.

④ FISCHER C S. Networks and Places: Social Relations in the Urban Setting [M]. New York: Free Press, 1977: 17.

晚归城市居民在社区之外的社会关系，社区研究应注重超越邻里关系的首属群体关系。①

20世纪70年代至90年代，美国社区出现了大量关于社区联系度的经验研究，以证实城市社区邻里之间是否还存在相互支持的社会网络。美国著名环境社会学家弗罗伊登伯格通过经验研究及数据证实，社区居民之间的关系有"认识关系"（泛泛之交）和"亲密关系"之分，社区居民之间的关系弱化的主要是认识关系，而亲密关系并没有得到弱化。② 在格兰诺维特那里认识关系为弱关系，而亲密关系为强关系，弱关系主要对社会和社区具有整合功能，而强关系主要对个人具有情感支撑功能，从而抵御城市人际关系的疏离。③ 罗伯特·普特南发现，基于以互惠、信任及规范等为主要内容的社会资本，在社区的形成和维系中起着举足轻重的作用，城市居民参与公共事务的次数和频率都在逐步减少，居民不再像过去那样热衷投票、参加社会组织等集体行动，即便是家庭联系、教会活动、朋友关系等也在逐步减少中，从而导致社区社会资本逐年下降，实质意义上的社区逐渐消失，但社区居民之间的交往越频繁，越有可能形成规范、建立互惠机制、培养相互信任。④ 彼得·柏格认为，现代社会的多元分化，使越来越多的人卷入一种不安漂泊中，人们在怀疑和困惑中失去家园感，集体和个人都失去了整合意义，而战胜这种意识危机的关键和最理想途径在于建立一套基于价值系统的意识形态，通过非科层制或去科层化的社区来实现集体和个人整合。⑤

20世纪90年代，受社群主义和新自由主义有关社群和自由的意义之争影响，社会学家也开始再度思考社群和个人的意义。美国社会学对"community"的关注不再仅仅局限于社会联结、社会关系、社会互动，而在于社群是否拥有集体的权利，以及社群对个人的认同和价值观塑造。个体自由是西方启蒙运动以来主流和核心价值观点之一，自由主义强调个体的作用，人与人的结合在自

---

① LEIGHTON B, WELLMAN B. Network, Neighborhoods and Communities: Approaches to the Study of Community Question [M]. Urban Affairs Quarterly, 1979, 14 (3): 363-390.
② FREUDENBURG W R. The Density of acquaintanceship: an overlooked variable in community research? [J]. American journal of sociology, 1986, 92 (1): 27-63.
③ GRANOVETTER M S. The strength of weak ties [J]. American journal of sociology, 1973, 8 (6): 1360-1380.
④ PUTNAM R D. Bowling alone: America's declining social capital [J]. Journal of democracy, 1995, 6 (1): 65-78.
⑤ BERGER P L, BERGER B, KELLNER H. The Homeless Mind: Modernization and Consciousness [M]. New York: Random House, 1973: 83.

由主义者看来只是工具性的利益整合。尽管如此,人们并未消解对认同和归属感的渴望,社群主义认为,任何个人都由特定的社会文化或历史所建构,要保护个人权利就必须承认社群的合法性。美国社群运动领袖、前社会学会长埃茨奥尼率领学者签署的《负责任的社群主义宣言：权利与责任》称,无论男人、女人还是孩子,都是家庭、邻里、宗教性社团、种族性社团、职业性社团、社会性社团、政治性社团等社群的成员,国家本身也是社群,离开各种社群人类的存在和个人自由都不可能长久,而在社群内部,为了共同目标成员也应该积极贡献资源、才能和志趣,否则社群本身也难以持久,为了个人利益不顾公共利益必然会损害集体赖以存在的社会环境,所以,没有社群主义观念个人权利难以得到持久保障。①

埃茨奥尼认为,社群有几个鲜明的特征：一是社群应该是一个充满情感网络的集体,成员之间彼此交往且相互支持；二是社群有自己独特的文化,包括共同的价值观、规范、责任等,成员之间有着共同的历史记忆、认同感和归属感；三是社群自身有着较高的责任感,这种责任感可以防范社群对其成员的压迫或不公平；四是社群既尊重个人权利和尊严,又承认人类存在的社会性或社群存在的必要性和重要性。② 共同的价值观、规范、责任,共同的记忆、认同感、归属感以及情感网络,"community"经过欧洲的共同体、美国芝加哥学派的社区、20世纪70年代至80年代的社会网络和社区联系度,再到20世纪90年代开始的社群主义,又重回滕尼斯的共同体怀抱,不同的是,社群主义除了强调"共同体"式的社会关系和联结外,也注重对个人自由和权利的保障。

然而随着现代性的深入,人们之间的交往和联系突破了地域限制而进入更广阔的社会结构,共同体也具有了新的内涵和特征。正如吉登斯所说,前现代社会的空间和地点总是一致的,大多数情况下人们都受"在场"的地域性活动支配,但现代性通过对"缺场"要素的孕育,把空间日益从地点中分离出来,场所的建构不仅仅由在场发生的东西,还为"可见形式"掩藏着的那些远距离社会影响所建构,场所的性质正是由这些远距离关系所决定；在脱域机制下,"熟悉"与地域并不必然联系在一起,熟悉感远离了面对面的互动情势,在很大程度上,地域共同体是远距离关系在地域性情境中的表现。③ 虽然社区中基于友谊、血缘等的亲密关系以不同程度存在,但在现代性的覆盖性影响之下,居民

---

① 转引自：俞可平. 社群主义[M]. 北京：中国社会科学出版社,1998：1.
② ETZIONI A. The responsive community: a communitarian perspective [J]. American sociological review, 1996, 61 (1): 1-11.
③ 安东尼·吉登斯. 现代性的后果[M]. 田禾,译. 南京：译林出版社,2011：16, 95.

之间的横向亲密关系已被大大削弱甚至消失了，共同体的生产越来越不受到地域的限制，呈现明显的"去地域化"特征。但这并不是说现代性的后果就是共同体的瓦解，认为在现代性语境中人们所生活的世界将越来越陌生的观点也不完全正确，相反即便是相距足够遥远、居住足够分散的人们，也可以建立和维持一种亲密的关系，脱域机制在把社会关系从具体时空语境中提取出来的同时，又为社会关系的"再嵌入"提供了机会，从而使社会关系可以在地域的语境中实现再生产。

进入新世纪，共同体沿着脱域共同体和地域共同体两个方向发展。脱域论基本上都建立在地域共同体实现可能的基础之上，正如后现代社会学家鲍曼认为的那样，在一个残酷无情、充满竞争、胜人一筹的时代，共同体是一个温馨的地方，一个温暖而又舒适的场所，在这个场所中成员相互了解、彼此信任、互相依靠，人们互相帮助是基于责任和义务，即便争吵也是友善的，共同体充满快乐和安全感，但共同体并不是一种人们能够获得和享受的世界，而只是"失乐园"的一种别称，是一种人们热切希望重新拥有的世界，在一个迅速个体化、私人化、全球化的世界中，共同体一旦解体，就很难获得重生，即便重生也不会再以人们记忆中的那些形式出现。① 安东尼·柯亨也告诫人们，把共同体理解为地域基础上的社会互动网络无疑是有待商榷的，应更多关注共同体对人们生活的意义以及人们共同认同的关联性。②"共同体"一词表达的只是人们对价值、精神、团结和集体行动的一种追求。③ 在全球化时代，社会生活已经被非领土化了，地域已不再具有明确无误的社会性意义，共同体也与地点脱钩，失去地方性中心，居住在同一地域上的群体，只不过是"互不相干的邻里"。④

以布赖登、科尔曼为代表的社会学家，在对全球化语境下的共同体进行反思后认为：全球化确实使共同体的地域特征受到挑战，"距离"这个最难以克服的防御力量，现在已失去其可怕的一面和大多数意义，但全球化并非共同体的敌对力量，在全球化语境中共同体正超越地域的限制和面对面的联系，以新的形式在更大的社会结构中出现，既包括本地化的共同体也包括地区性、民族、国家、全球性的共同体，既包括基于地域的原住民共同体也包括基于压力和危

---

① 齐格蒙特·鲍曼. 共同体：在一个不确定的世界中寻找安全［M］. 欧阳景根, 译. 南京：江苏人民出版社, 2003：序言第5-8.
② 孔凡建. 共同体语义演化史考辨［J］. 甘肃理论学刊, 2014（3）：91.
③ DELANTY G. Community［M］. London：Routledge, 2003：3.
④ 马丁·阿尔布劳. 全球时代：超越现代性之外的国家和社会［M］. 高湘泽, 冯玲, 译. 北京：商务印书馆, 2001：252.

机形成的新共同体，既包括资源型共同体也包括移民共同体，既包括基于地理空间的实体社区共同体也包括基于赛博空间的虚拟社区共同体，既包括各种各样的自治社区共同体也包括基于兴趣爱好的趣缘共同体；经典社会学家的共同体都是建立在同质性和共同性基础之上的，而当共同体基于互惠基础之上，强调一种整体感，共同体仍是全球语境中产生认同感和归属感并使人完成共同目标，参与集体行动的重要组织形式；在全球化语境中，共同体的水平和规模各异，共同体之间存在彼此嵌套和相互交叉，共同体成为一个持续重新商议过程，共同体不断更新和调整，自治性、自主性、整体感是被强调的重要考量维度，这使得共同体在全球化背景下依然是具有新的生命力和意义的组织形式；在全球化语境中共同体的发展方向，关键不在于是否存在的问题，而在于是走向更大支离破碎、长期存在的共同体，还是走向一个全球范围和规模的共同体。①

正是因为脱域共同体的发展并不能否认地域共同体存在的必要性和重要性，或者说虽然共同体能够摆脱地域的限制，但并不能由此认定地域共同体不再必要和重要，所以作为地域共同体突出代表的社区共同体仍是学者研究的热点。一方面，人们对社区共同体表示出深深的忧虑，因为关注公共议题、喜欢结社过组织化生活、热心公益事业的人越来越少。人们不再像过去一样热衷从事集体活动，愿意与邻居聊天、喝咖啡、一起去俱乐部，而是更愿意一个人待在家里看电视，或者一个人独自打保龄球。② 另一方面，人们仍对社区共同体充满信心，时代对共同体的需求与日俱增，人们从未如此努力地研究、寻找、建构和复兴共同体③，只要人们仍然生活在万物之母亲大地的怀抱④，地域就仍是共同生活的物质基础和共同体的重要维度。为此，人们进行了许多颇具价值的研究，社区社会关系的生产成为中心议题，正如威尔斯所说，我们应该在关系中重新定位共同体，把共同体或社区看作一种社会关系而不是"失去""发现"或

---

① 戴安娜·布赖登，威廉科尔曼. 反思共同体：多学科视角与全球语境 [M]. 严海波，等译. 北京：社会科学文献出版社，2011：1-30，195-209.
② 罗伯特·帕特南. 独自打保龄球：美国社区的衰落与复兴 [M]. 刘波，等译. 北京：北京大学出版社，2011：1.
③ CHRISTENSEN K, LEVINSON D (eds). Encyclopedia of community: from the village to the virtual world [M] // LEIGH A. Trends in social capital. Thousand Oaks, CA: Sage, 2003: 84.
④ 大冢久雄. 共同体的基础理论 [M]. 于嘉云，译. 台北：联经出版事业公司，1999：9.

"制造"的"东西"①。

斯特朗对澳大利亚昆士兰州两个社区进行个案研究后认为,社区文化对再建居民之间的社会联系、社区信念和价值、身份认同和归属感具有重要意义,通过常规性和颠覆性的文化建设,能够强化地域社区联系和人们对社区社会和环境价值的感知;巴特勒对社区邻里关系的影响因素进行了研究,认为多样性和异质性导致社区中存在着一种复杂的相互作用,而这种复杂性影响着社区邻里关系②;奥姆范曼等通过尼日利亚社区发展研究后认为,非政府组织在社区动员、环境卫生、儿童权利、健康教育等方面发挥了重要作用,大力发展非政府组织作用和加强非政府组织之间的协作,对重建社区联系和促进社区发展至关重要③;多尔蒂等认为,家庭教育能实现居民从关注私人生活向关注公共议题的转变,从而促进居民进行各种形式的社区参与,多尔蒂等还对家庭教育的由来、原则、核心活动等进行了探讨④;罗伯逊等通过对一个苏格兰小城市中的三个社区进行历史文献和质性研究方法审视后认为,阶级是决定居民社会态度的主要影响因素,这也是影响邻里关系或者说邻里身份难以形成的重要原因,因为人们之间的相对社会地位并没有改变⑤;米德尔米斯认为,社区组织在社区共同体的生产中发挥着重要作用,社区组织能够强有力地促使社区参与者相互之间过上可持续的生活方式。⑥

尼加通过对47名15岁至23岁的志愿者访谈和观察后发现,志愿工作使青年具有积极的公民资格,并使之与社区联系起来,不同类型的青年通过志愿工

---

① WILLS J. (Re) Locating community in relationships: questions for public policy [J]. The sociological review, 2016, 64 (4): 639-656.
② BUTLER T. In the city but not of the city? telegraph hillers and the making of a middle-class community [J]. International journal of social research methodology, 2008, 11 (2): 141-149.
③ OMOFONMWAN S I, ODIA L O. The role of non-governmental organizations in community development: focus on Edo State-Nigeria [J]. Anthropologist, 2009, 11 (4): 247-254.
④ DOHERTY W J, JACOB J, CUTTING B. Community engaged parent education: strengthening civic engagement among parents and parent educators [J]. Family relations, 2009, 58 (3): 303-315.
⑤ ROBERTSON D, MCINTOSH I, SMYTH J. Neighborhood identity: the path dependency of class and place [J]. Housing, theory and society, 2010, 27 (3): 258-273.
⑥ MIDDLEMISS L. The power of community: how community-based organizations stimulate sustainable lifestyles among participants [J]. Society and natural resources, 2011, 24 (11): 1157-1173.

作加入社区，可以不同程度塑造他们正在进行的公民和政治社会化①；储恩等认为，社区参与是增加居民与地域社区之间的联系的重要途径，社区居民的种族多样性与社区参与呈现负相关关系，而社区组织之间的关系与人际关系有着正相关关系②；斯特皮尔等通过数学建模方法对美国宗教社区研究后认为，网络结构（网络密度、教会规模）和群体文化（意识形态）特征显著影响个体社会网络对归属感的影响，较低的网络密度、较小的群体规模和意识形态统一建立了个人社区网络和归属关系；③皮尔基的研究表明，即便没有共享的信念和价值观，社区情感也可以发展，这在某种程度上颠覆了现有共同体研究认为信念和价值观分歧或冲突，大大减少了社区共同体成功概率的观点④；威尔斯认为，共同体是本体论的，不可避免地与人们有关，公共政策能够显著促进社区社会关系的建立，但政策应着眼于现有关系以使其开始影响社会变革的努力。⑤

二、国内社区共同体研究回顾

20 世纪 30 年代，社区研究及其实证研究方法由老一辈社会学家吴文藻、费孝通等引入中国。受芝加哥学派帕克等影响，"community"一词更多具有地域性特征，在汉译时更多用"社区"这一具有鲜明地域色彩的词语来表示其内涵。社区是"若干社会群体（家庭、氏族）或社会组织（机关、团体）聚集在某一地域所形成的一个生活上相互关联的大集体。"⑥ 20 世纪 80 年代末 90 年代初，随着我国城市社区服务与社区建设的蓬勃发展，社区研究逐渐成为学术界关注的焦点之一。我国社区建设的目标就是要把社区建设成为"聚居在一定地域范围内的人们所组成的管理有序、服务完善、文明祥和的社会生活共同体。"⑦ 至于社区可不可能、何以可能建设成为一个生活共同体，不同的学者从不同的学

---

① NENGA S K. Not the community, but a community: transforming youth into citizens through volunteer work [J]. Journal of youth studies, 2012, 15 (8): 1063-1077.
② TRAN Van C. Participation in context: neighborhood diversity and organizational involvement in Boston [J]. City and community, 2013, 12 (3): 187-210.
③ STROOPEA S, BAKERB J O. Structural and cultural sources of community in American congregations [J]. Social science research, 2014, 45 (2): 1-17.
④ PIRKEY M F. Shared belief, false consensus, and the experience of community [J]. Qualitative sociology, 2015, 38 (2): 139-164.
⑤ WILLS J (Re) Locating community in relationships: questions for public policy [J]. The sociological review, 2016, 64 (4): 639-656.
⑥ 费孝通. 社会学的探索 [M]. 天津：天津人民出版社，1984：47.
⑦ 中共中央办公厅，国务院办公厅. 关于转发《民政部关于在全国推进城市社区建设的意见》的通知 [Z]. 中办发〔2000〕23 号.

科和视角得出了差异较大的结论。

关于城市社区是否存在共同体，比较有代表性的观点有以下四种。

第一种观点认为，城市社区共同体已经消失。桂勇、黄荣贵通过综合分析当时的实证研究后认为，城市社区尚且存在着中等程度的归属感，但是邻里对居民的重要性却在逐渐下降，居民与邻里之间的互动无论是在频度上还是深度上都在减少，居民社区参与水平低下，随着社会转型的深入发展，我国城市社区已经越来越不是一个生活共同体，中国的城市社区居民之间更多的是一种阿尔布劳所说的"互不相干的邻里"。①

第二种观点认为，城市社区共同仍然在不同程度上存在。王铭铭在考察汉人社区发展史后认为，与以欧洲为中心的民族—国家"单线性"演化成长史不同，中国社会变迁的绵延性和历史在现实中的回归性，给予了汉人社区在现代性语境中的衍生空间，一些传统社区并没有消失或完全被行政"细胞化"，反而表现了愈演愈烈的"传统的复兴"和"社区生活的回归"倾向，共同体特点和力量反而比以往更为明显和强大，汉人社区史的叙述框架需要包容"倒逆时间"观念。②王小章认为，无论社会一体化程度有多高、社会生活个体化程度有多深，随着住房私有化比率逐步提升，居民与社区的利益关联水平日益提高，家总与地方保持着相对稳定的联系，居住在一起的人们总有一些共同的关心和利益，总有一些需要与邻里共同行动才能实现和维护的共同利益，而且，随着社会保障、社会救助、社会服务等城市社会的支撑点从"单位"转移到"社区"后，总有一些需要社区来举办的居民共同关心的活动，这种联系和利益能够有效吸引居民的积极参与，从而在居民间建立社会和心理上的联系和社区共同体。③

第三种观点认为，在城市社会，作为地域共同体代表的社区共同体基础受到影响，但共同体并未在城市社会消失，而是以脱域共同体的形式存在。兰亚春认为，共同体与地域的关系既不是统一的也绝非对立的，共同体虽然形式多样但本质都是"本质意志所致的肯定性的亲密关系"，在现代社会共同体只存在于特定的领域、某个局部已不是普遍的现象，地域只是传统社会中共同体普遍具有的特征但并非其本质属性，脱域机制也能生产出形式多样的共同体，只要

---

① 桂勇、黄荣贵. 城市社区：共同体还是"互不相关的邻里"[J]. 华中师范大学学报（人文社会科学版），2006（6）：36-42.
② 王铭铭. 小地方与大社会：中国社会的社区观察[J]. 社会学研究，1997（1）：86-96.
③ 王小章. 何谓社区与社区何为[J]. 浙江学刊，2002（2）：20-24.

能形成肯定性亲密关系，共同体不在乎联结纽带是什么。①

第四种观点认为，城市社区共同体既不是"共同体"也不是"社会"，而是一种"特殊的存在"。冯钢认为，共同体的基础在于成员间的相互依赖关系和情感联结，至于背后起作用的是血缘、亲缘抑或友情、结义之情等并不重要，所不同的只是结合方式发生变化罢了，定义社区共同体的关键在于社区意识或社区情感，事实上，大部分社会关系都或多或少地同时带有共同体和社会的特征，即便在完全理性的"社会"中也有超越既定目标的感情增长和相互依赖关系，反过来在共同体中也可能有部分目的理性取向，"共同体"与"社会"的区分只是一种逻辑分析工具，如果据此在现实中寻找纯粹的理想类型注定不会有结果。②刘少杰也认为，中国城市社区建设的最大问题是社区居民的主要社会活动不在社区之中，而社区服务又未将占社区人口大多数的职业群体纳入服务范围之中，城市居民之间往往很少交往和互动，是一种陌生人关系，中国的城市社区不是滕尼斯所说的有着亲密关系共同体，但也不是滕尼斯所说的社会，因为它有着明确的地域边界或者说限制在一定区域之中，如果要对中国城市社区做一个界定，它应该是一个"特定场域中存在的社会"。③

关于城市社区共同体何以可能，学者的观点主要集中于自组织、他组织和共治三大进路。

自组织是社区共同体生产中讨论最多的逻辑进路，也被学界认为是社区共同体产生的根本途径和方式，该进路主张社区共同体主要依靠以居民及其自组织为代表的社会力量，形成"自致性共同体"④，以实现个体化居民的再组织化和情感联结。如何实现自组织，社区服务、社区自治、社区资源、社区精神、社区文化、社区组织、社区意识、现代技术等是讨论的重点。杨贵华认为，相对于国家和市场，社会是一个相对自主的领域，微观层面社会生活领域的协调和整合更需要自组织机制予以实现，对社区共同体整体而言和从发展趋势上看自组织优于被组织。⑤要实现居民社会支持网络从单位到社区的转变，提升居民自组织能力，物质、人力、组织、文化教育、社会等资源整合是前提条件和社

---

① 兰亚春. 居民关系网络脱域与城市社区共同体培育［D］. 长春：吉林大学，2012：15-19.
② 冯钢. 现代社区何以可能［J］. 浙江学刊，2002（2）：7.
③ 刘少杰. 新形势下中国城市社区建设的边缘化问题［J］. 甘肃社会科学，2009（1）：11.
④ 陆丹. 自致的共同体：城市社区发育的新路径［J］. 社会科学战线，2009（2）：201-206.
⑤ 杨贵华. 自组织与社区共同体的自组织机制［J］. 东南学术，2007（5）：117-122.

区建设可持续性的关键,而社区资源整合需要发挥社区场域内各类体制内和体制外组织的积极性,搭建资源整合新载体,建立资源共享和成本分摊机制①;何绍辉认为,社区共同体是陌生人社区建设和治理首要解决的问题,而以利益和情感整合为基础"场共同体"是走出陌生人社区建设困境的重要途径,场共同体建设重点在于提升社区服务质量、积极推进社区自治、重塑社区精神、推进社区融合等。②

陈友华、王冬梅等认为,人文意义上的社区让位于地理意义上的社区导致的传统社区精神消弭,是社区共同体生产陷入困境的重要决定因素,因此通过明确居委会自身定位、理顺居委会与其他社区组织间关系、对不同小区采取权变治理方法等措施③,推动制度化居民参与、建构"事缘型"支持网络、发展"在地化"志愿服务、探索网络化自组织新形式等④,重塑现代社区精神就显得十分重要。杨贵华认为,文化维系力是居民自组织能力的重要表征,社区文化在共同体的生产中占有重要地位和作用,完善文化体系、优化文化共建共享机制、重塑现代社区精神、彰显文化个性等,是应对原有文化特质褪色和提升社区文化维系力的重要条件⑤;陈宗章认为,现代性带来的社会结构高度分化,决定了"共同体意识"的培育是社区共同体生产的核心问题,而要培育共同体意识,社区参与共同体、服务共同体、思想政治工作共同体和自治共同体是有效途径。⑥

王青山认为,社区组织的成熟度是社区成熟度的重要衡量指标,没有社区组织的成熟社区就不能称为一个成熟或完全意义上的社区,社区组织通过弥补"政府失败"和"市场失灵"重建社区信任,增强居民横向联系和社区内聚力,所以大力发展社区组织就成为共同体生产的重要内容⑦;胡晓芳认为,社区公共

---

① 杨贵华. 社区共同体的资源整合及其能力建设:社区自组织能力建设路径研究[J]. 社会科学,2010(1):78-84.
② 何绍辉. 场共同体:陌生人社区建设的本位取向[J]. 人文杂志,2015(4):109-115.
③ 陈友华,佴莉. 社区共同体困境与社区精神重塑[J]. 吉林大学社会科学学报,2016,56(4):54-63.
④ 王冬梅. 从小区到社区:社区"精神共同体"的意义重塑[J]. 学术月刊,2013,45(7):31-36.
⑤ 杨贵华. 重塑社区文化,提升社区共同体的文化维系力:城市社区自组织能力建设路径研究[J]. 上海大学学报(社会科学版),2008(3):92-98.
⑥ 陈宗章. 城市社区"共同体意识"的现代性解构及其重建[J]. 理论导刊,2010(3):25-27.
⑦ 王青山. 社区建设发展读本[M]. 北京:中共中央党校出版社,2011:95.

性缺失是社区关系松散、社区精神不够振奋、社区参与率低等共同体困境的实质所在,而以专职社工队伍和兼职志愿者队伍为代表的社工组织这一社区建设一线组织者的进驻,是增强居民横向互动、重构居民社会关系网络、产生价值认同和公共精神的有效策略[①];兰亚春认为,具有互助互惠性质的社区志愿服务,为密切邻里关系具有积极意义,而国外社区实施的"义工制度""志愿者制度",国内某些城市社区实施的"道德银行""地域货币"等,为完善志愿机制提供了有价值的参考借鉴。[②]

郑中玉认为,互联网作为一种时空延伸和全球化工具,已经渗透到生活各个角落,人们可以通过网络的"再地方化"功能实现社会关系的地方化重组,借助互联网的"再地方化"效应进行社区尤其是社区社会网络建设,在开辟居民参与新渠道的同时,也加深了居民间的地域联系[③];吴锦良认为,"智慧社区"建设对社区治理方式和结构实现从传统向现代转型具有重要推动作用,完善顶层设计、与电子政务无缝对接、有效整合各级各类数据库功能等,对社区共同体的生产具有重要价值[④];杨建科等认为,社区共同体产生关键在于社区公共性的生产,而社交网媒的易互动、开放性、自由化、去中心化优势能使社区公共空间得以持续生产,当虚拟化和社区实体公共空间交叉互动则会不断增强社区信任与归属感,进而实现社区共同体的生产。[⑤]

他组织进路主张借助行政和市场的优势力量以实现社区居民的再组织化。赵宇峰认为,从古至今的国家治理都离不开有序的社会和有效的制度两大要素,社会再造和制度重建是身处在现代化进程中的各国都必然面临的问题,为此中国应重构基础社会以确保国家治理体系现代化顺利推进,而基础社会的重构应着力于日常生活共同体的培育[⑥];郑长忠认为,党的领导属性决定了党在社区建设中的领导核心地位,但党的传统组织习惯致其不能很好发挥社区共同体建设

---

① 胡晓芳. 公共性再生产:社区共同体困境的消解策略研究[J]. 南京社会科学, 2017, (12):96-103.
② 兰亚春. 居民关系网络脱域与城市社区共同体培育[D]. 长春:吉林大学, 2012:83-85.
③ 郑中玉. 沟通媒介与社会发展:时空分离的双向纬度:以互联网的再地方化效应为例[J]. 黑龙江社会科学, 2008(1):136-139.
④ 吴锦良. 用"智慧革命"推进我国基层共同体重建:"浙江智慧社区网"对社区建设的价值分析[J]. 中共浙江省委党校学报, 2012(6):37-44.
⑤ 杨建科, 张振. 社交网媒在商品房社区共同体形成和治理中的作用[J]. 城市问题, 2017(12):81-85.
⑥ 赵宇峰. 重构基础社会:日常生活、共同体与社区建设[J]. 社会科学, 2017(4):3-10.

职责，所以社区党组织要在社区共同体的生产中发挥积极作用，就必须"遵循政党发展规律和社区建设内在逻辑，推进社区党建在理念、机制和组织等方面的创新和转型"①；李宽认为，城市社区共同体的生产，本质是要将居民从陌生人转变成熟人，以社区党组织、居委会为核心，群团组织领头人为积极分子的体制性力量，通过不断开展社区活动增进居民相互了解和熟悉、通过民主协商形成秩序和规范的体制性熟悉，对这一转变具有必要性和合理性，但体制性熟悉也存在需要政府持续投入、居民参与积极性难以有效调动、有行政吸纳自治倾向等弊端②；郑琦等认为，结社传统的缺乏、对政府依赖的习惯，导致我国社区共同体的生产对政府有着路径依赖，但由于政府介入方式从控制主导向培育主导的改变，共同体路径已从传统的政府生成主导过渡到政府培育主导，作为共同体精髓和本质的自主性得以有效维护和体现，政府培育主导路径体现了既有路径的发展和超越。③

共治进路主张充分调动政府、市场、社会三大结构性力量的积极性，通过合作共治实现居民的再组织化。杨君等认为，"社区治理共同体"是解决城市居民生活个体化、社区组织碎片化、社区公共性衰落等问题的有效路径，而社区治理应"以政府、社区、社会组织和居民为主体，以社会再组织化为手段，以实现社区多元主体共同治理为根本目标"④；姜方炳认为，以增强社区居民认同感和归属感为价值内核的"共同体化"，是城市社区走出功能主义和地域主义困境的关键所在，共同体化的主要内容包括治理主体多元化、程序民主化、方式契约化、对象普惠化、居民互助化等⑤；赵欣等认为，社区公共空间可以划分为政治性、互助性、文化性公共空间等不同类型，不同类型的公共空间的运行逻辑不同，在运行过程中是否建构了合适组织载体并获得持续动力，是影响共同体能否生成的关键，通过居委会这一各类公共空间的融汇点，促进自发性和制

---

① 郑长忠. 社区共同体建设的政党逻辑：理论、问题与对策 [J]. 上海行政学院学报，2009 (5)：62-69.
② 李宽. 城市社区共同体的生成机理：从陌生人到熟人 [J]. 重庆社会科学，2016 (5)：49-55.
③ 郑琦，乔昆. 论社区共同体生成的政府培育主导路径 [J]. 北京社会科学，2010 (6)：55-58.
④ 杨君，徐永祥，徐选国. 社区治理共同体的建设何以可能？：迈向经验解释的城市社区治理模式 [J]. 福建论坛（人文社会科学版），2014 (10)：176-182.
⑤ 姜方炳. 共同体化：城市社区治理的功能性转向：走出社区治理困境的一种可能思路 [J]. 中共天津市委党校学报，2015 (2)：74-81.

度性机制的融合,为公共空间群和社区共同体的形成提供了有益启示。①

三、城市社区共同体研究结论与评价

关于城市社区与共同体的关系,目前国内外研究总体得出三种结论,即城市社区与共同体互斥论、相容论、脱域论三种。

自滕尼斯以降,贯穿城市社区共同体研究的主基调就是,城市社区与共同体相互排斥,或者说城市社区共同体已无可挽回地走向衰落和终结。城市社区与共同体互斥论认为,经济理性、现代科技、金钱媒介、人口流动等,使得与共同体联系紧密的地域和共性关系,都遭受着现代性前所未有的挑战②,社区居民社会交往的地域特征越来越不明显,人们经济地位、价值观念、生活方式等阶层分化的扩大,使得社区认同、归属感难以形成,最终导致以社区为基础的亲密首属关系越来越少。略有不同的是,有的认为滕尼斯笔下的社区共同体已完全不存在,而有的认为当今城市社区既有共同体的成分也有社会的因素,或者说既不是完全意义上的共同体也不是完全意义上的社会,但滕尼斯笔下的社区共同体在城市社区已不复存在。

当然互斥论也受到质疑和挑战,城市社区与共同体相容论认为,虽然国家与个体之间的关系越来越流于表面,国家难以深入个体内心深处,但那种亲密与共的共同体仍然是现代社会需要的结合方式,并通过实证研究支持自己的观点,但批评者认为,相容论者的观点只是基于思辨的分析,其观点只是"应然性"地讨论了社区共同体存在的必要性,将对情感联结的追求当作社会事实去研究,不仅缺少因果贯通还是一种概念的"移花接木",而且情感联结并非只有社区共同体才能实现,其他形式的共同体同样可以。更为关键的是,相容论被认为缺乏普遍意义的经验支持,已有的实证研究主要聚焦在传统村落、城中村、移民社区、宗教社区等"特殊聚居点",并不具有普遍意义和价值,在一般城市社区中并未找到有力的实证支撑。总之,相容论只能说明城市社区共同体是一种"特殊的存在",并不能否定传统社区共同体式微的趋势。当然,关于社区共同体何以可能的研究严格意义上说也应属于相容论的范畴,因为社区共同体何以可能的研究假设即城市社区与共同体相容是可能的,否则何以可能也就成了

---

① 赵欣,范斌.敦亲睦邻:社区公共空间的分类运行机制与共同体构建[J].晋阳学刊,2014(6):90-97.
② 戴安娜·布赖登,威廉·科尔曼.反思共同体:多学科视角与全球语境[M].严海波,等译.北京:社会科学文献出版社,2011:1-30.

"无本之末"。目前的聚焦点主要在社区服务、社区自治、社区资源、社区精神、社区文化、社区组织、社区意识、现代技术,以及社会、市场、政府三大结构性力量的关系处理等方面。

共同体脱域论是一种相对"超然"的观点。脱域论认为,共同体的本质是人们基于认同感和归属感的情感联结,而不在乎具体的联结纽带,地域只是传统社会共同体的普遍特征而非本质特征。随着现代科学技术尤其是现代通信技术的发展,地域对人们交往的限制已越来越小,人们的社会交往已从地域中解放出来,城市社会人际关系已发生变化,脱域共同体已成为共同体具有普遍意义的新形式。所以,社区共同体理论也应摆脱地域的纠缠,将视野从地域中解放出来,去关注那些基于血缘、业缘、学缘、趣缘建立起来的脱域共同体。但也有批评者认为,脱域论回避了城市社区本体论即共同体是否存在的问题,脱域共同体的发展并不能否定地域共同体存在的必要性和重要性。

总之,"巨大社会变迁引发的巨大社会问题",促使人们对共同体这一社会结合方式寄予了厚望,以至于人们如此努力地研究、寻找、建构和复兴共同体[1]。总结中西方共同体研究可以发现,现有研究的主要贡献有三方面:一是构建起共同体完整的知识谱系,在地域共同体研究基础之上,随着现代性的深入,逐步将脱域共同体这一新的共同体形式纳入共同体大家族,并对脱域共同体产生的原因、优势、发展趋势等进行了深入研究;二是虽然关于脱域共同体和地域共同体孰优孰劣,究竟谁代表着共同体的发展趋势等,学界还存在争论和分歧,但在笔者看来,这种争论反而证明了两者各有优劣,无论其中之一如何蓬勃发展,都不能因此而否定对方存在的必要性和重要性,这很可能为接下来如何实现二者的有机统一奠定了良好基础;三是对作为地域共同体突出代表的社区共同体进行了深入的理论和实证研究,如社区共同体的本质、形式、意义、发展现状、困境及其原因、逻辑进路等,虽然研究结论不免令人沮丧,因为现有研究从不同角度证明了社区共同体只能是过去或将来的事情[2],而不能是现在的事情,但这本身就是一个极具价值的结论,它为后续研究者"站在巨人肩膀上"开展进一步研究,如探寻社区共同体新的致困因子、发现新的形式并论证其可能性和可行性等,节约了宝贵学术资源,更激发了"社会学的想象力"。

---

[1] CHRISTENSEN K, LEVINSO D (eds). Encyclopedia of community: from the village to the virtual world [M] // LEIGH A. Trends in social capital. Thousand Oaks, CA: Sage, 2003: 133.

[2] 齐格蒙特·鲍曼. 共同体: 在一个不确定的世界中寻找安全 [M]. 欧阳景根, 译. 南京: 江苏人民出版社, 2003: 4-5.

当然，现有社区共同体研究也还存在几点不足。

第一，"脱域—地域"并非一对此消彼长、非此即彼的概念，而是一个并行不悖、相得益彰的有机整体。

虽然关于社区共同体可不可能和何以可能的问题争论得如此激烈，但几乎没人怀疑共同体存在的必要性和重要性。城市社区与共同体相容论、互斥论、脱域论，都是建立在城市社区共同体这一非常重要理论前提之下的。现代性对传统社会解构在使个体的价值得到极大张扬的同时，也使个体从共同体中游离出来而直面国家，如果没有一系列次级群体存在，不仅社会会解体，而且国家也将不可能存在下去。① 虽然游离出来的个体可以被社会伸出的"劳动分工"之手重新"捕获"，以使社会继续得以可能，但极度发达的现代性同时也是一个高度理性、效率、庞大且复杂的"冰冷社会"，"冰冷的现代性"需要共同体的情感以"切到个人的意志深处"，对社会予以"柔性"联结。正因如此，自现代性开始以来，关于共同体的研究从来没有停止过，并成为一个长盛不衰的命题。然而随着现代性的发展，曾经是共同体防御中最为可怕和最难克服的屏障"距离"②，逐渐成为一个越来越薄弱的概念。社会联结的纽带日益摆脱地域的束缚，这一方面使原始意义上的地域共同体不断式微，而另一方面脱域共同体逐渐成为一种迅速壮大的共同体形式，大有取地域共同体而代之之势。

但笔者以为，脱域共同体并非万能，有优势也有劣势。脱域共同体的优势在于对成员整体感的形塑，以民族共同体为例，尽管大多数同胞相互之间并不认识，穷其一生也不会相遇，甚至从未听说过对方，然而"他们相互联结的意象却活在每一位成员的心中"，尽管共同体内部可能存在社会分化和不平等现象，但共同体总是被设想为充满着平等、深刻的同胞之间的爱，正是这种共同感或者说共同体的想象，使得数以百万计的人们甘愿为他们想象中的共同体去奉献和牺牲，如为自己的民族去屠杀或赴死。③ 然而，脱域共同体也有显而易见的劣势，正是由于大多数同胞相互之间并不认识，穷其一生也不会相遇，所以脱域共同体成员之间很难建立起一种出入相友、守望相助式的亲密关系。即便成员在脱域交往之前就熟悉亲密，但对脱域条件下的共同生活是否"持久"和

---

① 埃米尔·涂尔干. 社会分工论 [M]. 渠东, 译. 北京：生活·读书·新知三联书店, 2013：40.
② 齐格蒙·鲍曼. 生活在碎片之中：论后现代道德 [M]. 郁建兴, 等译. 上海：学林出版社, 2002：4-5.
③ 本尼迪克特·理查德·奥格曼·安德森. 想象的共同体：民族主义的起源与散布 [M]. 吴叡人, 译. 上海：上海人民出版社, 2011：6-7.

"真正"的共同生活尚存疑虑,尤其是其共同体体验的短暂性和脆弱性,成员间的联系常被称为"没有结果的联系",一味强调脱域共同体的整体感只会使其被还原为一种简单的心理结构①。

所以,脱域共同体的发展,仍然不能否定和离开地域共同体。而在地理上生活在一起的人们,比那些不能在地理上生活在一起的人们,具有形成荣辱与共、出入相友的亲密关系的便利、优势和可能性。因为居住在一起,居民必然有着共同的需求,如房屋维修、公共设施使用、公共收益和支出、治安、环境、卫生、文体、娱乐、休闲等,这些共同需求具有持久性而且不可能依靠个体来实现,具有共同、持久需求的群体在集体实现共同需求的过程中,群体成员之间必然有持久交往的内在需求,进而产生共同体式社会关系的可能性,这种社会关系表现为高度的凝聚力、情感表示、道德操守、个体之间的亲密性尤其是时间上的连续性②,而只有需要很长时间才能相互依赖的需求,才能促使居民感受到彼此之间存在着牢固的社会关系并形成持久的内聚力。

所以经典的地域共同体仍然发挥着恒久的作用。在共同体理论创立者滕尼斯那里,共同生活的程度就是共同体与社会最重要的区分维度,共同体成员之间的生活是持久和真正的共同生活,而社会成员之间的生活只不过是暂时和表面的共同生活。也就是说,只有经过持久和真正的交往,居民才能形成共同体,暂时和表面的交往难以形成真正的共同体。而持久和真正的共同生活必然意味着要占有共同的地域,因为持久和真正的共同生活要求人们基于持久的共同事由频繁互动以彼此熟知,为此人们必须首先"生活在一起"③,只要人们仍然生活在万物之母亲大地的怀抱④,地域就仍是人们持久和真正共同生活的物质基础。现代性脱域机制一度使地域在共同体的维度中成为一个越来越薄弱的概念,但经过脱域机制洗礼的共同体依然离不开地域的维度。

社区共同体虽然可能成为一种"纵横兼备"的情感联结方式,即既有认同感、归属感和整体感也有成员之间的亲密关系,但共同体与生俱来的封闭性也会加剧社会碎片化趋势,突出表现在居住空间的堡垒化、共同利益的内部化、

---

① 齐格蒙特·鲍曼. 共同体:在一个不确定的世界中寻找安全 [M]. 欧阳景根,译. 南京:江苏人民出版社,2003:4-5.
② NISBET R A. The Sociological Tradition [M]. London:Heinemann Educational Books Ltd. 1970:48.
③ 孔凡建. 共同体语义演化史考辨 [J]. 甘肃理论学刊,2014 (5):89.
④ 大冢久雄. 共同体的基础理论 [M]. 于嘉云,译. 台北:联经出版事业公司,1999:9.

社会阶层的区隔化、社会关系的隔离化和情感联结的封闭化等方面，作为地域共同体的社区共同体仍然需要脱域共同体更大范围内的整体感形塑。所以，地域共同体与脱域共同体并非一对此消彼长、非此即彼的概念，而是一个并行不悖、相得益彰的有机整体。

第二，作为地域共同体的城市社区共同体，并非只有"应然性"理论，更有经验支撑。

作为地域共同体的社区共同体之所以成为一个日益薄弱的概念，一个很重要的原因在于实践中人们社区的共同体体验感越来越薄弱，理论研究难以找到实际存在、具有普遍意义上的社区共同体作为经验支撑，所以只能做一些"应然性"的论述，甚至将对共同体的向往当成社会事实去研究。其实，城市社区并非没有共同体，只是没有"社区"共同体。在楼栋、院落、小区等微社区内，居民为维护基于住宅产生的物权、治权、人权等一系列权利而团结起来，形成集体行动，而集体行动的产生是共同体开始形成的重要标志。因为社会体系要具有某种共同体的性质，就必须能够产生持续的互动网络，判断一个社会系统是否或在多大程度上具有共同体的性质，应从其集体行动能力上去衡量。① 居民在集体行动中，产生集体认同和归属感，并从"互不相干"的陌生人变成"半熟人"。有的楼栋、院落、小区还在此基础上，基于日常公共事务治理和共同的需求和爱好，如趣缘、业缘、文化、体育等，进一步形成持续的交往和互动网络，居民在从"半熟人"到"熟人"过渡的过程中，逐步产生亲密的情感联结，显示了越来越浓厚的共同体特征。社区共同体可能并不存在于"社区"，而是存在于楼栋、院落、小区等社区微社区层面。

第三，共同体生产规模长期未得到应有重视。

规模对群体生存和发展的影响，曾得到过"旁敲侧击"式、"或明或暗"式和"副产品"式的论述。"旁敲侧击"式论述主要是指人们可以通过思想家关于其他群体规模的论述，得到规模对社区共同体影响的启示。如古典时期的思想家柏拉图认为小规模团体有利于公民之间的相互认识和彼此了解，他甚至计算出理想的团体规模数量是5040人②；亚里士多德认为城邦规模应当适中，人口限度应满足自给自足生活需要和观察所能遍及两大条件，人口太多就不能成为一个真正的立宪政体的城邦③；近代启蒙思想家卢梭认为，体制最良好的国

---

① 兰亚春. 居民关系网络脱域与城市社区共同体培育 [D]. 长春：吉林大学，2012：30.
② 参见白雪娇. 规模适度：居民自治有效实现形式的组织基础 [J]. 东南学术，2014（5）：50.
③ 亚里士多德. 政治学 [M]. 吴寿彭，译. 北京：商务印书馆，1965：361.

家规模是有界限的,既不能太大也不能太小,太大了不能很好地治理,但太小了也不能很好地维持自己①;孟德斯鸠认为,大共和国更缺少节制精神,公共福利往往会成为各种权衡的牺牲品,而小共和国的公共福利较为明显,与每个公民的关系也较为密切,弊端较少。②后来产生的代议制虽然突破自治的城邦国家对规模的限制,但代议制对自治内涵的消减尤其是人们直接面对面交往的损害,却是无可争辩的事实且有着不可忽略的影响。"或明或暗"式论述是指规模对共同体的影响或明或暗隐含在特定论述之中。如滕尼斯的共同体其实也是有规模限制的,滕尼斯在谈到可能建立共同体的群体时认为,共同体可能在自然基础上的家庭、宗族群体里实现,此外其也可能在历史形成的村庄、城邦等联合体,以及在友谊、师徒等思想的联合体里实现。③在这里,村庄、城邦等联合体有"明确提及"规模,而家庭、宗族以及友谊、师徒等联合体则"隐含"着规模要素。"副产品"式论述主要是指规模对共同体的影响只是被偶尔提及,并未详细论述或论述重点。如涂尔干曾经提及,在较小的社会里,人们的同质性较强,每个人的生存环境大致相似,也比较具体,各种各样人们的意识形态表现相似特征④;安德森也曾提及,所有比成员能够面对面交往、比原始村落更大的一切共同体,或许包括这种村落在内,都是想象的,共同体的区别不在于其虚假或真实性,而在于它们被想象的方式。⑤

总之,规模在共同体生产中的地位和作用尚未得到足够重视,在共同体一脉相承的学术体系中尚缺乏规模要素的一席之地。研究者的学术旨趣重点在于现代性带来的经济理性、现代科技、金钱媒介、空间结构、人口流动等客观原因,以及社区活动、社区服务、社区组织、政府角色、社工队伍素质、社区价值体系、社区公共精神、社区志愿机制等主观原因之上。本书拟在规模与社区共同体生产之间的关系,尤其是在规模式微化后的城市社区"微共同体"可不可能以及何以可能方面有所突破。

---

① 卢梭.社会契约论[M].何兆武,译.北京:商务印书馆,2003:59.
② 孟德斯鸠.论法的精神[M].张雁深,译.北京:商务印书馆,1961:124.
③ 费迪南·滕尼斯.共同体与社会:纯粹社会学的一个基本概念[M].林荣远,译.北京:北京大学出版社,2010:2.
④ 埃米尔·涂尔干.社会分工论[M].渠东,译.北京:生活·读书·新知三联书店,2013:244.
⑤ 本尼迪克特·安德森.想象的共同体[M].吴叡人,译.上海:上海人民出版社,2011:6.

第三节 研究设计

一、核心概念：微共同体

（一）微社区

中文的"社区"一词经历了德文"Gemeinschaft"、英文"community"、中文"社区"的语言转译过程。社会学界普遍接受"社区"这一概念始于滕尼斯这一观点，1887 年滕尼斯在其成名也是经典之作 *Gemeinschaft and Gesellschaft* 中，将传统向现代演化过程中的人类社会结合方式抽象为"Gemeinschaft"与"Gesellschaft"两种形式，其中"Gemeinschaft"为一种具有高度认同感、归属感和亲密感的人类社会结合方式，是否建立在本能的中意，或习惯基础上的适应或与思想有关的共同记忆之上①，是判断是否"Gemeinschaft"的关键指标，所以"Gemeinschaft"既可能在自然的基础之上的家庭、宗族等群体里实现，也可能在历史形成的村庄、城市等联合体，以及在友谊、师徒关系等思想的联合体里实现。也许正是由于这种宽泛的界定为后来理解上的分歧和使用上的泛化"埋下了祸根"②，以至于其从来没有像过去几十年那样被含糊空洞地使用③，定义至少达到 90 种以上④。

第一次世界大战以后的 20 世纪 20 年代，滕尼斯的德文著作 *Gemeinschaft and Gesellschaft* 被翻译成英文 *Community and Society*⑤，"community"一词很快成为美国社会学界的主要概念。在芝加哥学派的影响下，"community"一词越来越成为一个地域的概念。20 世纪 30 年代，"Community"引进中国，以费孝通为代表的燕京大学社会学系学生将"community"翻译为中文的"社区"。受芝加哥学派尤其是帕克的影响，中文"社区"一词同样打上了明显的"地理"或

---

① 费迪南·滕尼斯. 共同体与社会：纯粹社会学的一个基本概念 [M]. 林荣远，译. 北京：北京大学出版社，2010：2.
② 张领. 流动的共同体：农民工与一个村庄的变迁 [D]. 杭州：浙江大学，2010：21.
③ HOBSBAWM E. The Age of Extremes: The Short Twentieth Century 1911-1991 [M]. London: Michael Joseph, 1994: 428.
④ BELL C, NEWBY H. Community Studies: An introduction to the Sociology of the Local Community [M]. Westport, CT: Praeger, 1973: 15.
⑤ TONNIES F. Community and Society [M]. Translated by Charles P. Loomis. Oxford: Taylor and Francis, 1988.

"地域"烙印,虽然关于"社区"的定义多种多样,但大多数学者对"社区"定义都具有明显的地域特征。改革开放后,随着社区建设与社区治理的兴起,社区研究也蓬勃发展。2000年11月,民政部发布的《关于在全国推进城市社区建设的意见》明确指出,"社区"的内涵是指"聚居在一定地域范围内的人们所组成的社会生活共同体……(而外延)一般是指经过社区体制改革后作了规模调整的居委会辖区"。①

虽然地域社会的定义与滕尼斯的"Gemeinschaft"的内涵发生了偏离,滕尼斯所说的"社区"建立在自然而然形成、历史以及思想的基础之上,而作为居委会辖区的"社区"是理性规划与社会建构的结果,但为了方便与学界同仁和实际工作部门同志对话,本书仍将"社区"一词理解为一个具有鲜明地域特征的概念,即外延社区居委会辖区。至于建立在地域基础之上的社会关系,则用"共同体"一词去表达。在此语境下,"社区共同体"是一个独具中国特色的学术概念。而"微社区"则是指在社区范围内,以楼栋、院落、小区等为表现形式的居民聚居区域。其中,"楼栋"是指单独一栋住宅或以住宅为主的楼房,该楼栋可能有多个单元,每个单元的居民共用一个出入口;"院落"是指若干楼栋组成相对独立的物理空间;"小区"是指以住宅为主,并具有配套公共生活服务设施、相对独立的成片居民住宅区。

(二)共同体

每一个关于共同体的研究,都需要首先清晰界定其将在何种意义上使用"共同体"这一概念,或者说其所研究的"共同体"为何物。虽然关于"共同体"的定义数不胜数,但这丝毫不影响人们对这一概念的使用。通过考察"共同体"的历史流变可以发现,自滕尼斯以降,有关共同体的研究一共在三个层次上使用过"共同体"这一概念。不同层次上的"共同体",反映了共同体内部不同层次的社会关系。

一是共同特征意义上的共同体。即"共同体"作为一个描述群体而非个体的概念,仅指具有某一个或多个共同特征的群体,如具有某种共同的特质、身处某一共同地点、从事某一共同活动等,至于群体成员间的互动方式、内部关系以及共同体的内部结构等,使用者并不在意或关注。② 如鲍曼就认为,共同体是社会中存在的,基于某种共同特征或者说相似性形成的各种层次的团体和组

---

① 中共中央办公厅,国务院办公厅. 关于转发民政部《关于在全国推进城市社区建设的意见》的通知 [Z]. 中办发 [2000] 23号.

② HOLLINGER D A. From ientity to solidarity [J]. Daedalus, 2006, 135 (4): 24.

织，这种共同特征或相似性既可以是主观上的也可以是客观上的，共同体既包括规模较小的社区自组织，也包括更高层次意义上的政治组织，还包括民族、国家这一最高层次的总体。① 这个意义层次上使用的"共同体"的具体内涵关键看其前面的那个修饰限定语，正如科林·贝尔和霍华德·纽拜所说，这个意义上的共同体唯一共同要素就是人②。

二是整体感意义上的共同体。整体感意义上的共同体认为只要人们生活在一起，就必然发展出某种有势力的共同生活标记与结果，如语言文字、风俗观念、言行举止等。③ 但这种界定下的共同体外延仍然很大，因为不管多大范围的共同生活，如村、乡镇、区县、省、国家乃至更大的范围④，都可称为"共同体"。显然，同一县、省、国家乃至更大范围的人们很难"持久和真正地"共同生活在一起，但相对于共同特征意义上的共同体，这种共同体具有了传统习俗、语言文化、认同感和归属感等精神层面的特征，开始关注共同体内部的关系，尤其是共同体和其成员的纵向关系，强调成员对共同体的认同感和归属感，以及建立在此基础之上的整体感。在一个拥有共同价值观念、目标和规范的群体中，每个成员都是其他成员和整个共同体发展的一环，共同体不只指一群人，而是指一个整体意义上的群体。⑤ 韦伯表达得更为直接，无论是在个别场合中、纯粹模式里，还是在平均状况下，某种社会关系，只要它以社会行为取向为基础，而且参与者主观感受到，或感情、传统里具有了同属于一个整体的感觉，就应当称为"共同体"。⑥

三是整体感和亲密感兼具意义上的共同体。这种意义上的共同体不仅注重纵向认同、归属和整体感，更注重成员间的横向联系，不仅关注个人与社会的关系也关注个人与个人的关系。而要形成这种最高层次上的共同体，必须经过"持久和真正的"共同生活。"Gemeinschaft"在德文中原意为"共同生活"，滕尼斯用它来表示基于本质意志所致的守望相助、亲密与共、富有人情味的社会

---

① 齐格蒙特·鲍曼. 共同体：在一个不确定的世界中寻找安全 [M]. 欧阳景根，译. 南京：江苏人民出版社，2003：1.
② BELL C, NEWBY H. Community Studies: An introduction to the Sociology of the Local Community [M]. Westport, CT: Praeger, 1973: 15.
③ 麦基文. 社会学原理 [M]. 上海：商务印书馆，1933：23.
④ 麦基文. 社会学原理 [M]. 上海：商务印书馆，1933：23.
⑤ GLENN N D. The spirit of community: rights, responsibilities and the communitarian agenda by Amitai Etzioni [J]. Journal of marriage and family, 1994, 56 (3): 776-777.
⑥ 马克斯·韦伯. 社会学的基本概念 [M]. 胡景北，译. 上海：上海人民出版社，2000：62.

联系或共同生活方式。共同体成员间的精神和情感联结基础是因为共同居住、生产和生活而自然而然产生的。在滕尼斯那里，共同生活是"共同体"与"社会"的重要区分维度，共同体成员之间过的是一种持久和真正的共同生活，而社会成员之间过的是暂时和表面的共同生活。① 更进一步说，"真正的"共同生活是指居民通过较高频率的交往，尤其是面对面的接触，彼此熟知、相互信任，而不是肤浅、表面的了解，而"持久的"共同体生活强调居民交往的持久性，临时、暂时的交往很难产生情感上的联结。只有持久和真正的共同生活，居民才会产生纵、横两个方向上的情感联结。

显然，任何人类群体都具有共同的特征，如果共同体仅指具有某种共同特征的群体就显得过于宽泛，所以本书倾向从一种更为严格的意义上去使用"共同体"这一概念。笔者以为，共同体除了是一个整体外还应是一个成员间亲密与共、守望相助的整体，这种理解更符合滕尼斯的本意。更为关键的是，共同体作为一种人类社会结合方式，具有亲密感的情感联结可以更好地"切到个人的意志深处"，从而有效地把人们结合在一起，更好地化解"冰冷的现代性"带来"距离越来越远，越来越流于表面"，个体与国家、个体与个体的关系。而且具有亲密感的整体，成员间的关系更具有主动而非被动性、持久而非短暂性、深入而非表面性、坚韧而非脆弱性。所以，本书研究的或者说追求的共同体是整体感和亲密感兼具意义上的共同体。

（三）城市社区"微共同体"

社区共同体被证明只是"过去的事情"或"将来的事情"而非"现在的事情"，但楼栋、院落、小区等微社区内的居民却在低分化持久交往下，显示了越来越浓厚的共同体特征。"社区共同体"这一概念已经不能很好地解释这一现象，所以有必要发展一个新的概念以代替"社区共同体"更好地适应和解释社区共同体实践。由于生产规模是人们长期忽视的共同体致困因子，相对"社区"，楼栋、院落、小区等生产单位的规模更小微化，所以本书将建立在楼栋、院落、小区等微社区基础之上的居民生活共同体称为社区"微共同体"。

从规模要素来看，城市社区"微共同体"主要有楼栋共同体、院落共同体和小区共同体三种形式，分别表示以楼栋、院落、小区为单位形成的居民生活共同体。从共同体生产水平或情感层次结构来看，城市社区"微共同体"有共同特征意义上的"微共同体"、整体感意义上的"微共同体"、整体感和亲密感

---

① 费迪南·滕尼斯. 共同体与社会：纯粹社会学的基本概念[M]. 林荣远，译. 北京：商务印书馆，1999：54.

兼具意义上的"微共同体"三个层次。其中,整体感意义上的"微共同体"可以进一步划分为短暂的认同感和浅层的整体感、持久的归属感和深层的整体感意义上的"微共同体"两个亚层次①。由于共同特征意义上的"微共同体"的内涵和外延过于宽泛,即便互不相干的邻里也可以称为"共同体",因为人们有着共同的地域这一特征,所以本书所称的"微共同体"主要包括短暂的认同感和浅层的整体感、持久的归属感和深层的整体感、整体感与亲密感兼具意义上的共同体三个层次。此外,虽然社区"居民"既包括居住在社区的自然人也包括法人,但由于本书主要探讨的是以自然人为主的共同体,所以本书所称的"居民"仅指居住在社区的自然人,包括业主居民和非业主居民,常住人口和流动人口。

二、分析框架:交往的共同体

作为定性研究的一种重要方法,框架分析广泛运用于社会科学各个领域,对社会科学研究产生了重大而深远影响。1974年,美国社会学家欧文·戈夫曼借用人类学家格里高利·贝特森《游戏与幻觉理论》一文中的"框架"概念,在其赢得"社会学家"声誉的扛鼎之作——《框架分析:经验组织论》一书中创立。框架理论始于实用主义哲学家威廉·詹姆斯关于"在什么情形下我们认为事情是真实的"这一追问,即人们如何解决社会现实的问题。戈夫曼认为,初始框架是人们用以感知和解释事物的本源视角、解释图式,是参与社会建构的主体认知,使原本无意义的事物变得有意义,而初始框架分为自然框架和社会框架两类,分别从纯粹物理性和混合了人的意愿及控制努力的视角为事物提供背景解释。② 至于如何得出分析框架,戈夫曼认为有两个途径,即过去的经验和经常受到社会文化标准的影响。③ 虽然关于戈夫曼的框架理论争议很多,但框架理论被社会科学领域广为接受的事实可以反映出,框架理论能够揭示重要的本质现象④。具体而言,分析框架的作用在于不仅使观察者和参与者全神贯注追

---

① 此处的认同主要包括对彼此境遇的认同和集体行动成功后对所在群体的认同两个方面,而归属是在认同基础上情感的进一步深化,关于认同感和归属感的内涵及其区别详见第五章第三节第三部分"微共同体的情感层次结构与熟人机制"。
② GOFFMAN E. Frame Analysis: An Essay on the Organization of Experience [M]. Boston: Northeastern University Press, 1986: 21.
③ GOFFMAN E. Frame Analysis: An Essay on the Organization of Experience [M]. Boston: Northeastern University Press, 1986: 562.
④ 肖伟. 论欧文·戈夫曼的框架思想 [J]. 国际新闻界, 2010, 32 (12): 30-36.

随一条故事主线，还将不符合框架的事物可以被驱逐出去不再被赋予注意力①，为帮助人们认知事物和"组织意义"提供了一套方案和规则。

社区共同体可不可能和何以可能，是社区共同体研究的焦点和重心所在。相比较而言，社区共同体的形成机理本身反而处于被遗忘的"冷门"议题。但形成机理对社区共同体及其研究具有基础性作用。只有围绕社区共同体的形成机理展开研究，才能抓住社区共同体可不可能和何以可能这两大关键议题的本质。目前，关于城市社区共同体受到冲击的原因解释主要集中于现代性对传统地域共同体的消解，如经济理性、现代科技、金钱媒介、空间结构、人口流动等。而如何使社区共同体中拾可能，目前研究的主要聚焦点在于社区活动、社区志愿机制、社区服务、社区组织、政府角色、社工队伍素质、社区价值体系、社区公共精神等。

笔者以为，居民交往是不容忽视的核心中间变量。一方面，现代性带来社会交往的革命，使社区共同体原有的交往逻辑发生巨大变化，如现代科技使居民社会交往范围不再局限于地域限制、社会交往方式不再局限于面对面的交往，经济理性和金钱媒介改变了居民社会交往的内容、消解了社会交往的价值和情感因素，人口流动影响了居民社会交往对象的稳定性和社会资本的形成等，正是居民传统社会交往的变革，消解了社区共同体的存在基础，在现代性与社区共同体销蚀之间的"居民社会交往"这一中间变量被忽视了，或者说仍是一种尚未被重点强调的"潜变量"；另一方面，现有研究关于社区共同体何以可能的设想，其本质或潜意识想达到的效果也是促进居民交往，社区活动的举办、社区志愿机制的实施、社区服务的加强、作为节点的社区组织的成熟、政府角色的合理定位、社工队伍素质的提升、社区价值体系的建立、社区公共精神的培育等，都有一个共同的效果，即促进居民的社区交往，建立居民与社区尤其是居民与居民之间的稳定联系，通过社区居民交往加强提升社区的内聚力和情感密度，进而产生社会成员共同体式的情感联结。

社区共同体的生产，遵循着"交往逻辑"。也就是说，共同体的形成，需要"持久和真正的"交往。持久而非短暂的、真正而非肤浅的、内在需求而非外在推动的交往，使居民在相互合作、帮助、给予中产生一种认同感、归属感和整体感以及亲密感，形成一种"令人舒服"的共同记忆，进而实现共同体式的社

---

① 至于被驱逐出去的事物可能被掩盖但也可能重新成为注意力的中心，而且，框架中断后也可以"用改换的音调"重新予以调适。参见 GOFFMAN E. Frame Analysis: An Essay on the Organization of Experience [M]. Boston: Northeastern University Press, 1986: 210.

会结合。帕克对这一过程曾有过生动描述：伴随着时间的慢慢推移，城市的每个角落、一草一木，都在某种程度上不可避免烙上了当地居民的品格、特性和情感，其结果便是起初仅仅是呈几何形状的平面划分，逐渐转化为有着自身历史、传统和情感的小地区，居民也从陌生人转化为邻里，这种邻里使历史过程的连续性得以保持，往昔与当今的事物累积叠加，使得每个地区的生活在这种连续性中形成有着自己独特纪念意义的事物和独立性。① 为此，本书尝试以"交往的共同体"为分析框架来研究城市社区共同体（见图 1.1）。

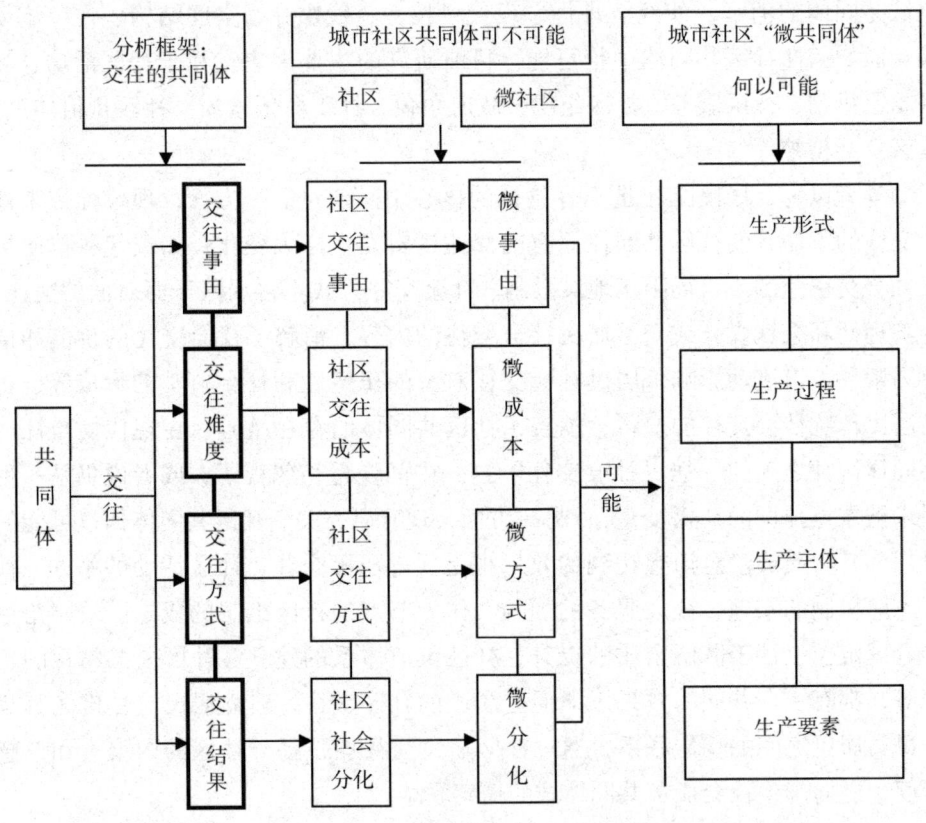

图 1.1　分析框架与研究思路

具体而言，影响社区居民交往的要素主要体现在交往事由、交往难度、交往方式、交往结果等方面。

交往事由。社会交往的产生，首先需要交往的事由。在滕尼斯那里，共同

---

① PARK R E, BURGESS E W, MCKENZIE R D. The City [M]. Chicago: The University of Chicago Press, 1968: 6.

体可分为血缘共同体、地缘共同体、精神共同体三种类型，三种共同体分别对应着亲属、邻里、友谊等可以观察到的、容易理解和相互并存的形式。① 以血缘共同体为例，母子之间因为母亲负有养育、保护和引导她所生育子女的责任，这一事由决定了母子之间要生活在一起很长一段时间直至子女能够供养、保护和引导自己；夫妻之间持久和真正地生活在一起的事由主要有两个方面：首先是有着共同生育的孩子，其次是有着共同的财产。兄弟姐妹之间之所以需要持久和真正地生活在一起，主要是因为要与母亲生活在一起。有了持久和真正的交往事由，持久和真正地共同生活在一起的母子、夫妻、兄弟姐妹，孩子会对母亲的关怀和辛劳产生感激之情、夫妻和兄弟姐妹之间的相互习惯和给予会带来欢乐的记忆，这种令人舒服的共同记忆在共同体的生产中"发挥的作用似乎最为强烈"。② 所以，持久和真正的共同交往事由是共同体形成的基础性要素。

交往难度。传统社会是熟人社会，人们世代居住在一起，生下来就相互熟悉，社区共同体生产是"从熟人到熟人"的模式。而现代城市社会是陌生人社会，不同民族、种族、职业、阶层、信仰、价值观的人们，因为居住而从四面八方会聚于同一社区，在此场域中的社区共同体生产是一种"从陌生人到熟人"的交往进路。熟人之间有共同遵守的传统、习俗、信任等，相互交往相对容易，而陌生人之间由于缺乏熟人之间的社会资本，相互之间的交往相对趋于理性，有理性、寻求自我利益个人之间的交往，取决于交往所能取得的收益和相应成本的比例。收益太小和成本太高都会阻碍交往的产生和深入。当然，这种收益和成本都包括物质和精神或者说物质和非物质的要素。此外，现代社区共同体形成的一个重要原因是居民常常面临共同的交往事由，如社区空间改造、物业侵权等，居民需要采取集体行动以维护自身权益，而理性个体要达成集体行动，还需克服"搭便车"困境，否则追求个人利益且高度理性的个人不会采取集体行动去实现共同或集团利益③。

交往方式。按照人们之间的交往方式，可以划分为三种主要类型：一是面对面的交往沟通，二是通过中介进行信息异时异地传送的间接交往，三是通过

---

① 费迪南·滕尼斯. 共同体与社会：纯粹社会学的基本概念［M］. 林荣远，译. 北京：商务印书馆，1999：65-66.
② 费迪南·滕尼斯. 共同体与社会：纯粹社会学的基本概念［M］. 林荣远，译. 北京：商务印书馆，1999：59-60.
③ 曼瑟尔·奥尔森. 集体行动的逻辑［M］. 陈郁，郭宇峰，李崇新，译. 上海：格致出版社，上海三联书店，上海人民出版社，2014：2.

中介进行信息同时异地的间接交往。① 不同的交往方式，不仅导致居民的交往主体、成本、难度、所产生的效果等均不相同，而且会催生出不同类型和程度的社区情感，如脱域的交往方式更有利于脱域共同体的生产，脱域的交往方式下生产的要么是对集体的认同感和归属感，要么是相互之间的亲密感，而整体感与亲密感兼具相对比较困难，而要形成相互之间的亲密感面对面的交往必不可少，亲密情感联结的生产离不开面对面的"在场"交往。由于情感的类型和程度各异，相应地，共同体的类型和生产水平也不相同。

交往结果。共同体的生成，不仅需要居民之间的交往，更需要交往产生积极肯定的影响。滕尼斯认为，共同体是"人的意志完善的统一体"，而居民之间的形象和行为要"与一切令人舒服的印象和经历相互结合在一起"，居民之间的交往就必须经常且容易达成一致。滕尼斯认识到"默认一致"的重要性，认为默认意志（consensus）是人们彼此之间共同存在有约束力的信念，默认一致是一种能够把人们团结在一起成为一个整体的特殊的社会力量和同情。② 而居民能否和在多大程度、难度上达成默认一致并形成"令人舒服的印象和经历"，居民在教育、智力、收入、财富、权力、声望、权威等垂直方向上的阶层分化③程度是根本性决定因素。正如滕尼斯所说，人们的结构和经验相似性越大，或者思想、性格、本性、越是具有相同的性质，越是能够相互协调，默认一致的可能性就越高。④

三、研究方法与个案选取

总体而言，社会科学研究方法遵循着量化研究和质性研究两条进路。量化研究由于能进行统计学意义上的普遍性与整体性研究而被认为属于科学研究范畴，但该类方法最大缺陷是难以对瞬息万变和受种种难以预知因素影响的社会事实，进行数理化模式处理。而质性研究通过个案对复杂性、特殊性、随机性事件进行的"情境性"和反思性理解，滋养了社会学思想并对理论建构产生启

---

① D. 卡纳平. 传媒、意识形态、统治［J］. 逸菡，译. 国外社会科学，1996（5）：90-91.
② 费迪南·滕尼斯. 共同体与社会：纯粹社会学的基本概念［M］. 林荣远，译. 北京：商务印书馆，1999：71-72.
③ 彼特·布劳. 不平等和异质性［M］. 王春光，谢圣赞，译. 北京，中国社会科学出版社，1991：14.
④ 费迪南·滕尼斯. 共同体与社会：纯粹社会学的基本概念［M］. 林荣远，译. 北京：商务印书馆，1999：66.

迪。个案研究提供的"异域见闻",使诸如现代化、合法性、冲突、整合、意义等令当代社会科学苦不堪言的巨型概念,变得可以感知并具有了实在性,从而有利于人们创造性和想象性思考。① 但质性研究常常因难以走出个案困境而受到是否属于科学研究范畴的质疑和拷问。无论研究者多么谨慎地将自己研究结论适用性限定在特定范围之内,他们事实上都有着"走出个案"的学术抱负②,极少有研究者只是为个案而个案。为摆脱微观场景而迈向宏大叙事,研究者发展出一系列策略和方法,如费孝通的类型比较法③、格尔茨的个案中概括④、罗伯特·尹的分析性概括⑤或克里夫·西尔的理论概括⑥,以及布洛维的拓展个案法⑦等。

类型比较法走出个案的策略是通过比较典型社区进行超越个案的概括,进而实现从局部走向整体,这种个案研究的意义在于"地方类型"的贡献上,其方法论预设是当累积到足够多的地方类型,就会展示总体的社会结构,但这种方法往往缺乏范围上的广度从而导致其结论具有很强的条件性⑧,而且由于研究领域局限在村庄中,即便累积足够的社区样本也不会显著加深人们对整体意义上的中国社会的理解⑨;格尔茨敏锐地意识到,个案本身和个案特征是两个不同的概念,个案研究应该研究个案特征而非个案本身⑩,也就是说,个案本身可以不具备典型性甚至可以是特立独行的,但只要其特征具有典型性,这种"异域见闻"就具有典型意义,可以避免陷入"琼斯村即美国"和"复活节岛即试验

---

① 克利福德·格尔茨. 文化的解释[M]. 韩莉, 译. 南京: 译林出版社, 1999: 30.
② RAGIN C C, BECKER H S. What is a case? Exploring the foundations of social inquiry [M]//WALTON J. Making the theoretical case. Cambridge: Cambridge University Press, 1992: 122.
③ 费孝通.《云南三村》英文版之导言和结论[J]. 民族社会学研究通讯, 1998(13): 1.
④ 克利福德·格尔茨. 文化的解释[M]. 韩莉, 译. 南京: 译林出版社, 1999: 3-39.
⑤ YIN R K. Case Study Research: Design and Methods[M]. Beverly Hills: Sage Publications, 1994: 43.
⑥ SEALE C. The Quality of Qualitative Research[M]. Beverly Hills: Sage Publications, 1999: 65.
⑦ BURAWOY M. The extended case method[J]. Social theory, 1998, 16(1): 4-33.
⑧ 费孝通. 学术自述与反思[M]. 北京: 生活·读书·新知三联书店, 1996: 13.
⑨ FREEDMAN M, The Study of Chinese Society[M]. Stanford: Stanford University Press, 1979: 383.
⑩ SEALE C, GOBO G, GUBRIUM J F. Qualitative research practice[M]//GOBO G. Sampling, representativeness and generalizability. Beverly Hills: Sage Publications, 2004: 452.

案例"式困境①,这种通过个案之中具有典型意义的特征概括来成就整体与部分相互说明②的策略,使得相隔遥远的事情、风俗或仪式具有重要的社会学意义,但作为一种人类学取向的研究策略,个案及其特征概括是研究的主基调,导致这种概括意义和结果的相关性成为另外一项单独的工作③,难以满足社会学对概括性、科学性和理论建构的要求。拓展个案法一改传统个案研究立足微观理解宏观对微观影响的思路,或者说建构宏观社会学之微观基础的路径,将立足点转移到宏观权力,在研究对象、过程、结论等方面兼顾宏观和微观两个方面,通过宏观和微观同时的经验考察,从宏观去理解微观场域是如何被宏观结构或者说一般性社会力量所形塑的,或者说努力去建构一种微观社会学的宏观基础④,从而实现从特殊到一般、从微观到宏观的转换,布洛维利用这一创见对"赞比亚化"进行了研究,通过对上层官员和下层工人两方面的经验考察,发现了宏观权力和微观生活的相互影响并得出令人信服的不同结论。

  研究方法的选择总是服务特定的研究目的。本书的研究目的主要在于揭示社区共同体难以生产,而社区"微共同体"却表现出旺盛生命力的原因,以及社区"微共同体"在生产形式、过程、主体、要素等方面表现的生产逻辑。城市社区"微共同体"生产的复杂性、随机性,决定了量化实证研究难以实现这一研究目的,所以案例实证或者说质性个案研究则成为理想类型。同时,本书的研究实际上有着修正和发展现有社区共同体研究,并对在现代性语境中的社会何以"更好"可能这一问题予以探讨的学术抱负,无论这种努力最终能否成功,但这种从理论出发进行经验考察再回到理论的思路,在个案研究中更适合运用分析性概括或理论概括策略。

  分析性概括或理论概括最重要的方法论,在于将统计性概括和分析性概括区分开来,认为概率抽样并非个案具有有效性和概括性的必经之路,而且不能成为抽样单位同时也不是按照统计抽样原则选取的个案,根本不能进行统计概括,个案研究的拓展意义完全可以由分析性概括来完成,通过运用已有理论与个案的比较进而发展出新理论。⑤克里夫·西尔进一步指出,个案外推的依据是

---

① 克利福德·格尔茨. 文化的解释 [M]. 韩莉, 译. 南京:译林出版社,1999:28.
② GEERTZ C. Local Knowledge [M]. New York: Basic Books, 1983:69.
③ ALASUUTARI P. Researching Culture: Qualitative Method and Cultural Studies [M]. Beverly Hills: Sage Publications, 1995:152.
④ BURAWOY M. The extended case method [J]. Social theory, 1998, 16 (1):4-33.
⑤ YIN R K. Case Study Research: Design and Methods [M]. Beverly Hills: Sage Publications, 1994:10, 31.

其具有的逻辑关联或理论意义,而非个案本身的代表性或典型性,只不过这就要求作为工具的既有理论、普遍性结构和法则存在,如果不存在则需要借助未来的经验事实予以补充,所以个案研究中的抽样不是统计抽样而应是理论抽样,即抽样单位所具有的变量的性质应具有理论意义。① 理论抽样必须建立在与理论发展有理论关联的概念之上,从而保证个案具有理论意义,进而检验和发展现有理论。②

通过对现有共同体尤其是社区共同体研究的梳理,以及理论与实践的对话,笔者发现,规模可能是长期被忽视的致困因子,为此笔者将个案样本框严格限定在楼栋、院落、小区等微社区内,从而保证理论抽样单位具有规模变量,并尽可能兼顾到楼栋、院落、小区等不同形式的"微共同体"生产。同时,为研究新的社区共同体生产会遵循何种逻辑,具体个案的选择将以现有"社区共同体"这一概念为基础,照顾不同的共同体生产阶段、生产主体等理论意义(见表1.1)。总之,笔者希望通过更具理论指向的样本选择,以及从理论到个案再回到理论的"科学环",达到验证假设、修正现有解释的目的。

表1.1 理论抽样个案基本情况

个案	规模	共同体		
		生产形式	所处阶段	生产主体
CJRJ 小区	有	楼栋、小区共同体	利益共同体	社会、市场、国家
JMHY 小区	有	院落、小区共同体	自治共同体	社会、市场、国家
XSJY 小区	有	楼栋、小区共同体	情感共同体	社会、市场、国家

在分析性概括中,由于研究需要或使概括具有更高信度,研究者常常需要进行多个个案研究,并对多个个案进行比较。③ 根据研究目的的不同,比较研究

---

① SEALE C. The Quality of Qualitative Research [M]. Beverly Hills: Sage Publications, 1999: 109-117.
② SEALE C. Qualitative research practice [M] //GOBO G. Sampling, representativeness and generalizability. Beverly Hills: Sage Publications, 2004: 446.
③ RAGIN C C. Issues and alternatives in comparative social research [M] //RAGIN C C. Introduction: the problem of balancing discourse on cases and variables in comparative social science. Leiden: Koninklijke Brill, 2003: 1; MAHONEY J (eds.). Comparative historical analysis in the social science [M] //MAHONEY J, RUESCHEMEYER D. Comparative historical analysis: achievements and agendas. Cambridge: Cambridge University Press, 2003: 9.

可以建构出个体化比较、普遍化比较、差异发现比较和包围性比较四种理想类型，分别旨在发现独特性、共性、系统性差异，并以此为基础进行概括或建立某种原则，以及通过微观—宏观之间的关系来阐释微观场景之间的差异。① 虽然分析性概括的理论抽样策略较好解决了走出个案或者说从微观叙事走向宏达场景的难题，但其对比较方法的运用仍然面临着个案少而变量多、无法实施控制、个案之间可能并不独立②，以及等值性等方面的质疑。为此，笔者选择通过差异发现比较和包围性比较相结合的策略予以解决，即将微观个案之间的差异和相似性置于一个宏观的结构——三个个案③所在区、市社会治理与发展的大背景，和更宏观的过程——现代性中予以理解和解释，力图在既有理论指导下通过宏观俯视微观和微观反观宏观，即微观和宏观结合和互动，达到拓展个案法理想的效果。

为全面深入宏观和微观场景，笔者采取的方法主要为以下四种。

一是田野工作。因为要研究社区，所以必须对社区工作有一个较为全面和深入的了解。为此，笔者于博士期间的第一个暑假即 2016 年 7 月初至 8 月底，在 XGW 区 LXJ 社区全职工作了 2 个月（后续也经常到社区交流学习），与社区工作人员"同吃同住同劳动"。在田野工作过程中一方面与实践对话，全面了解社区工作实际；另一方面同理论对话，激发自己"社会学的想象力"。之所以选择 LXJ 社区，主要是因为 Y 市社会治理创新办公室相关负责同志的推荐，借用该同志的说法。

> LXJ 社区一方面社区工作成效走在全市前列，是全市社会治理创新"试点（XGW 区）中的试点"，另一方面这个社区的书记是全市社区书记的"头块牌子"，个人能力和整个队伍工作成效突出，跟着这样的书记和团队你才能学到"真知"，而且效率高（后来证明事实如此）。（Y 市网格监管中心主任 ZCG 访谈：ZF-WGZX-ZCG-20160628）

二是跟踪观察。为深入到现象过程中去发现真正起作用的隐秘机制④，笔者对调查对象进行了跟踪观察。从纵向上看，笔者以 XGW 区社会治理创新主管部门为支点，向上延伸至 Y 市社会治理创新主管部门，向下延伸至三个微社区及

---

① TILLY C. Big Structures, Large Processes, Huge Comparisons [M]. New York: Russell Sage Foundation, 1984: 87-146.
② SKOCPOL T. States and Social Revolutions: A Comparative Analysis of France, Russia, and China [M]. Cambridge: Cambridge University Press, 1979: 38-39.
③ 三个个案详见第二章。
④ 孙立平. 现代化与社会转型 [M]. 北京：北京大学出版社，2005：427.

其所在社区,三个微社区主要在 XGW 区全部社区建设跟踪观察基础上,根据理论发展需要,在处于利益共同体、自治共同体、情感共同体等不同生产阶段的微社区中,分别选择一个作为重点跟踪对象进行观察;从横向上看,重点观察的有以社区居民和业委会为代表的社会力量,以房地产开发商和物业公司为代表的市场力量,以社区①和各级政府及其工作部门为代表的政府力量;从跟踪观察方法来看,主要是受邀或获准加入内部讨论群,如政府部门内部工作群、社区居委会内部工作群、居民 QQ 群和微信群等,参加政府部门、社区和居民活动,如参加全区业委会互学互促现场参观交流会、全区深化业委会工作推进会、业委会工作会议以及居民活动等。

三是访谈法。从访谈对象上看,笔者重点访谈的是社区居民,业委会成员和物业公司负责人,社区和政府有关部门负责人。其中,业委会成员和物业公司负责人主要限于笔者跟踪调查的楼栋、院落和小区,社区访谈对象主要为跟踪"微共同体"所在社区的书记、主任、社工、网格员,政府部门工作人员访谈的主要为市、区社会治理创新主管部门、房管、民政、街办等单位相关负责人。从访谈方式来看,笔者主要采取半结构化访谈②。从访谈对象③的选择来看,笔者主要采取等距抽样和"滚雪球"抽样相结合的方式。其中,社区居民是访谈的重点,考虑共同生活持久性对共同体生产的影响,笔者以每个"微共同体"内的居民户为样本框,以入住时间(网格员登记数据为准)先后为序采取等距抽样方式抽取 10%的居民户为访谈对象,同时考虑家庭小型化、核心化的现实④,笔者入户后按照户主、户主配偶、户主成年子女、户主父母的顺序,选择在家居民进行访谈,一户访谈一个居民,如果户主为未成年子女则按户主父母、户主祖父母的顺序进行。按照研究设计,三个小区应访谈居民 196 户,三次入户不在家、不开门、明确拒访等 13 户,实际完成访谈 183 户,访谈完成率 93%。入户均与网格员和业委会平时的入户工作同步进行,这样既可以借助网格员和业委会与居民熟悉并有一定认同度的优势减小入户阻力,也可以避免

---

① 虽然 XGW 区进行了"一分"即社区网格工作站与社区居委会职能分开的改革,改革的效果暂且不论,但社区层面仍然承担着政府行政职能,而且在社区居民眼里社区仍代表着政府,按照格尔茨"深描的关键在于从当地人的视角看事情"的观点,笔者仍将社区归为政府力量一类。参见 GEERTZ C. Local Knowledge: Further Essays in Interpretive Anthropology [M]. 1st ed. New York: Basic Books. 1983: 55-70.
② 访谈提纲详见附录一。
③ 访谈对象基本情况详见附录二。
④ 张翼. 中国家庭的小型化、核心化与老年空巢化[J]. 中国特色社会主义研究, 2012(6): 87-94.

单独入户对居民的打扰;非居民访谈对象则采用类似"滚雪球"的抽样方式,由于笔者与 Y 市社会治理创新办公室有着多年合作关系,笔者首先对市创新办相关负责人进行访谈,然后再请该访谈对象协助联络相关区政府部门负责人进行访谈,然后再请区政府有关部门访谈对象协助联络街道有关负责人……以此类推,共计访谈政府工作人员、社区工作人员、物业公司和房地产公司代表 25 人。

四是网络民族志。随着互联网的普及,"网络社区"或"线上社区"日益普遍,居民通过网络商讨和处理共同关心的事务逐渐成为一种常态,QQ 群和微信群是最为常见的两种形式。线上田野工作也称"网络民族志"①,与实地田野工作一样,研究者也可通过网络观察和在线访谈方式开展研究。但与实地田野工作不同,线上田野工作由于网络的匿名性,可以观察到研究对象真实的想法和诉求,而且不用担心实地田野工作中"身体的在场"对研究对象带来的压力和影响,也不用担心受到时间和空间的限制,居民随时随地可以在线上交流,研究者也可以随时随地开展网络民族志研究。在跟踪调研的楼栋、院落和小区时,笔者都已成为其"网络社区"的一员,这种基于身份的准入资格多半是在长期田野工作基础上获得的,由于"持久交往形成了令人舒服的共同记忆",很多准入资格是相关负责人主动邀请的,当然也有部分是笔者在征得负责人同意②后获得的。③

不论是在实地还是在线上田野工作过程中,不少居民、业委会、物业公司、社区和政府部门负责同志给予笔者的支持都"超乎想象",不仅对笔者的访谈、资料收集、参加内部会议、共同工作等方面"有求必应",在笔者的请教和交流过程中"倾囊相授""毫无保留",而且还主动与笔者探讨现实工作中出现的各种问题④,主动告知笔者一些活动信息,如政府举行的参观考察和内部会议、社区和微社区以及居民自组织的各项活动等,询问笔者是否需要参加……笔者常常因此而动容,可以说,没有这群"最可爱的人"的鼎力支持,笔者难以完成本书写作。

---

① 郭建斌,张薇."民族志"与"网络民族志":变与不变[J].南京社会科学,2017(5):95-102.
② 虽然笔者的准入资格获得相关负责人同意,但对大部分普通居民和社区、政府、企业工作人员来说,可能并不知情其在发表意见时还有一位"非正式"成员在从旁观察,从而引发研究伦理问题,这可能也是线上田野工作或网络民族志最具争议的地方。
③ 网络民族志对象基本情况详见附录三。
④ 为最大限度限制研究者"在场"对研究对象的干扰,笔者在实地田野工作中尽量不发表个人意见,但面对研究对象的热情、殷切希望和毫不保留的信任,完全不发表意见很难做到,所以笔者常常因此而陷入两难和自责之中。

第二章

城市社区微共同体生产的社会文本

为突破静态结构观察的局限性,接近实践状态的社会现象或找到能够接近这种社会现象的途径①,笔者借鉴"过程—事件"研究策略,通过叙事学这一求知载体"历史地"再现和分析"流动着和实践着的社会事实"②,从而深入到现象的过程中去,力图发现那些纷繁复杂现象背后真正起作用的隐秘机制③,同时也为城市社区"微共同体"寻求经验支撑,探寻城市社区"微共同体"的实践样态。

第一节 一分两进三改:XGW区城市社区治理创新

XGW区④位于中部某省域副中心城市(笔者称为"Y市")主城区,是Y市政治、文化和商贸中心。XGW区下辖8个街道和1个经济开发区,全域共有81个社区、277个居民小区,常住人口近60万。XGW区处于Y市社会治理体系的重要节点位置——"试验田"和"发源地"。自国家提出社会治理创新以来,Y市积极探索出"一本三化"模式,即"以人为本、网格化治理、信息化支撑、全程化服务"模式,为全国社会治理创新贡献了"来自Y市的中国经验",Y市也因此被评为全国社会治理创新首批35个试点城市之一,党和国家多位领导人现场调研考察,包括上海、深圳等一线发达城市在内的多个部门前来参观考察,XGW区是该模式的"试验田"和"发源地"。按照该模式设计,

---

① 孙立平. 现代化与社会转型 [M]. 北京:北京大学出版社,2005:426.
② 应星. 大河移民上访的故事 [M]. 北京:生活·读书·新知三联书店,2001:封底.
③ 孙立平. 现代化与社会转型 [M]. 北京:北京大学出版社,2005:427.
④ 遵照学术惯例,本书所涉地名和人名均做了技术化处理;本书个案资料如无特殊说明均根据笔者田野工作收集到的资料整体而成,感谢XGW区所在Y市和区政府有关部门、社区、小区对田野工作的支持,文责自负。

网格员队伍将作为重要力量参与社会治理创新工作,其主要职能为:承担社区行政事务,使社区居委会从"政府的一条腿"转变为"居民自治的头",即社区居委会从繁重行政事务中解脱出来回归自治本位,领导居民开展自治;利用信息化优势,为居民开展"两个周期",即从出生到离世的生命周期和从迁入到迁出的居住周期的全程、"无缝隙"化服务,全面提升居民的满意度和幸福感。此为第一阶段的"一分",即网格员和社区工作者工作任务分开的改革。

  为积极探索实施Y市第二阶段的"两进三改"改革,即社区居委会进业主委员会、进物业公司①,改进社区工作流程、改进街道工作流程、改进政府部门工作流程,XGW区再一次②率先开展了"业委会组建百分百工程",该工程主要经历了两个阶段。一是现实的迫切需要和呼吁,使作为自治组织的业委会③组建进入政府政策议程。XGW区是主城区,按照建筑年代划分,所辖区域内既有建成于20世纪的老旧小区,也有建成于21世纪的现代物业小区,从小区数量上看后者占主导地位。由于年久失修、没有物业管理等原因,老旧小区居民普遍面临着脏乱差的居住环境问题,空间改造需求迫切,但由于所住居民经济承受能力有限④、集体行动的困难以及单位共同体解除后尚未完全消除的"依赖性人格"⑤,居民希望社区或政府出面协调的呼声较为强烈。而现代物业小区居民与物业公司这对"剪不断、理还乱"的"欢喜冤家",常常发出一些不和谐的声音。

  如果按照传统行政习惯由政府出面直接"一揽子"解决这些问题,可能引发一系列新的问题,如支持力度不均衡引发的公平问题、"众多的小区和无限的问题"带来的资源有限性与需求无限性之间的张力问题等,如果治理不当反而会激发新的矛盾。在此情况下,组建业委会,发挥居民自治功能就成为必然选择。然而业委会的组建并不容易,包括北京、广州、深圳、杭州等在内的沿海

---

① 之所以进行"两进"的制度设计,主要是因为社区居委会领导居民自治、监督物业公司规范运行防止侵权等需要。
② 第一次是"一分"改革探索。
③ 业委会尚未被法律明文定性为"自治组织",根据现行法律规定,我国社区自治组织为社区居委会,但业委会事实上承担的是自治职能,在实际工作部门同志之间已基本达成共识,所以本书仍将其定性为自治组织。
④ 从社会分层来看,整体来说以下层居民为主。
⑤ 郑琦,乔昆.论社区共同体生成的政府培育主导路径[J].北京社会科学,2010(12):56.

发达城市的组建率也只有 20% 左右①。为此，XGW 区采取了"以点带面"的推进策略。

在全面调研的基础上"摸清家底"，选择一批自治基础好的楼栋、院落、小区，给予重点支持，通过政策、资金、人力等工具帮助解决自治过程中的困难，总结自治经验。在做好"点"的工作的同时逐步开展"面"的推广。历时两年，全区 277 个小区全部成立业委会，这在全国均处于前列。(XGW 区委组织部副部长 XRJ 访谈：ZF-XLZZ-XRJ-20161025)

在自治平台搭建的基础上，XGW 区开始着手第二个阶段工作，即自治开展和深入阶段，努力将业委会建设为社区自治的"支点工程"、基层民主的"平台工程"、幸福生活的"邻里工程"、城市治理的"细胞工程"和基层党建的"源头工程"。XGW 区社区治理模式实际上是一种"共治"模式，XGW 区在社会治理、社区自治和社区共同体建设方面的"先进"成效，不仅体现在政府的"有效介入"②，更体现在居民自治以及在此基础上的共同体建设上，一大批楼栋、院落、小区在自治的基础上，显示了越来越浓厚的共同体特征。

第二节 利益共同体的生产：XGW 区 CJRJ 小区之困

CJRJ 小区是 Y 市城区最"高档"的商品房小区之一，有高层住宅楼 5 栋，居民 1117 户 2800 余人。小区居民自 2005 年开始陆续入住，物业服务一直由开发商成立的物业公司负责。随着时间的推移，居民与物业公司的矛盾日益加深，居民围绕是否和如何更换物业公司，与小区内外各种力量展开了"激烈"博弈。

一、业委会选举一波三折

居民对物业公司的不满，主要集中在五大方面：一是小区治安和环境卫生问题，经常有居民反映家中被盗，小区监控和保安形同虚设，垃圾清运不及时，清洁卫生存在死角；二是设施设备维修不及时，小区电梯等设施设备经常出现质量问题，时不时发生"电梯惊魂"、墙面砖脱落、屋顶漏水等问题，关键是出

---

① 吴晓林. 中国城市社区的业主维权冲突及其治理：基于全国 9 大城市的调查研究 [J]. 中国行政管理，2016（10）：130.
② 叶敏. 社区自治能力培育中的国家介入：以上海嘉定区外冈镇"老大人"社区自治创新为例 [J]. 南京农业大学学报（社会科学版），2015，15（3）：10-18.

现问题不能及时得到维修维护，以电梯为例，该小区电梯停运最长纪录达到28天；三是公共收益不透明，由于小区是高档小区，居民在不少广告商眼中都是"优质资源"，所以小区电梯、进出口、外墙等处的广告位"一位难求"，再加上地上地下车位的停车费、设施设备以及场所租赁费等，巨额的公共收益虽多次被要求公开，但物业公司一直没有满足居民愿望；四是停车难问题长期得不到解决，小区居民由于经济收入相对较高，共计拥有1000余辆汽车，几乎每户都有一辆，有的还有两辆甚至几辆车，而且每年还有增长，但小区停车位不足500个，汽车保有量和车位数之间的巨大张力，让居民长期为停车难问题所困，只能在周边自行寻找车位；五是物业人员服务态度令不少居民不满。

最让人受不了的就是门口那几个保安，你跟他说几句话他凶神恶煞的，好像你欠他几百万似的，你搞错没有哦，谁才是小区的主人！我们自己花钱请来的不是服务的而是请来一帮"大爷"，而且我经常看见他们值班的时候睡觉、进进出出的人也不看是不是小区的居民，没门禁卡的人也放进来……所有这些都说明物业公司内部管理就一个字——乱。（XGW区CJRJ小区业委会委员LWB访谈：YW-CJRJ-LWB-20161022）

对于居民的不满，物业公司也有自己的"苦衷"。

你说小区被盗，我们天天有保安巡逻，而且安装了大量监控设备，但还是被盗也并不完全是我们的问题；你说设备维修不及时，但你要知道，动用维修基金一个我们很谨慎，小区维修基金就那么多，用完了你再去找居民收，到时候人家还是要说怎么花那么快，是不是你们乱花了之类的，所以一般的小问题我们都是从自己（公司）账上走，再一个维修基金要居民签字还要报政府批，都需要一个过程；你说公共收益，我们前期投入了这么多设备，每年还有这么多维修，以及水电绿化等小区（公共）支出，再加上还有居民不交物业费的，所以近五年我们只有去年是略有盈利的（现场出示的报表显示2015年盈利3.2万元），所以你说怎么公示，明眼人一看都晓得；至于停车位那就更与我们没关系了，这是开发商的问题，建房子的时候没有很好地考虑这个问题，我们物业公司能有什么办法；还有服务态度问题，我们开会的时候也多次强调业主是我们的衣食父母，不过业主也应考虑从事物业服务这个行业大多文化程度比较低，而且每个月就拿那么点钱，我又不能说把他开除了，都是养家糊口的人，我们只能说加强管理。（XGW区CJRJ小区物业公司经理HXF访谈：WY-CJRJ-HXF-20161224）

对于居民与物业公司之间的分歧和矛盾，双方各执一词，谁也说服不了谁，长期积累的矛盾让"换物业"的声音日渐强烈。由于单个的业主无法更换物业公司，所以居民决定团结起来，先成立业委会，再重新选聘新的物业公司。先是一批积极分子通过组建网络群、开会讨论交流等方式，进行"线上线下"动员，逐步统一思想、达成共识。2014年7月，小区居民正式向社区和街办提出要成立业委会的申请。按照规定街办成立了以分管领导为组长、社区书记为副组长、小区业主代表为成员的业委会筹备组，筹备组产生方案对成员数额、产生办法等都做了详细规定，其中业主代表11名，由业主自愿报名，再经居民投票、社区和街办认可的方式确定。当时共有11名业主报名，刚好符合方案确定人数，所以没有淘汰直接全部进入筹备组。但方案并没明确筹备组成员是否可以参与业委会成员竞选，待选举正式开始时才发现11名筹备组的业主代表全部拟参与业委会竞选，而且11名成员明显分成两派，两派都希望在筹备组议事规则中制定对自己有利的内容，当双方出现分歧时各自都在居民中争取支持，相互之间产生的人身攻击愈演愈烈。

为维护居民生活秩序，社区在请示街办同意后紧急叫停选举。居民通过向街办和房管部门集体请愿、打市长热线、向市长写"举报信"等方式，要求选举正常进行。最后双方达成的协议是，居民先处理内部矛盾，尤其是有人身攻击行为的居民必须向被攻击居民公开道歉，并保证不再发生类似事件后择机重启选举。2015年8月，业委会选举重新启动，各方总结并吸取第一次失败教训，首先选出不参加选举的居民进入筹备组，并首先制定居民认同的筹备组议事规则和选举办法，其次才正式开始选举，最后7名业主于2016年5月正式脱颖而出被选举为业委会成员。在筹备组主持下，业委会第一次会议内部推选产生主任和副主任，并确定各委员内部分工，在报街办审批后正式成立。

二、物业更换中的"派系斗争"

自业委会产生后，于2016年年底正式启动物业公司选聘程序。为确定原有物业公司是否有资格参与竞聘，业委会决定先期启动物业满意度测评，在网格员的配合下，业委会通过上门征求意见和电话测评方式测出居民满意度不足四成，于是决定启动更换物业公司程序。但物业公司对此结果提出疑问，并组织了一次满意度测评，声称测评结果显示满意度过半，并以此为由向有关部门检举业委会主任"公报私仇"，故意刁难业委会是"非法"组织，因为7名成员中有3名不是产权登记业主而只是其父母、子女等直系亲属①,不承认上门投票为法律规定的业主大会形式之一因为上门投票很可能被"操纵",以及部分委员不廉洁自律等问题,并表示拒绝参与业委会组织的任何竞聘程序,拒绝承认竞聘结果、撤离小区。在此情况下,小区居民逐渐分裂为坚决支持留住和更换原物业公司的两大派别,而且两派都竭尽所能,如在小区公共场所"贴大字报",打市长热线,到有关部门检举业委会、社区和街办负责人等,力图达到各自目的,物业公司更换工作一度陷入胶着状态。

为维持小区正常生活秩序,街办放弃满意度测评之争,让原物业参与竞聘的建议得到业委会采纳,业委会于2017年8月底正式向原物业公司发出投标邀请,在遭到拒绝后业委会表示允许物业公司直接参与最后投票环节,仍遭到拒绝。物业公司拒绝参与的理由是业委会是"非法组织",因为按照法律规定非业主本人不能成为业委会成员,一个"非法"组织组织的选聘活动不具法律效力,而且业委会立场不公正,盲目参与只会钻进其设计好的"笼子"。但业委会及其支持者认为,法律同时规定受业主书面委托的物业使用人可以代为行使业主权力,而且市级政府出台的政策文件对此予以了明确认可,业委会在成立时政府全程参与,成立后也到政府部门履行了登记备案手续,合法性不容置疑。在此情况下,业委会根据资质、服务标准、服务价格、业界口碑等,在投标的6家企业中通过专家评标、组织楼栋长现场考察等方式,选出2家公司供居民投票,最终新物业公司于2017年10月正式诞生。但原物业公司拒绝撤离,理由仍然是业委会本身及其决定的合法性问题。

在此情况下,小区出现了同时有2家物业公司为居民服务的局面。2家物业并存期间,多次发生居民与物业冲突、物业公司相互"示威"、政府多次主持调解等事件。在市长亲自批示"新进旧出"、市房管局专门行文勒令限期交接的情况下,原物业公司再次上门征求签名支持,并声称最终征集到668户业主的签名,支持自己继续留在小区,以此证明业委会主持物业选聘结果的虚假性。但业委会调查后认为,这是原物业公司为继续留在小区找借口,668户签名业主,

---

① Y市出台的地方规章显示,与产权登记业主共同居住的直系亲属受业主委托,可以以业主身份参与和行使业主有关权力。

一部分是原物业公司四处散布谣言,说新物业公司会上调和统一物业费①,一部分是因为原物业公司采取上门征求意见方式索要签名,许多居民因为碍于情面而签字,还有一部分签名纯属原物业公司伪造,因为其中部分签名字迹相同,甚至有已故业主名字出现在签名名单之中。为解决居民、业委会、物业公司、社区之间的纷争,政府决定同时调查物业选聘结果和668户签名的真实性。抽查结果显示,无论物业选聘结果还是668户签名,都存在居民回答与当时投票或签名不一致的情况。但这一结论并没有止息纷争,争论双方都认为,出现前后不一致的情况很正常,因为当时投票或签名只是居民当时的意愿,并不代表经过一段时间后,居民对原物业公司的态度会发生变化,也不排除居民忘记当时意愿的情况。

三、再次选聘物业的"无解纷争"

为平息纷争,防止居民之间、居民与物业公司之间、物业公司之间、居民与政府之间以及物业公司与政府之间的矛盾冲突升级,2018年1月,区政府主持召开居民代表、业委会、社区、街办、房管、新老物业等各方参与的协调会,会议最终达成折中方案,新老物业公司同时撤出小区,由Y市某国有企业下辖物业公司暂时接管小区物业,原物业公司员工仍然留用,但归属于接管物业公司并由其负责管理,将来无论谁接管小区物业皆对原物业公司前期投入给予适当补偿。过渡期间,小区重启物业公司选聘程序,届时任何组织和个人不得以任何理由拒绝执行业委会或业主大会的决议。虽然与会代表均签字表示同意,但协调结果公布后居民对此方案并不满意:以一号楼为代表的居民认为,即便业委会启动新的选聘程序,但业委会始终是一个非法组织,选聘结果不具备合法性,坚决支持原物业公司留任;其他楼栋居民意见则出现分歧,一部分居民认为,物业还是那班人马,"换汤不换药",赖着不走就可以换来妥协的先河一旦开启,以后要想更换物业则难以实现,协调结果是公然对业委会合法决议的践踏、否定,另一部分居民认为这也是以较小的代价尽快解决僵局的一种可行

---

① CJRJ小区自2005年开始陆续建成交房,直至2011年才最终全部建成。由于小区分批建成,最先入住的一号楼192户居民,忍受了多年后期建设噪声、灰尘、卫生、配套设施等"恶劣环境",而且由于设计缺陷居民不能直接通往地下车库,所以开发商承诺无论后面入住的居民物业费高低,一号楼居民物业费始终执行0.6元/(平方米·月)的标准,得不到法定多数不得提价。所以形成了一个小区两个物业费标准局面:一号楼物业费0.6元/(平方米·月)、电梯使用费25元/月,其他楼栋物业费(含电梯使用费)1元/(平方米·月)。

方案。

在一片争议声中,二次选聘程序正式启动。为最大可能保证选聘公正公开,区政府成立了由分管区长任组长,区直有关部门、街办、社区、业主代表为成员的领导小组、督导组、工作组,投票过程全程录像。但从投票开始之日起,督导组即接到业主和业委会投诉,反映原物业公司舞弊,如现场监视业主投票,在受到制止后利用志愿者身份(公司部分员工即小区业主),现场记录已投票业主,然后利用自己掌握的业主信息,动员尚未投票业主支持自己或者利用自身影响力争取业主委托自己投票;在小区张贴各种通知、公告、承诺书,组建专门团队游说业主、抹黑和造谣中伤其他参聘企业等。尤其是当最终投票票数超过小区应投票数后,业委会坚决拒绝街办以业委会名义公布第一轮投票结果,要求不调查清楚绝不进入第二轮投票环节。而街办则认为,不必计较第一轮投票结果,因为第一轮已经选出包括原物业公司在内的两家物业公司,可以直接开始第二轮,然后通过加强宣传等方式让原物业公司直接出局,这样原物业公司就"无话可说"了;但业委会认为原物业公司的舞弊行为已经违规,按照选聘规则应该直接出局,不调查清楚不足以维护选聘工作的严肃性。选聘工作再度陷入胶着。而且,不少居民预测,无论第二轮选举结果如何,只要原物业公司被选掉,其就会以业委会本身的合法性为借口,凭借掌管小区资源和信息的优势赖着不走,从而使物业选聘陷入一种"无休止的循环"。

从整个小区来看,业委会选举时期,居民虽然曾经出现分歧,但业委会最终成功诞生,让居民看到了更换物业的希望,居民产生了阶段性的整体感,但随着选聘物业公司程序的启动,居民开始被分裂为两大派别并开始"准派系斗争"[①],居民最终并未形成基于本质意志的默认一致,更未形成亲密与共、守望相助的情感联结。对于一号楼居民而言,在业委会选举时期,由于有着与小区其他楼栋居民共同的利益诉求,居民相互之间在楼栋长的带领下比与其他楼栋居民之间有着更多的交流,尤其是业委会的成功产生,让居民同样看到了预期目标实现的希望,认同感、归属感尤其是整体感开始产生,居民在实现共同利益的过程中开始出现共同体萌芽;在单独物业费诉求时期,由于有着共同的利益诉求,一号楼居民更加团结,与原物业公司形成统一"战线",共同抵制更换物业公司,居民经常在一起开会,单独建立微信群,适时商讨"对策",与此同时一号楼居民还推举出"十人小组",征集签名,请求居民同意10人组成临时

---

① 石发勇. 业主委员会、准派系政治与基层治理:以一个上海街区为例 [J]. 社会学研究,2010,25(3):136-158.

业委会，全权代表居民行使相关权力，维护居民合法权益，并声称最终有668户居民签字同意。由于有着共同的利益诉求，一号楼居民自始至终有着更为强烈的整体感，相互之间更为团结，并表示将为保障自己的合法权益而继续努力，显示了越来越浓厚的共同体氛围。但整个小区，由于业主、物业公司、业委会、政府相互之间以及各自内部基于各自利益的角力和博弈，而陷入无休止的分歧、争论和分裂，无论选聘结果如何，都会导致一方的支持和另一方的坚决反对。

第三节 自治共同体的生产：XGW区JMHY小区实践

JMHY小区是一个典型的老旧小区，整个小区有住宅楼9栋，居民284户，人口900余人。小区分4期建成，时间跨度30余年。由于没有物业管理，小区逐渐陷入脏乱差局面。为改善居住环境，居民进行了长达8年的努力，最终使小区逐步进入良性自治轨道。

一、老旧复杂小区的"软硬兼失"

JMHY小区是一个典型的复杂小区。一是从建设历程上看，小区第1期住宅始建于20世纪80年代，由当地某一国有工厂为员工开发的近10栋职工宿舍楼组成。21世纪初，由于该国有企业关闭，职工宿舍楼除临街的1栋（居民42户商铺14户）外均被拆除，Y市某一国有银行和党政机关在不到3年的时间里先后2期委托不同的开发商，在拆除的宿舍楼地基上为职工建设团购房4栋、集资房2栋。时隔一年，某一开发商在剩下的空地上再开发出2栋普通商品房，整个小区分批开发出共计9栋住宅楼。二是从空间结构看，小区呈现一个"院中院"居住格局。1栋原国有工厂宿舍、4栋国有银行职工集资房、2栋政府工作人员集资房、2栋普遍商品房，此外紧邻小区的一个棚户区有住宅楼13栋，皆是20世纪70年代水电工程移民自建的2层至3层的住房，但却居住了102户租户，由于必须共用一条道路进出，前述9栋居民楼与棚户区一起构成了"一个大院五个院中院"的居住格局。三是从居民构成来看，小区居民主要有政府工作人员、国企职工、普通商品房居民、下岗职工、棚户区居民，阶层分化鲜明，基本涵盖了上、中、下各个社会阶层。

小区建成之初，居民每户每月缴纳20元清洁费，聘请物业公司派2名保洁员打扫卫生。但1年多后由于一些居民不缴费致使保洁公司撤出，从此小区面貌逐步陷入"软硬兼失"的局面。硬件方面：垃圾堆积如山，花坛杂草丛生，健身器材损毁严重,楼道昏暗,公共用地被私自圈占修建私家花园、荷花池、菜园、鸡舍、鱼塘等,随着时间推移屋顶漏水、线路老化、道路泥泞、污水四溢等问题开始逐步显现,"脏乱差"逐渐与小区居民相伴相随。由于环境卫生差,居民"投诉多"。软件方面:小区人员可进出的出入口多达11个,再加上小区内餐馆、旅店、出租屋、麻将馆、修车、美容、洗脚、晚托、培优等一应俱全,进出小区人员身份复杂,小区偷盗、斗殴等治安案件,甚至强奸等刑事"案件多";居民之间因侵占公共设施和场所、住改商、抢占停车位、宠物饲养、高空抛物等问题矛盾"纠纷多";居民之间因为矛盾纠纷多,邻里关系不和睦,导致社区居委会、派出所、街办等机构"调解多"。"四多"导致居民居住满意度和生活幸福感低,对社区、街道、政府部门工作"满意度低"。尽管居委会和政府做了大量工作,但小区"四多一低"面貌长期难以得到改变。

  你找不到(不知道),当时那叫一个乱,老百姓乱搭乱建、乱停乱放、乱扔乱堆,相互扯皮拉筋(纠纷),我们社区经常接到居民投诉。我们也做了很多工作,但你今天扯了他的菜,明天他又种棵树;你今天毁了他的菜园子,明天他又开垦出"责任田";你今天扒了他的鸡窝,第二天他又建个鸭笼;你今天跟这栋通个下水,明天那栋又要求换个楼道灯……区政府就在小区对面,而且有自己的部分员工在里面,所以对这件事也是蛮关心,行管科还把它作为工作来抓,把居民召集到一起开了好几次会,尤其是给部分不愿交费的居民做了大量工作,只要居民们每户每月交20元的清洁费就行了,但有两栋楼居民大部分都不愿交,结果物业公司没得办法继续维持下去只好走人。这么大个杂居院我想没得哪个能人搞得定。况且基层人力财力都有限,千头万绪的事情都要处理,常常顾了这件没顾上那件,疲于应付。(XGW区SBX社区前任书记HRY访谈:SQ-SBX-HRY-20161224)

二、历经曲折先行院落自治

  "四多一低"的现状久拖难决,迫使居民开始思考如何通过自己的努力改变"软硬兼失"的窘境。鉴于整个小区自治一时难以实现,而小区一、二、三号楼由于位置紧邻易于封闭管理,居民大都同属一个单位,居民自治愿望最强烈,所以决定先行自治。2011年,热心业主WXP的自治倡议得到了3栋楼78户居民的积极响应。

  十几年来大家都生活在这种暗无天日状态下,今天WXP女士的倡议让我们感到久旱逢甘雨、寒冬见太阳,让我们看到了希望。感谢她为大家操了这么多心,为改善小区环境奔波了这么多年,前前后后想得这么周到这么细致,每一步都考虑得非常合理……这也正是我们所想、大家所希望的。我首先表态,积极支持,需要做什么义不容辞。(XGW 区 JMHY 小区业委会筹备组第一次会议,居民高捷诚发言:筹备组会议纪要 2011 [1] 号)

业委会筹备组成立后,立即组织一、二、三号楼居民召开民主协商会,会议明确了要成立业委会、引进物业公司、筹资及小区改造方案等事项,并对筹备组成员进行了分工。但成立业委会的申请未获批准,房管部门理由是,业委会必须以整个小区而不是几栋楼的名义成立,而且 3 栋楼居民达不到法律规定的要求成立业委会,赞成居民户数及其住宅面积均要过半数即"双过半"的要求;社区的担忧是,如果只封闭 3 栋楼进行空间改造,必然影响其他共有产权居民对所封闭空间内公共设施和场所的权益,其他居民必然有意见,社区届时无法处理居民上访和投诉。

成立业委会申请遇挫后,居民并未气馁,经过集体商议,大家提出替代方案:不成立业委会,成立"一、二、三号楼自治小组";承诺先实行小组自治,待小组自治探索成功、积累经验后,再进行小区自治。后来虽然几经曲折,但"自治小组"终获批准,小组自治正式开始。经居民踊跃投票,自治小组产生组长和副组长各 1 名、成员 3 名,除此之外每个单元还选举产生代表 1 名,3 栋楼 6 个单元共 6 名居民代表。在改造费用收缴阶段,很多居民在未到收费时间,就主动找到单元居民代表积极缴纳,改造正式动工后,不少居民义务巡逻,对施工质量进行全面监督。

当时大家非常积极,收费的时候我叫他们不忙交,收费还没开始我还没拿到收据,他们说没事儿,你给我打个白条,收据来了给我换一张就行,这样的大好事我们一定大力支持,而且还要感谢你们做了件大好事,如果没人领头这日子什么时候是个头啊,就算我想交钱也没人敢要。两天下来楼栋长们收费就达到三分之二,还有三分之一是因为家里没人,或者是出差、租住户要与房东联系后再交。一周后我们就收齐了所有费用。而且施工以后,好多居民都经常下楼来看,一些退休的老人基本全天在场,有一点没做好都叫工人返工,真的是把它当自己家里的事儿在做。(XGW 区 JMHY 小区自治小组成员 WCJ 访谈:JM-JMHY-WCJ-20161127)

眼看改造已初具规模,城管部门接到举报,说改造不应铲除花坛和草地做车位,要求 10 日内恢复原貌,但居民认为所有方案区政府已经批准,双方由此陷入僵持局面。居民通过向市长和区长写信、请媒体曝光、打电话举报私自圈占公共用地、轮流值班等方式,确保改造来之不易的"胜利果实"。后经区政府专题会议协调,事情以居民缴纳 500 元罚款形式结案。"自治小组"由于不具备法定身份和法人资格,无法向城管部门申报改造方案,也直接导致接下来的"硬骨头"——拆违得不到城管部门支持。自治小组在召集居民协商后决定,先争取违建户自己主动拆除,如果不行大家则动手拆除。在沟通中居民发现,需要拆除的违章建筑,业主虽然有购买合同但并无产权证书,而且合同中明文规定"如果此处以后用作公共道路或是消防通道时不得继续使用"。在反复做业主的思想工作后,眼见违章建筑业主思想有所松动,30 多名居民"趁热打铁"一起动手拆除了违章建筑,从而使改造工作得以继续推进。2011 年 6 月 27 日,经过居民 3 个多月的努力,改造最终全面完成。

三、小区自治共同体的最终形成

"小组自治"获得包括一、二、三号楼在内小区居民的高度认可,其他楼栋居民纷纷要求加入。但初步核算下来 80 多万的改造费,尤其是更多违章建筑的拆除阻力等,让很多居民打了退堂鼓,整个小区自治暂时搁浅。但以自治小组长 WXP 为代表的热心居民一直没有放弃努力,通过请社区书记向人大会提议案、直接到政府有关部门呼吁、在小区议事群动员宣传等方式,争取各方理解和支持。

XGW 区政府顺势而为,在 2013 年前后推出两大举措:一是实施惠民工程,每年安排专项资金,对城区破旧老化和安全隐患突出的小区实施改造;二是进一步加强社会治理创新,推动社区自治,在社区实施"一分两进三改"举措。(XGW 区委组织部副部长 XRJ 访谈:ZF-XLZZ-XRJ-20161025)

除此之外,社区居委会还专门委派一名社工和一名网格员协助小区自治工作:一方面,与以自治小组长 WXP 为代表的热心居民,商议改造方案,制定预算,争取政府惠民资金对小区改造的支持;另一方面,积极筹备成立小区业委会,实现自治"全覆盖"。(XGW 区 SBX 社区书记 WLL 访谈:SQ-SBX-WLL-20161102)

在政府资金支持方面,由于需要改造小区较多,而区财政资金有限,只能解决安全隐患、管道滴漏等急需问题,不可能在一个小区投入 80 多万元用于现代化改造。后经小区居民商议提出替代方案,即将 2 年惠民资金合并使用,而老化和破损的变压器、线路、燃气管道等设备则申请相关部门支持,剩下 50 多万资金由居民自筹解决,方案最后获得政府批准。

政府的支持调动了小区居民的积极性,2016 年 6 月,在社区居委会的大力支持下,JMHY 小区 284 户(不含棚户区)居民有 261 户居民参与投票,选举产生了小区第一届业委会，自治小组长 WXP 由于居民认可毫无争议地当选为业委会主任。业委会成立后立即对小区实施改造方案、资金筹措方案等事项，征求居民意见并召开居民代表大会民主协商讨论通过。其中，50 多万自筹资金基本复制小组自治模式，由物业公司和居民共同捐资构成：居民向物业公司一次性交清 1 年物业费和 2 年停车费，物业公司将其中的物业费和 1 年停车费捐出用于改造，捐出额度由后 4 年盈利弥补；居民每户另外捐资 1000 元；作为奖励，车位按照物业费、车位费、集资费"三费"同时交清的先后顺序分配；重新安装的单元门，不缴费者只配发钥匙，不接通对讲和遥控功能，如有客人来访，需人工下楼开门。

方案公示后正式进入实施环节，居民表现非常积极：一是交费积极。交费的第一天，居民提前 1 个小时从早上 7 点开始排队交费，2 个小时收费就达 26 万余元。

要业主们自己拿着一扎扎现金争先恐后去排队，这种情景只有亲临现场的人才能相信……这说明业主们被破烂不堪的环境压抑太久，大家对美好生活的期待是多么渴望，对美好环境的向往是多么的迫切，也说明小组自治的示范效果起了作用，原来不少担心改造不一定能够成功的居民，逐步打消了疑虑，并开始增加信心。（XGW 区 SBX 社区网格员 LLN 访谈：SQ-SBX-LLN-20161114）

二是出现问题居民群策群力参与积极。如关于公共场地用途的民主协商会居民积极参加，出现居民挤满会议室站在过道走廊参会的"盛况"，900 多平方米的公共用地拆违虽有职能部门执法，但仍有不少居民到现场帮忙做群众思想工作，在工程施工过程中不少居民义务巡逻监督工程质量，尤其是一些反对小区改造的居民，也开始逐渐转变思想支持和参与小区建设。

我们小区在改造过程中，确实有一批居民从负能量转化为正能量，你找不到（不知道），刚开始他们极力反对，但慢慢地，随着小区面貌一天天地改变，他们也从大家的对立面转变成业委会的好帮手，而且还动用个人资源为小区改造做出巨大贡献，让工期至少提前一个月完成。（XGW 区 JMHY 小区业委会委员 HBN 访谈：JM-JMHY-HBN-20161124）

三是居民的认同感和归属感大大增强。随着小区面貌的大改观，居民幸福感与日俱增，再加上小区首届闹元宵邻里节等文化活动的举办，居民的归属感逐步增强。

你莫说，现在我们小区还真是面貌大改观呢！真是没想到，那么破烂不堪的小区，还能成为这个样子。住在这里十几年了，我今天真是有了满满的幸福感！我们以后一定要支持业委会和物业的工作，大家和睦相处，共同把我们的小区建设好。（XGW 区 JMHY 小区居民 ZAY 访谈：JM-JMHY-ZAY-20170322）

因为过去环境不好我们已搬走几年了，房子本打算卖掉……现在这里不仅环境好了，人气也旺了，邻里之间也很和睦，小区邻里节的举办，又进一步增进了居民的感情，我们把挂到中介的卖房信息又撤回来了，这儿以后就是我们全家永久的居住地。我还听物业的说，我们小区已经有几户居民是在看了新闻报道后在这儿买房居住的。（XGW 区 JMHY 小区居民 LLS 访谈：JM-JMHY-LLS-20170320）

四是在改造过程中，居民交往频率和深度都发生了前所未有的变化，相互之间产生了不同程度的亲密关系。

我对小区改造效果相当满意，当时在那种情况下，大家能自筹资金，千辛万苦把这个事儿干成，很不容易，大家都很有成就感。尤其是和旁边的其他小区相比，他们是高档小区，还羡慕我们的生活，我们都觉得蛮幸福。（那您觉得小区改造前后居民的交往有什么变化？）以前我们虽然住在同一个小区，隔壁邻居都不认识，以我为例，我以前上班晚上回家，车直接开到楼下，然后我就上楼了，早上下楼直接往车子里一钻就上班去了，一天到晚哪里有机会跟小区居民见面呢！再说也没那个必要啊，见面了说什么、干什么呢？但自从小区改造后就不一样啊，从筹备组开始，大家就开始慢慢相互认识了，在网上讨论，在交费现场交流，在会议室开会，在现场勘查讨论，一起到有关部门办事，一起同阻碍改造的人做斗争，一起筹备文化活动、跳舞、散步……交流的机会太多了，大家慢慢就变得熟悉了。（你们平时在一起交流的一般有多少人啊？）那你要看做什么事儿咯，我们开会商讨个什么事情，一般是一家一个代表，每次至少能来 80%，在改造高峰期创过近 300 人的纪录，有的一家来好几个，会议室根本就挤不下，后面来的就只能站在走廊里。平时大家见面后还在一起拉拉家常，以前擦肩而过谁也不理谁，我感觉现在这样蛮好。今年正月十五元宵节的时候我们举办第一届邻里节，刚开始我们还怕没得人来，但在筹备的时候就有很多居民参与，到了邻里节那天一下来了近 300 人，你要知道正月十五是家人团聚的日子，还有那么多人来，大出我们所料。大家在一起聊聊天、搞搞活动、领领奖品，蛮热闹的。（XGW 区 JMHY 小区业委会主任 WXP 访谈：YW-JMHY-WXP-20170224）

第四节　情感共同体的生产：XGW 区 XSJY 小区探索

XSJY 小区是一个普通商品房小区，建成于 2009 年，建筑面积 8 万多平方米，有住宅楼 8 栋 15 个单元，居民 556 户 1600 多人。与许多居民小区一样，XSJY 小区居民在入住不久后就陆续出现建筑质量问题，并陷入长达 2 年多的维权纠纷，但小区居民在成功维权的基础上实现了小区"善治"，并在长期的集体交往和个体交往之中，慢慢产生亲密的情感联结。

一、管网维权终获成功

由于开发商在承建楼盘时将供水管网工程发包给没有资质的承包人，而承包人在施工过程中偷工减料，导致 XSJY 小区供水官网频频爆裂，经常停水，给居民生活带来极大不便和苦恼。为此小区业主纷纷找到开发商，要求重做小区管网系统。在多次交涉无果后，一批维权积极分子团结起来，于 2013 年 8 月成立维权小组，正式开始集体维权历程。维权小组多次到社区、街办、房管等部门汇报情况、沟通协调、敦促催办，相关部门也多次组织调解协商，但由于开发商公司已注销，质量鉴定和责任划分等问题一时难以达成协议。

维权小组在维权活动中，深感成立组织的必要性，以"维权小组"的名义四处活动始终"名不正言不顺"，所以业主在维权小组基础上选举产生了第一届业主委员会。但业主认为第一届业委会主任和部分委员"被开发商收买"，不能很好代表业主进行利益维权，且有委员利用职务便利插手小区门禁系统等工程，在工程导致严重质量问题时，不仅拒不维修还伪造业委会委员签名领取工程价款，所以运行不久即将其罢免，又选举产生第二届业主委员会。第二届业委会产生后，继续与有关部门交涉，在交涉无果的情况下于 2014 年 6 月向当地法院提起诉讼，但由于部分委员工作忙，投入业委会工作尤其是维权工作的时间和精力不够，维权进度与成效令业主不满，所以很快也被罢免。

在吸收前两届业委会运行经验教训的基础上，第三届业委会筹备组经过认真准备、反复酝酿，推荐了一批热心公益、能力强、素质高的候选人供业主选择，最终于 2014 年 10 月获选通过。第三届业委会下决心解决久拖不决的管网问题，采取一手抓司法救济诉讼、一手抓行政救济施压的策略，在诉讼过程中，组织业主与开发商庭外沟通协调谈判十余次，向市委书记、市长、市质检站、市建委、市中级人民法院等部门不停投诉反映情况，在多管齐下的策略下终于在 2015 年 10 月，达成了由开发商和承包人共同出资 36 万元返工重做的协议。最终小区供水管网系统在业委会的监督下，改造成全市一流工程，维权终获成功。

二、小区自治稳步开展

维权虽获成功，但在维权过程中业主与开发商及其物业公司、业主与政府及其有关部门、业主与业委会以及业主之间的复杂、紧张关系，让第三届业委会下决心将其改善。

一是完善制度体系，合理界定各主体行为边界。在广泛征求全体业主意见的基础上，业委会确定了依法依规处理各级各类关系指导思想。为此，第三届业委会首先从规章制度体系上着手，在各级政府已经制定的法律和制度，和已有的《业主公约》和《议事规则》基础上，制定了更加完备的小区制度，如业委会办事操作规程、业委会分工制度、车辆管理规定、门禁管理制度、小区广告设置与公共用房出租管理办法、车辆信息通报制度、业主信访接待制度、违规业主认定处理办法、隐患排查制度、财务与收支管理规定、物业服务满意度测评标准等，合理界定各主体的行为边界。所有制度都经全体业主充分协商、业主大会表决通过，而且随着小区形势发展不断完善。

二是严格按既有规章制度处理各主体间的关系。在制度健全后，依法依规处理各类关系的另一个重要方面就是制度的严格执行。一方面，业委会坚持按照国家现行法律规章，如《物权法》《物业管理条例》等，处理与社区居委会、街道办事处、房管部门等外部主体关系；另一方面，对业主、物业公司、业委会、业主代表[①]大会、业主大会等生活或工作在小区内部的主体间关系，严格按小区现有制度处理。该小区对制度执行的严格程度，可通过发生在该小区的一起堵门事件得以充分体现。2016 年 10 月一天早晨，该小区某一业主在没按规定

---

① 根据小区规约和议事规则，XSJY 小区在每个单元选举产生业主代表 1 名（共计 15 名），业主代表职责为：在业主大会闭会期间，参加业主代表大会，提出意见和建议；负责收集所在楼栋单元业主对小区建设管理的意见和建议，并及时向业主委员会反映；根据业主委员会工作需要，就相关工作如选举、选择方案等向业主征求相关意见，开展相关工作；支持业委会和物业公司，对本楼栋安全防范、环境卫生、车辆管理、费用收交、单元门禁、房屋出租、装修维修、宠物养殖、水电气网等相关民生公益事项，做好服务、协调、管理工作；参与小区重大公益活动，参与经业委会同意的集体维权、集体治安、消防、内保、交通秩序、环境卫生和有关群体事件的协调处理；在业主明确授权情况下或经业委会调整后，负责完成其他楼栋业主的有关合法委托工作；支持业委会开展对物业企业的监督考核和管理工作；完成交办的工作任务。

交停车费而被门卫拦下的情况下,用3台车将小区2个进出口和应急通道全部堵死,直至次日凌晨2点钟才开走,致使小区其他业主车辆近20个小时无法进出。后经派出所调解以及业委会和物业公司负责人劝说,业主答应按规定缴费。但10天过去该业主仍不缴费且随意进出,物业公司给出的解释是当事人怀有身孕防止事态影响扩大。但业委会认为,物业公司应依法予以劝阻、制止、解释,直至向执法部门申请处理,而不是挑战小区制度权威违规放行,物业公司的行为在小区业主中产生严重不良影响,为此在提请业主代表大会审议通过后,决定对物业公司采取在小区QQ群、微信群以及公共场所以张贴方式予以通报,对违规放行行为每次惩扣返还①收入300元,按满意度要求扣20分纳入年终满意度考核②;对违规业主按《违规业主认定处理办法》在小区予以通报,并责成物业立即停止违规放行,如若遇阻则依法申请有关部门处理。制度执行之严可见一斑。

三是加强小区硬件和软件建设,提高居民幸福指数,以及市场和政府主体支持度。在硬件建设方面,业委会充分利用小区公共收入分成,并通过争取政府有关部门支持等方式,多方筹集资金,解决了困扰小区多年的门禁系统、电子监控系统、消防系统、公共照明系统、门洞改造项目等问题,每个项目都严格按照程序招投标并严把验收质量关,使其成为优质工程;在软件建设方面,业委会非常注重小区文化、文明建设。

> 一个小区应该是一个文明、祥和、幸福、融洽的小区,一个小区所有的活动,不管是制度也好,硬件建设也好,都应该围绕这一目标展开。
> (XGW区XSJY小区业委会主任CYC访谈:YW-XSJY-CYC-20170121)

以2016年为例,该小区主动融入房管、文明办等部门举办的小区文明创建活动,举办了安全知识竞赛、书画摄影比赛、棋牌比赛、迎国庆文艺晚会、慈善义捐扶贫、居民亲情互动等一系列活动,此外小区还开辟了棋牌室、文体健身场所等供居民开展日常休闲娱乐活动。这些活动的开展,丰富了居民业余生活,改善了居民邻里关系,提高了居民幸福指数。同时,市场获得了稳定的盈利,政府取得不错政绩,对小区更加支持,各种关系步入良性循环。

---

① "返还"是指小区的公共收入由业委会和物业公司按比例分成,所有收入由物业公司代收后先缴入业委会对公账户,年底核算后返还物业公司应得部分,即"先缴后返"。
② "满意度考核"是指小区业委会每年组织一次由全体业主参加,对物业公司的满意度评议,考评结果是决定是否继续聘用物业公司的重要依据之一,如果低于70分物业公司将面临解聘后果。

三、个体交往与情感联结生成

在维权和自治阶段，小区居民之间的交往主要是一种集体交往，居民交往的目的主要是维护共同利益，彼此之间的个体交往处于相对次要地位。为了在邻里之间营造亲密友好氛围，鼓励居民彼此关心、相互帮助，共同将小区建设成为和谐幸福家园，XSJY 小区业委会在促进居民进行个体化交往方面采取了一系列措施。

文明创建常态化、楼栋化。与其他小区一样，XSJY 小区居民在日常生活中也曾有过许多不文明现象，如高空抛物、车辆乱停乱放、垃圾乱丢、乱搭乱建、乱贴乱涂、乱晾晒乱堆放、损坏花草树木、不文明养犬等现象，业委会和物业公司采取了很多措施，如加强巡查、安装监控、申请执法等，虽然居民经常被"提醒"难免会因难为情而有所收敛，但不文明现象仍时有发生。所以业委会在 2016 年决定将其列为重点工作，又恰逢 XGW 区将该小区列为市级文明创建试点，所以业委会决定将该小区"十星楼栋"①创建整体纳入文明小区创建工作之中。具体方案是居民以楼栋为单位争创区级文明楼栋，小区则以集体为单位争创市级文明小区。由于不少居民长期对不文明行为反感所孕育的民意基础，再加上政府授牌所具有的激励价值，以及"十星楼栋""文明单位"称号所具有的品牌价值和升值空间，居民表现了前所未有的热情。

文明出行，文明言行，我们成年人从自己做起，也教育自己的孩子从小事做起，从一点一滴做起。希望从咱们这个小区走出来的男士，个个是绅士；女士，人人是淑女；老人和蔼可亲，孩子谦虚有礼。希望咱们这个小区成为大家羡慕的高尚人文社区！（2017 年 6 月 14 日 XGW 区 XSJY 小区 QQ 群居民讨论共享单车文明停放时"静水"的发言；该发言当时有 74 位居民点赞）业委会举办文明创建活动我举双手赞成，小区一些居民的不文明行为我深恶痛绝，比如，小区停车位本来就紧张，道路也窄，一些业主停个车要么占两个车位，要么快停到路中间了，你不是停不进去就是开不过去，还有养狗、高空抛物等都很头疼。（XGW 区 XSJY 小区居民 LJW 访谈：JM-XSJY-LJW-20160919）

市级文明楼栋和文明小区如果能争取到当然是好事，一个小区的价值与品位会得到极大提升，我们也很自豪，另一个小区房子会升值得更快，

---

① "十星"内容：环境卫生星、社会管理星、团结互助星、计划生育星、生活设施星、人际和谐星、文化娱乐星、道德建设星、文明新风星、志愿服务星。

谁不喜欢住进一个文明小区呢？何况还是全国文明城市的文明小区！反正我们三号楼的居民都很支持，大家还在一起开了几次会，平时在群里也时不时讨论，想了很多办法，相互提醒，最后功夫不负有心人，我们楼栋被评为区级文明楼栋，我们小区也被评为市级文明小区。而且文明楼栋和小区会定期重评，不是说你一次评上就终生享用，这也是一个很好的激励，这样效果会更长久。（XGW区XSJY小区居民QDF访谈：JM-XSJY-QDF-20160919）

重要节日和传统民俗文化活动常态化、楼栋化。在元旦、春节、元宵节、劳动节、端午节、中秋节、国庆节等重大节日前夕或期间，业委会都会组织两类活动：一类是扶贫慰困，组织业委会成员、楼栋代表和居民一起走访慰问困难居民；另一类是民俗文化活动，如文艺晚会、春联窗花比赛、包饺子和包粽子比赛等，而且这些活动都有一个特点，即以楼栋为单位参与，文艺类节目以楼栋为单位选送、比赛以楼栋为单位参赛，所得成绩计入集体荣誉，在文明楼栋评比、年度奖励中予以参照。对很多居民来说，个人能否获得荣誉并不具有很大的激励价值，集体获得的荣誉、参与过程带来的集体感、相互交流所带来的乐趣，反而是居民比较看重的。

其实对我个人来说我倒不稀罕那些荣誉和奖励，我在工作中也得过很多级别不低的奖励，但是如果我们楼栋能得奖我还是蛮开心的，毕竟这个奖意义不同；再一个就是大家平时在一起乐呵乐呵也蛮好，你看现在工作很忙也累，回到家不就图个轻松愉快！大家为了演好一个节目，搞好一场比赛，都会事先在一起讨论和演练，这种感觉蛮好。再说有时候邻居喊你参加，不去还不好意思，有时候实在抽不开身还得说好几次对不起，有时候还得到邻居家里去坐坐（表示歉意）。（XGW区XSJY小区居民QHM访谈：JM-XSJY-QHM-20160820）

书画摄影展组织化与常态化。为加强小区居民交流，经业主代表大会审议通过，XSJY小区业委会决定面向全体业主和同居住的家庭成员以及在本小区的物业企业员工，每年开展一次群众性书画及摄影作品比赛活动，作品内容以反映小区变化为主题，题材涉及人、事、物，作品形式可以是居民亲自所摄照片或软硬笔书法、绘画等。第一届活动开展后，业委会收到居民各种作品近90件。收到居民作品后，业委会在居民活动室进行了为期一周的展出，其间不少居民参观品鉴。在评奖环节，业委会设置了居民投票和专业评委打分环节，其中评委打分环节居民还可以和评委进行现场交流。

在这个活动举办之前我还不晓得，原来我们小区还有这么多文化人，舞文弄墨、摄影录像，都很有水平，瞬间感觉我们小区好高大上。（XGW区XSJY小区居民WDL访谈：JM-XSJY-WDL-20161211）

以前还没发现我们小区变化这么大，因为天天住小区不觉得。但看了邻居们的摄影和书法作品，再一回想，这些年我们的变化确实大，不容易。（XGW区XSJY小区居民PJP访谈：JM-XSJY-PJP-20161211）

通过这次比赛我发现我们小区爱好摄影书法绘画的人还是蛮多的，我们都留下了联系方式，还组了队（XSJY小区书画摄影队）建了群，大家在比赛过程中就在交流，今后我们也会进一步加强交流，相互切磋技艺。参赛后获奖的作品都用来装裱居民活动室，我们觉得这是很有意义的事情，我个人也很有成就感。（XGW区XSJY小区居民CWJ访谈：JM-XSJY-CWJ-20161214）

影视文化活动常态化。为了丰富小区文化活动，加强邻里间沟通与了解，XSJY小区每个周六晚上会在小区广场播放露天电影，雨雪寒冷或炎热等天气不佳时则顺延。电影播放时间一般会根据冬夏时差，选在居民晚饭以后的七点至八点间开始。播放前一天和当天，业委会或物业公司会在居民群里发布观影告示，告示内容包括放映时间、地点、影片名称、注意事项等。每当电影放映开始前，老老少少的居民自带板凳，三五成群聚在一起聊天，小孩则在旁边打闹嬉戏。电影结束后，不少居民还在一起"品头论足"一番。观影人群除了老人和小孩外，中青年群体也是主力，基本稳定在40%左右。

（您为什么不去电影院而选择看小区的露天电影呢？）那还用说，露天电影的意境不一样！电影院到处都是，经常看也没得什么看头。像这种露天电影多好，怎么说呢，有一种儿时的感觉和记忆。再说我们平时工作忙，有好些想看的片子上映的时候都没时间去看，刚好小区放映我就来了！再一个就是在这看电影可以节约好多时间，下楼就有电影看，不要钱不说，关键节约时间，出去看一部电影四五个小时就没！在这一看完就可以上楼，该干吗干吗。再说居民都是邻居，在一起边看边聊聊天多好，你去电影院一个人都认不到（不认识），看完就各回各家，也没什么意思。（XGW区XSJY小区居民LCX访谈：JM-XSJY-LCX-20161029）

我们小区的露天电影还是比较有名的！周边好多小区都很羡慕，门卫反映每当放映时都有一些居民跑过来跟门卫说好话，想进来看，我们对这种情况一般都会放行的。（一般放电影有多少人看？）一般居民参与规模稳定维持在200人左右。（XGW区XSJY小区放映负责人LWF访谈：JM-XSJY-LWF-20161029）

多措并举，促进居民趣缘型交往。为解决居民之间的矛盾，同时借助居民趣缘型交往增强居民凝聚力和促进居民之间的交流，XSJY小区业委会开始对居民之间的趣缘型交往进行支持：一是趣缘团体建制化，即基于现有团体和居民愿望成立趣缘组织，选聘相关负责人，成建制组织居民活动，增强活动的持续性和稳定性；二是经费场地建制化，为居民组织趣味活动提供经费和场地支持，尤其是协调各趣缘团队公共活动空间；三是趣缘活动品牌化，除每年定期举办整个小区居民参加的趣缘型赛事，如文明麻将友谊赛、羽毛球赛、乒乓球赛、舞蹈比赛等之外，还鼓励居民趣缘团体参加小区和社区不定期举行的各种活动，如文明创建活动、大型节庆晚会等，鼓励居民提高活动质量；四是趣缘型交往多元化，在现有趣缘团队基础上，重点加强针对中青年居民兴趣爱好的趣缘型交往，目前小区组建的趣缘组织有瑜伽舞蹈队、模特队、棋牌队、羽毛球队、乒乓球队、书画摄影队等。

现在我们有了自己的组织，而且还有经费和场地支持，我们的活动也丰富多了，每年我们都会在全小区范围内组织一次针对全体居民参与的棋牌比赛，平时我们也有专门的活动室，虽然活动室使用是有偿的，但都不多，五块钱一小时，其实还不够水电费、茶水钱和设备损耗，但大家可以在一起玩儿，尤其是周末可以放松一下身心，还可以与邻居们聊聊家长里短，我觉得很有意义，这不就是人们要想的生活吗？其他的好多小区我看这点都没有我们好。（XGW区XSJY小区棋牌队负责人LDS访谈：JM-XSJY-LDS-20160812）

业缘型交往的破冰。XSJY小区十分注重同行居民之间的交流，小区通过设立"职业论坛"等方式，定期、不定期组织某一职业的居民相互交流，如当国家颁布一部新的法律或某部法律做了重大修改、增值税等国家税制进行重大改革等，论坛负责人则会相关专家到小区讲座，相关居民现场既可以向专家请教也可以相互交流讨论，平时相同或相似职业的居民也会就重大疑难法律案件、经济合同拟定和纠纷解决等进行讨论。"职业或艺术的相同和相似，最容易产生友谊"[1]，职业相同或相近的居民，无论从交往需求程度还是从友谊生成难度而言都具有显著的优势，并"通过容易的和经常的联合来联结和维系"[2]这种纽带。

---

① 费迪南·滕尼斯. 共同体与社会：纯粹社会学的基本概念［M］. 林荣远，译. 北京：商务印书馆，1999：67.
② 费迪南·滕尼斯. 共同体与社会：纯粹社会学的基本概念［M］. 林荣远，译. 北京：商务印书馆，1999：67.

我们小区的职业论坛每次都是依据重大形势变化和居民需求展开，无论是请专家讲座也好，还是我们相互之间的交流探讨也好，居民参与积极性都很高，我们平时在群里也会相互讨论，组织线下的交流活动。通过交流大家都感觉收获很多，不仅有业务知识的收获，也有工作上的帮助，当然还能交很多朋友。（XGW区XSJY小区职业论坛总召集人ZLF访谈：JM-XSJY-ZLF-20160814）

经过各方共同努力，XSJY小区成功从维权时期的"剑拔弩张"转变为现在的亲密关系。

一是小区居民之间的亲密关系。经过长时间的治理、文化、趣缘、业缘型等交往，居民之间逐步建立起亲密的情感联结，遇事相互讨论、共同协商、相互帮衬，居民对小区的认同感、归属感及居民之间的亲密感较为浓厚。

小区不仅治理得井井有条，什么事儿都按规章制度办，按居民大会或者说居民代表大会的决定办，而且居民之间相处也很融洽，在一起聊聊天、打打牌，有时候还一起出去踏青，我觉得现在小区居民幸福指数都很高，这才是我们想要的生活。（XGW区小区居民XSZ访谈：JM-XSJY-XSZ-20161226）

二是小区居民与业委会之间的亲密关系。

我们这一届业委会始终秉承一个观点，那就是我们是居民选举出来代表居民行使权力的一个机构，所以我们不能辜负居民的信任，要切实代表居民把权力行使好，当好居民的"管家"，有什么事儿按规矩办，按业主大会或者说业主代表大会的集体决定办，你只要秉承一颗公心办事儿，居民会看得见的，群众的眼睛是雪亮的，现在好像还很少听到居民说我们这届业委会干得不好的。（XGW区XSJY小区业委会副主任WLP访谈：YW-XSJY-WLP-20170121）

三是居民与市场主体之间的亲密关系。虽然市场主体的盈利逻辑与业主利益是冲突的，小区业主与市场主体之间也有"斗争"，甚至有长达两年时间的维权纠纷，但小区居民始终坚持合法、有理、有节的原则，通过制度化途径解决纠纷，所以两者之间始终"斗而不破"，而且总体保持着融洽的关系。

虽然我们打了官司，炒了开发商的物业公司，但我们仍保持良好的合作关系和私人关系，其实这也是蛮有意思的一件事儿。（XGW区XSJY小区业委会委员CBY访谈：YW-XSJY-CBY-20170120）

在处理与物业公司的关系时，居民以业委会为平台，坚持支持和监督并重的原则，建立起较为和谐亲密的关系。如前述堵门事件中虽然业委会根据居民的集体决策处罚了物业的放行行为，但在整个事件中居民以业委会为平台，不仅与违规业主和有关部门协商沟通，还坚决支持物业公司行为，为物业公司行使职能"撑腰"。

居民和业委会平时对我们都很支持，我们平时相处得也很融洽，虽然双方难免会有一些冲突，但制度摆在那里，有什么事按规章制度办一切就简单了。我们在与居民尤其是业委会打交道过程中也学到了很多，我们在日常管理和服务过程中需要一个既讲道理又讲感情的居民群体，和擅于管理的业委会的支持。（XGW区XSJY小区物业公司经理CQY访谈：WY-XSJY-CQY-20161216）

四是与政府的亲密关系。在与政府职能部门交往时，即便在维权时期，居民也是通过业委会这一平台，坚持依法、依规的原则，在法制框架内通过合法途径解决争议，而在平时小区治理实践中，也是充分融入居委会、街办、房管、文体等部门的工作中，争取支持，相互配合。

XSJY小区很不错，自己制定制度、自己解决问题，平时与社区和政府部门联系也比较多，对他们在我们职责范围和能力之内的要求都尽力予以支持配合，难得居民有这么高的积极性，支持一下多好！（主要是哪些方面的支持呢？）我们的支持主要是精神层面的，比如，对表现突出的居民给予表彰，及时对其贡献表示肯定，通过授予文明小区等称号给予小区集体荣誉，再就是居民们有需要协调的事我们都会尽力支持。（XGW区房管局WMQ访谈：ZF-GXFG-WMQ-20161215）

第三章

规模与城市社区共同体的生产

为什么在楼栋、院落、小区等城市微社区更容易生产居民生活共同体？还需从学理上进行探讨，以从理论上回答城市社区"微共同体"可不可能的问题。

第一节 规模与居民的交往事由

农村居民生于斯长于斯，相互认识、彼此熟悉，每个人的脸就像一张名片或广告牌，上面印有个人的社会属性和社会关系，熟人一看便知。但城市社区居民不同，不同籍贯、民族、职业、阶层等的人们，因为居住而生活在一起，相互之间并不认识。彼此陌生的人们要发生交往，必须有共同的交往事由。

一、城市社区居民交往事由演化

传统社区居民之间之所以较容易生成共同体，是因为居民之间"持久且真正的"交往。居民朝夕相处，抬头不见低头见，"日久则易生情"。而居民之所以会"持久且真正的"交往，首先是因为彼此之间有着"持久且真正的"交往事由。居民不仅在一起生活，而且还在一起工作，相互之间不仅是邻居，还是一个单位的同事或一起劳作的"战友"。非日常生活领域和日常生活领域的高度重合，生活空间和工作空间的共同"在场"，使居民对集体有着高度的认同感、归属感，彼此熟悉、相互理解、关系亲密，进而产生共同体式的情感联结。但伴随着现代性的发展和深入，一切都发生了翻天覆地的变化，尤其是在城市社区。

在城市社区，现代性以其强大的力量形塑着社区空间。人们进入社区的条件不再是身份，而是逐渐转变为赤裸裸的货币，要么购买，要么租住，人们只要支付等量的货币，即可取得入住资格，摇身一变成为社区居民。不同民族、籍贯、职业的人们因为居住而生活到一起，彼此完全陌生，互不了解。城市社区原有的熟人社会逐渐被稀释，逐渐变成半熟人社会，进而完全变成陌生人社会，尤其是在新建商品房小区。所以，现代城市社区共同体的生产过程，实质上是地域性基础上的社会性再生产过程，也就是人们在"持久和真正的"共同生活基础上形成功能、组织和心理情感上的联系过程，社区建设的目标就是立足地域性与社会性这两大维度，通过硬软件建设促成一种人类生活的共同体产生。①

要在有着共同地域却彼此陌生的居民之间建立社会性，交往无疑是一条必经之路，城市社区共同体的生产遵循着交往的逻辑，城市社区共同体是交往的共同体。而且，社区共同体应当是一种自然而然的有机伦理实体②，其在本质上应当是内生和自在的，而不是外加和建构的，共同体中人们之间的交往也应是内生而非外在建构的，体制性交往已被证明始终无法走出居民积极性无法有效调动、需要政府持续投入且有行政吸纳社会的倾向等困境③。居民之间的内生交往，必须建立在共同的交往事由基础之上。共同的交往事由为居民交往提供了目的、内容和动力。然而，作为"现代性的一个学校"④ 城市的重要组成部分，社区深受现代性的扰动，生活在其中的居民虽然毗邻而居却缺乏共同的交往事由。

从人们投入的时间和精力划分，人类的社会结构可以分为日常生活领域和非日常生活领域，日常生活领域是指人们的衣食住行、走亲访友、婚丧嫁娶等日常活动的领域，而非日常生活领域主要是指除日常生活领域以外的社会活动领域。或者说人们将时间和精力主要投入在生活和工作两大领域。现代性带来非日常生活领域和日常生活领域的分离，使人们往往生活在社区之内，而工作在社区之外。相互陌生的人们毗邻而居，但各自"早出晚归"，在非日常生活领域对日常生活领域全面僭越的情况下，甚至是"深夜而归"或"数月不归"，相互之间在非日常生活领域缺乏交往事由，社区逐渐沦落为仅仅是居民日常生活空间的地位。尽管如此，日常生活领域仍然是一个充满价值的意义实体，是人们诗意栖居的根本之所非日常生活产生的前提。⑤ 在日常生活中，人们需要

---

① 王小章. 何谓社区与社区何为 [J]. 浙江学刊，2002（2）：20-24.
② 池忠军. 社区至社会生活共同体化的规范性分析 [J]. 社会主义研究，2010（4）：64.
③ 李宽. 城市社区共同体的生成机理：从陌生人到熟人 [J]. 重庆社会科学，2016（5）：49-55.
④ 英格尔斯. 从传统人到现代人 [M]. 顾昕，译. 北京：中国人民大学出版社，1992：319.
⑤ 王冬梅. 从小区到社区：社区"精神共同体"的意义重塑 [J]. 学术月刊，2013，45（7）：31-36.

交往沟通、对话交流，从而增进相互理解和宽容，进而达到思想共识和统一行动，形成集体认同感和归属感。①

既然日常生活领域仍是所有意义的真正出生地和人们之间交流沟通的发生地②，那么为什么作为日常生活领域现实载体的城市社区却难以生产共同体？答案首先可能就在于社区层面交往事由的缺失。从社区层面来看，非日常生活领域交往事由的萎缩，并没有带来日常生活中居民交往事由的增加：一方面，日常生活领域的人们即便有各种物质和非物质需求，但不同的居民有着不同的需求，同样的需求不同居民需求的程度各异，而且居民满足自身需求的能力也不相同，需求的多样性和能力的不平衡性决定了交往事由不可能在社区层面统一提供并得以满足。另一方面，即便居民在安全、卫生、文化、娱乐、体育、休闲、情感等方面有着共同或同一程度的需求，在现代性语境中这些需求的满足也有诸多替代机制，要么可以通过市场化的机制得以解决，因为只有如此市场才能够解决得更好，如聘请物业公司、进行文体娱乐消费等，要么可以通过亲朋好友得以满足，如情感倾诉、社会交往等，因为彼此陌生的人们往往不愿意产生文化、娱乐、体育、休闲尤其是情感倾诉等方面交往，不一定非要在社区内通过相互交往才能得以满足。

总之，在现代性的扰动下，传统社区居民在非日常生活领域和日常生活领域累计的交往事由和共同交往，在现代城市社区双双出现"断崖式"下跌。在现代性中建构起来的各种制度将城市社区格式化为一个领域分化、本质迷失、个性崩溃的分裂社会，镶嵌在其中的人们逐渐脱离整体而成为原子化个体。③ 人们拥有和享受的东西具有显著的排他性，一个人的拥有和享受就意味着影响他人对其拥有和享受，以致人们之间实际上没有什么共同的东西。④ 由于缺乏共同的交往事由，社区居民之间往往是"互不相干的邻里"，居民之间的交往也从"持久和真正的"交往变为"暂时和表面的"交往，难以产生共同体式的情感联结，即便社区自治、社区参与等，也呈现形式化、个体化和浅层次性特征，社区精神难以建立。

---

① 尤尔根·哈贝马斯. 交往行为理论：行为合理性与社会合理化［M］. 曹卫东，译. 上海：上海人民出版社，2004：8.
② 王冬梅. 从小区到社区：社区"精神共同体"的意义重塑［J］. 学术月刊，2013，45(7)：33.
③ 周军，訾大丽. 在合作行动条件的生成中辨识社会治理变革［J］. 江苏大学学报（社会科学版），2017，19(4)：17.
④ 费迪南·滕尼斯. 共同体与社会：纯粹社会学的基本概念［M］. 林荣远，译. 北京：商务印书馆，1999：100.

二、规模小微化与居民交往事由的产生

居民在社区层面整体而言与社区没有太大的关联，居民对社区事务缺乏足够的参与热情。① 然而在小区、院落、楼栋等微社区内，居民却有着存在广泛的交往事由——共同的需求，而且同一微社区内的居民，由于社会分化尤其是纵向分化程度的降低，需求种类与程度以及需求满足能力均具有整体上的一致性。共同需求是陌生居民之间建立社会联系的理想途径之一，是居民社区参与、社区自治乃至在此基础上形成共同体的内在动力之所在。因为有着共同需求的居民，单个的个体由于资源的有限性，无法独立满足共同的需求，必然谋求集体的力量共同达到目标，在此过程中，居民相互之间必然要产生各种目的、类型、途径、方式、效果的交往。捷克著名经济学家奥塔·希克对需求的内生催动力量曾做过生动描述。

> 当人的某些需要得不到充分满足时，它就会使人产生一种想去满足它的要求，或者，由于某些需要对人的感情和爱好具有很大的吸引力，它也会使人产生一种不断重复的、在某些情况下不断加深的要求，而利益正是人们为满足这种客观引起的需要而出现的一种集中的、持续时间较长的意向。这种意向反映在人的行动上就是不断地、努力地、顽强地，有时甚至是热情地追求这种需要的满足，也就是贯彻和实现他们的利益。②

这在笔者的田野工作中也得到印证。笔者曾与社区工作人员一起入户，请居民为居委会候选人投票，但大部分居民显得漠不关心、投票随意，在"友情提醒"居民认真考虑或询问为什么不投票时，不少居民脱口而出——"有什么用哦！""有什么用"，听起来"冰冷十足"，看起来居民权利意识"尚未觉醒"，但实质上却道出居民"冷漠"的深层次原因——不能满足自身需求，或者说社区层面的共同需求或利益尚未形成。对居民而言，居住才是"最大的政治"③。这在笔者事后与该社区书记的探讨中得到进一步印证。

> 迄今我在社区已经工作了 23 个年头，工作过的社区有 5 个，从一名最基层的社区工作人员干到社区书记，其中在 3 个社区担任副主任、主任和

---

① 张宏亮，邓恩远. 城市"棚改社区"共同体文化维系力的构建［J］. 理论导刊，2011（11）：63-65.
② 奥塔·希克. 第三条道路：马克思列宁主义理论与现代工业社会［M］. 张斌，译. 北京：人民出版社，1982：31-32.
③ 郭于华，沈原. 居住的政治：B 市业主维权与社区建设的实证研究［J］. 开放时代，2015（2）：83-101.

书记职务。从我的角度来看，当前社区工作的主要难点就在于居民的内在动力不足，就是人们常说的"政府在做，老百姓在看"，有些居民甚至是"端起碗来吃肉，放下筷子骂娘"。你累得要死，他还说你这没搞好那没搞好。（您认为为什么会出现这种状况？）人们更多地关注的是切身利益，你看我们社区有个CJRJ小区，当时居民为了把物业公司赶走，团结起来成立业委会，居民参与都积极得没得法（非常积极），他们成立了QQ群，主动向社区、街办提出申请，还积极参与业委会选举投票，谁要是说个"不"字他就要跟你搞（对立）起来。（XGW区LXJ社区书记、主任HYT访谈：SQ-LXJ-HYT-20160812）

国内外有些社区共同体理论研究者和实践探索者，已经意识到共同的需求或利益在共同体生产中的意义和作用，尤其是随着我国单位制的解体，城市社会逐步由"单位办社会"过渡到"社会办社会"，居民的社会支持体系也从单位向社区转移，城市居民与社区的关联度和对社区事务的关注度不断提升。但很多时候人们也忽略了一个事实，即社区居民对"居住的政治"的关注主要集中于其居住所在的楼栋、院落和小区，而对同社区其他居民小区的"居住政治"，居民既无权处理，因为其他小区的事务是基于该小区居民的区分所有权建筑物产生的，也没有动力去处理，因为与其需求或利益无关。退一步讲，即便部分居民有动力也有能力，在非日常生活领域对日常生活领域全面僭越的情况下，也没有时间和精力去处理其他小区的日常生活事务。人们在潜意识里将"社区"和"小区"两个概念画了等号。

居民共同需求主要以公共产品形式表现出来，笔者依据性质将社区公共产品分为两类。

第一类是基于居民财产所有权的"准"公共产品。城市居民在社区的财产主要是区分所有权财产，即具有完全所有权的住宅和部分或共同所有权的公共场所和设施，基于居民财产延伸出来的公共产品有住宅质量维护，如房屋维修、供水管网维护等，公共场所和设施使用，如停车位、文体娱乐设施的使用和费用等，公共收益的分配，如广告收益、停车费使用等。这类公共产品是"准"公共产品，即具有部分排他性，只能特定范围内的居民才能享有和使用，如房屋等硬件设施的维修只能动用本小区居民的维修基金，停车位只能在满足本小区、院落或楼栋居民的情况下才能对外有偿使用①，公共收益只能限于本小区、

---

① 事实上，随着城市居民生活水平的提高和人均机动车拥有量的日益提高，停车难已经成为绝大多数城市居民小区面临的普遍难题，也是居民之间的矛盾焦点之一。

院落或楼栋居民享有等。

第二类是基于居民居住行为的"纯"公共产品。作为一个长期停滞的物理空间,居民需要一个安定祥和的居住环境,不论性别、民族、年龄、阶层等,均有社区治安、环境卫生、文化体育、休闲娱乐等需求。这类公共产品主要建立在居民的居住行为之上,与其是否拥有财产没有必然联系,从性质上看属于"纯"公共产品,不具有或只具有很小的排他性,因为一个居民对它的享受基本不影响其他居民对它的享受,可以由社区甚至在地域上具有更广范围的单位,如街道办事处、区政府、市政府等来提供。但这类"纯"公共产品具有"可准公共化"的特征,即可以由小区、院落或楼栋等方面自我提供。事实上,随着住房制度的改革,城市居民居住形态从以福利房为主转变为以商品房为主,房改房、单位宿舍、经济适用房、两限房、廉租房、拆迁安置房、城中村等为辅的格局[①],以小区、院落、楼栋等为单位由居民自聘物业自我提供"纯"公共产品已经越来越普遍,社区"纯"公共产品"准公共化"已然成为一种事实和趋势。

共同需求的满足是毗邻而居但彼此陌生的城市居民交往产生的理想途径,但能够满足居民共同需求的公共产品,只能以小区、院落、楼栋等为单位而难以以社区为单位提供。所以,共同体规模小微化能够促使居民"持久和真正的"交往事由的产生,从而为"持久和真正的共同生活"进而为社区"微共同体"的生产奠定坚实基础。

第二节 规模与居民的交往难度

有了共同的交往事由,居民之间有了内生的交往动力。但交往行为的产生,还需要较低的交往难度。否则,即便具有共同的交往事由,交往行为也会因为难度太大而难以产生。而居民交往难度主要体现在交往成本和选择激励条件是否具备及其实施难度两大方面。

一、规模小微化与居民交往成本减少和收益率提高

首先需要明确的是:并非所有居民在日常生活交往中都遵循理性经济人原

---

① 郭于华,沈原. 居住的政治:B 市业主维权与社区建设的实证研究[J]. 开放时代,2015(2):85-87.

则，在严格的成本和收益计算后再决定是否实施交往行为；即便遵循理性经济人原则实施交往行为，也并非所有居民在所有时空条件下都能够对自己交往行为的利弊得失有一个比较清楚的判断，很多情况下是在知觉、表象、感觉等形象意识下通过模仿、从众等形象思维做出模糊预期和感性判断①。而且，并非所有阶段的居民交往都遵循理性经济人原则，随着居民从陌生到熟悉的转变，理性权衡因素会逐步下降。其次需要明确的是：无论人类行为在多大程度上遵循着理性经济人原则，但可以肯定的是，日常生活世界中确实有一部分居民的交往是理性选择的产物，是成本和收益计算后的行为；虽然并非所有居民交往都是成本收益计算后的产物，但如果交往行为能够以最小的成本带来最大的收益，绝大多数居民都应该不会反对，有时候还会起到不同程度的激励作用；虽然并非所有阶段的居民交往都遵循理性经济人原则，但陌生居民的交往很大程度上是从理性权衡开始。所以，居民交往成本和互动收益是城市社区"微共同体"研究绕不开的话题。

城市社区居民在日常生活领域的交往成本和收益并不仅仅是指物质的，同时也包含非物质的成本和收益，如时间、精力、心理、精神等。美国组织行为学家戴维斯的研究表明，人的生理、安全、交往、尊重需求和自我实现需求，与个人收入水平和生产力发展水平有着线性相关关系，即随着收入水平的提高个人的需求层次会逐渐上升，而随着生产力水平的发展人们的需求层次也会整体上升。随着我国在"站起来、富起来、强起来"的逻辑进路上逐步发展，已经富起来并逐步强起来的人们，非物质的成本收益会在交往行为中发挥越来越具有决定性意义的作用。所以，笔者将居民交往成本分为物质成本与收益、时间成本与收益、心理成本与收益三个类别。

（一）物质成本与收益

物质成本是指居民为交往支付的物质性支出，主要包括金钱，如通信费、交通费、礼金，和可以折算为金钱的物品，以及因为日常生活交往而对工作等非日常生活带来的损失等间接物质性支出等。这部分支出在居民日常生活交往尤其是集体交往中并不低。以 XGW 区 JMHY 小区为例，该小区改造期间小区业委会主任 WXP 自掏腰包垫付的水费就达 2 万余元、交通费 8000 余元，还有难以统计的通信费以及院落自治期间的各种费用支出、自治之前为小区公共事务奔走所支付的各项费用等；龙腾小区业委会主任王超城为解决前期物业的遗留

---

① 刘少杰. 社会团体的交往成本与运行活力 [J]. 吉林大学社会科学学报，2013，53 (1)：8-11.

问题,也是自掏腰包2万余元,这种情况在XGW区还有很多。物质收益是指居民通过交往互动所获得金钱和物质性收益,如邻居支持维修基金得以动用而带来的住宅质量改善、因邻里团结脏乱差面貌改善或维权胜利等带来的居住环境改善、因交往互动邻里介绍等带来的业务量上升和收入增加、因小区软硬件环境改善带来的房产升值等。物质成本与收益对居民交往的影响主要体现在两个方面:一是成本与收益的绝对额。所需成本太高和所得收益太低,对有些居民而言并不能形成有效激励;二是成本与收益之间的比率,即收益率。虽然收益较高但如果付出成本太大,居民也会选择不交往,如一部分居民即便面对脏乱差的环境也没有参与空间改造,并不是其不愿意环境得到改善,也不是不想"搭便车",而是因为参与成本与收益率太低。

根据结构功能理论,社会行为受到社会结构的影响和制约。居民的理性选择行为,往往是特定社会结构的产物。面对残酷的社会竞争与巨大的社会分化,越来越多的人清晰认识到,要获得更多社会资源,唯有努力提高社会活动效率,才能在风险无处不在而道德情感淡化的社会中,争取到相对稳定的社会位置和发展空间。[①] 虽然这种理性选择对居民之间情感联结的形成有着不利的一面,但这种行为本身并没有好坏优劣之分。而且居民并非只有理性的一面,在"冰冷的现代性"中,这种理性交往也可能向感性、情感转化,而撬开交往冷漠门锁的恰恰可能正是这种理性,或者说可以利用居民的理性选择让居民开始交往起来。但在城市社区,平均近八千甚至上万、十万的人口规模,居民交往成本可想而知,而且对绝大部分居民来说,也很难与如此大规模的人口建立亲密的情感联结,甚至连认识都很难。理论上,人口规模越大,因交往所获得的物质收益会越大,但付出的成本也会越高,边际收益反而可能降低,尤其是在集体行动中,由于集体行动收益的非排他性,在收益一定的情况下人口越多个人所获得的收益反而越小。这也是为什么很多大规模群体难以形成集体行动的一个很重要的原因。但如果将群体规模缩小至小区、院落甚至楼栋,交往成本会大幅降低,对居民个人而言在同样的需求满足下居民个体的收益率会大幅提升。

(二)时间成本与收益

时间是居民交往成本和收益中常常被忽视却是影响居民交往的重要因素。从人们投入的时间和精力划分,人类的社会结构可以分为日常生活领域和非日常生活领域。在传统社会,生产力不发达,日常生活领域和非日常生活领域高

[①] 刘少杰. 社会团体的交往成本与运行活力 [J]. 吉林大学社会科学学报, 2013, 53(1): 8-11.

度重合，而现代性的发展使非日常生活领域日益从日常生活领域中分离出来，人们往往生活在社区之内而工作在社区之外，人们投入以社区为代表的日常生活领域的时间和精力被急剧压缩。非日常生活领域对日常生活领域的全面僭越，直接后果就是居民社区交往的萎缩。社区居民交往尤其是集体交往，往往需要投入大量的时间，如居民维权、空间改造等集体行动的过程一般都很漫长，绝非一朝一夕可以实现或完成。从成本角度而言较长的时间具有负面性质，较长的时间付出往往意味着较大的成本投入，从而给居民交往制造出不小的障碍。

  并不是我不想参加（供水管网维权），也不是想跟着讨好（"搭便车"），但实在是没办法参加，你看我一个做生意的，天天到处跑，要是我天天来参加维权的话，我的生意就做不成了，所以我就只能在道义上支持了。（怎么个支持法？）比如他们在网上讨论该怎么搞，我就说两句，帮忙出出点子，但说出人出力甚至出钱我就没有了。（XGW 区 XSJY 小区居民 LJM 访谈：JM-XSJY-LJM-20170322）

  社区层面的居民交往由于人口规模太大，居民投入的时间成本会很高，如平均近八千甚至上万、十万人的规模，居民之间仅仅是相互认识一遍，即便可能，耗时也非常长，对很多人来说可能要耗费数年甚至更长的时间，如果要居民相互熟悉并产生亲密的情感联结时间可能更长。虽然时间长反而有利于居民过上持久和真正的共同生活，但耗时太长的情感联结可能会使居民看不到希望进而放弃努力。而且，在本就紧张的非日常生活领域和日常生活领域之间的张力下，太大的时间成本会进一步加剧这一张力，进而使许多居民放弃交往尤其是集体交往。即便经过多年努力形成某种程度的情感联结，这种程度也可能不高，因为对居民个体来说，其情感密度与人口规模呈反向相关关系，即人口规模越大，居民之间的情感密度越低，反之越高。但如果将群体规模缩小至小区、院落甚至楼栋，居民交往的时间成本则会大幅降低，而建立亲密情感联结的概率和由此产生的居民动力，以及建成后居民之间的情感密度等，都将大幅提升。

（三）心理成本与收益

  心理成本与收益也是社区居民交往的重要但容易被忽视的因素。心理成本可以理解为人们为达到目标而投入的情感与人格。其中，情感是人们对客观事物是否能够满足其需要而持有的态度，如喜爱、愉快、崇敬、憎恨、愤怒、鄙视，以及面对客观事物产生的需求矛盾，如悲喜交加、啼笑皆非、百感交集等，情感具有生存适应、心理动力、行为调解等功能；而人格是在个人生理基础上受到家庭、伙伴、学校教育和社会环境等因素的影响，而逐渐形成的气质、能力、兴趣、动机、理想、价值观等心理特征的总和，是个体在社会化过程中形成的独特身心组织。① 心理成本具有无形性、非量化性、价值性等特征，但"无形因素始终起着作用"②。心理成本主要体现在角色冲突压力、交往冲突压力、认同压力等方面。

一是角色冲突压力。现代性的发展，在展示其冰冷性的同时，也开始逐步展示出其温情的一面。一方面，越来越多的社区居民开始重视日常生活世界，希望投入更多的时间和精力于日常生活世界领域；另一方面，越来越多的新社会阶层③开始在社区工作，非日常生活和日常生活领域部分重合。但大部分居民尤其是在职和在校居民，非日常生活空间和日常生活空间仍保持着分离，居民既是日常生活领域的重要成员又是非日常生活领域的重要成员，非日常生活领域的压力较大，如何克服日常生活领域与非日常生活领域的张力，平衡不同角色之间的冲突，对许多居民来说都是具有挑战性的课题，所不同的只是挑战程度而已。

二是交往冲突压力。虽然说同一楼栋、院落、小区的居民在阶层分化上具有整体上的一致性，但居民毕竟来自不同的地域、民族、职业、年龄段等，在思想观念、利益诉求等方面并非完全一致，居民在日常生活交往中难免会遇到各种争议甚至冲突，由于担心与邻居难以达成一致在"抬头不见低头见"时的难堪，许多居民也因此选择"大门不出二门不迈"，尤其在选择为集体"出头"时许多居民显得较为谨慎。

三是认同压力。在日常生活中，虽然社区处理的都是居民日常生活事务，但这些事务的处理对居民尤其是公共事务治理者的素质和能力有着较高要求。一些居民在参与时往往对自己的能力心存疑虑，担心自己的参与不能得到大家的认同。尤其是面对异质性突出的居民多样化且不断发展的需求，不少居民担心不仅难以得到认同，还可能面临误解、谴责、起诉、处罚甚至肢体冲突的风险，以及由此带来的金钱、名誉、地位等多方面的损失。正是要付出较大的心理成本尤其是心理压力，不少居民在选择集体交往时往往显得较为谨慎。

> 我当时并没有想到要参选业委会主任，当时是几位邻居也是上届业委会的几个成员反复找了我多次，给我做工作，要我出来竞选这个业委会主任，我一直是不同意的，但实在不好意思拒绝，别人反复来跟你做工作，

---

① 车文博. 当代西方心理学新词典 [M]. 长春：吉林人民出版社，2001：271-272，287.
② 欧内斯特·戴尔. 伟大的组织者 [M]. 孙耀君，等，译. 北京：中国社会科学出版社，1991：122.
③ 廉思，冯丹，芦垚. 当前我国新社会阶层的特征分析、杠杆作用以及工作思考：关于新社会阶层的调研报告 [J]. 中国青年研究，2016（11）：56-63.

也是看得起你，如果一味拒绝好像也说不过去。人总要受人抬举啊！（您刚开始为什么不愿意出来竞选呢？）我从事了这么多年的司法审判工作，对这里面的事情太了解了，你包括维权也好，小区改造也好，小区各项事务的处理都难免与人打交道，在这个过程中难免要遇到各种各样的人，协调难度并不轻松，一方面你要实事求是，根据事情本身的需要来办事，要对事不对人，但另一方面大家都是邻居，抬头不见低头见，需要讲点感情，这两者之间的关系很难把握，搞得不好时不时会发生点不愉快，很可能你辛辛苦苦、兢兢业业，换来的却是邻居们的误解有时甚至是说些很难听的话，那就想不过味儿了（委屈）。再者说我马上也要退休了，家里有孙儿要引（照顾），时间精力也不允许我过多地投入小区里的事。（XGW 区 XSJY 小区业委会主任 CYC 访谈：YWH-XSJY-CYC-20170121）

当然，日常生活世界的居民交往并非只有心理成本，心理收益也是显而易见的，主要体现在两个方面。一是自我价值的实现。根据马斯洛的需要层次理论，人有尊重和自我实现需要，人们希望自己的价值得以体现，有较为稳定的社会地位，希望自己的付出能够得到他人认同和肯定。在日常生活的交往中，居民可以在非日常生活领域之外进一步发挥自我价值。自我价值的实现给居民带来心理满足，可以进一步强化居民的交往行为。尤其是对退休居民来说，能够有一片发挥余热的天地，是很多居民较为看重的。二是亲密与共的邻里关系带来情感需求满足。居民在非日常生活领域的交往虽然有某种程度的情感，但从整体与局部、主体与次要角度而言，整体上理性居于主体地位，是滕尼斯所说的"社会"；居民在日常生活领域的交往虽然可能开始于理性的权衡和计算，但随着持久而真正的共同生活发展，居民从陌生人逐步转变为"半熟人"和熟人，熟人机制开始发挥作用，亲密的情感联结开始形成，所以从整体与局部、主体与次要和发展过程角度而言，整体尤其是随着居民交往的深入，情感逐渐居于主体地位，是滕尼斯所说的"共同体"。居民对亲密情感联结的渴望、对摆脱"冰冷的现代性"的期待，在与居民的交往过程中可以得到不同程度的满足。

从自我实现角度而言，社区居民规模越大越能体现自我价值，但与此同时，亲密情感联结建立的可能性和情感密度以及由此带来的情感需求满足程度可能会降低，尤其是居民的角色冲突压力、交往冲突压力和认同心理压力会较大，或者说情感收益率会降低。相反，如果将规模缩小为小区、院落、楼栋，在居民规模的缩小并不必然带来自我价值和情感满足降低的情况下，居民对共同体式情感联结建立的可能性和情感密度反而会大幅上升，而且大幅降低的角色冲突压力、交往冲突压力和认同心理压力，会极大增强居民交往的动力。

总之，随着现代性的发展，滕尼斯所说的共同体在社区尤其是城市社区逐渐式微，从成本—收益视角分析，社区居民交往收益率是重要影响因素之一。总体而言，物质成本和收益对居民交往行为的影响是线性的，而非物质尤其是心理成本和收益对居民交往行为的影响是非线性的，不同的时空条件下的动因、作用方式和结果不同，而且物质成本和收益之间的关系和非物质成本和收益之间的关系并不一致。虽然社会生活的快速网络化有效降低了居民的交往成本，如微信、QQ、微博等网络设置，为居民交往提供了广阔平台和廉价、便捷的方式，"迅速的信息流动、丰富的符号象征、具体的价值评价和生动的话语表达"①，使缺场的虚拟空间转化为形式虚拟而内容真实的社会，但共同体的生产中，居民面对面交往仍然不可替代，网络交往可以降低成本，也是居民交往的重要方式，但"线下"交往不可或缺，现实生活交往中的物质、时间和心理成本也不可避免且不容忽视，而共同体规模小微化可以使居民交往成本有效降低。

二、规模小微化与选择性激励条件的具备

本书的研究表明，日常生活领域的社区居民是"复杂人"，在交往的不同阶段，影响交往的因素不同。在集体交往和个体交往的初始阶段，居民之间由于彼此陌生，物质激励是居民交往的主要动力，而经过一段时间交往成为"半熟人"后，熟人机制开始发挥作用，非物质激励所占的比例开始上升并逐渐具有主导地位。所以共同的需求和利益是居民交往的开始。

多元主义理论认为，共同的需求或利益是激励人们采取集体行动的充分条件，但通过考察城市社区居民的集体交往可以发现，即便存在共同利益，居民也不会采取集体行动，集体产品的非排他性和非竞争性使得许多居民群体即便面临恶劣的居住环境也很难组织起有效的集体行动。所以共同的需求或利益只是居民进行集体交往的充分但非必要条件。集体行动理论正是看到了"搭便车"行为对集体行动的挑战，所以提出选择性激励以图克服。选择性激励是指"根据个人在生产集体物品时的贡献大小，有选择地提供给个人的激励"②，其本质上是一种与集体物品激励相对的私人物品激励。选择性激励按照激励性质可分为经济、社会、心理、道德等激励；按照功能性质可分为贡献者奖励的正向激

---

① 刘少杰.社会团体的交往成本与运行活力［J］.吉林大学社会科学学报，2013，53（1）：11.
② 彭彩.奥尔森集体行动理论对公共组织的若干启示［J］.经营管理者，2014（21）：304.

励和非贡献者惩罚的负向激励。①

至于集体物品激励和私人物品激励谁更重要，多元主义理论和集体行动理论各执一词。多元主义理论坚称，选择性激励相对于集体物品激励不仅是更为次要的形式，还会降低个人承担的集体义务，这种结论是在对20世纪80年代整个美国利益集团的统计分析后发现的②，尤其是在共同利益受到威胁或者说群体陷入逆境的时候③。而且，选择性激励对不同规模群体激励效果也并不相同，从英国产业联盟的经验来看，选择性激励对小规模群体激励有效而对大规模群体激励作用非常有限④。而集体行动理论坚称，人们并非为了集体物品而是为了私人物品才参与集体行动的，选择性激励的缺失将使"搭便车"盛行并最终使集体行动遭遇"志愿失灵"，集体行动只是选择性激励的"副产品"⑤，并且也通过大量的案例对自己的观点予以经验支持，如美国农场主联盟不仅成功吸引农场主更成功吸引大量非农场主加盟⑥、纽约承租人组织创建的失败⑦等。多元主义理论对集体物品激励作用的强调，和集体行动理论对私人物品激励的强调，都只能部分而不能完整地解释经验现象，现实需要一个更具包容性的分析框架⑧，桑德勒的"联合产品模型"⑨应运而生。

笔者通过对城市社区居民交往的长期观察发现，"联合产品模型"更适合居民集体交往。一方面，城市社区居民的集体交往往往始于共同利益，尤其在集体利益受到严重威胁时，如居住空间恶化、物业侵权、电梯尤其是高层电梯停运、水电气不能正常供应等，在此阶段集体物品激励功能远超个人物品激励。

---

① 曼瑟尔·奥尔森. 集体行动的逻辑 [M]. 陈郁, 郭宇峰, 李崇新, 译. 上海：格致出版社, 上海三联书店, 上海人民出版社, 2014：2.

② KNOKE D. Incentive in collective action organizations [J]. American sociological review, 1988, 53 (3)：311.

③ KING D, WALKER J. The provision of benefits by interest groups in the United States [J]. The journal of politics, 1992, 54 (2)：420.

④ MARSH D. On joining interest groups: an empirical consideration of the work of Mancur Olson [J]. British journal of political science, 1976, 6 (3)：265.

⑤ OLSON M. The Logic of Collective Action [M]. Cambridge：Harvard University Press, 1971：132-133.

⑥ WILSON G. The Interest Group in America [M]. New York：Oxford University Press, 1981：21.

⑦ JOHNSON A. Political groups and agenda responsiveness [J]. Polity, 1979, 12 (2)：356.

⑧ MOE T. The Organization of Interests [M]. Chicago：The University of Chicago Press, 1980：222.

⑨ SANDLER T. Collective Action [M]. Ann Arbor：The University of Michigan Press, 1992：59.

另一方面，即便在集体物品激励占主要的地位，由于居民之间的陌生，熟人机制难以发挥作用，也有部分居民"袖手旁观"，所以选择性激励仍是居民从"后台"走向"前台"必不可少的条件。集体物品激励与选择性激励同样不可或缺。

集体行动理论存在着选择性激励悖论：既然存在选择性激励，就意味着具有向潜在成员"提供积极诱导的来源"[1]或者具有实行中心权威的能力，而诱导来源或中心权威的存在，就意味着正式组织已克服"搭便车"行为而存在或形成，但选择性激励的实施是为了促进尚未形成的一致行动产生。这样一来，选择性激励既成了集体行动的结果也成了集体行动的源泉[2]，而且究竟是选择性激励是集体行动的"副产品"还是集体行动是选择性激励的"副产品"也难以厘清，从而陷入"先有鸡还是先有蛋"式的"选择性激励悖论"[3]。由于无法有效解释激励来源问题，选择性激励甚至被认为不可能解释集体行动发生的机制。[4]

笔者以为，选择性激励悖论的得出主要基于一种理论推论，如果现实中悖论无法解决集体行动则不会出现，但事实并非如此。而悖论之所以能够推导出，主要是因为其推论所依据的前提出现了问题。其一，选择性激励的实施并不意味着必然需要诱导来源或中心权威"已然"存在，集体行动"预期"也是一种有效的激励。以 XGW 区为例，JMHY 小区在空间改造中通过将居民付费与车位的优先选择、门禁卡发放等挂钩，成功解决了"搭便车"问题，先付费先选车位、不付费只能寻找空余的临时车位，付费发放门禁卡、不付费只发钥匙，客人来访须人工下楼开门。世纪小区电梯停运事件的解决，居民也制定了类似的规则，出资参与电梯维修则发卡乘坐、不出资则自走楼梯。也就是说，即便没有"已然存在"的中心权威和诱导资源，也可以通过集体行动成功后的"预期"资源实施激励，因为优先权和义务是同一件事情相一致的两个方面[5]，没有集体行动时期的付出就不能获得预期收益，这个时候的选择性激励是一种

---

[1] OLSON M. The Logic of Collective Action [M]. Cambridge: Harvard University Press, 1971: 133.
[2] HARDIN R. Collective Action. Baltimore [M]. Baltimore: The Johns Hopkins University Press, 1982: 34.
[3] FROHLICH N, JOE O. I get by with a little help from my friends [J]. World politics, 1970, 23 (1): 120.
[4] ELSTER J. The Cement of Society [M]. New York: Cambridge University Press, 1989: 40.
[5] 费迪南·滕尼斯. 共同体与社会：纯粹社会学的基本概念 [M]. 林荣远，译. 北京：商务印书馆, 1999: 71.

"期权激励",在集体行动目标实现前不能也并不必然要兑现。其二,诱导资源或中心权威并不必然要求出现在集体内部,集体外部的诱导资源或权威同样可以发挥激励功能,如政府权威等,只需要积极分子稍加利用即可,如XGW区JMHY小区空间改造中,由于政府部分财力的到位、人力的支持,尤其是政府公信力的注入,大幅增强了居民的信心。总之,选择性激励所需的诱导资源或中心权威可以是"期待中的",也可以是外部的,而并不必然要求是内部的、已然存在的。当然在物质激励之外提供意识形态等非物质激励、在群体外寻求赞助者提供资源①,通过排他性物质激励吸引非正式成员加入变为正式成员或维持正式成员、通过个人性物质激励激发现有成员积极性②等,也不失为现实可行的办法。如提高潜在成员的思想认识以使其能站在更高立场认识到参与的重要价值、鼓励市场力量先期垫付或赞助部分资金、通过先期小范围示范让非正式成员看到参与好处并打消能否成功的疑虑等。

总体而言,社区难以而微社区容易实施选择性激励,主要源于以下几个方面原因。

选择性激励物品的不可替代性程度。选择性激励的作用机制,主要体现在其对个人需求的满足程度以及不可替代性或垄断性③程度上,选择性激励如果存在市场替代机制,其激励效果则会大打折扣,除非社区能更有效率地提供激励,否则集体行动无法形成。随着市场经济的发展,人们获取资源方式日益多样化,生活所需的许多私人物品事实上都可以由市场提供。以居委会为代表的城市社区,虽然可以为特定的群体,如弱势群体、老年群体、文娱群体等,提供能够满足其需要的私人物品,但已越来越难以提供具有"普适性"尤其是能够满足15岁至64岁年龄段居民需求的私人物品。从人口比例来看,15岁至64岁年龄段居民所占比例并不低(见表3.1),2017—2021年平均占比达到70.95%。现有社区居民交往从主体来看,主要局限于一老、一少、一弱,即主要是65岁以上的老人、0岁至14岁的儿童,以及弱势群体。从内容和层次来看,主要局限于环境整治、社区治安、文体娱乐等浅层次交往,而涉及利益的深层次交往较少。但在楼栋、院落、小区等微社区,居民之间深层次的利益关联性很强,如

---

① 高春芽. 选择性激励与利益集团的形成机制:奥尔森"副产品"理论批判 [J]. 云南行政学院学报, 2009, 11 (1): 8-11.
② WILSON J. Political Organizations [M]. Princeton: Princeton University Press, 1995: 36-37.
③ KING D, WALKER J. The provision of benefits by interest groups in the United States [J]. The journal of politics, 1992, 54 (2): 406.

维修基金使用、公共场所和设施使用、公共收益支出、公共空间改造、集体维权等，无不与居民需求或利益相关。关键是选择性激励的替代性很弱，如电梯不维修居民则无法乘坐、停车位紧张局面不缓解居民则无法有序停车、邻居不支持维修基金则无法动用、公共收益不维权居民权益则可能长期被侵占、脏乱差空间不改造居民则只能生活在恶劣的居住环境之中等。

表 3.1　2011—2015 年 15~64 岁城镇居民抽样数据

年份		2017	2018	2019	2020	2021
城镇人口总数		81924	84343	86433	88426	91425
15~64岁人口	人口数/人	59403	60571	61770	62464	62432
	占比/%	72.51	71.82	71.47	70.64	68.29

数据来源：国家统计局官网"国家数据"栏目，http://data.stats.gov.cn/。

可动用的选择性激励手段。按照奥尔森的观点，选择性激励可分为积极激励（诱导）和消极激励（强制），当积极激励不再有效时，可通过消极激励促进集体成员采取一致行动。消极激励的前提是具有消极激励的权限，社区虽然事实上是国家在基层通过自上而下方式建构起来的治理单元，而非促进公民社会发育或公共领域形成的地域共同体[①]，社区居委会事实上也是国家在城市基层的代表，但按照现行城市居委会组织法规定，社区居委会的性质仍然是居民自我管理、教育、服务的自治组织，自治组织不具有强制或消极激励权限。以居委会为代表的城市社区，可动用的消极激励手段有限。而在微社区内，很多集体物品可以实行"先付费先享用、不付费不享用"，如电梯维修或更换集资，不参加者不能乘坐，因为电梯是参与集资者的共同财产；老旧小区空间改造，没有参与集资者同样不能享有相关权益，如停车位不能使用、门禁卡不能发放，因为停车位和电子门禁是付费者的共有财产，未付费者只能使用有限的临时停车位、进出单元门只能用钥匙、有访客须下楼开门等。

选择性激励的排他性程度。作为公共空间的城市社区，所能提供的公共产品是一种具有非排他性和非竞争性的纯公共产品，如环境、卫生、安全、救助等，这些公共产品不能排除某个或某部分人对它的消费，甚至不能影响居民对其"公平"消费，否则容易引发居民不满。如在老旧杂居小区空间改造中，为分摊居民部分集体行动成本，社区可以代表政府为居民提供部分资金，但鉴于

---

① 杨敏. 作为国家治理单元的社区：对城市社区建设运动过程中居民社区参与和社区认知的个案研究[J]. 社会学研究，2007（7）：137-164.

不同小区在规模、环境恶劣程度等方面的差别,坚持实事求是的居委会可能会根据各个小区的实际情况提供绝对额不等的资金或项目支持,但这很可能引发居民的"不公平"感。

  凭什么旁边小区给他们粉刷了外墙,我们的外墙没有纳入政府支持范围呢?凭什么那个小区改造政府支持了30万元,我们只支持了20万元呢?居民就会到处投诉,但就是不看看自己小区的硬件条件本来就好些,只知道从资金量或项目上来比较。经常政府是出了钱出了力,老百姓还不满意,到处去投诉、上访。(XGW区LXJ社区居委会副书记SJC访谈:SQ-LXJ-SJC-20170323)

  其实,并非居民"蛮不讲理"甚至"忘恩负义",而是社区提供的公共产品没有被"非排他性"消费,而"公平"本身是一种结构分化、观念差异与生活经历综合影响下人们的主观感受①。但这种"不公平"感在微社区较少存在,因为微社区的公共产品很多是基于居民共有财产的"准"公共产品,或者说特定群体尤其是付费群体的"私人物品",排他性和竞争性更强,可以排除不付费群体对它的消费,或者说很多情况下能够使用积极诱导和消极激励有效克服"搭便车"行为,当选择性激励的排他性越强,越能激励居民采取集体行动,从而促进居民深层次交往的开始。

第三节 规模与居民的"在场"交往和情感密度

  按照身体是否"在场",笔者将面对面的交往称为"在场交往",将异时异地和同时异地交往称为"缺场交往"或"脱域交往"。交往方式不同,对应的情感类型和程度不同,作为一种以情感生产为主要内容和最高目标的首属群体或准首属群体,共同体的生产应对成员间的交往方式给予足够的重视。

一、不同交往方式与社区共同体的生产

  在地域共同体的生产中,究竟是该采用面对面的身体"在场"方式,还是该采用依赖现代通信技术的身体"缺场"交往,学界尚存争议。

  "缺场"交往论者认为,随着现代性的深入,以网络交往为代表的"缺场"

---

① 麻宝斌,杜平. 结构分化、观念差异与生活经历:转型时期社会公平感的影响因素分析[J]. 江汉论坛,2017(3):119-124.

交往越来越普遍,在人们的交往方式中所占的比重越来越大。之所以如此,一是由于身体的"缺场"能使人们在交往过程中突破时间和空间的限制,人们可以随时、随地进行多样化的线上交流,"缺场"交往极大地释放了人们的个性和身体自由;二是"缺场"交往能够使交往"去中心化",传统交往中的中心意义被大大弱化,人人具有均等的话语权,人人都是交往的发起者,人人都是信息发布中心,自由平等的交往场域容易形成;三是相比于"在场"交往,"缺场"交往时人们交往的成本大大降低,互联网技术发展使人们足不出户、轻动手指,即可形成信息高速流动、话语生动表达、价值多元评价、符号丰富象征、内容无限充实的网络社会[1]。所以,脱域交往是现代交往的发展方向,也是共同体成员的主要交往方式。

"在场"交往论者认为,"缺场"交往优势突出但缺点也明显。"缺场"交往虽说可以构成一个内容无限充实的网络社会,但其具有的匿名性在陌生人交往时不利于彼此信任、沟通和交流,不利于现实社会中与网络社会中的朋友关系的对接与转换,有时还会助长诈骗等犯罪行为的产生。而"在场"交往尤其是群体"在场"交往:一是能够传递"缺场"交往难以传递的神态、肢体等语言。人们只有在面对面的直接交往中才能够洞察彼此的特性,所以要了解人就必须"在场"面对着人、面对面地与人交往[2];二是能够克服"缺场"交往"转瞬即逝"的弊端,有利于延长交往者的身体"在场"的时间,进而有利于交往者之间建立起一种稳定的长期联系;三是面对面的口耳交流,有利于克服在现代化洪流中把自己封闭起来的人们,因过分对"缺场"交往依赖导致的"信息距离亲近而心理距离遥远"的困境,能够有效满足人们对回归面对面口耳交流的内在需求与渴望。

笔者以为,作为一种交往方式,"在场"交往与"缺场"交往各有优劣,究竟哪一种方式更有效则需要根据具体的交往事由和目的确定。作为一种纵横兼备的情感联结,社区"微共同体"离不开"在场"交往。

其一,整体感与亲密感兼具的情感类型决定了"在场"交往的不可或缺。现代性所具有的脱域机制把社会关系,从具体时空语境中提取出来并再嵌入特定时空之中,地域这个曾经是共同体防御中最为可怕和最难克服的屏障[3],已成

---

[1] 刘少杰. 社会团体的交往成本与运行活力 [J]. 吉林大学社会科学学报, 2013, 53 (1): 11.

[2] 恩斯特·卡西尔. 人论 [M]. 甘阳, 译. 北京: 西苑出版社, 2009: 8.

[3] 齐格蒙·鲍曼. 生活在碎片之中: 论后现代道德 [M]. 郁建兴, 等, 译. 上海: 学林出版社, 2002: 4-5.

为一个越来越薄弱的概念，即便相隔遥远的人们也可以通过脱域交往保持或新建一种跨越时空的认同感、归属感，以及建立在此基础之上的整体感，如同一民族的同胞，尽管大多数人相互之间并不认识，穷其一生也不会相遇甚至从未听说过对方，但相互联结的意象却深深地烙在每一个人心中，只要民族有需要，就有数以百万计的人们甘愿去屠杀或从容赴死。① 但这种脱域交往下的人们，彼此之间是否能建立起横向的亲密关系尚存疑虑。正如安德森曾说过，所有比成员能够面对面交往的比原始村落更大的一切共同体，或许包括这种村落在内，都是想象的，共同体的区别不在于其虚假或真实性，而在于它们被想象的方式。② 由于横跨地域太大或者人口太多，许多脱域共同体成员间并不认识，穷其一生也不会见面甚至从未听说过对方，这种彼此陌生的状态很难产生亲密的横向情感联结。当然，有些脱域交往群体，如各种基于互联网技术建立的网络交流群，无论成员在脱域交往之前是否认识均可以建立起某种亲密关系，但建立在脱域交往基础之上的人们，很难说彼此之间有着很强的集体认同感尤其是归属感。也就是说，脱域交往的人们要么可以建立起集体认同感和归属感，要么可以建立起彼此之间的亲密感，但难以形成纵横兼备的情感联结。整体感与亲密感兼具的共同体的生产，离不开"在场"交往。

其二，脱域交往方式下的交往是否持久的交往，生产出的整体感或亲密感是否持久，尤其是这种情感联结作为一种社会联结方式是否稳固尚存疑虑。对脱域交往的过分推崇会导致其成为价值本身，从而导致具有行动和发展意义的生活目标，因为人们被缺乏终极价值的社会网络所包围，而逐步退出人们的心灵视域并最终沉没。③ 张兆曙、王建对此有过生动描述。

> 由虚拟的网络技术制造出的亲密也许并不是一种持久牢固的关系，随着生活时空的不断伸延以及现实境遇的不断冲击，虚拟社区中的亲密关系随时会呈现出另外一番景象……被制造出来的亲密关系终究带有"人造"的痕迹，虚拟世界的亲密也终究抵挡不住、更挽救不了现代社会的个体化趋势和共同体的式微……当虚拟空间中的亲密情愫被流动的现实无情地驱逐之后，个体心灵也开始走出"共同生活"所预设的一整套充满人情关怀

---

① 本尼迪克特·安德森. 想象的共同体 [M]. 吴叡人，译. 上海：上海人民出版社，2011：7.

② 本尼迪克特·安德森. 想象的共同体 [M]. 吴叡人，译. 上海：上海人民出版社，2011：6.

③ 格奥尔格·西美尔. 西美尔文集：叔本华与尼采 [M]. 莫光华，译. 上海：上海译文出版社，2006：2.

的结构秩序之外……亲密与疏离、欢腾与沉寂的对立画面表明：当我们凭借虚拟技术的功效和新奇体验重新调动并实现现代人所渴求的亲密生活的愿望时，却发现这种被制造出来的亲密关系十分脆弱，远不如传统社会中自然天成的亲密关系那么牢固和持久。①

其三，脱域交往能否产生共同体所需要的共识、信任、道德等社会资本同样存疑。共同体相当于库里所说的"初级群体"，初级群体是一个社会资本富裕的群体，而作为社会资本的共识、信任、道德、社会网络等，主要产生于面对面的、经常性的平等交往，初级群体的突出特点就体现在它是亲密的面对面交往和联合群体②，社会无论如何发展都离不开面对面的平等亲密交流和互动③，这种交往方式始终是共同体产生的主要方式。

二、规模小微化与居民"在场"交往条件具备和情感密度增强

居民交往方式的选择，主要需要依据目标共同体是脱域共同体还是地域共同体，不同的共同体生产需要的主导交往方式不同，脱域共同体的生产以脱域交往或缺场交往为主，而地域共同体的生产离不开在场交往或面对面交往。脱域共同体和地域共同体在成员情感联结种类、程度、稳固和持久度等方面的差异，使人们难以放弃对"在场"交往的追求。但社区共同体并不排斥"缺场"交往，"缺场"交往的成本优势和去中心化特征也是共同体生产所需要的，而且，建立在"在场"交往基础上的"缺场"交往，对象同样具有明确的指向性，同样不会影响人们在现实社会和虚拟社会中的情感对接与转换。当然，前提是"在场"交往的先期进行，并建立起一定程度的熟悉关系。所以，一方面，"在场"交往是社区"微共同体"生产不可或缺的交往方式；另一方面，"在场"交往与"缺场"交往的有机结合，能够达到互相促进、相得益彰的效果。

面对面的"在场"交往是共同体生产的基础和必不可少的条件，但面对面交往受到群体规模的限制，现代城市社区平均八千人甚至上万、十万的人口规模，显然不适合面对面交往的展开，即便能够进行居民也难以与如此大规模的人口建立和保持亲密的情感联结。在一般情况下，人们的情感密度总是与规模

---

① 张兆曙，王建. 制造亲密：虚拟网络社区中的日常生活：以人人网 SNS 人际互动平台为例 [J]. 青年研究，2013 (6)：64.
② COOLEY C H. Social Organizations: A Study of the Larger Mind [M]. New York: Charles Scribner's Sons, 1909: 23, 313.
③ 吴效群. 对帕特南黏合性社会资本与连接性社会资本关系的研究：兼论西方的教会式社团与中国的香会式社团 [J]. 世界宗教研究，2015 (2)：27-34.

呈负相关关系。所以,缩小群体规模就成为一种必然的选择,而楼栋、院落、小区恰好为居民面对面交往,进而从一种彼此陌生的状态变成"半熟人"状态提供了有利条件。随着居民熟悉程度的加深,"缺场"交往方式也逐步具备了使用条件,当线上与线下、"在场"与"缺场"交往方式实现有机结合,居民在"持久和真正的"交往中也会逐步建立起基于认同和归属基础上的整体感,以及亲密的情感联结,人们很自然地习惯用"我们"来描述这一具有整体性和亲密性生活方式,"我们"一词的脱口而出,就标志着一个人开始生活在一种整体的情感之中,并在其中找到属于他自己的意志和重要目标①。

第四节 规模与居民的社会分化程度

共同体不仅需要成员之间具有深度交往,而且要求成员在共同交往基础上,形成"令人舒服"的共同记忆,进而产生亲密的情感联结。而令人舒服的共同记忆需要居民在交往的基础上形成"默认的一致"。而交往要形成默认的一致,成员间的社会分化尤其是垂直分化上的整体一致性是关键决定因素。

一、社会分化:本质意志的决定性因素

(一)本质意志与共同体的生产

滕尼斯认为,作为人类结合方式的"共同体"与"社会",在其成员结合方式上有着根本的区别。在"社会"里,每一个人都是理性的利己主义者,通过理性权衡和精心计算争取好处,人与人之间是普遍竞争关系,有着"潜在的敌意"或"潜在的战争",滕尼斯用所有人反对所有人的战争②来形容"社会"中人与人之间的关系。为了应对这种普遍的竞争关系,人与人之间需要借助媾和契约实现联合,于是大大小小、普遍和特别的媾和契约应运而生,人们之间的交往是一种建立在物质价值交换和契约基础之上的交往。人们在交换中看起来人人为大家,人人都把大家看成自己人,但实际上人人都想着自己。③ 而且,

---

① COOLEY C H. Social Organizations: A Study of the Larger Mind [M]. New York: Charles Scribner's Sons, 1909: 23, 313.
② 费迪南·滕尼斯. 共同体与社会:纯粹社会学的基本概念 [M]. 林荣远, 译. 北京: 商务印书馆, 1999: 110.
③ 费迪南·滕尼斯. 共同体与社会:纯粹社会学的基本概念 [M]. 林荣远, 译. 北京: 商务印书馆, 1999: 111.

交换使"社会"的成员都变成商人，商人希望并努力摆脱共同体的束缚，因为越是想摆脱这种束缚，就越有利于他进行这种交换关系，对他就越有利或者说越好。

在共同体里，物品的地位和价值始终处于从属性质，物品的目的不是用来交换而是用来"共同占有和享受的"，因此人与人之间的关系不像"社会"中人与人之间的关系是基于交换基础上的契约关系并用契约来说明，而是像家庭的关系一样用默认一致来说明，所谓默认一致就是和睦，只不过在共同体中默认一致与和睦所指的对象不同，默认一致主要指的是共同体各个具体的关系和作用，而和睦指的是共同体整体的力量和本质，因此默认一致是一切真正共同工作、共同居住、共同生活的真实情况和内在本质的最简单表示。① 换句话说，默认一致是共同体的内在本质与真实情况的最简单表示，甚至可以说默认一致就是共同体的最简单表示。

滕尼斯认为，人的行为受制于人的意志。而只要包含着思维，意志就是意志，同理，只要包含意志，思维就是思维。滕尼斯以"意志"为基础进行了一系列逐级递进的类型学建构，建立起"意志"的知识谱系（见图3.1）：首先，意志可分为植物性的或有机体的意志、动物性的意志、人的或心灵的意志三种，三种意志分别受接收到的或感受到的刺激（材料的刺激）、知觉或形象的感觉（过度敏感的和运动的刺激）、思想或语言的感觉（智慧的或精神的刺激）制约。其次，滕尼斯将人的意志进一步划分为本质意志和选择意志。本质意志是各种感情、欲望、冲动的"现实的或者自然的"统一，是人类天生的，在人的本质意志里，植物性的生命、动物性的生命和心灵的生命这三种生命汇聚在一起得到统一。而选择意志是各种感情、欲望、冲动的"思想的或者人为的"统一。所以，本质意志和选择意志的主要差别在于人的各种需求的统一方式。本质意志和选择意志的差别明显，但也有相通之处，即两种意志都是影响人类活动的支配性原因，以至于滕尼斯将人的活动称为"意志行动"。正如滕尼斯所说，意志和思维似乎具有力学的强制，能够对肌肉、神经，甚至四肢产生影响。②

---

① 费迪南·滕尼斯. 共同体与社会：纯粹社会学的基本概念 [M]. 林荣远，译. 北京：商务印书馆，1999：74-88.
② 费迪南·滕尼斯. 共同体与社会：纯粹社会学的基本概念 [M]. 林荣远，译. 北京：商务印书馆，1999：148.

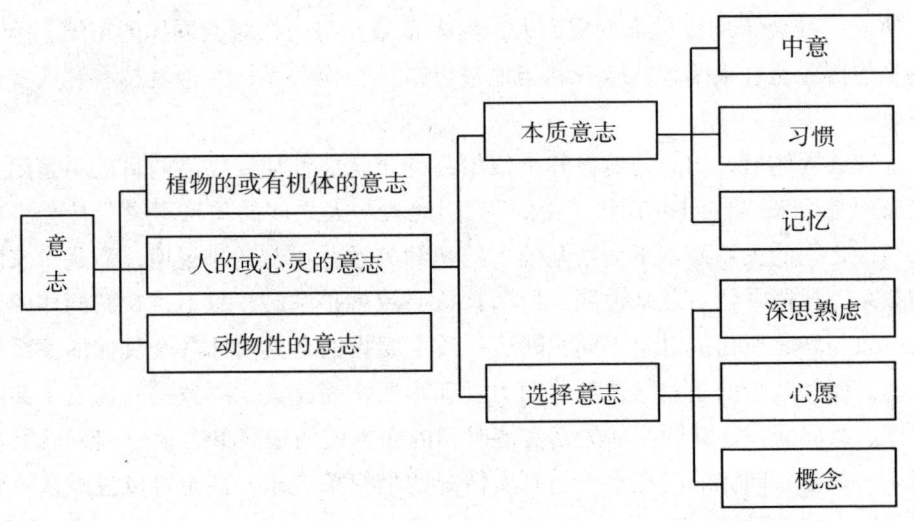

图 3.1　滕尼斯"意志"知识谱系

最后，滕尼斯再将本质意志分为中意、习惯、记忆三种形态，将选择意志分为深思熟虑、心愿、概念三种形态。在本质意志的三种形态中：中意是指人对某些事物和活动与生俱来的乐趣，它是一种普遍存在的动物本能的本性，也称为倾向和厌恶；习惯是指由经验或者说被称为"教育培养性活动"实际锻炼产生的意志或乐趣；记忆是指语言意义上的再生产印象的能力，或者普遍化了的现代科学概念里的能够重复有的放矢活动的能力。中意、习惯、记忆三种本质意志的重要性和相互关系为：在三种本质意志中，记忆是意志的真正的本质，意志从根本上也会最清楚地表现为记忆；记忆的真正和最大价值在于认识正确和善的东西并且去爱和实践它；中意是最基本的、有机体普遍具有的记忆，习惯是一种中级、动物性的记忆，而记忆是一种高级、心灵的中意和习惯；良知和悟性分别是本质意志和选择意志最高、最富有才智的表现。①

通过类型学的建构，滕尼斯不仅在各种各样、纷繁复杂的意志之间建立起有机的联系，建立起意志的知识谱系，而且梳理并凸显出本质意志尤其是共同记忆在共同体生产中的特殊地位和重要价值，共同体是本质意志所致的默认一致关系、本质意志尤其是共同的记忆是共同体的关键变量等结论逐渐浮出水面。滕尼斯不仅通过类型学建构推导出本质意志在共同体生产中的重要地位和作用，而且对本质意志的作用机理做了进一步阐释。滕尼斯认为，意志就像人的身体

---

① 费迪南·滕尼斯. 共同体与社会：纯粹社会学的基本概念［M］. 林荣远，译. 北京：商务印书馆，1999：153-174.

一样每时每刻都处于变化之中,因此,个别的意志则可以设想为意志行为的某种演替。这种演替之所以发生,主要缘于先前的意志行为和外在的刺激,而所有先前的意志行为又可以追溯至原始的意志,在既有条件下概率变成必然性、必然性变成现实。① 换言之或简言之,意志行动取决于两大因素:一是原始意志,二是外在刺激。在外在刺激一定的情况下,原始意志则决定了意志行动,本质意志生产"共同体",选择意志生产"社会"。

(二)社会分化:本质意志的决定性因素

是什么因素导致了本质意志和选择意志的分野?滕尼斯提到过社会分工,他认为劳动分工使个体只能接受或从事一部分劳动,原子化的个体在对社会整个劳动做贡献的同时,也需要将对他来说不需要的使用价值交换出去,以便获得一个对他来说具有相同使用价值的东西。② 劳动分工使物品的地位和价值从从属地位上升为主体地位,使物品的生产目的从共同占有和享受转变为交换,因为劳动分工使得人们只能生产一种、一个物品甚至其中的某个部分,人们生产物品的目的就是为了价值交换,正是因为物品的价值上升并超过人本身而至主要地位,人与人的关系才变成交换基础上的竞争和契约关系,所以选择意志在人的意志中也上升为主要地位。

本质意志可不可能和何以可能?滕尼斯的答案是:人们的结构和经验相似性越大,或者思想、性格、本性越是具有相同的性质,越是能够相互协调,默认一致的可能性就越高,而所有默认一致都根源于等级的划分。③ 滕尼斯虽然没有明确使用社会分化、社会分层等概念去解释本质意志的决定因素,但根据其所使用的"结构""等级划分"等字眼和其提及的有默认一致可能性的人群来看,其实际上隐含着社会分化决定人们是否能够形成本质意志所致的默认一致关系之意。"社会"的种种表现根源于成员间的高度分化,除了金钱之外,不同阶层的人们没有共同的东西,所以彼此只能用"价值"来衡量、"契约"来保障、用理性来"把握和理解社会的实施",高社会分化难以达成"默认一致"。所以"社会"总体上虽然表现了种种结合,但实际上仍保持着分离,而"共同体"虽然有着种种分离,但总体上仍保持着结合。

---

① 费迪南·滕尼斯.共同体与社会:纯粹社会学的基本概念[M].林荣远,译.北京:商务印书馆,1999:149.
② 费迪南·滕尼斯.共同体与社会:纯粹社会学的基本概念[M].林荣远,译.北京:商务印书馆,1999:100.
③ 费迪南·滕尼斯.共同体与社会:纯粹社会学的基本概念[M].林荣远,译.北京:商务印书馆,1999:72-73.

作为社会结构尤其是社会结构与社会交往关系研究的集大成者，美国社会学家彼特·布劳认为，社会交往过程既是社会结构的体现，又很可能是社会结构的条件和中介。① 也就是说，社会交往和社会结构是相互影响的关系。布劳认为，社会结构是人们在不同社会位置上的分布组成的多维空间，由类别参数和等级参数两大类结构参数来描述，根据类别参数和等级参数划分出的社会群体之间的最大区别在于前者没有而后者存在内在的级序，基本的类别参数有性别②、种族及种族联盟、国籍、语言、婚姻状况、氏族、宗教、职业、工作地、工业、住地、政治联盟等，基本的等级参数有年龄、教育、智力、收入、财富、权力、声望、行政权威、社会经济背景等，用类别参数表示的群体分布和等级参数表示的地位分布分别指社会的水平分化或异质性、垂直分化或不平等③。布劳的研究显示，类别参数表述的水平分化或者说异质性有利于促进社会交往，而由等级参数表述的垂直分化或者说不平等不利于社会交往和整合。④ 也就是说，不同的年龄、教育、智力、收入、财富、权力、声望、行政权威、社会经济背景等的群体，相互之间的交往会在交往事由、难度、结果等方面受到各种各样的限制或制约，垂直分化、不平等或者说社会分层是影响社会交往的重要因素。

国内对于社会分化与社会交往关系的研究尚不多见，但相关研究也足以在两者之间建立起有效的联系。如林聚任等通过分析中国综合社会调查（CGSS）连续十年的数据后发现，随着不同层次群体收入结构的变化，人们对社会道德

---

① 彼特·布劳. 不平等和异质性 [M]. 王春光, 谢圣赞, 译. 北京：中国社会科学出版社, 1991: 8-9.

② 性别是否类别参数还存在争议，有研究表明，性别因素与社会阶层分化的相关性显著增长，女性地位机会增加的同时两性社会经济地位差距也在不断扩大，女性整体地位呈现弱势化趋势。参见张宛丽. 现阶段中国社会分化与性别分层 [J]. 浙江学刊, 2004 (6): 203-207.

③ 虽然社会分化自社会学诞生之日起就是一个经典命题，但关于不同维度社会分化的称谓仍不尽相同。有的学者将横向维度的社会分化称为"社会分工"，而将纵向维度的社会分化称为"社会分层"；也有学者将横向维度的社会分化直接称为"社会分化"，而将纵向维度的社会分化称为"社会分层"；还有学者认为在横、纵维度之外还有"深化维度"的社会分化，即系统功能分化。参见杨建华. 马克思、韦伯和卢曼的社会分化研究及启示 [J]. 浙江学刊, 2008 (5): 194-200; 陈明, 慕良泽. 社会分化、分层与民主：基层民主研究的社会结构视角 [J]. 内蒙古社会科学（汉文版）, 2012, 33 (3): 12-17.

④ 彼特·布劳. 不平等和异质性 [M]. 王春光, 谢圣赞, 译. 北京：中国社会科学出版社, 1991: 8-16.

和人际关系表达出总体上的一致性即满意度不高①;申广军等通过中国家庭追踪调查(CFPS)数据分析发现,收入差距的拉大进一步加剧了社会分化,而社会地位较高和较低的群体具有显著更低的信任水平,也就是说,社会分化的加剧显著降低了社会信任水平②;陈明等认为,社会分化不均衡会导致基层民主的发育和实践能力弱化,影响居民政治参与③;叶方兴等认为,社会分化的加剧会引发社会价值观的多元化、社会失序和人们精神危机④;张文宏等认为,社会分化加剧会使各阶层在利益分歧基层上走向冲突和对立⑤;等等。显然,无论是较低的社会心态、社会信任、居民参与水平,还是社会价值观、阶层利益诉求的冲突对立等,都是影响或不利于不同阶层居民交往的重要因素。不同阶层的居民在交往过程中难以达成基于本质意志的默认一致,进而不利于形成"令人舒服"的共同记忆和亲密的情感联结。

二、规模小微化与居民社会分化程度的降低

韦伯开创了以多维指标体系进行社会分层研究的先河,在韦伯的社会分层理论中,影响社会成员分化的因素主要有三:一是以财富为代表的经济因素,二是以权力为代表的政治因素,三是以地位为代表的社会因素。其中,以财富为代表的经济因素是社会分层的基本范畴,但财富不等于财产,财产的占有只是社会分层的初级阶段,财富不仅指财产的占有还包括"货物供应的典型机会",也就是人们以其财产在市场上交换自己需要的商品和服务能力。⑥

按照韦伯的社会分层标准,现代中国城市社区居民有着明显的阶层分化特征,这种分化最直接体现在城市社区居民居住形态的演变。"居住形态"是居民

---

① 林聚任,张月阳,向维. 近十年来居民的社会分化和社会心态变化趋势与问题:基于 CGSS 有关数据的分析 [J]. 当代世界社会主义问题,2015(3):6-19.
② 申广军,张川川. 收入差距、社会分化与社会信任 [J]. 经济社会体制比较,2016(1):121-136.
③ 陈明,慕良泽. 社会分化、分层与民主:基层民主研究的社会结构视角 [J]. 内蒙古社会科学(汉文版),2012,33(3):12-17.
④ 叶方兴. 社会分化与价值引导:思想政治教育社会学的基本问题论析 [J]. 思想教育研究,2015(5):8-11.
⑤ 张文宏,刘永根. 社会分化、生活体验与阶层冲突的主观建构 [J]. 社会科学战线,2017(1):178-184.
⑥ 马克斯·韦伯. 经济与社会 [M]. 上卷,林荣远,译. 北京:商务印书馆,2004:247,333.

住宅空间样式与产权构成的统一体①，其中，住宅的空间样式是指居民住宅的外在风貌与空间关系，住宅产权是指住宅所有权及其延伸的一系列权利，如占有权、处置权、支配权、使用权、收益权等，住宅产权体现的是居民、国家、市场等主体间的不同关系，是居民在社会结构中的位置分布体现。在住房制度市场化改革之前的城市社区，由于整个社会是"总体性社会"，城市居民的居住形态相对比较单一，即绝对的公房主体和少量的私房。无论是占主体的有固定工作的"单位人"，还是少数无固定工作和没有工作的"街居人"，入住社区的标准都是身份，所不同的是要么依靠单位或政府分配住房，要么凭借户籍自建或凭借血缘继承住房。随着住房制度市场化改革的深入，城市社区居民的准入资格获取不再依靠身份，而是依靠作为一般等价物的货币。越来越多的城市社区，居民只要能支付相应的货币即能入住。整体而言，城市社区有商品房、经济适用房、房改房、廉租房、拆迁安置房、城中村等反映居民、国家、市场不同关系的完整居民居住形态谱系。

由于以财富为代表的经济因素是进入社区的主要"通行证"，同时也是社区居民阶层分化的"基本范畴"，而财富最直接地体现为不同档次的住宅，所以社区居民的阶层分化也直接体现为住宅档次的不同，如别墅、高档商品房、普通商品房、经济适用房、拆迁安置房、廉租房、城中村等。不同档次的住宅，折射出不同的社会阶层。居民的身份不再是"单位人""街居人"这一韦伯所说的带有浓厚"权力"和"地位"色彩的身份，而是"业主"这一韦伯所说的带有浓厚"财富"色彩的身份，居民资格被货币化。现代性的脱域机制将居民社会关系从韦伯所说的政治和社会因素中解脱出来，然后以经济因素为维度将居民"再嵌入"城市社区，其直接后果就是"阶层型社区"②的形成，即有着不同经济收入、市场机会、生活方式等特征的居民，采取以货币为基础、以"用脚投票"为方式的逻辑进路，在居住空间上逐渐形成阶层群体相对集中的高收入、中等收入和低收入聚居区。所以，根据现有关于社会分化与居民交往的研究结论发现，城市社区居民之间的交往是比较缺乏的。因为同一社区居住着不同阶层的居民，而不同阶层的居民难以形成基于本质意志的默认一致和"令人舒服的"共同记忆。

---

① 郭于华，沈原. 居住的政治：B市业主维权与社区建设的实证研究［J］. 开放时代，2012（2）：85-87.
② 陈伟东，余坤明. "转代理"：转型期低收入社区居委会自我"减负"的行为模式［J］. 社会主义研究，2005（4）：86.

社区阶层化的浪潮席卷了整个城市社区，却未能波及微社区。或者说社区阶层化浪潮在横扫"面上"的城市社区之时，却为"面下"的微社区留下了足够的生存和发展空间。同一楼栋、院落、小区的房价尤其是单价大体相同，入住的居民尤其是"业主"有着相似的经济地位，同一小区、院落尤其是楼栋的居民，在以经济因素为"基本范畴"的阶层分化程度上具有"整体上的一致性"，尽管居民有着不同的种族及种族联盟、国籍、语言、婚姻状况、宗教、职业、工作地、政治联盟等。按照布劳的社会交往理论分析，垂直分化上的整体一致性、水平分化上的多样性，恰恰为微社区居民交往提供了一个理想类型。从某种程度而言，微社区就是为居民交往而生。当然，有着建立在共同阶层地位上共同行为方式和共同意识，并不意味着同一阶层的人们没有不同意见，但由于有着本质意志上的默认一致，即滕尼斯所说的，共同体虽然有着种种分离但总体上仍保持着结合，处于同一阶层的人们仍然能够在相互交往的基础上形成"令人舒服"的共同记忆，产生一种亲密与共的情感联结，社区共同体规模小微化使共同体产生的可能性大幅提高。

第四章

城市社区微共同体的主要类型与基本生产单位

既然城市社区微共同体是可能的,那么微共同体究竟有哪些类型?社区共同体的生产规模是否越"微"越好?如果不是,影响社区共同体生产规模的因素有哪些,微共同体的基本生产单位是什么?

第一节 微共同体的类型建构要素

要想透过现象的"万花筒"洞察城市社区"微共同体"生产规律,将片段组织起来从而展现一幅城市社区"微共同体"的完整图景,类型学方法无疑是实现这一"宏伟目标"的第一步。作为一种广为各个学科运用的经典研究方法,类型学(tyoplogy)最初运用于生物学等自然科学中,后来逐渐运用于考古学、心理学、社会学等社会科学。"类型"定义大体与 taxonomy 或 classification 即(生物)分类学相同,意指把研究现象分成若干类。社会学大师涂尔干指出,分类是指为避免对所有纷繁复杂的个体全部进行考察,研究者在研究开始时在众多不确定个体中,用科学方法挑选出部分确定个体作为类型标准,进而对这些确定个体进行观察的一种研究方法。[1] 类型学对科学研究具有很高的价值,尤其是对变量之间关系的解释具有很高的系统性价值。[2] 具体而言,类型学对科学研究所具有的价值主要体现在两个方面:一是在诸多纷繁复杂的现象之间建立起某种联系[3],起到沟通历史与当代、连接具体与抽象、增进人们认识和理解的作

---

[1] 埃米尔·杜尔凯姆. 社会学方法的规则 [M]. 第2版,胡伟,译. 北京:华夏出版社,1998:64.
[2] WEBER M. The Methodology of the Social Science [M]. New York:The Free Press,1949:97.
[3] CROFT W. Typology and Universals [M]. Cambridge:Cambridge University Press,1990:1.

用；二是为进一步研究提供了分析框架和工具，即能够为研究纷繁复杂的现象提供一个标准，以这个标准为基础人们可以有条不紊地观察其他的事物①。而且，这种标准是从实际中抽象出来、经过纯化而成的，利用这一标准可以分离研究对象的各个要素以详细核对许多现象，从而发现和解决那些考察原物所不能发现和所不能解决的问题。②

最先运用类型学方法研究社会现象的代表性人物主要是滕尼斯、涂尔干和韦伯：滕尼斯将人的意志抽象为本质意志和选择意志，将人类结合方式抽象为"共同体"与"社会"两种类型，将共同体抽象为血缘、地缘与精神共同体三种形式③；涂尔干将社会抽象为传统社会和现代社会这两种截然不同的类型，将社会团结分为机械团结和有机团结④，将自杀行为抽象为利己主义自杀、利他主义自杀、失范性自杀和宿命性自杀⑤；韦伯将社会行为抽象为目的理性行为、价值理性行为、富有感情的行为和习惯的行为，将社会秩序抽象为富于情感和激情的秩序、价值相关性秩序、宗教性秩序和利益决定的秩序。⑥韦伯认为，理想类型研究的是那些实证社会学研究容易忽视的文化因素，而文化因素具有独特性且无法重现，理想类型注重社会现象的某些特点，这些特点可以将众多混乱和容易瞬间消失的具体现象综合到一个统一的分析构造中去。⑦

运用类型学方法对研究对象进行分类时并无统一标准，不同研究者对研究对象分类标准的选择主要依据研究工作的需要和研究者本人对研究对象的把握能力确定，具有一定的主观性，同一研究对象不同的研究者在不同的研究中可能有不同的分类标准。以"共同体"为例，按照不同的分类标准，"共同体"可以分为不同的理想类型。如按照地域在共同体生产中的作用，共同体可以分为地域共同体与脱域共同体；按照城乡社区的差别，共同体可以分为城市社区共同体和农村社区共同体；等等。当然最经典的划分当属滕尼斯按照联结纽带

---

① 埃米尔·杜尔凯姆. 社会学方法的规则 [M]. 第2版, 胡伟, 译. 北京: 华夏出版社, 1998: 64.
② 亨利·范·马尔赛文, 格尔·范·德·唐. 成文宪法的比较研究 [M]. 陈云生, 译. 北京: 华夏出版社, 1987: 307-337.
③ 费迪南·滕尼斯. 共同体与社会：纯粹社会学的基本概念 [M]. 林荣远, 译. 北京: 商务印书馆, 1999: 52.
④ 埃米尔·涂尔干. 社会分工论 [M]. 渠东, 译. 北京: 三联书店, 2013: 73-92.
⑤ DURKHEIM E. Suicide: A Study in Sociology. Translated by John A. Spaulding and George Simpson [M]. New York: The Free Press. 1951: 63-66.
⑥ WEBER M. Economy and Society: An Outline of Interpretive Sociology [M]. New York: Bedminster Press, 1968: 215-245.
⑦ 王威海. 韦伯：摆脱现代社会两难困境 [M]. 沈阳: 辽海出版社, 2006: 274.

所做的血缘共同体、地缘共同体和精神共同体三种类型的划分。在滕尼斯眼中，血缘共同体表现为家庭生活，通过母子、夫妻、兄弟姐妹以及持久和真正共同生活等关系得以表现，地缘共同体表现为乡村生活，精神共同体主要体现为宗教的城市生活，血缘共同体发展和分离为地缘共同体，进而发展为精神共同体，精神共同体是真正的和最高形式的共同体。①

本研究表明，社区共同体的生产需要两大不可或缺的基础性条件。一是规模。规模太大的群体，成员之间会因为难以形成共同的利益而缺乏交往事由，因为交往成本太高和难以克服集体行动的困境而增加交往难度，因为无法实现大范围的面对面的"在场"交往而难以提升情感密度，因为社会分化程度太高而难以达成一致进而形成"优势性"亲密关系。城市社区"微共同体"规模主要是指人口规模，而人口规模主要由地域范围和人口密度两大因素决定，在相同的人口密度下直接表现为楼栋、院落、小区等地域要素。二是共权。城市社区是陌生人社区，陌生状态下的居民交往，理性权衡往往是居民是否以及在多大程度上交往和如何交往的重要决定因素，作为居民理性权衡核心内容之一的共同需求或利益，是撬开陌生居民交往之门的钥匙。城市社区居民之间的共同需求或利益，主要表现在建筑物区分所有权上，所以是否具有共同的产权及其附着价值，或者说居民之间是否具有难以分割的共同财产和收益，如公共场所、设施、公共收益和支出等，就成为社区共同体生产的先决条件。

第二节 城市社区微共同体的主要类型

基于规模和共权两大因素，城市社区"微共同体"可以划分为六大类型：作为整体和作为部分的楼栋共同体，作为特定阶段和作为永久单元的院落共同体，共权和不共权的小区共同体。其中，不共权的小区由于没有共同利益，陌生居民之间难以"持久和真正的共同生活"，所以难以产生共同体式的情感联结，现实生活中常常以楼栋或几个楼栋联合起来的院落为单位实现共同体的生产。所以，规模和共权因素下的城市社区"微共同体"主要有独立型和部分型楼栋共同体、阶段型和永久型院落共同体，以及共权型小区共同体三种类型（见表4.1）。

---

① 费迪南·滕尼斯. 共同体与社会：纯粹社会学的基本概念[M]. 林荣远，译. 北京：商务印书馆，1999：54-65.

表 4.1 城市社区"微共同体"类型

规模＼共权	是	否
楼栋	部分型楼栋共同体	独立型楼栋共同体
院落	阶段型院落共同体	永久型院落共同体
小区	共权型小区共同体	分散型楼栋或院落共同体

一、独立型和部分型楼栋共同体

"独立型"楼栋共同体是指一栋楼就是一个独立的共同体生产单位。在现实生活中，以一栋楼为一个独立的共同体生产单位，主要分为两种情况：一是在开放型居民小区，居民虽然有着共同的需求或利益，但由于各种原因无法达成更大范围而只有一栋楼的居民达成了共识，所以居民就以一栋楼为单位开始共同体的生产，这在老旧小区尤为普遍；二是一栋楼就是一个小区，如开发商当时在兴建楼盘时由于各种原因只建了一栋楼，这栋楼一般以高层建筑为主。

以 XGW 区世纪小区为例，该小区虽然名义上为一个小区，但实际上就只有1栋楼，21层，六层及其以下是商户，六层以上为居民住宅，分为 A、B 座，有居民住房273套，其中实际居住161户、住改商112户，常住人口323人，是一个典型的商住两用型独栋高层建筑。因为小区规模不大，物业公司盈利空间有限，所以没有物业公司愿意承接小区物业管理业务，居民在入住之初并没有物业，加上商贸区人流量和物流量大，小区不久即上演了"脏乱差"等"公地悲剧"。为了"在一个不确定的世界中寻找安全"①，小区居民产生了实行封闭式物业管理的念头，但商住两用的性质决定了实行封闭式物业管理的难度非常大，居民尝试几次均未成功。直到2015年4月19日，该楼栋 A、B 座全部因为超负荷运行14年，存在严重安全隐患而被市质量技术监督局以红头文件形式停止运行22天才出现转机。由于是高层建筑，电梯停运给居民带来的影响可想而知，尤其是老人、孕妇和小孩。在此情况下居民表现高度的团结一致，通过多次民

---

① 齐格蒙特·鲍曼. 共同体：在一个不确定的世界中寻找安全 [M]. 欧阳景根，译. 南京：江苏人民出版社，2003.

主协商，拟订了维修方案，确定了"谁投资谁享用、早投资早享用、不投资不享用"①的资金自筹原则，完成自筹资金180余万元，并使电梯稳定运行。乘着电梯停运事件的"东风"，小区顺利完成了业委会选举、脏乱差环境改善、自聘物业等一系列自治事项。在此过程中，居民通过一系列成功合作，越来越强烈地感受到邻里之间是一个整体，而且，随着交往的持久深入，居民之间逐步产生认同感、归属感和亲密感。

"部分型"楼栋共同体是指楼栋只是更大共同体生产单位，如小区的一个组成部分，主要有两种类型：一是某一楼栋有着区别于其他楼栋的显著特征，如分期开发的商品房小区，第一期或前几期楼栋实行较低的物业服务费，如本书第二章介绍的XGW区CJRJ小区一号楼，由于历史原因实行着较其他四栋楼更低的物业费，或分楼栋居住着职业明显区分的群体，如本书第二章介绍的XGW区JMHY小区，该小区有4栋楼住着银行职工、2栋楼住着政府职工、1栋楼住着下岗国企职工、2栋楼住着普通市民，虽然在同一小区但同一楼或几栋的居民由于有着共同的利益、明显的职业特征等，居民之间交往更为频繁，整体感和亲密感更强。二是由于受到代议制议事制度的影响，同楼栋居民之间面对面交往更多，情感联结更亲密，共同体程度更深。城市商品房小区规模大小不一，有百十来户的小型小区，也有几百户的中型小区，更有上千户的大型小区。中大型小区居民之间的文化型、趣缘型、业缘型交往往往并没有楼栋之分，但事缘型交往往往有楼栋之分。由于小区居民人数较多，在处理公共事务尤其是召开居民议事会议时往往不可能所有居民都参加，现实生活中一般实行"小区代议制"，即以楼栋为单位，每个楼栋推选一个代表或楼栋长，楼栋居民先就公共议题充分协商，形成一致或多数意见后由楼栋代表或楼栋长带着本楼栋居民意见参与小区居民代表协商议事会。由于规模较小，同一楼栋的居民更易于面对面交往，在持久交往中产生亲密的情感联结，形成小区共同体中的楼栋共同体。

二、阶段型和永久型院落共同体

"阶段型"院落共同体是指院落共同体只是居民共同体发展的一个特定阶段，随着共同体生产实践的发展，院落共同体还会发展为更大规模的共同体，

---

① 具体方案：六楼以上实行封闭式管理，六楼及其以下，含地下车库和一楼公共场地对车辆封闭，行人自由通行不受限制。居民上下楼使用电梯与付费相勾连，参与众筹者发放电梯卡，凭卡乘坐电梯，不参与众筹者走楼梯；电梯卡与楼层捆绑，每户根据常住人口确定发卡数量，超过需另行支付电梯使用费；来访人员含住改商商户顾客，由一楼保安登记刷卡放行上楼，电梯使用费记入改户业主或商户名下，与物业费一并收取。

如小区共同体等。院落共同体之所以只是一个发展阶段，主要缘于产权的不可分割性。产权上属于一个整体的居民，虽然面对共同的交往事由，但由于各种原因只能在一部分楼栋居民间达成共识，所以这部分楼栋的居民决定先行采取行动以实现共同愿景。但由于院落的封闭会侵犯院落外其他小区共有产权居民的利益，所以达成共识的院落只能宣示院落只是临时阶段，待到院落共同体生产探索取得成功经验，或更大规模共同体生产条件逐步具备后，再将院落共同体发展为更大规模的共同体。本书第二章介绍的 JMHY 小区即是该类型的典型代表，面对脏乱差窘境，居民虽然都渴望得以改造，但只有 3 栋楼居民达成了改造共识，所以这 3 栋楼居民先行院落自治。

"永久型"院落共同体是指同一小区的若干楼栋居民，由于共同的需要而联合起来，形成一个独立的共同体生产单元——院落，相对于"作为特定阶段"的院落，该种院落最大的特征就在于与院落外部居民没有共有产权设施和场所，或者即便有共有产权设施和场所也较容易分割，且居民对共有产权设施和场所的分割不会引起异议。这种情况在老旧社区和现代物业小区都存在：在老旧社区，居民之间的共有产权不是很明朗，居民常常会以行政划分的"居民小组"为单元开展院落自治，进而在自治基础上形成亲密与共的情感联结；在现代物业小区，由于所有楼栋封闭在一个空间有困难，而且某部分楼栋与其他楼栋之间不存在共有产权或共有产权容易分割，居民在自愿基础上形成相对独立的院落共同体。

以 XGW 区紫晶小区为例，该小区建成于 2010 年，户数 1800 余户，人口接近 6000 人，属于一个开放型商住一体物业小区。该小区因两条街道而形成了两个大的院落，一个 1200 余户、一个近 600 户。两大院落之间由于没有共有设施设备和场所，应居民要求，主管部门备案，该小区成立了两个业委会，即紫晶小区（院落 A）业主委员会和紫晶小区（院落 B）业主委员会。两个院落的居民各自围绕日常生活中遇到的外墙砖脱落、物业用房、公共收益、住改商、占用消防通道、地下停车场等问题，展开广泛的内部和外部交往，并在此基础上开展了一系列文化型交往活动，如中秋晚会等节假日庆典活动、"低碳徒步走，健康过大年"等健身休闲活动、"我与小树共成长"亲子植树活动、"争做生态市民，喜迎三八妇女节"趣味运动会等。通过治理型、文化型等交往活动的持久进行，居民逐步以院落为单位从陌生人过渡到半熟人，进而到部分居民间的熟人状态，逐渐产生认同感、归属感和亲密感等情感联结。

三、共权型小区共同体与分散型楼栋或院落共同体

小区是城市社区居民常见的居住单位。小区多由同一个市场主体即房地产开发商开发建设,除可以明确划分到个人的设施和场所外,其余均属小区全体居民共同所有。居民"名义上"所购的只是个人住宅,但实际上共有设施和场所所需成本房地产开发商已经分摊到住宅价格中去,所以小区公共设施设备和场所由小区全体业主共同所有,基于共同所有权财产的收益,如公共广告收益、公共设施和场所使用收益等,应由全体业主共同享有,基于共同所有权财产的支出,如公共绿地养护、公共设施和场所维护等,应由全体业主共同承担。所以,从社会学角度而言,小区实际上是一个建立在建筑物区分所有权基础之上的居民群体。由于有着大量的共同所有权财产,所以需要居民共同管理,即区分所有权中的共同管理权。居民在共同管理共有财产和维护专有财产过程中必然发生交往,这种交往为居民从互不相干的邻里走向半熟人甚至熟人社会,以及在此基础上建立亲密的情感联结提供了良好基础。

虽然以整个小区为单位提供统一物业管理和服务是目前比较通行的做法,但现实生活中确实也有一部分一个统一的小区被划分为几个院落或楼栋的现象,而且在老旧小区和现代物业小区都存在。老旧小区由于多为开放式小区,若干楼栋或院落虽名义上为一个小区,但实际上多为一个个单独的院落尤其是楼栋。现代物业小区以统一封闭式物业管理为主,但也有分为几个楼栋尤其是院落进行物业管理的现象,如前述紫晶小区即是分为两个相对独立院落开展自治。同一个小区,若干个楼栋或院落分别进行共同体生产的现象,笔者称之为"分散型楼栋"或"院落共同体"生产,其本质是楼栋或院落共同体生产。

第三节 微共同体基本生产单位厘定

多大规模的共同体才能过上持久和真正的共同生活,或者说多大规模上的共同体才是真正意义上的而不是想象的共同体?按照安德森的观点,所有超过成员面对面交往范围的共同体都是想象的,所不同的只是被想象的方式。[1] 王小章也认为,共同体规模应该有限度,这个限度就是居民能够经常地进行直接互

---

[1] 本尼迪克特·安德森. 想象的共同体 [M]. 吴叡人,译. 上海:上海人民出版社,2011:6.

动，从而能够彼此熟知。① 据此推导，绝大部分成员能够面对面直接交往应为共同体规模的重要参考标准，交往对于共同体有着本体论意义，不考虑成员之间的交往程度，对于共同体就意味着趋向于忽视那些能够保证其完整性的社会纽带和政治机制。② 如果仅仅考虑交往因素，社区共同体生产规模理论上应当越小越好，因为小区、院落、楼栋内居民交往程度在同等条件下会逐次加深。但现实生活中共同体生产单位是否越"微"越好？城市社区"微共同体"的基本生产单位应该是什么？需要考虑哪些因素？还需进一步研究。

一、可分割性、经济性与碎片化

（一）产权可分割性

从词源学来看，"分割"是指把一个整体或者有联系的事物分开，"产权"是指以财产所有权为基础的财产占有权、使用权、处置权、收益权、支配权等权利的总和，在经济活动中产权具有资源配置、激励、约束等功能，是维护经济秩序、保证经济正常运行的法权工具，从社会学视角看产权本质上是一种社会关系。在作为居住和生活空间为主的城市社区，居民之间的产权有两个突出特征：一是"产"更多地表现为"房产"，如住房、经营性用房以及相关配套设施和场所等，而按照是否共有，城市社区居民产权可分为专有产权，如住宅、经营性用房，共有产权，如共有道路、绿地、广场、休闲娱乐设施等；二是更多地以物理空间形式表现出来，如一套住宅、一栋建筑、一块场地、一处设施等。所以"产权分割"主要是指将居民共有产权划分开来，分割的形式直接表现为物理空间的区隔。也正因为城市社区居民产权之间常常有着各种各样、或多或少的联系，所以居民自置业之日起就是一个整体。所以对产权的处理，包括将物理空间封闭起来的生产共同体，需要满足可分割性或者说能分割的要求。

城市社区"微共同体"的生产之所以要考虑产权可分割性，主要是由产权分割与居民交往事由之间的关系决定的。一是与农村社区集生产和生活功能于一体不同，城市社区尤其是居民小区、院落、楼栋往往只是居民的生活空间，居民工作往往在另一个地点，生产和生活空间处于分离状态，而且随着现代性的发展非日常生活领域对日常生活领域全面僭越，人们投入以社区为代表的日常生活领域的时间和精力被急剧压缩；二是城市社区空间的身份资格获取条件

---

① 王小章. 何谓社区与社区何为 [J]. 浙江学刊, 2002 (2): 20-24.
② 约翰·卡德威尔·卡尔霍恩. 卡尔霍恩文集 [M]. 上册, 林国荣, 译. 桂林：广西师范大学出版社, 2015: 8.

和居民相互了解的先天劣势。农村社区居民的身份资格主要以血缘和地缘条件获取，居民从出生起就具有了成员资格，并且从出生起相互之间就开始了解并熟知，而城市社区空间的身份资格主要靠货币获取，只要支付等量货币就能取得成员资格，不同年龄、性别、民族、职业等的居民从不同地方汇集并居住到一起，相互之间并不认识。生产和生活空间的分离、非日常生活领域对日常生活领域的全面僭越，加上彼此先天陌生等多重因素的累计叠加，决定了居民之间要发生交往，彼此熟悉并在此基础上建立起亲密与共的情感联结，只能从共同关心的利益和需求开始。而在城市社区，居民之间的共同需求或利益首先表现在共有产权的实现和维护上。

"产权"这一概念得以成立的前提条件和关键要素之一就是产权要明确，这种明确包括共有财产所有权、占有权、使用权、处置权、收益权、支配权等一系列权利的明确。产权明确的要求决定了以空间为主要表现形态的居民共有产权必须与外界隔离开来，以有效实现和维护居民共同权益。与农村居民独门独户式住宅不同，城市居民住宅共有一块土地，专有权住宅分摊土地上之上的共有权公共设施和场所建设费用，即便是同一楼栋的居民也会共有部分公共设施和场所，如电梯、楼梯等。可以说，除了以住宅为主体的专有权财产外，其余的都是共有权财产。所以共同体生产单位的厘定首先需要考虑共有权财产是否可以分割。

判断产权是否具有可分割性主要有两个标准。一是客观标准，即居民间已经确定的产权之间自诞生之日起就没有共有关系，或即便有也很容易划分为几个相对独立的部分，或统一实行封闭式管理遇到客观条件的限制等，所以是否侵害其他居民的合法权益是判断可分割性的首要标准。在城市社区"微共同体"生产中，部分型楼栋共同体与阶段型院落共同体，均与产权的不可分割有很大关系，如紫晶小区中间有两条道路，不可能将市政道路作为小区的一部分统一管理，所以该小区划分为两个院落开始共同体的生产，JMHY小区刚开始之所以不能成立业委会而只能成立"一、二、三号楼自治小组"，除达不到法律规定的"双过半"要求外，三栋楼封闭实施改造会侵犯小区其他共权居民合法权益是重要原因，而且一、二、三、四号楼本是一个整体，之所以四号楼没被接纳加入自治小组，也主要是因为如果将空间封闭范围扩大到四号楼将直接阻碍其他居民对共有道路的使用。二是主观标准，即有无异议，即便没有共有产权或容易划分，空间的封闭也不能引起包括居民、市场、政府等结构性力量在内的直接利益相关人的反对，或者居民实行统一管理的主观意愿不强，如认为小区规模太大不利于居民交往、不同楼栋或院落居民之间的社会分化较大、习惯或倾向于开放式居住环境、不愿缴纳或承受不起物业费等。这一条件下的社区"微共同体"生产多以整体型楼栋共同体和永久型院落共同体表现出来，以紫晶小区为例，该小区虽然整体上是一个小区，而且由一个开发商开发，但由于两条市政公共道路将小区划分为两个相对独立的院落，将小区划分为两个院落是居民的愿望。

（二）经济性

共同体肩负的希望更多体现为在游离个体之间建立起一种亲密的首属关系。在传统社会，商品经济居于次要地位，市场力量并不发达，百姓大都过着"日出而作，日落而息"的自给自足生活，市场力量对地域共同体的生产影响较小；而政府力量对地方事务的管理也较为宽松，以中国为例，传统社会中国中央对地方的管理主要集中于皇粮国税、劳役派遣与社会治安等领域，除此之外的地方公共事务领域则基本遵循"无为而治"思想尽量不去干涉，由百姓在乡绅领导下通过自治解决，国家力量对共同体的空间挤压较小。[①] 有学者将这一治理方式称为"集权的简约治理"[②]。现代社会共同体的生产居民自身因素是关键的影响，但同时也在较大程度上受到，有时甚至是难以离开市场和国家力量的支持。市场力量利用其专业、财力、组织、人力、时间等优势，不仅生产着"物理的"社区空间，而且生产社会的社区空间，而国家力量则为社区"输入外部权威和组织力量、拓展社会自治组织网络、分摊部分集体行动成本，以及作为集体行动的公共激励者"[③]。

经济性是指一定量资源投入所获得的收益，即资源投入与收益的比例。市场主体是以盈利为目标的经济组织，利润是企业生存和发展的生命线，以房地产开发商、物业公司为代表的市场力量，其参与城市社区"微共同体"生产的直接动力来自盈利，其盈利水平直接体现为利润率，即利润与成本比。企业实现利润这一目标的基本路径有最大限度获取收益和最大限度降低成本两种。共同体生产只有达到一定规模，市场参与主体才会达到盈利起平线，否则可能出现亏损，从而威胁到企业生存和发展，进而迫使企业退出居民居住空间。所以无论是居民还是政府，都应当考虑市场力量的盈利空间，一味压低企业利润空

[①] 宣晓伟. 中央集权与地方治理："编户齐民"与"皇权不下县"：现代化转型视角下的中央与地方关系研究 [J]. 中国发展观察，2016（3）：50-52.

[②] 黄宗智. 集权的简约治理：中国以准官员和纠纷解决为主的半正式基层行政 [J]. 开放时代，2008（2）：10-29.

[③] 叶敏. 社区自治能力培育中的国家介入：以上海嘉定区外冈镇"老大人"社区自治创新为例 [J]. 南京农业大学学报（社会科学版），2015，15（3）：10.

间并非明智之举,在现实生活中常常会陷入压低价格与降低服务的恶性循环,最终受害的不仅是市场力量,还包括居民自身以及政府力量。所以不仅企业要考虑经济性问题,作为聘请主体的居民也应考虑经济性问题,考虑自己付费与所得服务之间的比率,也要考虑市场力量经营的经济性问题。

其实,不仅企业和居民需要考虑经济性问题,政府力量也会考虑经济性问题。一方面,政府不仅要追求价值理性,还要追求工具理性,现代性对政府的工作效率提出了前所未有的要求,现代政府也是一个追求效率的组织,而追求效率的政府必然要关注投入成本和产出效益;另一方面,政府是一个尤其注重和追求"合法性"的组织,绩效合法性、程序合法性和意识形态合法性是政府合法性三大最根本的来源①,共同体生产规模过小,必然增加政府行政成本,降低政府工作效率,影响政府绩效合法性,从而难以得到政府的支持。

(三)碎片化

碎片化是城市社区"微共同体"生产面临的最大挑战之一,如果共同体规模小微化"加剧"了社会碎片化趋势,将直接影响"微共同体"的"合法性"。

居住空间的堡垒化。从空间形态来看,共同体水平较高或者说居民认同感、归属感尤其是亲密感较强的小区、院落、楼栋,往往以"门禁共同体"(Gated Community)居多,即在共同体的空间边界以围栏、门禁并辅以监控、安保力量与外界隔离,以一个或数个出入口与外界联络,入口对非居民禁行,使共同体呈现明显的空间堡垒化特征。作为城市内部一种居住空间私有化的表现载体,这种起源于美国早期针对富人开发的高档住宅模式,从社区类型看已从富人社区延伸到中产阶级社区甚至贫民社区,从地域范围来看已从美国风靡全球。② 它是建立在共同权益开发(CIDs)基础之上的具有排他性居住权的居住"专有社区"(Proprietary Community),居民对共享的邻里设施服务的权利限定在"俱乐部领域"(Club Realm),得到法律的保护。③ 这种"门禁共同体"首先缘于居民"在一个不确定的世界中寻找安全"④的内在基本需求,这种对边界线的迷恋带有鲜明的"防御性空间"理论烙印,该理论认为,空间闭合表征有利于建

---

① 赵鼎新. 国家合法性和国家社会关系[J]. 学术月刊,2016,48(8):166-178.
② WEBSTER C,GLASZE G,FRANTZ K. The global spread of gated communities[J]. Environment and planning B: planning and design,2002,29(3):315-320.
③ WEBSTER C. Gated Cities of Tomorrow[J]. The Town Planning Review,2001,72(2):149.
④ 齐格蒙特·鲍曼. 共同体:在一个不确定的世界中寻找安全[M]. 欧阳景根,译. 南京:江苏人民出版社,2003年.

构由居民掌控的安全居住环境,虽然这种封闭的环境并没有减少反而加剧了不安全因素的上升,进而推动门禁社区数量的进一步上升。① 这种在恶性循环中"螺旋上升"的堡垒化居住空间,已成为城市空间重构的主流样态,其后果之一就是使整个城市逐步成为韦伯斯特所说的"明日门禁城市"(Gated Cities of Tomorrow)②。

共同利益的限制性。共同体的生活,是一种充满相互占有和享受共同财产的生活。③ 共同体的灵魂是精神,但始于共同的利益需要。因为单个个体的体力、智力和情感力是一种稀缺资源,资源的生产能力有限性与需求无限性之间的张力,决定了单个个体必须联合起来解决生存和发展问题,"解决生活资料的生产实践和个体相互联合的交往实践"由此产生。④ 而且,从词源学上看,"community"在古希腊语中表示的就是一种基于共同利益的共同伦理取向的群体生活方式。⑤ 这种群体生活方式的产生,主要源于居民在持久的共同利益和需求下产生的持久交往,使居民逐渐从过去"互不相干的邻里"变成"半熟人"⑥进而变成"熟人",形成亲密与共的情感联结。在城市微社区内,住宅是绝大部分居民重要,有的甚至是透支未来几十年财富购置的财产,居民对维护基于住宅产生的物权、治权、人权等一系列权利,有着强烈的内生动力与需求。但这种共同利益一般仅限于微社区内的居民享有,如维修基金仅供微社区内居民使用,公共收益只能微社区内居民共享,停车、娱乐休闲等公共场所和设施只能或优先微社区居民享有等。

社会阶层的区隔和社会关系的隔离。空间社会学认为,空间具有"物质领域(自然界)、精神领域(逻辑的和形式的抽象)以及社会领域"⑦ 三个层次,空间看起来好像是均质和完全客观的,但只要人们探知它就会发现,空间其实

---

① Newman Oscar. Defensible Space: People and Design in the Violent City [M]. London: Architectural Press, 1972: 115.
② WEBSTER C. Gated Cities of Tomorrow [J]. The Town Planning Review, 2001, 72 (2): 165.
③ 费迪南·滕尼斯. 共同体与社会 [M]. 林荣远, 译. 北京: 商务印书馆, 1999: 76.
④ 袁祖社. 现代公民之理性生存品质与高尚德性人格的养成: "信用价值观"建设的理论定位与实践追求 [J]. 唐都学刊, 2004 (5): 110-114.
⑤ 亚里士多德. 尼各马可伦理学 [M]. 廖申白, 译. 北京: 商务印书馆, 2003: 51.
⑥ 贺雪峰. 论半熟人社会: 理解村委会选举的一个视角 [J]. 政治学研究, 2000 (3): 61-69.
⑦ 包亚明. 现代性与空间的生产 [M] //迈克·迪尔. 后现代传统: 从列斐伏尔到詹姆逊. 上海: 上海教育出版社, 2003: 83.

是一个社会产物①,空间里到处弥漫着社会关系,空间不仅生产着社会关系也被社会关系再生产②。而资本是社会空间生产的核心要素,资本以强大的力量形塑着城市社会空间。"流动的现代性"③生产出不确定的城市空间,这种不确定性来源于不同阶层群体同一时间在社区空间聚集带来的经济和文化差异,而资本将同一阶层的群体重新抽离出来并生活在一个个微社区内。这种阶层分化上的一致性为"微共同体"的形成奠定了坚实基础。但这种阶层区分功能同时也改变了传统社区公共的、易接近的特征,无数个"微共同体"代表不同的阶层在各自的领域内"自成一体",相互间缺少交往、沟通、融入,增加了不同阶层群体交往的难度,拉大了不同阶层群体之间的社会距离。碎片化的社区空间,体现的是碎片化的社会关系。

情感联结的封闭性。共同体具有确定性,给人以安全感、温馨感、认同感和归属感,成员之间彼此信任、相互理解、守望相助、出入相友、亲密与共,这种情感联结正是共同体的魔力之所在,以至于成为人类千百年来所追求向往的目标,尤其是随着现代性对传统社会解构而成为一个经久不衰的命题。但这种内部的情感联结也具有很强的封闭性,鲍曼对此有过生动描述。

> 你想要信任吗?那么就不要信任你所在的共同体外的任何人。你想要相互理解吗?那么就既不要同外国佬说话,也不要使用外语。你想要这种亲密和谐的家庭感觉吗?那么就在你的房门上装上警报器,并在你的汽车上安装电视摄像机。你想要安全感吗?那么就不要让陌生人进来……你需要温暖吗?不要走进窗户,而且不要打开它。④

共同体具有的这种封闭性会强化居民对主观差异的感知,产生不同"微共同体"之间的心理隔阂。微社区内的居民越来越多地只与内部成员交往,慢慢变得对内认同、归属和亲近,而对外猜忌、偏见和排斥。

作为一个与"整体性"对应的概念,国内外包括社区碎片化在内的"碎片化"研究的基本结论或主流观点是:社会的碎片化具有很大消极作用,碎片化的性质是负面性的。在"碎片化—整体性"范式下,碎片化常被定性为"问

---

① PEET R. Radical geography: alternative viewpoints on contemporary social issues [M] // Henry Lefebvre. Spatial planning: reflections on the politics of space. Chicago: Maaroufa Press, 1977: 339-352.
② FREIBERG J W (ed.). Critical sociology: european perspective [M] //Henry Lefebvre. Space: social product and use value. New York: Irvington, 1979: 285-295.
③ 齐格蒙特·鲍曼. 流动的现代性 [M]. 欧阳景根,译. 上海:上海三联书店,2002.
④ 齐格蒙特·鲍曼. 共同体:在一个不确定的世界中寻找安全 [M]. 欧阳景根,译. 南京:江苏人民出版社,2003:6.

题""困境""危机",需要"破解""整合""超越",并提出一系列措施力图建构一个"整体性"社会。笔者认为,城市社区"微共同体"一方面确实会在不同程度上进一步"加剧"社区和社会碎片化,一个个"微共同体"将社区分割成若干个封闭的单元,在撕裂社区整体性的同时,也使整个城市社区和基层社会成为由一个个小共同体马赛克式拼接而成的群岛式社会①;另一方面根据本书"交往的共同体"框架分析,城市社区"微共同体"的这种碎片化也是积极的碎片化。忽视积极面而只聚焦消极面不是科学的态度,容易陷入思想误区,也会使"碎片化""污名化"。

作为提供持久交往事由的碎片化。本书的研究表明,只有经过持久和真正的交往,才能形成共同体,暂时和表面的交往难以形成真正的共同体。而要持久和真正地交往,必须有持久、需要居民真正交往的事由。社区共同体之所以难以形成,一个重要原因就在于居民之间没有交往的事由。由于居民日常生活所需的公共产品,如住房维修、公共场所和设施使用、公共收益分配、环境卫生、治安、娱乐休闲等,都以楼栋、院落尤其是以小区为单位自我提供,在社区层面居民没有共同交往的事由,没有交往的陌生人之间难以形成亲密与共的情感联结。相反,在楼栋、院落、小区等微社区内,居民由于需要共同处理所面对的日常生活事务,必然要产生各种形式和程度的交往,这种交往为居民从陌生人转变为熟人并产生亲密的情感联结提供了绝佳的机会和条件。所以,以楼栋、院落、小区为单位建设共同体,虽然"加剧"了社区和基层社会的碎片化程度,但这种碎片化却为"互不相干的邻里"提供了持久的交往事由。

作为降低交往难度和提升情感亲密程度的碎片化。作为一种集体行动的公共交往,其交往难度往往与集体规模呈正相关关系。动辄七八千甚至上万、十万居民的城市社区,面对需要共同处理的日常生活事务,集体行动的组织成本和由此导致的交往难度、可能性可想而知。但如果把集体规模降低到楼栋、院落、小区,虽然使社区的整体性降低,社会的碎片化程度加剧,但居民之间集体行动成本和交往的难度却因此大大降低。没有交往的社区,整体性保持得再完好,素不相识的居民也很难产生亲密的情感联结。再者,由于人们的交往范围在特定时空条件下总是有限的,人们的"情感密度"总是与交往范围呈反相关关系,即交往范围越大,产生亲密关系的人数就越少。随着生产力的发展,尤其是工业革命后,现代性的发展使非日常生活领域从日常生活领域中分化出

---

① 孔娜娜."共同体"到"联合体":社区居委会面临的组织化风险与功能转型[J].社会主义研究,2013(3):105-110.

来，人们投入以社区为代表的日常生活领域的时间和精力被急剧压缩，使得基于居住的生活共同体规模不能太大，规模太大的社区居民之间难以建立起亲密的情感联结。换句话说，社区碎片化后的微社区，才可能为居民间亲密关系的建立提供空间。

作为生产"本能中意"的碎片化。在城市社区，一个社区可能同时有高档商品房小区、普通商品房小区、企业或单位小区、安置房小区、老旧杂居小区等类型，居民分属不同的社会阶层，文化、价值观、利益需求等差别较大，即便有持久的交往事由，也很难形成认同感、归属感、亲密关系。虽然住房私有化后城市社区的准入条件逐渐从身份过渡到资本，但同一小区、院落、楼栋的房价尤其是单价大体相同，入住同一小区、院落、楼栋的居民有着类似的经济承受能力，同一微社区内的居民在阶层分化具有"整体上的一致性"，这为居民间取得认同感、归属感，形成亲密关系提供了客观条件。人们的结构和经验相似性越大，或者思想、性格、本性越是具有相同的性质，越是能够相互协调，默认一致的可能性就越高。① 默认一致，是共同体的决定性因素。所以，共同体生产单位由社区变为楼栋、院落、小区等微社区，虽然在形式上加剧了社区和基层社会的碎片化，但这种碎片化却为居民间达成基于本质意志的默认一致提供了"肥沃土壤"。

作为并未破坏社会整体感的碎片化。虽然城市社区"微共同体"能够建立起成员的集体认同感、归属感和整体感，貌似基层社会由此变为一个个情感封闭的社会，但以民族为代表的脱域共同体在集体认同感、归属感和整体感方面的强大形塑功能却不容置疑，正如安德森所说，尽管大多数民族同胞之间相互之间并不认识，穷其一生也不会相遇甚至听说过对方，而且民族内部可能存在着不平等，但相互联结的意象却深深地烙在每一个人心中，只要民族有需要，就有数以百万计的人们甘愿去屠杀或从容赴死。② 其实，脱域共同体和地域共同体完全可以并行不悖、相辅相成且相得益彰。作为地域共同体的城市社区"微共同体"的建立，在游离的原子化居民之间产生柔性的情感联结；而脱域的共同体发展，可以在居民个体与社会或国家间建立起强烈的认同感、归属感和整体感。这种纵、横的情感联结并不矛盾，形式上碎片化后的"微共同体"并不必然破坏居民对社区和整个社会的认同感、归属感和整体感，这种"横纵兼备"

---

① 费迪南·滕尼斯. 共同体与社会：纯粹社会学的基本概念［M］. 林荣远，译. 北京：商务印书馆，1999：66.

② 本尼迪克特·理查德·奥格曼·安德森. 想象的共同体：民族主义的起源与散布［M］. 吴叡人，译. 上海：上海人民出版社，2011：7.

的情感联结反而为使社会"更好"可能提供了理想类型。

二、微共同体的基本生产单位

从产权可分割性角度来看,老旧小区能够进行清晰产权分割的较多,而现代物业小区能够进行清晰产权分割的所占比例有限,以 XGW 区为例,该区全域 277 个居民小区仅有紫晶小区一个划分为两个相对独立的院落,而且随着现代性的深入,现代物业小区已然成为一种趋势;从经济性角度来看,共同体生产规模越小越不经济,虽然规模越小共同体水平在同等条件下会越高;从碎片化角度来看,虽然城市社区"微共同体"的生产并不必然会加剧社区和基层社会碎片化趋势,但也确实会在某种程度上加剧社会不同阶层之间的隔阂,虽然在现实生活中有许多措施可以缓解这种阶层区隔效应,如建构社区公共空间促进不同阶层群体间的交流等,但从现实情况看,受各种主客观条件的限制,这种措施并未得到应有重视和取得应有效果。

从已有数量看,独立型楼栋和永久型院落仍属少数,而"共权的小区"仍居于主体地位,尤其是从发展趋势看,虽然有着高档商品房小区、普通商品房小区、老旧小区、廉租房小区等各种形式,尤其是许多老旧散居小区已然分离为一个个院落和楼栋,但物业型小区仍代表着城市微社区的发展趋势,小区在城市微社区体系中所占的比例也将越来越高。

所以,综合考虑产权可分割性、经济性、碎片化,以及城市微社区现状和未来发展趋势,小区应是城市社区"微共同体"生产的基本单位,但不排除楼栋和院落在特定时空条件下的适用性。如规模较大的小区在小区共同体生产的同时生产楼栋共同体,两者反而可以互促互进、相得益彰,加快小区共同体的生产进程和水平;当小区共同体的生产存在困难可以先期生产院落或楼栋共同体,通过院落或楼栋共同体的生产促进小区共同体的生产等。

第五章

城市社区微共同体的生产过程

城市社区"微共同体"何以可能问题,需要厘清城市社区"微共同体"的生产阶段或过程。只有厘清城市社区"微共同体"生产的逻辑进路,才能正式打开共同体生产的大门。本书对共同体研究历史流变的考察表明,国内外学者在三个层次上使用过"共同体"这一概念:一是最宽泛意义上的共同体,即作为一个描述群体而非个体的概念的"共同体";二是侧重于整体感的共同体;三是整体感和亲密感兼具的共同体。最宽泛意义上的"共同体"仅指具有某一个或多个共同特征的群体[①],它既包括规模较小的社区自组织,又包括更高层次意义上的政治组织,还包括民族、国家这一最高层次的总体。[②] 这种共同体的具体内涵关键要看前面那个修饰限定语,这种意义上的共同体的内涵显然过于宽泛,正如其批评者所说其唯一的共同要素就是人[③],也不能成为共同体开始形成或孕育的标志,否则任何具有共同特征的群体都可以称为"共同体",共同体生产也就失去了探讨的必要和价值。所以,城市社区"微共同体"生产阶段的探寻方向应蕴含在整体感、亲密感及其不同组合之中。

第一节 以利为利:利益共同体与被动性邻里萌芽

虽然共同体规模小微化带来共同利益的产生,但建立在利益基础之上的共同体有何特点,如何实现从利益到情感的转化,能够促进居民交往的共同利益究竟有哪些等,都需要明确。

---

① HOLLINGER D A. From ientity to solidarity [J]. Daedalus, 2006, 135 (4): 23-31.
② 齐格蒙特·鲍曼. 共同体:在一个不确定的世界中寻找安全 [M]. 欧阳景根,译. 南京:江苏人民出版社,2003:1.
③ BELL C, NEWBY H. Community Studies: An introduction to the Sociology of the Local Community [M]. Westport, CT: Praeger, 1973: 15.

一、利益共同体：微共同体的必经阶段与初始形态

城市社区"微共同体"的生产首先是利益共同体的生产。从微观个案来看，XGW 区三个"微共同体"的生产，无一例外始于共同利益的实现：XSJY 小区居民在维权小组和后来成立的业委会的带领下，通过司法救济诉讼、行政救济施压等自身努力，争取到市、区政府的支持，成功赢得供水管网维权胜利，解决了困扰居民多年的日常生活用水难题，居民也从过去"互不相干的邻里"迈向"休戚与共的伙伴"，开始了共同体的生产历程；JMHY 小区居民在以 WXP 为首的积极分子带领下，先是成立"一、二、三号楼自治小组"，完成院落空间改造，并在政府人力和财力以及物业公司资金支持下，居民自筹部分资金完成了整个小区的空间改造，结束了长达 8 年的"软硬兼失"的窘境，虽历经 8 年时间但小区改造终获成功，由于共同利益的实现，小区居民产生了集体认同感和彼此作为一个集体的整体感，共同体在此过程中实现孕育和发展；CJRJ 小区居民刚开始有着共同利益，即对开发商所属物业公司服务质量和侵吞公共收益等行为不满，团结起来在与各种力量的"斗争"中成立了业委会，但当更换物业公司程序正式启动后，居民分裂为两大针锋相对的派别和"攻守同盟"，而且两派分别争取到区政府和市政府的支持，即政府内部上下级政府之间对业委会的合法性也出现分歧，从而形成无论哪一方获胜都将导致另一方严重不满的僵持局面，虽然居民原先寄希望选举业委会更换物业公司进而阻止其侵权行为的共同利益一时难以实现，但居民之间的分歧、分化和联合仍然是围绕物权、治权等利益展开，尽管利益共同体的生产未获成功，但居民不再只是毗邻而居，而是开始建立基于共同利益的社会联系，如团结起来成立业委会，虽然后来分裂为两大"阵营"，但在各自内部，居民为了实现共同的利益而一起讨论、协商并采取集体行动，营造出浓厚的共同体氛围，这为将来两大阵营可能的弥合分歧并走向整个小区共同体的生产，提供了思想、组织、技术和伦理准备。

所以城市社区"微共同体"的生产首先是利益共同体的生产，只有成功实现利益共同体的生产，居民才会在交往中产生集体认同感、归属感和整体感等社区情感。如果将这一结论放到宏观社会过程中予以审视可以发现，利益共同体之所以是城市社区"微共同体"生产的必经阶段和初始形态，主要是"现代性的后果"。现代性对生产要素的流动要求，决定了作为生产要素的居民在入住社区之初，虽然毗邻而居但由于没有共同的记忆而互不相识、彼此陌生，与此同时，现代性带来的非日常生活领域与日常生活领域高度分离，导致居住在社区之内而工作在社区之外的居民，缺乏非日常生活领域的交往机会，要相互熟

悉只能借助于日常生活领域中的交往，而规模小微化带来的共同利益为居民交往尤其是深层次交往提供了机会或事由。滕尼斯的研究表明，共同体的生成需要建立在"令人舒服的共同记忆"而非"吵嘴和吵架这类干扰"基础之上，只有当居民形成集体行动并成功实现了共同的利益，"令人舒服的共同记忆"才会开始产生，集体认同感和整体感等社区情感才会开始形成，社区"微共同体"才会逐步孕育。

二、微社区内居民的共同利益及其触发机制

CJRJ 小区的更换物业、JMHY 小区的空间改造、XSJY 小区的供水管网维权，可以触发共同体的生产，无论这种集体行动是否能够取得成功。除此之外，还有哪些共同利益能够担此重任，能够担此重任的共同利益又是如何实现从利益到情感的转化的，需要进一步加以分析。

（一）能够触发"微共同体"生产的共同利益

首先需要明确的是，在城市社区功能定位从生产和生活的统一体，退居为以居民生活为主的区域、非日常生活领域对日常生活领域全面僭越以及居民彼此陌生的背景下，并非所有的共同利益都能够承担触发城市社区"微共同体"生产的重任。能够起到触发作用的共同利益主要体现为基于区分所有权建筑产生的物权、治权、人权等[①]一系列权利。对于大多数甚至是绝大多数居民而言，住宅、商铺等区分所有权建筑都是其个人财产的重要组成部分，尤其是住宅，可能透支了其未来数年、数十年甚至是几代人的财富。所以，实现和维护以建筑物区分所有权、占有权、使用权、支配权、处置权、收益权为主要内容的财产权，即物权，以成立自治组织、确立自治规则、实现自主目标为主要内容的自治权，即治权，以民事权、政治权、社会权为主要内容的公民权，即人权，对于大多数居民来说都有着特殊的意义和价值。

作为物权、治权和人权的基础，建筑物区分所有权的产生是现代社会发展的必然结果。现代性的发展要求生产要素高度集中，这种集中体现在城乡上就是生产要素高度向城市集中，城市逐渐成为"现代性的一个学校"。作为社会发展主体的人，在现代性的洪流中逐步与土地、资本、技术、信息一道，成为生产要素重要而且是最重要的组成部分——劳动力。大量人口向城市集中，导致城市土地资源日趋紧张。日益增多的人口与稀缺的土地尤其是居住用地之间的

---

① 陈鹏.从"产权"走向"公民权"：当前中国城市业主维权研究［J］.开放时代，2009（4）：126-139.

张力，促使居民住宅逐渐向高层化发展，以有效缓解城市居民的居住难题。而多人共同拥有一栋建筑物、共同拥有一块土地或其使用权，产权结构多元化就成为必然发展方向。为明确权利义务关系，通过法律明确多元化产权结构成为各国通行的做法，只不过名称略有区别。如德国的《住宅所有权法》、法国的《住宅分层所有权法》、日本的《有关建筑物区分所有权之法律》、奥地利的《住宅所有权法》、瑞士民法第四编的"共有与楼层所有权"规定等，美国甚至不同州都有不同名称，如"单位所有权""公寓所有权""水平所有权"等。①

作为一个概念或术语，建筑物区分所有权主要运用于法学或法律领域，但从社会学角度而言，法律在本质上是一种社会关系，它反映了国家、市场、社会不同主体间的权利和义务。根据物权法的规定，建筑物区分所有权主要包括两类：一是业主对建筑物内的住宅和经营性用房等专有部分享有的所有权；二是业主对专有部分以外的共有部分，如建筑区划内的道路、绿地、占用共有道路或其他场地的车位、建筑物及其附属设施的维修基金、其他公共场所、公用设施、物业服务用房等，享有共有和共同管理的权利。②作为居民住宅财产权的重要组成部分和存在基础，区分所有权并不是其全部内容，基于所有权基础上的财产占有权、使用权、收益权、处分权也应是居民财产权的重要组成部分，尤其是共有部分的占有、使用、收益、处分等。住宅及其配套设施建筑质量、道路该如何规划，绿地应不应该改变用途，停车位归属、分配、使用、收益，维修基金如何既高效快捷使用又厉行节约杜绝浪费，公共收益该如何分配和使用等，都是居民关注和争议的焦点，也是日常生活中问题的难点和矛盾的集中点。因此，区分所有权建筑在西方也常常被称为"纠纷建筑"。

财产的区分所有性质，决定了单个的个体不可能有效实现基于住宅的财产权，尤其是共有部分的权益。虽然作为公共利益代言人的政府应该为居民权益实现和维护保驾护航，正如费舍尔所说，社区共同体的功能性条件，即毗邻而居的人们通过共同行动满足日常生活需要，对居民来说是首要的，这种功能性需求已越来越多地由当地政府承担③，但事实上，城市社区居民的日常生活需求除有部分确实为市政当局所替代外，还有相当部分除了居民自己"无人可代"。由于公共资源的稀缺性和有限性，与不同居民群体权益的复杂性和多样性之间存在较大张力，所以继续秉持总体性社会尤其是计划经济时代和单位制时代的

---

① 王利明. 论业主的建筑物区分所有权的概念 [J]. 当代法学, 2006 (5): 37-46.
② 中华人民共和国物权法 [EB/OL]. 中央人民政府官网, 2007-03-19.
③ FISHER C S. The Urban Experience [M]. New York: Harcourt Brace Jovanovich, 1984: 131-137.

依赖性心理和依赖性人格①越来越不具现实可行性,逐步扩大自治的比重则成为必然选择。所以,居民自治实质上是基于财产权的自治,居民的自治权是财产权或者物权的延伸。居民自治的内容主要包括:一是成立自治组织,实现原子化居民的再组织化,减少交往成本,提高交往效率;二是居民在广泛的协商讨论基础之上确立自治规则,并按照既定规则处理日常生活事务;三是通过自治实现自主,即居民自己当家做主,"自己的事自己办、自己的事自己说了算",成为真正的主人。

财产权从来都不是孤立的权利,对物权的占有以及由此缔结协议的权利,如选择物业服务企业并签订物业服务合同,诉诸司法审判的权利,起诉物业侵权,以及为实现财产权而具有的人身和言论自由等权利,已经超越财产权本身而涉及民事权。而为更好地实现群体利益和作为一类居民的群体而参与政治选举,如北京、深圳等地出现的业主参与居委会②、人大代表选举,以及通过建立网站、举办研讨会、向人大提交议案等方式影响地方立法和公共政策,已经涉及公民的政治权。此外,居民在实现和维护以财产权为代表的经济权、维护以居住环境为代表的环境权等权益的同时,标志着居民从社会获取了维持其基本生活条件的权利,即社会权或者生存权、受益权。民事权、政治权和社会权是公民权的基本要素③,所以,居民在物权和治权后实现的公民权,则是维护了更高层次的权利和利益,因为公民权本质上是一种社会成员权,体现的是更高的社会层次的平等权利,践行的是作为社会平等成员的权利。物权、治权、人权分别体现的是人与物、人与人、人与社会和国家之间的不同社会关系。

本书的研究表明,在能够触发利益共同体生产的物权、治权、人权之中,越是能影响居民日常生活的事件,居民达成共识、集体行动的速度和力度也就越大,这也是 XSJY 小区的供水管网维权、JMHY 小区的脏乱差环境改造、CJRJ 小区的物业服务质量和侵吞公共收益维权,居民采取集体行动的速度和力度以及结果有着区别的重要原因之一,尤其是 CJRJ 小区,由于部分居民认为相较于物业服务质量、物业侵吞公共收益等侵权行为,统一或上调物业费更让人难以忍受,从而为承诺维持物业费现状五年不变的原物业公司的分化留下了足够空

---

① 何海兵. 我国城市基层社会管理体制的变迁:从单位制、街居制到社区制[J]. 管理世界, 2003(6):52.
② 管兵. 维权行动和基层民主参与:以 B 市商品房业主为例[J]. 社会, 2010, 30(5): 46-74.
③ MARSHALL T H. Tom Bottomore. Citizenship and Social Class[M]. London: Pluto Press, 1992: 8.

间,曾经参与业委会选举意图更换物业公司的居民转而成为其"铁杆粉丝"。

(三)微共同体生产中的利益触发机制

情感之于共同体就如同酵母之于面粉,情感以其独有的发酵功能催生着共同体成员的一体化认知。但任何一种精神和情感的形成都有其客观物质基础和人们的内在需求,至少需要经过物质的阶段。共同体的生活是持久和真正的共同生活,而共同的生活的"大法"是经济性质的,共同的生活是一种相互占有和享受由分工或共同劳动所创造的共同产品和财产的生活,在共同体中,除本能的中意和相互习惯外,共同体的巩固因素不言而喻还有共同财富和经济。[①] 具体而言,共同利益在共同体生产中的触发机制或者说从利益到情感的转换机制,主要体现在四个阶段。

一是个体价值的产生。关于人类是利己还是利他的争论从来没有停止过,有的人认为人性是自私的,有的人认为人性是利他的,现实中的利他行为有亲缘利他、互惠利他与纯粹利他三种类型[②],一种比较中庸的观点是人性既有利己的一面也有利他的一面。共同体的形成动力产生于普遍的利己需求和利他行为。个体利益和需求的产生是共同体产生的内部动力,CJRJ小区的更换物业纷争、JMHY小区的脏乱差环境改造、XSJY小区的供水管网维权,均源自作为个体的居民的日常生活需要,没有个体的内生动力共同体难以形成。正如滕尼斯所说,人们在需求得到满足的基础上会产生各种倾向和厌恶,而这种作为身体的感觉和情绪的倾向和厌恶,同时生产着个人持久的和暂时的特征。[③] 人类行为的动力很多情况下根源于这种个体对自身价值的追求,个体价值是共同体形成的基本前提,脱离个体价值的共同体是虚无缥缈也是不能持续的。

二是共同利益的产生和结社需求的形成。利益的实现需要依靠个体的力量,通过个体对象化的活动创造所需要的一切。但共同利益和需求的实现又无法单靠个体来完成,无论是CJRJ小区的更换物业,还是JMHY小区的空间改造,抑或XSJY小区的供水管网维权,都无法依靠某个甚至某部分居民就可以完成。因为单个的个体所具有的智力、体力和能力是有限的,稀缺、有限的资源与多样化、无限性需求之间的张力使得个体利益的实现受阻,从而产生结社的内在需求,即不得不或倾向于实现个体的联合,或者说以类的方式缓解这一张力,类

[①] 费迪南·滕尼斯.共同体与社会:纯粹社会学的基本概念[M].林荣远,译.北京:商务印书馆,1999:59,76,81,91.

[②] 叶航.利他行为的经济学解释[J].经济学家,2005(3):22-29.

[③] 费迪南·滕尼斯.共同体与社会:纯粹社会学的基本概念[M].林荣远,译.北京:商务印书馆,1999:153-154.

性和社会性能够显著突破个体智力、体力和能力的限制,从而可能建构一个自由全面发展的空间。① 普遍的个体需求由此演变为群体的共同利益。处于初始阶段的共同体,是人们以个体价值为直接驱动力、以共同利益为外在形式而结成的社会群体。所以,共同利益或需求以及结社行为对于共同体内在动力机制的生成不可或缺,人是既依赖自我同时又依赖对象的社会性存在物。

三是在共同利益内化和实现过程中的认同感、归属感和整体感的产生。判断一个群体是否有着共同利益的标准就在于,他人利益能否以及在很大程度上成为自我利益的一部分。② 即共同利益能否内化为个人利益的一部分,是共同利益和结社需求是否产生的重要判断指标。产生共同利益和结社需求的群体在实现共同利益的过程中,会逐渐形成独具特色的价值观、惯例、习俗、象征符号、仪式、话语权等价值取向与行为模式,以及自己独特的群体文化以标识自己,通过这种价值取向、行为模式和群体文化维系自身存在,推动共同体发展。③ 在此过程中,居民首先会产生整体感,即"我们面临共同的处境""我们是同一个阵营的",当利益实现或部分实现后,如 JMHY 小区在空间改造完成后、XSJY 小区在供水管网维权成功后,个体会对共同实现利益的集体产生不同程度的认同感和归属感,这种认同既有群体成员之间的相互认同,但更多的是对集体的认同和归属。但自此以后,群体便开始以人格化的特质维系自身的存在和发展。

四是持久交往过程中亲密与共、守望相助的首属关系产生。从词源学上看,"community"在古希腊语中表示一种基于共同利益的共同伦理取向的群体生活方式。④ 这种群体生活方式的产生,主要源于居民在持久共同利益和需求下产生的真正交往,而非短暂和表面的交往,居民在持久和真正的交往过程中,逐渐从过去"互不相干的邻里"变成"半熟人",进而变成"熟人"。逐渐了解并相互熟悉起来的居民,会逐渐建立互助互惠机制,而居民之间的互助互惠并不总是对称性的,无论是帮助的力度还是时间差,非对称性互惠最容易产生相互的感激,进而促进了信任、认同、规范、道德等社会资本的产生。正如科尔曼所说,当一个群体的成员关系由自助转变为互助时,就说明这个群体已经产生了

---

① 袁祖社. 现代公民之理性生存品质与高尚德性人格的养成:"信用价值观"建设的理论定位与实践追求 [J]. 唐都学刊, 2004 (5): 110-114.
② 孔凡建. 共同体语义演化史考辨 [J]. 甘肃理论学刊, 2014 (5): 88-92.
③ 段建军. 培育社区社群共同体:社区治理的基础条件 [J]. 生产力研究, 2011 (6): 92-94.
④ 亚里士多德. 尼各马可伦理学 [M]. 廖申白, 译. 北京:商务印书馆, 2003: 51.

社会资本。① 当社会资本产生尤其是广泛且深层次产生时，居民之间亲密与共、守望相助的横向情感联结也开始产生。

三、共同利益的实现与认同感的产生

共同体式情感联结的产生，主要得益于"令人舒服的"共同记忆的产生。之所以说 CJRJ 小区没有完成利益共同体的生产，主要是因为居民在实现共同利益的过程中走向了分裂、对立和疏离，一个被撕裂的群体很难说它是一个共同的整体；而 JMHY 小区和 XSJY 小区的居民由于共同的努力，在成功实现共同利益后产生了集体认同感和整体感，逐渐形成一个利益上休戚与共的整体。所以共同利益最终要触发社区情感的产生，还需共同利益的成功实现。一般而言，共同利益的实现需要经历孕育、行动和形成三个阶段。

共同需求的产生与整体感的孕育。城市微社区内居民的"共同利益感"往往孕育于居住空间的恶化和侵权。由于居住在一个共权的空间，居民或多或少有着共同的利益。但当这种共同利益顺利实现，如由物业公司实现平稳的社会化管理，或者虽然被侵权但由于居民没意识到，如没意识到广告费、停车费、公共场所租赁费等公共收益属于全体居民所有等，此时的居民对共同利益的感知往往不是很强烈，同一楼栋、院落、小区的人们虽然毗邻而居，但相互之间仍然只是"互不相干的邻里"。此时的楼栋、院落、小区甚至不能称为"社会"，因为居民之间并没有发生交往，相互之间也没有明显的社会关系。

如果居住环境因各种原因发生了恶化，如 JMHY 小区"四多一低"的脏乱差局面，或者有侵权事件发生，如 CJRJ 小区原物业侵害居民物权和治权，抑或政府侵害居民的治权和人权，又或者大部分居民意识到隐蔽式侵权行为的发生等，"互不相干的邻里"则很可能重新审视相互之间的关系，谋求通过合作改变现状，并开始感受到一种利益的共同感，自觉不自觉地用"我们"来形容彼此的关系或指代所在的群体。但这种整体感只能称为孕育阶段的"整体感"，因为"我们"中包含的认同仅仅是对彼此共同境遇的认同，至于能不能和在很大程度上形成集体行动并成功实现共同目标还不得而知。而且，这种整体感的孕育可能需要经过很长一段时间，短则数月，长则数年甚至更长，不同微社区差别较大。如 JMHY 小区脏乱差窘境持续了 8 年时间，XSJY 小区从供水管网出现问题到维权小组正式成立经历了 3 年多时间，CJRJ 小区从意识到权益被侵犯到形成

---

① COLEMAN J S. Foundations of Social Theory［M］. Cambridge：Belknap Press of Harvard University，1990：304.

集体行动——业委会选举之前经历了近6年时间。

集体行动的形成与整体感的萌芽。居住空间的恶化和侵权事件发生后，很多居民也会寄希望于公共利益代言人的政府，XGW区长瑞、佳苑、XSJY小区的居民也都多次到市、区有关部门甚至直接向市长反映过，但随着现代性的发展，政府已从全能型政府日益向有限型政府转化①，居民需求的无限性、复杂性和不平衡性与公共资源和政府能力的有限性之间的张力，往往难以使居民的诉求得到很好满足。所以，居民自身的集体行动就成为诉求满足的重要途径之一。居民在"忍无可忍"和明确责权利的情况下往往会"迫不得已联合起来"。以XGW区XSJY小区为例，该小区供水管网质量问题直接给居民的生活造成了很大困扰，由于居民分散维权，如单个与开发商协商、到政府部门投诉、司法诉讼等，难以取得预期效果，所以居民开始意识到"团结起来"的重要性，并通过成立业委会、集体投诉、集体诉讼等方式，开始集体维权进程。

> 刚开始大家都各搞各的，今天你跟开发商吵一架，明天他去找政府，都很分散。后来大家发现怎么搞都搞不赢他们，而且以个人名义进行集体维权始终名不正言不顺，因为每个人都只能代表他个人，并不能代表整个集体。如果每次都要全体业主签字才能采取行动，不仅很困难而且效率太低。所以，大家都深感成立组织的必要性。于是，一批维权积极分子牵头，居民积极拥护，社区大力支持，我们小区选举产生了第一届业委会。（当时的投票率是多少？）当时参与投票的业主户数所占面积不仅"双过半"，而且接近九成，大家表现出前所未有的积极踊跃。（XGW区XSJY小区维权小组成员XHL访谈：YW-XSJY-XHL-20170104）

集体行动一旦产生，则意味着整体感的萌发，即"破土而出"，因为作为社区意识的整体感是内在的，而由整体感决定的意志行动是其外在体现，而社区意识和社区行动是"场共同体"的两个基本分析、理解和判断维度②，社区"微共同体"是否开始形成，可以从作为社区意识的整体感和作为社区行动的集体行动两方面结合进行判断。集体行动产生、整体感萌芽，往往意味着共同体开始形成。正如韦伯所说，无论是在个别场合中、纯粹模式里，还是在平均状况下，某种社会关系，只要它以社会行为取向为基础，而且参与者主观感受到，

---

① 沙金. 走向有限政府：洛克政府理论及其启示 [J]. 学术论坛, 2012, 35 (2)：27-30.

② 何绍辉. 场共同体：陌生人社区建设的本位取向 [J]. 人文杂志, 2015 (4)：109-115.

或感情、传统里具有了同属于一个整体的感觉,就应当称为"共同体"。①

集体行动的成功与认同感的形成。尽管集体行动的产生和整体感的萌芽意味着共同体关系开始形成,但此时的共同体仍然十分脆弱,就如同刚破土的幼苗,集体行动一旦失败,会瞬间击垮刚刚建立起来的整体感。集体行动的成功取决于多种因素:从集体行动的主体来看,作为内在因素的居民自身素质和能力的高低,作为外在因素的政府和市场主体的支持和配合;从主客体关系来看,作为主体的居民能否走出搭便车等集体行动的困境,作为客体的利益诉求本身的复杂性等。如果集体行动能够顺利实现集体诉求,作为集体成员的居民则会强烈地意识到集体的力量,人们开始生活在整体的情感之中并在其中找到属于他意志的重要目标②,感受到成为集体中一员的好处,从而产生强烈的整体感和集体认同感。

四、被动性、脆弱性与短暂性:利益共同体的显著特征

整体感和认同感的产生,标志着陌生的居民建成了基于共同利益的利益共同体,这是一种巨大的进步:首先,它最直接表现为解决了居民的利益诉求,维持了居民日常生活世界秩序,保持了社会和谐稳定;其次,它使原子化的居民重新再组织化,在一定程度上实现了重新获得认同、归属、信任、互帮互助等愿望,使现代性不再冰冷;最后,也是最为重大的意义在于,它重塑了社区社会网络或社会关系,居民之间的社会关系或社会网络开始从无到有、从弱到强的转化。利益共同体的形成意味着社区居民不再是互不相干的邻里,而是休戚与共的群体,居民不再患有"社区冷漠症",而是团结的集体,是一个有着社区意识和社区行为的群体。与此同时,利益共同体也有着明显的不足,即被动性、脆弱性、短暂性等。

被动性。利益将居民从"互不相干的邻里"变为"休戚与共的集体",重建了社区社会关系或社会网络,但并非所有的利益都可以起到这种大面积居民交往"触发器"的作用。对于作为个体的居民而言,虽然与邻居毗邻而居,但由于相互陌生,感情、面子、道义、群体压力等熟人机制并不会发生作用以促使居民采取集体行动,所以当且仅当利益达到足够促使理性的个体大范围倾向于采取一致行动时,集体交往才可能产生。当然,这种集体行动的倾向可能来

---

① 马克斯·韦伯. 社会学的基本概念 [M]. 胡景北, 译. 上海: 上海人民出版社, 2000: 62.
② COOLEY C N. Social Organizations [M]. New York: Scribner's, 1909: 313.

自居民的"自觉",也可能是受他人的启发或动员,但都是一种"应激反应",是在共同利益需要下做出的一种被动反应,集体交往的产生在某种程度上说是理性居民个体全面权衡、精确计算的产物。这种重塑的邻里具有被动性,是居民在共同的利益需要下才重新认识到邻里的重要性,进而通过联合实现共同利益而发生的交往过程,一般的利益还不足以而只能是"重大"利益才能在居民之中形成共识。而共识对一个社群而言具有关键意义,共识将直接决定其是否能够成为社群,因为所有的制度都是共同理解的产物,社群如果没有共同的信仰、规范和概念,则无法有效实现自主治理。①

利益共同体的形成在某种程度上是"事件团结"的结果。利益共同体中的邻里主要是一种被动性邻里。这在笔者的访谈中多次得到证实,以 XGW 区 CJRJ 小区积极要求选举业委会为例,当笔者问到为什么要参与集资时,不少居民表示是对物业公司不满,要不然也不会联合起来。

> 我为什么要积极参加业委会选举?那还用说,我对物业公司不满啊,我们这些积极要求成立业委会的人,大多数都是对物业公司不满,物业公司服务水平太差,小区经常被盗,楼道脏兮兮的,电梯经常出问题也不及时修、墙面砖掉了也不补,几十年的公共收益我们从来没看到一分……不仅如此态度还很差,尤其是那几个保安,好像他们才是小区主人似的,所以我坚决支持选举业委会把他们换掉。(XGW 区 CJRJ 小区居民 HJC 访谈:JM-CJRJ-HJC-20170322)

脆弱性。利益共同体具有典型的"以利为利"的特征,即居民是因为利益而开始发生交往。利益共同体类似于鲍曼所说的"钉子共同体"。"钉子共同体"依靠一件一次性发生的真实或假定、但能引起恐慌的事件或"公众敌人"或围绕着"问题"而形成,一个焦点就是一枚"钉子",上面挂满了许多个体经历和处理的问题以及关注的事情,这种以焦点激发的共同体体验和联系是脆弱的,无论参与者在这个过程中建立了什么联系,他们之间并没有真正的结合,所以这种联系可以毫不夸张地说是一种"没有结果的联系"。当人们之间真正需要对个体资源和能力不足进行弥补时,即人们之间的关系真正变得紧要的时候,这种联系往往就消失了。② 在利益共同体中,交往并不是居民的主要目的甚至不是居民的目的之一,交往只是居民在实现利益过程中的"副产品"。作为副产品

---

① 迈克尔·麦金尼斯. 多中心体制与地方公共经济[M]. 毛寿龙,译. 上海:上海三联书店,2000:29.
② 齐格蒙特·鲍曼. 共同体:在一个不确定的世界中寻找安全[M]. 欧阳景根,译. 南京:江苏人民出版社,2003:86-87.

的居民交往，交往的纽带主要为共同利益，面临着"以利相交，利穷则散"的风险。当居民的共同利益得以实现，如小区脏乱差局面得以缓解、侵权行为得到有效阻止等，居民之间则有可能重回"互不相干"状态。当生活环境再次变得脏乱差、侵权行为再次发生时，居民则再次组织起来，从而陷入"乱—治—再乱—再治"的循环。许多居民小区出现的反复式维权或循环式改造即是如此。

短暂性。"以金相交，金耗则忘；以利相交，利尽则散。"当居民在其认为重大、紧迫、不得不解决的共同利益实现后，具有临时性的利益共同体则很可能成为"当场消费的共同体"①，就像物品一样消费完即完全被抛弃，能够给人们安全感的共享情感和体验很可能是转瞬即逝的②。所以，利益共同体也可能沦为鲍曼所说的，以一个人物或事件为代表的偶像为中心的"美学共同体"，美学共同体能够魔术般唤起一种归属感的快乐，但与此同时却没有被限制的不适，进而使人们产生一种"共同体的体验"，但美学共同体显然还有一件没有做的事情，那就是在其追随者之间编织一张道德责任和长期承诺之网。③ 也就是说，居民虽然在共同的利益感中实现了短暂的结合，享受到短暂的认同感、归属感以及在此基础上的整体感，但相互之间并没有建立起稳固的和长久的社会网络。随着集体行动所涉事项的结束，这种结束包括事情得以成功解决而结束和事情解决失败居民放弃而结束两种，作为社区意识的整体感逐渐消退，而作为社区行动的集体行动，则需"一事一议"式动员。所以，只有当整体感和集体行动能够持续保持和实现稳定再生产，作为整体感意义上的共同体才会真正产生。

第二节 以义为利：自治共同体与主动性邻里复兴

如何进一步巩固利益共同体在社区社会网络建设方面的成绩，并使利益共同体培育起来的尚很被动、脆弱、短暂的整体感稳固化与长期化，尤其是将被动性邻里的萌芽转化为主动性邻里的复兴，就成为一个紧迫的现实问题。自治共同体很可能为这一问题的解决提供逻辑进路。

---

① 齐格蒙特·鲍曼. 共同体：在一个不确定的世界中寻找安全 [M]. 欧阳景根, 译. 南京：江苏人民出版社，2003：85.
② 何煦. 村落还是共同体吗 [D]. 上海：复旦大学，2014：19.
③ 齐格蒙特·鲍曼. 共同体：在一个不确定的世界中寻找安全 [M]. 欧阳景根, 译. 南京：江苏人民出版社，2003：84，87.

一、结构性强化：从公共精神启蒙到持久参与形成

(一) 利益共同体生产与公共精神启蒙

以团结、合作、自主、信任为主要内容的公共精神，① 在共同体的生产中具有重要作用，这种作用主要体现在三个方面：一是普遍的公共精神，会带来普遍的和主动的居民参与，作为一种居民交往的重要形式，普遍的和主动的居民参与为居民相互了解、熟悉，进而产生共同体式的情感联结提供了可能；二是普遍的公共精神，能够大幅降低居民之间的交往难度，如降低交往成本、无须选择性激励即可达成一致行动等，从而有力促进居民交往；三是普遍的公共精神，为满足居民利益和情感需求，为居民之间形成"令人舒服的共同记忆"奠定了良好的基础。然而现有研究表明，现代城市社区的私人生活和公共生活大多是失衡的，普通人大多缺乏公共精神②，以至于普通人参与公共生活的唯一方式和途径就是保持沉默和充当听众。市场经济带来的负面影响③，社会变迁导致的居住方式转变、宗教仪式式微、公共利益责任主体迁移、共同兴趣和爱好消减④等是学界关注的焦点。

本研究发现，虽然利益共同体具有被动性、脆弱性和短暂性，但利益共同体的生产过程，也是一个公共精神启蒙的过程：随着影响日常生活的共同利益的逐渐形成，居民开始尝试通过个人努力摆脱困境，在此过程中居民会慢慢意识到自主在满足多样化和个性化需求方面的重要性，"自主精神"开始形成。

自主精神是公共精神形成的第一步。自主实现集体利益仅凭个人有限的力量显然难以完成，团结、合作的重要性慢慢成为居民们越来越强烈的切身感受，团结合作精神逐渐萌生。当困境到了大部分居民都认同非解决不可，即达成广泛共识的时候，在选择性激励条件具备的情况下，集体行动开始产生。居民一旦参与到集体行动之中，就产生了行动成本，如付出了时间、精力、金钱，甚至情感等，为了使成本产生收益，居民就会更加积极地参与，进而投入更多的

---

① 张宏志，吴新叶. 城市社区公共精神的建构性路径：以上海"社区自治家园"建设为例 [J]. 上海行政学院学报, 2016, 17 (1): 14-22.
② 王永益. 社区公共精神培育与社区和谐善治：基于社会资本的视角 [J]. 学海, 2013 (4): 101-106.
③ 李左人. "回归社区"与社区精神重建 [J]. 深圳大学学报（人文社会科学版）, 2004 (6): 75-80.
④ 陈友华, 佴莉. 社区共同体困境与社区精神重塑 [J]. 吉林大学社会科学学报, 2016, 56 (4): 54-63.

成本，而更多的成本投入又会催生更大程度的积极参与，从而产生一种良性循环。随着共同利益的逐步实现，居民进一步体会到团结、合作、自主、信任的重要性，公共精神的启蒙过程顺利完成。

（二）结构性强化与持久参与形成

公共精神的启蒙，并不意味着公共精神的稳定形成：一方面，仅仅依靠一项对居民来说重大的集体事件，并不能保证居民下次在"不那么重要"的集体事件，即便是"重大"集体事件来临时，会再次显现出类似的自主、团结、合作和信任；另一方面，即便排除事情重要性这一因素，一次实践中的自主、团结、合作和信任，并不能保证次次都能如此。所以，如何将集体行动洗礼中得以启蒙的公共精神不断"强化"使之转化为居民对公共事务稳定的参与，将决定利益共同体生产出的具有脆弱性和临时性的整体感能否长久化、被动性或"权宜性"或"情境性"邻里的萌芽能否转化为主动性或"常态性"邻里复兴。否则，利益共同体生产过程中的公共精神很可能只是昙花一现，即便利益共同体生产过程中的积极分子也可能远离微社区内的公共事务，最终使公共精神的启蒙不能转化为积极持续的公共参与。公共参与是居民共同体意识的体现，因为公共参与具有公共性、过程性和再生产性：首先，公共参与指的是公共事务的参与，公共参与将居民的视野从私人生活领域重新拉回公共生活领域；其次，公共参与是一个居民能以主体身份介入公共决策、与不同行动者进行博弈、既充满争议又激发认同的过程；最后，公共参与过程中，居民产生了遭到忽略或者原本没有的主体意识、家园意识，以及经由认同产生和转化、在社区物理空间基础上建构起来的具有社会意义的共同体意识。①

作为心理学三大经典学派之一的行为科学的常用术语，"强化"一词被新行为主义心理学创始人之一的斯金纳建构为"正强化"和"负强化"两大类型，分别指增加和减少反应概率的行为②。虽然关于"强化"是否应该有正、负之分不断遇到挑战③，因为在实际操作过程中往往存在区分困难和矛盾④等问题，但二者区分的价值和意义仍广为接受。研究表明，积极的正强化能产生满意、

---

① 杨敏. 作为国家治理单元的社区：对城市社区建设运动过程中居民社区参与和社区认知的个案研究 [J]. 社会学研究，2007 (7)：137-164.
② SKINNER B F. Science and Human Behavior [M]. New York: Simon and Schuster. 1953: 87.
③ MICHAEL J. Positive and negative reinforcement, a distinction that is no longer necessary; or a better way to talk about bad things [J]. Behaviorism, 1975, 3 (1): 33-44.
④ BARON A, GALIZIO M. The distinction between positive and negative reinforcement: use with care [J]. The behavior analyst, 2006, 29 (1): 141-151.

快乐等积极情绪,而消极的负强化能产生失落、沮丧等消极情绪。① 人的心理在环境适应过程中,会不断调整自身状态以维持内外环境的动态平衡,进而使心理活动保持在一个相对稳定的状态,即心理稳态。② 足够强的能够满足个体偏好的刺激能够使其心理稳态发生偏移,从而产生满意、快乐等积极情绪,这种偏移被称之为正偏移,正偏移能够激励个体寻求再次发生而增加行为再次反应概率;反之,足够强的个体厌恶、恐惧的刺激同样能够使其心理稳态发生偏移,但产生的是失落、沮丧等消极情绪,这种心理稳态的偏移被称之为负偏移,负偏移能够促使个体寻求规避而减少行为再次反应的概率。

利益共同体生产过程中得以启蒙的公共精神,只有不断地持续得到正强化和负强化,才能转化为稳定的公共精神和持续的公共参与。当公共精神和公共参与持久化,社区"微共同体"的生产也才能真正可能,因为共同体只有经历缓慢、悉心的建设和漫长的历史③,才能有效"保证其未来"。按照强化的性质——正强化和负强化,强化的主体——社会强化、政府强化和市场强化为要素进行类型学建构,微社区内的公共精神和公共参与强化主要可以划分为六种类型(见表 5.1)。

表 5.1 城市微社区内居民公共精神和公共参与强化类型

强化性质 强化主体	正强化	负强化
社会	社会正强化	社会负强化
政府	政府正强化	政府负强化
市场	市场正强化	市场负强化

社会正强化和负强化。社会主体强化是指以业委会为代表的社会组织对居民公共精神和公共参与行为的强化,由于业委会等社会组织是居民的自组织,所以以业委会为代表的强化属于居民自我强化的范畴。由于集体动员和组织成

---

① XUN L, HAIRSTON J, SCHRIER M (eds.). Common and distinct networks underlying reward valence and processing stages: a meta-analysis of functional neuroimaging studies [J]. Neuroscience and biobehavioral reviews, 2011, 35 (5): 1219–1236.
② PARKER P M, TAVASSOLI N T. Homeostasis and consumer behavior across cultures [J]. International journal of research in marketing, 2000, 17 (1): 33–53.
③ 齐格蒙特·鲍曼. 共同体:在一个不确定的世界中寻找安全 [M]. 欧阳景根,译. 南京:江苏人民出版社,2003:85.

本高,每一项共同利益的实现都靠居民临时动员既不经济也不现实。所以,居民成立自组织则是降低集体行动成本,促进居民持久和真正交往的重要途径。在业委会的组织下,居民经常就公共议题组织讨论、形成决议、组织实施,促进居民认同和归属,这本身就是公共精神的不断启蒙和公共参与的不断历练的过程;如果业委会基于法律的权威和在居民中的威望,持续对居民的公共精神和公共参与给予强化,则会收到更好的效果,如对公益活动和居民交往活动提供经费、场地、人力等支持,对热心居民和对集体公益做出贡献的居民给予肯定、表彰、奖励等正强化,对给集体生活、利益、声誉等带来损失的居民给予通报批评、责令道歉、谴责、申请有关部门依法给予处置等负强化,等等。

社会强化在 XSJY 小区得以很好的体现,该小区居民的公共精神和持续公共参与与居民自我强化有很大的关系。业委会经常就居民日常生活领域中的大小事务组织居民讨论和协商,这种讨论和协商主要分为线上和线下两种方式进行:线上讨论主要通过即时通信软件进行,如 QQ 群、微信群等,涉及的事项主要是只需要居民建言献策而由业委会或物业执行的事项;线下讨论主要通过楼栋居民会议、业主代表大会、全体业主大会、业委会会议等形式进行,涉及的事项主要为需要居民表决的事项,线下的讨论表决往往与线上的讨论结合进行,并实行"先小范围讨论再大范围集中"的原则,如楼栋居民会议、全体业主大会和业委会会议召开之前居民先在线上充分讨论,业主代表大会召开之前先在线上讨论且以楼栋为单位先形成代表性意见等。除了日常公共议题的讨论、协商和执行对启蒙的公共精神和公共参与进行强化外,XSJY 小区还定期不定期对居民的公共精神和公共参与行为进行正强化和负强化:对热心公益和做出突出贡献的居民定期和不定期给予表彰奖励,定期表彰奖励主要以年度总结大会的形式分年度进行;而给集体带来损失居民的负强化则根据需要进行。

政府正强化和政府负强化。研究表明:相比于社会组织、精英作用、公共空间等因素的"关键变量"地位,政府主导、资源配置等因素在社区公共精神成长中处于"常量"地位,常量和关键变量的结合决定了公共精神的培育效果,政府"后台支持"的核心或关键在于如何加强引导。[①] 政府强化最大的优势在于权威性强,所以政府强化的重点在于为居民及其自组织输入外部权威。政府权威的正强化功能主要体现在政府表彰所体现的肯定和激励功能等方面,以 XGW 区为例,该区政府每年都会定期对优秀业委会和个人进行表彰,分别给予

---

① 张宏志,吴新叶.城市社区公共精神的建构性路径:以上海"社区自治家园"建设为例[J].上海行政学院学报,2016,17(1):14-22.

2000元和1000元的奖励；定期组织不同小区居民交流学习，通过书面介绍、现场观摩先进典型等形式交流经验；当居民自组织出现困难，则会给予协助，如委派社工协助居民宣传动员、协调解决自治过程中出现的各种纠纷等；对改造出现困难的老旧小区给予资金和器物支持，但前提是业委会等自组织已经成立、自筹资金已经到位、自治活动已经开展等。政府部门的激励和支持会进一步肯定居民个人的贡献和强化居民的集体荣誉感，进一步强化居民公共精神和促进居民公共参与行为。政府负强化主要体现在依法保护居民合法权益尤其是公共利益不受侵犯等方面，如XSJY小区业主堵门事件过程中，由于违规业主堵门侵害了居民共同利益，而作为居民自组织的业委会并没有执法权，所以需要以公安部门为代表的政府依法输入外部权威给予"后台支持"。

市场正强化和市场负强化。市场似乎与居民公共精神和公共参与关联性不强，尤其是有些公共精神和公共参与与市场的盈利逻辑似乎相悖，因为公共精神普遍较强和公共参与普遍积极的居民群体最容易团结起来维护自己的共同权益。但在现实生活中确实有一批同样公益精神强的市场主体会对居民的公共精神和公共参与行为给予强化，并实现互利互进。如JMHY小区的物业公司两次捐资，帮助居民进行院落和后来整个小区的改造，每次捐资额度都与居民集资额度相当，某种程度而言，没有该公司对居民集体行动成本的分摊，小区居民参与空间改造的行为很可能难以成功。该公司在平时物业服务过程中，对居民共同权益的维护也是尽心尽力。以小区"水压维权"为例，由于小区分批建设而成，主供水管道是按照满足首批四栋楼居民生活用水标准设计的，但后来分批建设的居民楼都接到该主管道，导致整个小区四楼以上的居民均因水压过低而长期无法正常用水。虽然居民多次反映但都没有得到有效解决。为保证居民生活正常用水，该公司主动牵头起草联名申请组织居民签名，并以公司名义积极向政府有关部门反映，最终使事情得以妥善解决。由于公司与居民间的关系越来越融洽，作为居民支持率重要指标之一的物业费缴费率达到100%。而市场的负强化主要体现在市场主体执行业主大会、业委会等居民自组织的决议，对破坏居民自治和共同体生产的行为予以劝止，如XSJY小区物业公司协助业委会对商户经营行为予以规范、对违章搭建坚决予以制止等。

二、居民自组织：从微自治预演到自治共同体生成

（一）利益共同体生成与"微"自治预演

利益共同体的生产过程，也是一个居民"微"自治预演的过程。霍尔曼认为，社区应是典型的市民社会，居民对公共事务都非常关注并积极参与，缺乏

公共精神和公共参与的居民是无序格局"沉默的共谋者"。① 居民只有从公共产品的消费者转化为积极的提供者，才能真正获得"积极公民资格"。② 但随着现代性的深入，即便是"微"场域内的公共事务也变得异常复杂，要产生有效的公共参与或者"善治"③，还需要居民掌握良好的治理技能。而利益共同体的生产，恰恰为居民提供了锤炼"微"自治技能的绝好机会。利益共同体的生产过程，是居民学习公共事务治理的过程，也是"微"自治雏形形成的过程。

一是从自治的目的来看，利益共同体的生产过程，是居民"重大"共同利益的实现过程，这种"重大事件"的处理显然能为将来可能出现的"重大"共同利益和"非重大"日常公共事务治理奠定基础。在利益共同体的生产过程中，居民会认识到个人利益和集体利益的关系，对如何既实现个人利益又实现共同利益，尤其是如何将两者有机结合起来，通过个人利益激发居民集体协作积极性、通过集体力量实现共同利益以更好实现和维护个人利益，如何既主张个人和集体拥有的合法权利又承担相应责任与义务等，会有一个初步的领悟和训练。集体重大利益，如高层电梯停运、供水管网瘫痪等重要性的回归，虽然不能保证居民在将来出现"重大"共同利益和"非重大"日常公共事务，如养犬、盗窃、住改商、门洞改造、费用收缴、公共收益、噪声扰民、高层住户水压不够等治理中，能再次出现类似的集体行动以再次形成利益共同体，但这种集体重要性回归所形成的共同记忆，尤其是利益成功实现后"令人舒服的"的共同记忆，却能为微社区内居民形成稳定的自治共同体做好思想和技术准备。

二是从自治的主体看，利益共同体的生产过程，是多元共治下的居民自治格局雏形形成的过程。利益共同体生产过程中，居民会充分认识到：集体力量的重要性，只有居民群体团结、合作，先实现共同利益，个人利益才能得以实现；市场力量无论其是否侵犯居民群体的权益，都是一支难以离开的主体，问题的关键在于如何有效地恪守各自行为边界，并在此基础上开展有效的合作；政府力量同样不可或缺，居民共同利益的实现需要政府权威的"后台支持"。越来越多的居民开始意识到多元共治的重要性，即共同利益的实现和公共事务的治理离不开社会、市场和国家三大结构性力量不同程度的支持，自治是最终目

---

① HALLMAN H W. Neighborhoods: Their Place in Urban Life [M]. Beverly Hills: Sage Publications, 1984.
② SCHACHTER H L. Reinventing government or reinventing ourselves [J]. Public administration review, 1995, 55 (5): 530-537.
③ 俞可平. 治理和善治：一种新的政治分析框架 [J]. 南京社会科学, 2001 (9): 40-44.

标、共治为现实选择、他治是摒弃对象，① "微"自治在目前阶段是多主体合作②下的居民自治。此外，在实现共同利益的过程中，居民对如何处理社会、市场、国家力量之间的关系，也会有一个初步的切身体会和感悟。利益共同体的生产过程，会形成居民自治格局的雏形，究竟何种力量占主导会得以初步显现。

三是从自治的依据来看，利益共同体的生产过程，是居民规则意识的深化过程，也是居规民约的生产过程。居民在利益共同体的生产过程中，虽然有热心公益、乐于奉献、具有较强能力和资源优越性的党政、经济、社团和专业精英③，社区精英在微自治中发挥着关键作用，但这种作用的发挥仍然是基于精英们的"成员资格"，即精英也是居住于此或置业于此的居民，无论精英还是非精英都是平等的邻居。所以，虽然居民之间可能共享着某个或几个公众人物，抑或权威组织，但居民共同利益的实现仍然建立的广泛的共识基础之上。"一切按规矩办"成为居民解决分歧、达成共识的根本法则，规则意识逐步深入人心。作为自治依据的规则，既包括现有的相关法律、制度、政策、文件等外部规则，也包括居民根据微社区实际情况制定的、经过居民集体充分讨论并取得广泛共识的居规民约。为制定居规民约，居民需要学习和掌握国家的法律和政策，并在此基础上通过协商共识制定适合微社区实际的居民公约，并学会用法律和公约解决居民日常生活过程中的各种分歧。利益共同体的生产，是居民接受规则意识洗礼的过程，是居民尝试制定并依据居规民约自治的一次预演。

四是从自治程序来看，利益共同体的生产过程，是居民理性妥协和民主协商的一次训练，是"微"自治程序正义的起点。居民共同利益的实现过程，是一个博弈过程，这种博弈既包括居民之间的博弈，也包括社会、市场、国家三大结构性力量之间的博弈，但这种博弈并非"东风压倒西风"的零和博弈过程，即便在与有些看似"你死我活"的业主维权和居民分歧，最终的解决还是会回归到讨价还价、理性谈判、相互妥协、平等协商的轨道上来。某种程度而言，平等协商和理性妥协具备了协商民主的某些基本特征，具备了协商民主雏形或原始形态，是居民协商民主一次粗鄙但有生命力和重要象征意义的预演。④ 这种

---

① 梁贤艳，江立华. 自治单元下沉背景下的城市社区"微自治"研究：以J小区从"点断"到"全覆盖"自治的内生探索为例 [J]. 学习与实践，2017（8）：98-105.

② 弗朗索瓦·格扎维尔·梅理安. 治理问题与现代福利国家 [J]. 肖孝毛，译. 国际社会科学（中文版），1999（1）：59-68.

③ 孙璇. 社会微治理视野下的社区精英治理机制研究 [J]. 广州大学学报（社会科学版），2016，15（12）：59-63.

④ 王恩见，刘威. 从维权行动到秩序建构：后业主维权时期小区秩序的恢复与重建 [J]. 学习与实践，2015（1）：110-116.

民主协商的过程,是居民学会用公开、透明的程序处理平等主体间公共事务的过程,通过及时有效的沟通和持续的互动赢得各方信任和支持的过程①。在利益共同体的生产过程中,居民都进行了时间、精力、金钱、情感等成本投入,要求及时了解事情进展,程序正义的重要性上升到"史无前例"的地位。当然,在此过程中居民也会逐渐学会,如何动员居民采取理性集体行为维护秩序、根据现实需要制定并遵守契约和规则、坚守民主理念并践行平等协商原则等②。

(二)居民自组织与自治共同体生成

利益共同体的生产过程,是"微"自治的预演过程,这种预演生产出共同体所需的整体感,但这种整体感具有被动性、脆弱性和短暂性,这种预演也为能够生产出持久整体感的"微"自治共同体提供了思想、伦理、技术和组织准备,然而这种准备并不一定会转化为"现实生产力",现实生活中的利益共同体在形成后会呈现出不同的样态:有的利益共同体在形成后,会迅速过渡到自治共同体的生产;而与之形成鲜明对比的是,有的却很快谢幕,有的不仅很快谢幕还在一段时期之后重回"乱"的格局。所以,利益共同体需要及时得以巩固并顺利生成自治共同体,自组织无疑是最重要的逻辑进路之一。

自组织是人们自发地、适应性地根据复杂系统环境变化,发展或改变内部结构的过程。③ 作为一个与市场、国家有别且相对自主的领域,相对于国家和市场,微观层面的社会生活领域的协调和整合更需要自组织机制予以实现,整体而言和从发展趋势上看,自组织更符合社区共同体的本性。④ 城市微社区场域内居民的自组织主要体现为业主大会、业主代表大会、业委会等自组织的诞生和常态化运作,居民自组织的运行水平是公民社会水平最集中的体现。自组织对从"微"自治预演到自治共同体生成的转化的促进作用主要体现在以下几个方面。

机会从稀缺到常态。利益共同体的临时性,使得居民进行"微"自治思想准备、伦理准备、技术准备和组织准备的机会成为一种稀缺资源,即只有"一次"或者一个阶段的训练机会。而"一次"或一个阶段的训练,带来的思想、伦理、技术和组织上的准备的有限性,显然与"微"自治的复杂性之间存在巨

---

① The Commission on Global Governance. Our Global Neighborhood [R]. Oxford: Oxford University Press, 1995: 3.
② 陈幽泓. 让社区走向开放 [J]. 市民, 2006 (6): 3.
③ 保罗·西利亚斯. 复杂性与后现代主义:理解复杂系统 [M]. 曾国屏,译. 上海:上海世纪出版集团, 2006: 125.
④ 杨贵华. 自组织与社区共同体的自组织机制 [J]. 东南学术, 2007 (5): 117-122.

大张力。而自组织的成立,为居民提供了常态化的训练机会。以业委会和楼栋代表或楼栋长为平台,居民可以处理到各种各样的公共事务和各种各样的社会关系;以业主代表大会和业主大会为平台,居民可以以各种形式行使代表权、监督权、决策权或表决权;作为个体的普通居民也可以以各种形式参与公共议题的讨论、监督和表决。所以,自组织的建立,使居民学习公共事务治理的机会不仅常态化,而且多样化。

成本从高昂到低廉。利益共同体的生成,意味着居民克服重重障碍实现了共同利益,居民在集体行动的洗礼过程中思想、治理知识和技能等都得到提高,但这种提升如果耗费成本太大,则会直接影响居民集体行动再次发生的概率。而自组织的成立,能有效降低居民能力提升成本,因为居民不再需要每次都重新动员,每次都重新缔结协议,每次都费力达成共识,而可以直接利用已有组织平台和既成居规民约即可实现一致行动,行动成本大幅降低,居民能力提升成本也大幅降低。而且,在成本大幅降低的同时,行为目标却实现得更为有效和彻底,从而使效率大幅提高。而效率的提高,又会激发居民行为再次发生的概率和自治能力与水平的进一步提升,从而进入良性循环。

方式从对抗到合作。利益共同体生产时期,居民谋求实现的共同利益主要以物权为主,实现共同利益的方式主要为对抗,对抗或冲突的对象主要有:以房地产开发商、物业公司为代表的市场力量,研究表明,我国城市居民小区有85%[①]的业主遭遇过或正在遭遇物业纠纷,有的甚至自购防爆服、盾牌与物业公司对抗[②];以社区居委会、街办、房管部门为代表的政府力量,研究表明,只有35%的居民与政府主体没有冲突,近5%的冲突较大和很大[③];居民内部冲突,居民内部在实现共同利益的过程中,虽然会谋求尽可能多数的合作,但也会与少数不愿合作甚至反对的居民之间对抗。但自组织的建立,为居民之间协调一致、向市场和政府力量合理合法表达主张和诉求,提供了及时和组织化、制度化的渠道,居民不再直面市场和国家,而通过自组织纽带谋求共同利益,从而使居民与市场和国家从高频感性对抗,转向以理性合作为主。从对抗向合作的转型,为居民综合素质的全面提升奠定了坚实的基础。

---

① 吴晓林. 中国城市社区的业主维权冲突及其治理:基于全国9大城市的调查研究[J]. 中国行政管理, 2016(10):130.
② 孙玉春. JN最大小区6年换7届业委会"掐架"不断[N]. 现代快报, 2016-09-06(F4)。
③ 吴晓林. 中国城市社区的业主维权冲突及其治理:基于全国9大城市的调查研究[J]. 中国行政管理, 2016(10):130.

途径从人治到"规治"。在利益共同体生产过程中,居民实现共同利益主要依靠作为个体的居民,尤其是一批"领头羊"的利益和资源整合能力,居民群策群力,整合微社区内外的各种资源以实现共同利益。所以,利益共同体的生产,主要是依靠一部分居民个体的"超能",如 JMHY 小区在院落自治和小区自治阶段,不少居民都动用个人社会资本为集体目标的实现铺平道路等,这也是为什么有些微社区能够而有的不能实现共同利益生产的重要原因之一。但作为组织的自组织一旦成立,就会谋求通过组织化的方式来理顺各种社会关系,通过制度化的渠道实现公共事务治理,如为维护整体秩序居民会制定作为居住区"宪法"的居民规约,为规范自组织居民会制定业委会运行制度、业主代表大会制度、业主大会制度,等等。规约的逐步完善,在减少居民交易成本提高治理绩效的同时,也使居民自治能力得到进一步提升。

  自从业委会和业主大会成立以后,我们小区就从过去的"散兵游勇"一下子变为"正规军"了,过去没什么章法,都是想到哪里搞到哪里,现在大家先在一起定规矩,什么事都按规矩来、商量①着来,规矩怎么定就怎么搞,这样大家都没意见,小区也就管理好了。(XGW 区 XSJY 小区居民 XQX 访谈:JM-XSJY-XQX-20170322)

三、归属感的形成与主动性邻里复兴

(一) 自治共同体时期的整体感和归属感

共同体的判断依据,是其持久性而不是其剧烈程度②。与利益共同体时期相比,自治共同体时期的居民认同感和整体感具有显著的持久性,当居民的认同感和整体感持久化,则逐步产生持久的归属感,这种归属感主要体现在以下几个方面。

居民个体对群体稳定的路径依赖。经过持久的有效自治,居民对群体和作为群体代表的自组织的信任日益提升,这种提升一方面表现为信任的日益深化,另一方面表现为信任的日益固化。并且,作为群体的居民已经形成一种持久的共识,即人们普遍意识到,相比于原子式个人抉择结果,建立在相互信任、合作、共享、互惠等基础之上的集体行动或公共事务治理,更能推动共同利益的

---

① 不少学者认为,"利益相关者习惯于通过民主协商来处理公共事务、公共问题、各种纠纷时,则意味着社区治理正走向成熟"。参见陈伟东. 社区自治:自组织网络与制度设置[M]. 北京:中国社会科学出版社,2004:171.
② 费迪南·滕尼斯. 共同体与社会:纯粹社会学的基本概念[M]. 林荣远,译. 北京:商务印书馆,1999:61.

实现和发展，以及至善目标的实现。① 居民个体对群体的路径依赖主要体现为微社区内公共事务治理的依赖，其出现的标志最明显地体现为"有事找业委会"或"有事找楼栋代表/长"成为一种近乎条件式的反射，居民依赖群体解决日常生活领域中的公共事务有着大概率成功的希望和可能。

持久共享的公众人物。随着利益共同体时期居民共同利益的实现，自治共同体时期居民或大或小的各类公共事务得以有效自治，居民的认同和整体感日益得到强化，居民对一批表现突出的积极分子的认同也日益提升，这种提升同样主要表现在程度的深化和时间维度上的持久化两个方面。积极分子逐步在居民认同的基础上累计"合法性"和权威，成为居民共享的公众人物。在居民眼中，这批积极分子在某种程度上就是自组织的化身、居民的代表和发言人。以JMHY 小区为例，以小区业委会主任 WXP 为代表的一批积极分子，自小区环境恶化时便开始为集体利益奔波，如为改善脏乱差环境到相关部门反映诉求、动员居民商讨和实施改造方案、与扰民商户和阻挠改造的个人和部门"做斗争"等，经过八年时间环境改造终于完成，随着小区环境大变样，WXP 等积极分子在居民心目中的地位也日益深化和固化，突出表现为连续几届业委会换届选举积极分子们都高票当选，尤其是 WXP 由于工作单位调动不常住小区且明确表示不参选的情况下，居民还是毫无争议地选举她当业委会主任，在无奈却难以辜负居民信任的情况下，她只好频繁往返两地，半年就购买了 100 多张、票面金额 8000 多元的火车票。

居民身份符号化。居民在微社区的身份资格，最开始是"业主"，"业主"是建立在财产区分所有权基础上的成员资格，这种身份准入资格与产权密不可分。随着居民认同感和整体感的深化和稳固，"业主"这一身份开始逐渐在居民日常生活中淡化，在口语化表述中居民习惯用"我们"或者"我们+居住区名称""我们小区"自称，在书面化或稍显正式的表述中，居民习惯以"居住区名称+人"的形式自称，如 JMHY 小区人、XSJY 小区人等。无论是口语化表达，还是书面化或稍显正式化的表述，都透露出居民对自己作为集体一员的身份认同甚至自豪，居民的身份开始符号化。而居民身份符号化的过程，本质上是被给予某种名称、接受某个称号，内化与该名称或称号相关的角色要求并自觉按

---

① 孙柏瑛. 当代地方治理：面向 21 世纪的挑战［M］. 北京：中国人民大学出版社，2004：98.

其行事①即归属感形成的过程。

（二）主动性邻里的复兴

与利益共同体时期的邻里具有一定程度的被动性不同，自治共同体时期的邻里具有显著的主动性，这种主动性主要体现在以下几个方面。

邻里交往不仅涉及重大和紧迫议题，而且涉及非重大和非紧迫事务的主动交往，不仅涉及物权，而且主动致力于治权和公民权的实现。利益共同体生产过程中，居民实现的共同利益往往是居民普遍认为重大尤其是紧迫需要解决的事项，如电梯停运、停车难、饮水难、环境脏乱差等，从某种程度而言，居民只有在"迫不得已"时才会有效形成一致行动，而对于非重大或非紧迫事项，如公共收益被侵吞、生活区养犬、一般程度的脏乱差等公共议题，则很难形成有效的集体行动；而自治共同体时期，由于自组织开始发挥作用，居民集体行动的成本大幅降低而效果显著提升，所以居民更倾向于主动诉求并采取行动实现共同利益。而且，从公共议题性质或所涉领域来看，利益共同体时期居民关注的主要议题是物权，治权和公民权不是居民关心的主要议题。而居民自组织成立后，居民不仅能就物权，而且能就治权和公民权议题形成一致行动。居民主动要求"当家作主""自己的事情自己说了算"，有的居民还通过参与社区居委会选举、人大代表选举等方式，谋求更好地实现自己和作为一类群体的利益。

邻里交往过程中社会激励超过经济激励成为居民交往的主导因素。在利益共同体时期，邻里交往主要是为了实现经济或物质利益，如改善居住环境、防范建筑质量隐患、反对物业费涨价、公共收益维权、保证以水电气热等为代表的"生命线系统"②正常供应等。在自治共同体时期，激励在居民公共精神强化和公共参与形成中仍占有相当的地位，但激励的主导因素已发生变化，从利益共同体时期的经济激励主导，逐步过渡到社会激励主导。在自治共同体时期，经济激励已不再是驱使个体为集体利益做贡献的唯一激励物品，可能还存在着尊重、友谊、声望以及其他社会和心理目标激励。③根据马斯洛的需要层次理论，当人们的低层次需求得到满足后则会向更高层次需要的满足发展。在自治共同体时期，经济或物质利益的实现已经显然不是什么难事，或者说居民对经

---

① GLEASON P. Identifying identity: a semantic history [J]. The journal of American history, 1983, 69 (4): 910-931.

② 索玮岚，陈锐. 城市典型生命线系统耦联多维测度方法研究 [J]. 中国人口·资源与环境, 2013, 23 (3): 140.

③ 曼瑟尔·奥尔森. 集体行动的逻辑 [M]. 上海：上海人民出版社，上海三联书店, 1995: 70.

济或物质利益的实现已形成稳定预期,需要开始从基本生活需求向更高层次发展,这种需求激励下的行为更具主动性、整体感,更具持久性和可持续性,在面临现代性的不确定性扰动时更具"韧性"①。

邻里之间尤其是在职居民群体不仅注重治理型交往,而且开始主动参与非治理型交往。在治理型交往常态化后,邻里之间的交往领域开始主动向非治理型交往领域拓展。非治理型交往主要包括:文化型交往,如文明创建、节庆活动、休闲健身、拓展户外、文化传承活动等;趣缘型交往,主要是居民基于共同的兴趣爱好,如歌唱、舞蹈、秧歌、棋牌、球类、投资等产生的交往;业缘型交往,主要是居民基于共同的职业需要而产生的交往,如微社区尤其是小区内教师、律师、企业家、公务员等群体内部之间的业务交流活动。在一般情况下,无论是否有治理型交往,非治理型交往在居民生活区都或多或少地存在,但主要局限于退休老人参加,在职的居民群体参与得较少。但随着治理型交往的常态化,投入时间、精力和金钱的居民开始对其居住区域,包括区域内的居民产生情感,或者说在时间、精力和金钱投入的同时,居民也伴随着进行了情感的投入,开始思考在"理顺"的基础上如何把微社区建得"更好",类似居民生活幸福指数的问题逐渐被提上议事日程。随着适合各个年龄层、各个职业的活动载体日渐丰富,居民参与非治理型交往的主动性会逐渐提升。

邻里交往中理性因素不断降低而感性因素逐渐上升。在交往的不同的阶段,决定居民是否交往、交往形式、交往主动性等的因素不同。按照交往影响因素的性质划分,城市微社区内影响居民交往的因素可以分为理性因素和感性因素两大类:在居民交往初期,居民之间彼此陌生,而且面临非日常生活领域和日常生活领域之间的张力,居民交往行为体现得更多的是选择而非本质意志,成本收益的理性权衡和精确计算在居民交往中占有较大的比重,居民交往更多受到理性因素的影响,微社区更多的是滕尼斯所说的"社会";但随着交往的深入,居民之间的交往无论是从交往的广度还是深度来看,都随着时间的延伸而不断进行空间的拓展,居民从互不相干的陌生状态逐步变得"半熟悉"进而"熟悉"。随着居民之间熟悉程度的提升,居民交往中理性权衡比重开始逐步下降,情感因素等感性比重逐步上升,邻里交往的主动性程度也开始逐步提高。

---

① 邵亦文,徐江. 城市韧性:基于国际文献综述的概念解析[J]. 国际城市规划,2015,30(2):48-54.

第三节 以情为利：精神共同体与情感联结生成

冰冷的现代性，任利益驯服温情，用制度排斥情感，以个人生活驱逐公共生活。慢慢地，世界失去内在凝聚机制，越来越沦为一个纯粹的竞争体系，毫无休戚与共之感。一个世界系统如果失去真挚的情感作动力，其也许能够自主运行，但置身其中的人们，不过是一个冰冷系统的零部件而已。① 所以，如何在冰冷的现代性中重塑温暖的情感联结，就成为长期以来人们孜孜以求的目标。

一、微共同体的情感层次结构

于社会秩序维持而言，共同情感本身就是一种建构性力量[②]。为重塑人们的情感体验，人们思考过三种可能的方案：一是工作共同体，现代性带来的非日常生活领域对日常生活领域全面僭越，使得城市社会的人们纷纷以职业活动为轴心，日常生活中则以个人或核心家庭的形式分散居住在各种类型的社区之中从而形成散户社区[③]，彼此之间社会联系不多、不深，而非日常生活领域中作为职业载体的工作单位更多的是人们实现利益的组织，不平等和竞争的主体之间更多的是一种利益联结，尽管越来越多的工作组织开始注重人性化管理[④]。工作单位可以防止从冰冷现代性中游离出来的个体直面国家，但仍然难以深入个体的心灵深处，单位更多的是一种谋生的场所和工具，员工对其所在的工作单位或职业群体缺乏认同感尤其是归属感[⑤]。二是脱域共同体，脱域共同体成员之间由于难以过上"持久的和真正的共同生活"，从而难以建立起集体认同、归属感和相互之间的亲密感"兼备"的社区情感。三是地域共同体，虽然在现代性的脱域机制下地域不再是共同体的必然维度，但无论从交往事由、交往难度，还

---

① 成伯清. 从同情到尊敬：中国政治文化与公共情感的变迁 [J]. 探索与争鸣，2011 (9)：46-50.
② 孙璐. 我国城市社区情感建设的可能性及路径：基于社群主义视角的分析 [J]. 城市问题，2013 (2)：59-62.
③ 李汉宗. 血缘、地缘、业缘：新市民的社会关系转型 [J]. 深圳大学学报（人文社会科学版），2013，30 (4)：113-119.
④ 林振辉，谢康. 人性化管理模式及其在企业中的实践 [J]. 中国人力资源开发，2009 (6)：90-92.
⑤ 徐明宏. 城市休闲的社会整合与管理创新研究：以杭州趣缘群体为例 [J]. 浙江社会科学，2015 (12)：82-88.

是从交往方式、交往结果来看，只要人类仍在大地母亲的怀抱，就难以放弃对地域共同体的追求，人们在"持久的和真正的共同生活"后很可能产生共同体式的情感联结。所以，冰冷的现代性仍离不开地域共同体的驯服力量，温暖情感联结的重塑，依然离不开日常生活世界。

社区情感与社区共同体具有高度的一致性，社区共同体建设的终极目标之一就是要在冰冷的现代性中重塑人们之间的情感联结，社区共同体的高级形态就是情感共同体。作为社区心理学20世纪初问世以来最具影响力和最具代表性的定义，麦克米兰和查维斯认为，社区情感是一种社区居民拥有的归属感，居民彼此之间以及居民与社区之间亲密无间、休戚相关、荣辱与共的感情，以及居民通过对共同生活的认同来满足其需求的共同信念。① 这一定义实际上阐述了两对情感关系，即以认同感、归属感为代表的个体与整个群体之间的关系和以亲密感为代表的成员彼此间的关系。

由于利益共同体和自治共同体主要是居民团结起来治理公共事务的过程，所以在利益共同体和自治共同体中居民之间的交往主要是集体交往，居民之间的情感主要是对本楼栋、院落、小区等微社区的集体认同感和归属感，强调的是共同体的整体感或者说个体与群体之间的关系，而居民之间的个体化交往或者说横向社会关系建构尚未居于主导地位，居民之间的深入了解和守望相助、亲密与共的首属关系尚未形成或深入。虽然自治共同体努力做的一件事情，就是在其追随者之间编织道德责任之网和长期承诺之网②，从某种程度而言，社区共同体化的价值内核就在于全面提升居民认同感和归属感以增强社区凝聚力和向心力③，而且社区共同体的基础也在于一种横向互动中感受到的整体性④，但必须说明的是，认同和归属是共同体生产的基础，但仅有认同和归属还不足以定义一个共同体⑤，共同体还应该包括作为居民横向情感联结的亲密感。共同体不仅是一个整体，还应是一个成员亲密与共的整体。而且，亲密感也是居民产生更高水平认同和归属的重要来源。

在利益共同体和自治共同体时期，城市微社区内的居民之间的交往，主要

---

① MCMILLAN D M, CHAVIS D M. Sense of community: a definition and theory [J]. Journal of community psychology, 1986, 14 (1): 6-23.
② 齐格蒙特·鲍曼. 共同体：在一个不确定的世界中寻找安全 [M]. 欧阳景根, 译. 南京：江苏人民出版社, 2003：87.
③ 姜方炳. 共同体化：城市社区治理的功能性转向：走出社区治理困境的一种可能思路 [J]. 中共天津市委党校学报, 2015 (2): 74-81.
④ 冯钢. 现代社区何以可能 [J]. 浙江学刊, 2002 (2): 7.
⑤ 何煦. 村落还是共同体吗 [D]. 上海：复旦大学, 2014：8, 24.

是为实现共同利益和治理公共事务的集体交往,邻里之间的情感主要是对集体的认同感和归属感,以及在此基础上的整体感,居民之间的个人交往和亲密感虽然在不同程度上存在,但相比于集体认同感和归属感而言尚处于次要地位。但如果居民能在集体认同感、归属感、整体感基础上,进一步产生个体间的亲密感,在整体感和亲密感兼具语境下,微社区内的居民不仅会因为性别、年龄、种族、收入、居住时间、社会分层,①以及职业性质、教育程度、社区基础设施以及社区环境满意度②等综合因素的影响,对地方价值和意义③产生心理依恋④,或者产生包括认知联结、意欲联结和情感联结在内的地方依恋⑤倾向,有着本能的中意和习惯的人们在低分化持久交往基础上更可能产生"令人舒服的"共同记忆,而富含认同感、归属感和亲密感的共同记忆会产生一种无与伦比的幸福感(见图5.1)。

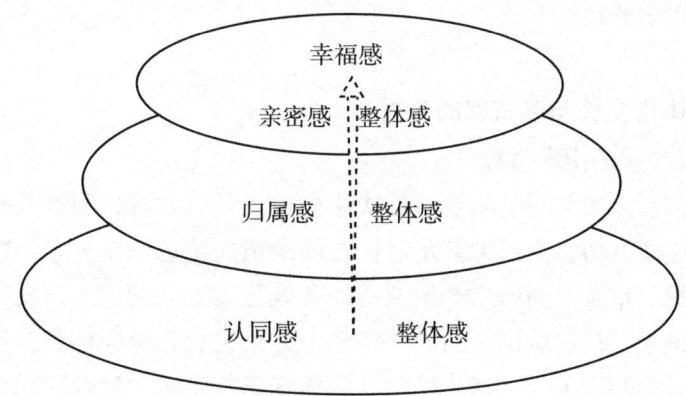

图 5.1　城市社区"微共同体"情感层次模型

"幸福感"是一个多学科研究领域,不同学科对其定义和测量各异。在定义

---

① MCANDREW F T. The measurement of "rootedness" and the prediction of attachment to hometowns in college students [J]. Journal of environmental psychology, 1998, 18 (4): 409-417.
② 孙柏瑛,游祥斌,彭磊. 社区民主参与:任重道远:北京市区居民参与与社区决策情况的调查与评析 [J]. 国家行政学院学报, 2001 (2): 74-79.
③ PROSHANSKY H M, FABIAN A K, KAMINOFF R. Place-identity: physical world socialization of the self [J]. Journal of environmental psychology, 1983, 3 (1): 57-83.
④ BROWN B, PERKINS D D, BROWN G. Place attachment in a revitalizing neighborhood: individual and block levels of analysis [J]. Journal of environmental psychology, 2003, 23 (3): 259-271.
⑤ ALTMAN I, LOW S M. Place attachment [M] // LOW Setha M., Irwin Altman. Place attachment: a conceptual inquiry. New York: Plenum Press, 1992: 1-12.

方面，作为为数不多的公认国际权威之一的美国社会心理学家迪纳指出，幸福感是个体在比较理想和实际生活状态中产生的积极肯定态度和感受，幸福感最显著的特点是主观性、积极性和综合性；① 在幸福感的测量指标方面，不同学科研究者根据各自的学科属性构建出不同的指标体系，经济学注重收入、消费、分配等指标，心理学注重态度、人格、心智等指标，健康学注重疾病、体质、年龄、性别等指标，而社会学则比较注重社会角色、社会分化、社会排斥、社会融合、社会参与、社会认同、群体归属等指标。研究表明，相比于性别角色、婚姻关系、② 社会支持③、就业状态④、健康状况、不确定性、⑤ 需要的满足⑥ 等因素，我国居民的主观幸福感"受人际关系网络和社会资本质量的影响更大，其影响程度的差异，中国是英国的1倍"⑦。社会资本质量尤其是人际关系网络无疑是共同体的核心内容，所以整体感和亲密感兼具的共同体的形成，也就意味着居民幸福感的最终形成。

二、个体化交往与亲密感的生成

（一）亲密感的生产过程

通过城市社区微共同体的情感层次结构梳理可以发现，利益共同体和自治共同体没有完成的情感生成尤其是居民之间的横向情感联结任务，精神共同体需要接着完成。精神共同体生产的核心任务就是要在认同感、归属感以及整体感塑造的基础上，培养居民之间的亲密感。如果说利益共同体和自治共同体具有明显的利益性和事务性的话，精神共同体则具有相对"纯粹"的情感性。所以，问题的关键变成如何培养居民之间的亲密感。

---

① DIENER E F. Subjective well-being: the science of happiness and a proposal for a national index [J]. American psychologist, 2000, 55 (1): 34-43.
② BLANCHFLOWER D G, OSWALD A J. Well-being over time in Britain and the USA [J]. Journal of public economics, 2004, 88 (7-8): 1359-1386.
③ LEE C K. Social support and subjective well-being among Hong Kong Chinese young adults [J]. Journal of genetic psychology, 1999, 160 (3): 319-331.
④ CLARK A E, OSWALD A J. Unhappiness and unemployment [J]. Royal economic society, 1994, 104 (5): 648-659.
⑤ DOLAN P, PEASGOOG T, WHITE M. Do we really know what makes us happy? A review of the economic literature on the factors associated with subjective well-being [J]. Journal of economic phycology, 2008, 29 (1): 94-122.
⑥ VEENHOVEN R. Is happiness relative [J]. Social indicators research, 1991, 24 (1): 1-34.
⑦ 边燕杰，肖阳. 中英居民主观幸福感比较研究 [J]. 社会学研究, 2014, 29 (2): 39.

从语义学角度而言,"亲密"一词在拉丁语中原意是指内心深处,彼此完全敞开的一种状态。但城市社区是陌生人社区,陌生的居民之间往往是相互防备的,彼此之间内心深处是一种封闭的状态。如何在陌生居民之间建立亲密关系?共同的交往事由、较低的交往难度、"在场"交往条件的具备、社会分化程度的降低等,都是重要决定因素。但现实生活中,有大量的居民在同时具备前述条件的情况下,彼此之间仍然没有建立起亲密的社会关系。

问题的关键在于感激。利益共同体和自治共同体时期,居民虽然彼此交往、精诚合作,并实现了共同的利益和稳定的自治,但整体而言居民彼此之间缺乏相互感激,因为居民都将自己的收益视为自己付出的回报,或者说自己虽然受到某人或组织的帮助,但在集体行动中自己也同样帮助到别人,自己与他人之间是一种对称性互惠关系。所以,集体交往时期,居民之间能够建立起集体认同感和归属感,以及在此基础上的整体感,而难以建立起普遍和深层的亲密感。但如果居民之间存在非对称性互惠,或者说居民明显感觉到他人对自己的帮助大于自己对他人的帮助,或者自己一时难以给对方提供对等帮助,又或者对方无须自己提供帮助时,则会产生感激心理。而感激心理一旦产生,则会在内心深处对施惠方产生强烈的亲近需求,即使自己的内心处于一种向对方敞开的状态。当对方需要帮助时,自己也会毫不犹豫地提供帮助,从而进入新的"不对等循环"。

非对称性互惠何以产生?个体化交往是必由之路。按照需求的共性程度,城市微社区内居民的日常生活需求可以分为普遍化需求和个性化需求两大类别。普遍化需求常常通过集体交往得以满足,如 CJRJ 小区居民更换物业公司的努力、JMHY 小区空间改造的实施、XSJY 小区供水管网维权的成功等,都必须依靠全体居民的力量通过集体努力实现,而个性化需求,则由于需求多样性与资源有限性之间的张力,主要依赖于个体化交往得以满足。

(您日常生活中遇到一些棘手的问题求助于谁?)那主要看是什么事情!如果是小区内大家都会碰到的问题,我一般会先向楼栋长或业委会反映,请他们帮忙想想办法,最后多半是业委会出面,带领大家共同把事情解决。如果是私人的事情我不会麻烦他们,因为你没理由去麻烦他们。如果大家都去找他们帮忙办私事儿,那他们不是要忙死?再一个条件也不允许,哪有那么多的公共资源来给你解决私人问题?现在办什么事儿不需要花费啊!
(XGW 区 XSJY 小区居民 GJC 访谈:JM-XSJY-GJC-20160915)

由于个体化交往中,居民需求的满足往往依赖于个体,尤其是施惠方的个人资源,如时间、精力、知识、技能、财力、物力等,受惠方往往难以立即或对等给予回报，或者施惠方根本就不需要回报，即居民之间的互惠在个体化交往时期，具有很大程度上的不对称性，此时的受惠方最容易对施惠方产生感激心理，以及渴望有机会回报对方、与对方深入交往的亲近感。当回报机会产生，曾经的受惠方会竭尽所能给予曾经的施惠方以帮助，从而进入新的感激和更深层次的亲近感"生产周期"，亲密感在这种螺旋上升运动中得以升华。

问题在于彼此陌生的居民之间如何产生个体化交往。答案仍然在集体交往，即个体化交往的产生，必须以集体化交往为前提。一方面，当公共事务得以有效治理，居民的共同利益得以实现，文化、趣缘、业缘等个体化交往则日益成为居民的共同愿望，而且，个体化交往让一群志趣相投的人最终走到一起，并共同找到一条"生活旅程"，提供了一种能够体现公民生活所具有的丰富性的例证①。另一方面，也最为关键的是，集体化交往生产的规范、信任、共同记忆等，为个体化交往的产生提供了前提条件，一个规范确立、信任和共同记忆产生的语境，最容易产生个体化交往。

（如果有私事儿需要找人帮忙您一般会找谁呢？）过去我主要找亲戚和外面的朋友多一些，但这几年因为各种事情，比如说供水管网维权、各种邻里活动，和邻居们交往多了起来，慢慢也就混熟了，私下有事请他帮忙，他不仅很爽快地就答应了，而且还会办得好好儿的。邻居相互走动也比较频繁，过去楼上楼下谁也不认识，现在出门回家碰到了最起码也要打个招呼，简单寒暄几句。尤其是我们同楼层的几户居民，家里有什么好吃的，还时不时相互送点，感觉特别温暖。俗话说得好，"远亲不如近邻、近邻不如对门"。（这种现象只是您所在的楼层或楼栋有，还是整个小区都有？）整个小区都比较普遍。一是我们经常因为各种事聚在一起会聊起邻居们之间的这种变化，很多人都反映了这种情况。二是我们在路上走也看得到，过去大家都行色匆匆，埋头走路，就算是隔壁，走在路上也都擦肩而过，但现在随处可以看得到，居民进电梯、上下楼、进出门都相互打招呼聊天。还有就是我们小区群里面也经常会出现类似的情况，比如说时不时看见邻居们在群里喊，谁家的车窗没关、有被子掉下楼了，相互约着去散步之类的。（XGW 区 XSJY 小区居民 GJC 访谈：JM-XSJY-GJC-20160915）

（二）低分化持久交往下的熟悉亲密关系

研究表明，近年来的社区建设对硬件建设给予了更多回应，而对社区精神

---

① 孔娜娜．"共同体"到"联合体"：社区居委会面临的组织化风险与功能转型［J］．社会主义研究，2013（3）：105-110.

等软件建设关注不多。① 至于其原因，有的学者认为是意识的问题，即认为社区软件建设和硬件建设是完全不相关的两件事，所以在实际社区建设过程中会把软件建设和硬件建设分离，去重视相对外现的硬件建设；② 有的学者认为是定位问题，西方社区发展运动起源于社会亲密情感的失落，所以其社区建设的目标定位为重建社区情感以解决社会情感缺失带来的冷漠、冲突、隔离等社会问题，以及回应居民的政治参与需求，而我国的社区建设起源于单位制改革后承接大量社会管理职能的需要，所以为居民提供社会服务、社会福利和城市基层社会治理是社区建设的主要目标，社区情感也会应因此不足。③

其实，除社区硬件建设和软件建设失衡之外，在居民利益实现和居民交往之间也存在着明显的失衡，前者往往得到更多的重视，而后者并没得到有效回应。而居民交往的缺乏往往是社区居民之间的情感联结难以建立、社区精神难以产生的决定性因素。与利益共同体和自治共同体的共同利益实现和公共事务治理不同，精神共同体时期居民基于共同的兴趣、爱好、需求的交往，由于牵扯的利益比较少所以成员在交流沟通过程容易卸下面具展现其真实的一面④，更容易产生一种亲密的情感联结。居民之间的交往刚开始可能是困难的，但一旦开始就可能逐渐适应并成为一种习惯。对这一过程，滕尼斯有过生动的描述：

> 实际锻炼起初是困难的，由于经常的反复而变得容易，使不可靠的和不确定的动作变为可靠的和确定的，形成特殊的器官和力量的储备……一些建立在中意之上的活动的特殊方式作为习惯了的活动，就更加容易地和更加奇特地出现：某一种特定的生活方式（因此也是天然的环境）作为习惯变得对动物舒服了，最终变为不可或缺……人们也许可以说，人是习惯的动物，是他自己习惯的奴隶等，这样就表达了普遍的和正确的认识。只要人作为动物的同伴一起面对着有机生物的另外大的分类，那么习惯就是他的精神的本质的东西……（人的习惯包括）生活的习惯、工作的习惯和观念的习惯。⑤

---

① 王冬梅. 从小区到社区：社区"精神共同体"的意义重塑 [J]. 学术月刊, 2013, 45 (7): 31-36.
② 冯钢. 现代社区何以可能 [J]. 浙江学刊, 2002 (2): 5-11.
③ 邓遂. 论城市商品房社区情感的生成：基础、障碍及建设路径 [J]. 兰州学刊, 2014 (11): 81-87.
④ 徐明宏. 城市休闲的社会整合与管理创新研究：以杭州趣缘群体为例 [J]. 浙江社会科学, 2015 (12): 82-88.
⑤ 费迪南·滕尼斯. 共同体与社会：纯粹社会学的基本概念 [M]. 林荣远, 译. 北京：商务印书馆, 1999：156-158.

在实际生活中，滕尼斯所说的"起初的困难"确实存在，陌生的居民要发生交往的确很难，相互之间产生亲密的情感联结更是难上加难。但如果居民在产生亲密的情感联结之前就已经产生稳定的认同感、归属感和整体感，那么居民之间的个人交往就很可能成为集体交往的延伸进而成为一种"习惯了的活动"，甚至成为"自己习惯的奴隶"，在此基础上，居民之间的亲密情感联结的生成也就水到渠成。共同体一旦被成功想象并普遍传播，它就可以反过来在其成员心目中催生出一种整体感，并借助业已形成的共同语言、规则、礼仪、文化等，强化这种共同感和成员之间的亲密感。① 而居民在日常生活领域是否生成了亲密的情感联结，其中一个重要的标志或者说测量指标就是居民之间的交往水平和互惠互助机制是否生成。以 XSJY 小区为例，该小区居民不仅能够稳定地生成集体认同感和归属感，而且能在常态化的集体交往和个人交往基础上形成稳定的互惠机制。

当然，亲密的情感联结并非意味着居民之间没有分歧。正如滕尼斯所说，吵嘴和吵架是共同体的干扰，但这类干扰在任何共同生活中都不可避免地会出现，因为作为相互提携和肯定的持久接近和经常接触，也可能，一定程度上事实如此，意味着相互妨碍和否定，但只要相互提携和肯定现象占优势，就可以把这种社会关系称之为真正的共同体关系。② 所以问题的关键有三：一是从整个群体来看，"优势"性亲密关系能否形成；二是从居民之间的关系性质看，是相互提携和肯定的亲密关系占主导，还是相互妨碍和否定的关系占主导；三是居民之间出现分歧，能否以及在多大程度上能够经过沟通有效解决。如果整个群体能够形成"优势性"亲密关系，居民之间的关系性质也以相互提携和肯定占主导，居民之间出现分歧能够在较大程度上通过沟通得以有效解决，则意味着亲密的横向情感联结和情感共同体的生成。共同体关系紧密的特性被称为"联系的富余"，意即人们沟通联系的纽带很多，一种关系的断裂并不会影响共同体整个的结构，通常情况下人们会产生更强烈的愿望通过其他的纽带恢复相互之间的联系，而靠人的理性、悟性建立起来的"社会"，人们通过交换发生的关系往往具有临时性和单一性，这种关系一旦断裂要重新恢复和维持会相当困难，甚至是一旦破裂就可能直接导致关系的中断。③

---

① 孔凡建. 共同体语义演化史考辨 [J]. 甘肃理论学刊, 2014 (5): 88-92.
② 费迪南·滕尼斯. 共同体与社会: 纯粹社会学的基本概念 [M]. 林荣远, 译. 北京: 商务印书馆, 1999: 68.
③ DAY G. Community and Everyday Life [M]. New York: Routledge, 2005: 28.

三、熟人机制与情感共同体的生产

城市社区"微共同体"的生产过程分析清楚表明，社区"微共同体"的生产过程是一个居民情感逐步生成和深化的过程。利益共同体时期短暂的认同感和归属感，自治共同体时期持久稳定的整体感和一定程度的亲密感，精神共同体时期的整体感与亲密感兼具，随着居民交往水平的逐步深入，情感共同体的轮廓也逐步清晰；城市社区"微共同体"的生产过程，同时还是一个居民熟悉程度逐步深化的过程，利益共同体时期居民彼此陌生状态的破冰、自治共同体时期"半熟人"状态的形成、精神共同体时期"熟人社会"的形成，随着居民交往水平的逐步深入，居民之间的关系也变得越来越熟悉亲密。传统社会的熟人机制在城市微社区重新具备了发挥作用的条件，并在居民之间情感联结生成方面发挥了决定性作用。

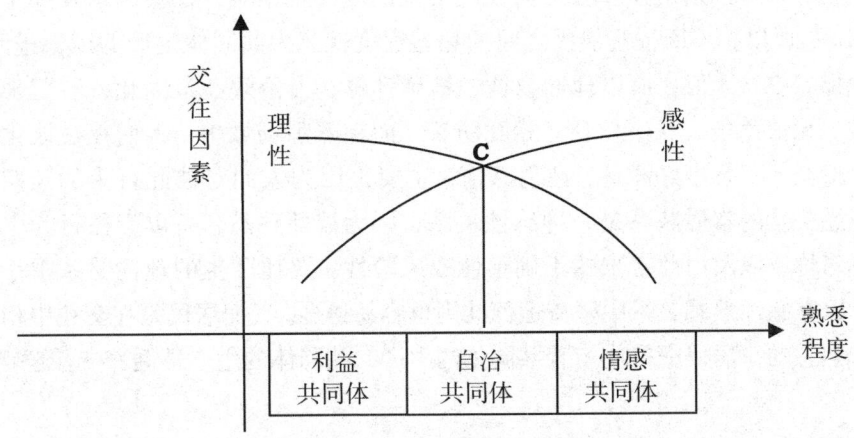

图 5.2 城市社区"微共同体"的交往逻辑

熟人机制在居民情感生成中的作用机理：在彼此陌生的语境下，由于相互之间信息不对称，交往行为深受不确定性扰动，为避免感性行为带来的风险，居民倾向于进行理性权衡和精确计算并选择沉默和冷漠，相互之间长期处于一种"互不相干"的状态；但当交往行为实现重大利益或避免重大损失的确定性增强，居民则倾向于团结起来实现这一利益或避免重大损失，经历集体交往的居民相互之间不再是完全陌生的状态，而是有了一定程度的了解，交往行为的不确定性有所降低，尤其是共同利益成功实现或重大损失成功避免结果的出现，集体交往的认同感和归属感等感性因素的产生，会进一步降低居民交往行为的不确定性，此时的居民倾向于选择长期交往以维护大大小小的各种共同事务；

居民自治的稳步推行，相互之间熟悉程度的进一步加深，继续降低着交往的不确定性，而与此同时强化着居民的认同感、归属感和整体感等感性因素，当理性因素的降低和感性因素的上升出现交叉（见图5.2C点）的临界值时，就意味着"半熟人"社会的正式形成；随着交往的进一步深化，当感性因素继续上升而理性因素继续下降，居民之间的情感交流和累计也会逐渐加深，直至最终形成认同感和归属感基础上的整体感和亲密感兼具的情感共同体。

进一步来说，共同体的生产过程，是一个不断生产感性而消解理性的过程，理性和感性的不同比例决定了共同体的不同样态；而居民行为理性和感性深受现代性的不确定性扰动，不确定性与居民行为理性成正相关关系而与感性成负相关关系；现代性的不确定性主要通过信息的不对称性对居民行为予以扰动，居民彼此陌生、互不了解，无法对交往行为结果做出准确研判，难以在风险社会找到"一种自我与他人之间的共在结构"①。以业委会选举为例，相互熟悉的居民能较容易地推选出业委会，而彼此陌生的居民则很难，社会网络发挥了重要作用。② 所以，不断提高居民之间的熟悉程度就成为共同体生产的逻辑进路。在陌生场域中，人们之所以理性权衡、精确计算、力争效益最大化，看起来斤斤计较、无情竞争、互不信任、相互防备，而在熟悉场域中，人们往往淡化计算、保持诚信、凡事好商量、注重感情，主要是因为人们对彼此行为的预期不同，熟悉关系的本质联系是一种感性关系，因为彼此熟悉，所以交往行为中的信息不对称，以及由此带来的不确定性或风险性，要比陌生的理性关系中小得多，所以在感性熟悉关系中坚持道德准则也容易得多。③ 而居民是在交往中相互了解和熟悉的，居民交往决定着共同体的生产，共同体的生产遵循着交往逻辑。

---

① 张康之，张乾友. 在风险社会中重塑自我与他人的关系[J]. 东南学术, 2011（1）: 70.
② 石发勇. 业主委员会、准派系政治与基层治理: 以一个上海街区为例[J]. 社会学研究, 2010, 25（3）: 147-153.
③ 刘少杰. 陌生关系熟悉化: 优化市场交易秩序的本土化选择[J]. 福建论坛（人文社会科学版）, 2014（4）: 160-167.

第六章

城市社区微共同体的生产主体

现代社区共同体的生产，以居民和居民自组织为代表的社会力量是关键和主导力量，但同时也离不开以房地产开发商和物业服务公司为代表的市场力量，以行政化的居委会和街办以及政府职能部门为代表的政府力量的积极且有效的参与。多元主体的参与，可以充实社区"微共同体"的生产力量，但与此同时如何合理界定各主体的社会角色以确保各主体有序参与，对社区"微共同体"的生产至关重要。

第一节 业委会：居民的"管家"

作为居民按照组织的方式思维[1]，以应对现代社会的复杂性和不确定性的产物，业委会是原子化的居民再组织化的重要途径和社区"微共同体"生产的重要力量。但不同的业委会在代表业主利益和引导居民参与上的作用存在很大差异[2]，所以，如何确保业委会发挥建设性而不是无为性甚至是破坏性作用，就成为社区"微共同体"生产的重中之重。

一、维、为、违与伪：业委会的主要类型

虽然理论上业委会可以在社区"微共同体"的生产中发挥重要作用，但现实中并非所有的业委会都在事实上发挥着这种作用。根据业委会的作为类型和作为效果，业委会可以划分为斗争型业委会（业维会）、治理型业委会（业为

---

[1] 埃德加·莫兰. 复杂思想：自觉的科学 [M]. 陈一壮，译. 北京：北京大学出版社，2001：152.
[2] READ B L. Democratizing the neighborhood? New private housing and homeowner self-organization in urban China [J]. The China journal, 2003, 49（1）：31-59.

会)、侵权型业委会（业违会）和无为型业委会（业伪会）四种类型（如表6.1所示），不同类型的业委会在社区"微共同体"生产中发挥的作用不同。

表6.1　城市社区业委会的类型

作为类型 \ 作为效果	无序	有序
有为	斗争型业委会（业维会）	治理型业委会（业为会）
乱为	侵权型业委会（业违会）	无
无为	无为型业委会（业伪会）	

Ⅰ型：斗争型"业委会"及其在社区"微共同体"生产中的作用

业委会在很多情况下是居民为维护自身权利而成立的自组织，具有很大程度的自发性和内生性。当居民的物权、治权和人权受到侵犯，居民最有可能团结起来成立业委会这一自组织。因为不少居民发现分散维权难以与组织化的市场力量甚至是政府力量相抗衡，在居民眼里，只有以组织抗衡组织才有胜利的希望，而且，以个人名义维护集体利益名不正言不顺，如果事事都需要征得所有居民签名授权，组织动员成本太高。斗争型业委会可能成为市场眼中的利益争夺者和政府眼中的麻烦制造者但却是居民眼中的维权代言人[1]，在业委会的带领下居民却能够在共同利益目标下，从过去互不相干的邻里变成休戚与共的伙伴，大家"同仇敌忾"、空前团结，曾经的社区冷漠一扫而光，表现出空前的参与热情和富有公共精神，建言、献策、出力、耗时、出钱，竭尽所能。正如滕尼斯所说，共同体成员越是受到外来威胁，越是容易想起这个群体，彼此结合的愿望也就越明显、强烈、密切，从而表现出同仇敌忾、团结一致、共同发挥作用。[2] 在业委会的带领下，居民的社群意识从无到有、从有到强，整体意义上的共同体初见雏形。一方面，斗争型业委会能够培育居民的认同感、归属感和整体感，使居民的社区情感实现零的突破。另一方面，居民之间的关系还远未达到亲密的程度，亲密的关系可能在少数积极分子中开始孕育，但对大部分居民而言邻里还只是利益上休戚与共的战友，而不是情感上亲密与共的伙伴。

---

[1] 陈鹏．国家—市场—社会三维视野下的业委会研究：以B市商品房社区为例［J］．公共管理学报，2013，10（3）：77-80．
[2] 费迪南·滕尼斯．共同体与社会：纯粹社会学的基本概念［M］．林荣远，译．北京：商务印书馆，1999：60．

Ⅱ型：治理型"业委会"及其在社区"微共同体"生产中的作用

一时的维权因为高昂的集体行动成本，如居民的时间和精力以及金钱投入、日常生活领域的无序甚至是混乱代价等，而具有不可持续性，集体的整体感很可能随着利益的实现或失败而消逝。虽然业委会治理成效不仅取决于内部的治理原则和方法，还取决于其所处的社区和基层治理结构和整体发展高度，但业委会从维权型走向治理型是发展趋势，也是必由之路。[①] 实现从斗争型业委会向治理型业委会转变，进而实现常态化的自治就成为居民的人心所向。治理型业委会是能够持久地拥有道义或制度化权力，而不是只在某些危急时刻防止侵权的社会组织。[②] 治理型业委会体现出明显的治理特征：一是治理理念上的民主，业委会秉承所有居民平等的理念，尊重居民的知情权和决策权，让居民充分知晓各项公共事务和治理进程，规定事项报请业主代表大会和业主大会讨论决策；二是治理程序上的协商，尊重并通过协商听取不同意见，在协商基础上通过集体讨论、沟通和决策处理和化解分歧，内部讨论和充分酝酿是其程序上的显著特色；三是治理方式的规则化，业委会注重建章立制，而且是居民自己在充分讨论和酝酿基础上产生的"居规民约"，规约一旦制定则依靠居民的力量严格执行，定纷止争。更为凸显的治理面向，不仅塑造了业委会的公共权威，使其成为居民眼中的自治领头羊、市场眼中的共赢合作者和政府眼中的社区管理抓手[③]，而且塑造了居民持久的认同感、归属感和整体感，随着居民交往范围的扩大和交往程度的加深，居民之间的亲密感开始孕育和形成。

Ⅲ型：侵权型"业违会"及其在社区"微共同体"生产中的作用

业委会是受居民委托，代表居民利益的自组织，居民与业委会的关系是委托代理关系。虽然业委会成员同时也是居民，但在现实生活中作为代理人的业委会也可能违背作为委托人的居民的意志和利益：一方面可能形成寡头治理，政党社会学的研究表明，规模庞大集体的动员需要严密的组织，虽然领导者刚开始极力鼓吹民主，但行动的最终结局往往滑向寡头治理的深渊，虽然"寡头统治铁律"不一定正确且过于悲观。与此相类似，居民集体行动的动员也许不需要非常严密的组织，但绝对需要动员能力强、综合素质高、社会资源多的业

---

① 李培志. 走向治理的业主委员会：基于18个业主委员会的观察［J］. 山东社会科学，2014（8）：104-107.

② DAVIS D S. Urban Spaces in Contemporary China［M］. New York：Cambridge University Press，1995：19.

③ 陈鹏. 国家—市场—社会三维视野下的业委会研究：以B市商品房社区为例［J］. 公共管理学报，2013，10（3）：75-89.

主精英，而且抛开冗长程序集中权力随机应对复杂环境变化，往往更能有效动员业主和更好维护共同利益，但久而久之集权的行为习惯、长期任职带来的自负心理和"恋权"倾向以及其他道德品质的变化[①]，可能使少部分业主精英成为一种排斥民主的寡头，业委会运行效率越高越可能出现寡头治理，最终一小撮业主精英成为寄生在居民集体之上的制度化的搭便车者[②]，居民群体开始分化和官僚化。另一方面可能出现以权谋私，随着业委会公共权威和影响力的增大，社会利益分化、辛苦付出得不到合理回报甚至苛求误解、公益奉献理想和现实之间的差距、外部力量的分化打压带来的精神压力甚至人身攻击等，使部分委员开始有意无意利用权力，在公共设施工程、公共场所使用等方面优亲厚友，利用监督物业公司的权力收受好处甚至贿赂继而放松对其监督，设法侵占居民公共收益和挪用甚至贪污居民公共资金等。"独裁"和"腐败"必然激发居民反感和不满，引发群体内部矛盾，不仅曾经带领居民维权的业委会反而成为居民维权的对象，居民内部从此陷入分化和混乱，还有可能引发业主精英及其支持者伺机"夺权"的"准派系斗争"[③]。侵权型业委会使居民难得重现的集体认同感和归属感趋于幻灭，但可能重新激发居民"休戚与共"的感觉，再次经过集体行动的洗礼，重塑集体认同感和归属感，其代价便是"乱—治—再乱—再治"的循环和日常生活世界无序和有序的交替。

Ⅳ型：无为型"业委会"及其在社区"微共同体"生产中的作用

无为型业委会的产生主要有以下四种情况：一是业委会本身就是外在建构的，要么是居委会为完成上级交办的任务，通过逐门逐户上门请居民签字达到"双过半"条件而成立的，要么是市场力量尤其是居民区兴建伊始时物业公司推动组建并受其控制的业委会，这些业委会往往缺乏必要的民意基础，而且也并非由居民选举产生，更为关键的是，居民在业委会的产生过程中没有受到公共精神的启蒙和自治能力的锻炼，业委会产生后居民往往公共参与不足，业委会对居民而言没有太大作为，整个组织形同虚设；二是业委会无能导致的无为，对许多城市居民而言，业委会即便不是一个新鲜事物，也会对其运作尤其是与其他组织的区别比较陌生，如何动员居民参与公共事务治理、如何整合异质性

---

① 罗伯特·米歇尔斯. 寡头统治铁律：现代民主制度中的政党社会学[M]. 任军锋等，译. 天津：天津人民出版社，2004：174.
② CLARK P, WILSON J. Incentive system: a theory of organizations [J]. Administrative science quarterly, 1961, 6 (2): 129-166.
③ 石发勇. 业主委员会、准派系政治与基层治理[J]. 社会学研究，2010, 25 (3)：147-153.

突出的居民的利益诉求、如何在没有执法权的情况下协商具有平等地位的居民、如何监督物业公司和接受居民监督等，许多业委会成员当选后不知道如何开展工作，再加上业委会成员绝大部分是兼职的，在非日常生活领域对日常生活领域全面僭越的情况下，一些业委会成员便成为"挂名干部"，从而导致业委会无所作为；三是缺乏一批富有公益精神的业主或者说积极分子，虽然法律规定或者居民可以约定业委会成员可以适当领薪，但在现实生活中很大部分业委会成员都是在工作之余义务为居民做奉献，所以一个有作为的业委会至少要有一个或者几个特别有公共精神、愿意且有条件花费大量时间和精力、有较强治理能力的"领头羊"[1]，但现实生活中并非每个居民生活区都有同时符合这些条件的业主，即便在美国这样的发达国家宣称自己积极参与了业委会会议的居民也只有49%[2]；四是理想与现实的张力，许多业委成员都是怀揣奉献精神甚至促进基层民主与社会治理理想为集体积极奔走，但现实的困难，如居民的冷漠、误解甚至人身攻击的精神压力等带来的幻灭感，使不少成员选择放弃理想。无论是哪一种情况产生的无为型业委会，都会使保护公共利益的业委会形同虚设，成为"沉默的共谋者"。无为型业委会显然不能担当居民公共精神孵化器和公共参与训练营的重任，也不能直接培养居民的认同感、归属感和亲密感，但也有可能因无为而激发居民不满进而产生集体行动而开始共同体的生产历程。

二、特殊委托代理与业委会类型

从语义学上考察，"委"本意是指任、委派、把事交给人办，"委员"因此是指被委派的人员，或者说受命从事某项工作、完成某项任务的人员，"委员会"则指由委员组成的组织。所以"业主委员会"从语义学上说是受业主委托从事某项工作、完成特定任务的人员组成的组织。业主与委员及其自组织业委会之间是一种"委托—代理"关系，业委会是受全体业主委托管理一个"大家庭"公共事务的"管家"。

与一般的委托代理关系不同，业主与业委会之间是一种特殊的委托代理关系。一方面，业主与业委会之间存在事实上委托代理关系。个人资源的有限性与利益需求的无限性和多样性之间的张力，决定了居民不可能以个体力量去应

---

[1] READ B L. Democratizing the neighborhood? New private housing and homeowner self-organization in urban China [J]. The China journal, 2003, 49 (1): 31-59.

[2] NELSON R H. Private Neighborhoods and the Transformation of Local Government [M]. Washington DC: Urban Institute Press. 2005: 125.

对社会的复杂性，所以居民需要按组织化的方式思维，但非日常生活领域与日常生活领域的张力以及效率、效益的要求，决定了不可能事事都由全体居民决策和执行，居民需要委托部分人代表自己管理日常生活领域的各项公共事务，业委会由此诞生；在委托代理关系中，由于业委会成员多为业主精英，获取信息的能力较强，再加上具体公共事务的"浸入式"工作所掌握的信息，普通业主与业主精英对公共事务的信息是不对称的。委托人与代理人之间的信息不对称，为代理人可能的侵权埋下了祸根。

另一方面，业主与业委会的委托代理关系又有其特殊性。其一，业主与业委会之间是不完全委托代理关系。与一般的委托代理关系中委托人与代理人的分离不同，业委会成员本身也是委托人之一，所以准确地说业主与业委会之间的委托代理关系，是大部分业主与作为业委会委员的少部分业主之间的委托代理关系，以及作为委托人的业委会成员与作为代理人的业委会成员之间的不完全委托代理关系。其二，社会因素是影响代理人努力程度的主要因素。一般委托代理理论的人性假设是理性经济人假设，委托人授权代理人从事某项工作是为实现自身利益，而代理人从事某项工作是为了获取一定报酬，委托代理过程中出现的问题主要缘于代理人利益与委托人利益之间的冲突，为提升代理人的努力程度与效率，需要对代理人实施以物质手段为主的激励措施和约束与监督措施。但日常生活领域中的业委会成员很多都是不领薪或者说在从事奉献工作，虽然这种工作同时也是利己的，但也有着或多或少的公共精神，所以经济性激励并非主要因素，相反利益之外的社会因素是影响业委会成员努力程度与效率的重要因素之一。

正是因为业主与业委会之间的特殊委托代理关系，决定了维权型、治理型、侵权型与无为型业委会的产生。因为不完全委托代理关系的存在，个人利益与集体利益具有高度一致性，从某种程度而言只有实现了集体利益才能实现个人利益，集体利益的实现成为个人利益实现必不可少的要件，所以业委会有着实现全体业主共同利益和互助互惠的动机，所以当居民共同利益受到威胁或侵害时，业委会会带领全体居民为维护和实现共同利益做出不懈努力，此时的业委会是维权型业委会，当居民区出现影响居民日常生活世界的公共事务时，业委会也倾向于予以有效的治理，此时的业委会是治理型业委会；但与此同时，由于作为委托人的大部分业主与作为代理人和业委会成员的少部分业主之间存在事实上的委托代理关系，而且有不对称信息的存在，这就为部分不自律的业委会成员趁机谋取私利和侵害其他业主合法权益行为的产生留下了空间，所以，当作为委托人的业主不能对作为代理人的业主精英予以有效监督和制约时，侵权行为就可能发生,业委会也就变性为侵权型业委会;也正是因为在委托代理关系中代理人的行为性质和绩效在很大程度上决定着委托人利益的实现程度,所以,当居民选举产生的业委会因为客观上复杂社会的存在和主观上动力和能力不足时,业委会则会成为无为型业委会。

三、微共同体生产中的业委会角色定位

业委会的出现是居民应对"复杂社会"不确定性的需要。生产力不发达的传统社会是一个"简单社会":百姓大都过着"日出而作,日落而息"的自给自足的小农生活,商品经济居于次要地位,市场力量不发达且对共同体的影响也很小;而政府力量对社会的管理基本遵循"无为而治"思想,主要集中于皇粮国税、劳役派遣与社会治安等领域,其他地方公共事务领域则由百姓在乡绅领导下通过百姓自治解决。① 所以,传统社会的共同体生产主要由居民自我完成,需要处理的更多的是人与人之间的关系。而生产力发达的现代社会是一个具有表象复杂性、过程复杂性、本质复杂性、认知复杂性等②的"复杂社会",问题的无限性和个人理性的有限性之间的张力,要求人们按照组织的方式思维,所以现代城市社区居民具有以组织化方式建设"幸福家园"③ 的内在需求和行为倾向。

目前,关于业委会的研究主要集中于治理层面,即探讨业委会的内部治理以及其在业主维权、基层治理、民主政治、公共参与、社区自治、国家与社会关系以及公民社会发育等方面的作用。虽然不乏悲观的结论,认为业委会在内部局限和外在制约的双重作用下,容易形成寡头统治和争斗不休的"准"派系政治,进而有损基层治理、社区民主、公民社会培育和基层社会善治;④ 但主流

---

① 宣晓伟.中央集权与地方治理:"编户齐民"与"皇权不下县":现代化转型视角下的中央与地方关系研究[J].中国发展观察,2016(3):50-52.
② 李东坡."复杂社会"视域下思想政治教育创新研究[J].教学与研究,2016(7):102.
③ 新华社.受权发布:中共中央 国务院关于加强和完善城乡社区治理的意见[EB/OL].新华网,2017-06-12.
④ 石发勇.业主委员会、准派系政治与基层治理:以一个上海街区为例[J].社会学研究,2010,25(3):147-153.

的观点仍然认为，业委会的发展有利于促进基层治理①、民主政治②、社区参与③、居民自治④、推动社会治理法治化进程⑤、完善社会与市场以及国家之间的多元治理格局⑥等，是中国公民社会的先声⑦。从城市社区"微共同体"的生产过程视角审视，现有业委会的研究主要集中于利益共同体和自治共同体阶段，而对业委会在精神和情感共同体阶段的地位和作用鲜有涉猎。从共同体的生产主体来看，国家和市场生产的共同体是建构型共同体，社会生产的共同体是内生型共同体，中国社区建设的发展历程已然证明，单纯依靠外在力量的建构很难生产出真正的共同体，社区共同体的生产必须以社会力量自身为主体。所以作为居民"按照组织的方式进行思维"的产物，业委会理应在社区情感尤其是精神共同体的生产中发挥关键作用。

认同感的生产。"认同"主要是指人们对"我们是谁"这一问题的追问，其主要涉及人们对自身角色感知的自我认同和自我社会类别属性感知的社会认同。其中，自我认同主要源于人们对自身社会地位和社会角色的以自我知觉与自我界定为主要内容的自我认知，当人们社会角色期待运用于自身行为塑造时，自我认同随即产生，自我认同强调的是自我认知形成的过程；社会认同主要是指人们感受到的其所属的运动团体、民族或种族、政治团体等社会类别参数，并根据社会类别参数描述的社会角色来界定自己思想和行为的倾向⑧，社会认同强调的是人们知觉上的社会比较和群体分类。社区认同的关键来源于居民个体与社区的良性互动，是个人与社会关系在社区的具体体现之一。作为居民投票选举产生的自组织，业委会受居民群体委托处理日常生活领域中的公共事务，

---

① 李培志. 走向治理的业主委员会：基于18个业主委员会的观察［J］. 山东社会科学，2014（8）：104-107.
② 白杨. 选举的仪式化功能：从业委会选举来看城市基层民主实践中的博弈［J］. 社会科学，2003（5）：71-75.
③ 张紧跟，庄文嘉. 非正式政治：一个草根NGO的行动策略：以广州业主委员会联谊会筹备委员会为例［J］. 社会学研究，2008（2）：133-150.
④ 刘安. 社区业主委员会的发展与城市社区自治［J］. 南京社会科学，2006（1）：111-115.
⑤ 张帆，周佑勇. 社会管理创新法治化视野下的业主委员会发展探析［J］. 东南大学学报（哲学社会科学版），2012，14（5）：69-73.
⑥ 张振，杨建科，张记国. 业主委员会培育与社区多中心治理模式建构［J］. 中州学刊，2015（9）：78-82.
⑦ 夏建中. 中国公民社会的先声：以业主委员会为例［J］. 文史哲，2003（3）：115-121.
⑧ 周晓虹. 认同理论：社会学与心理学的分析路径［J］. 社会科学，2008（4）：46.

在某种程度上是居民群体的代表和集体的化身。所以,业委会这一自组织所体现出的意识形态、运行程序和组织绩效,最为直接地影响着居民对其所处的集体的认同,以及自身在群体中的角色期待和这种期待对自身行为的塑造。

归属感的生产。"归属感"概念由美国社会心理学家亚伯拉罕·哈罗德·马斯洛提出。马斯洛认为,归属感缘于"我群体"的需要,个体对其所属群体的"我群体"感知即为个体的归属感。① 相应地,社区归属感是居民把自己归入本社区所在的地域或所属的人群集合体的一种心理状态,这种心理状态或感受既包括自己社区身份的确认,也包括社区认同、喜爱、依恋、投入等社区情感。② 所以,社区归属感包括对社区地域归属和社区群体归属两类,社区归属感是社区形成的纽带、社区发展的动力、社区整合的关键、为社区居民提供社会支持以满足居民身心需求。③ 失去归属感,社区也就失去其社会性,成为一个纯粹的地理学概念。认同和归属是两个既相互联系又相互区别的概念,居民对社区的认同并不意味着达到群体归属的程度,而居民对社区的归属在认同的基础上产生并在认同的基础上达到依恋的程度。所以,业委会这一自组织所体现出的意识形态、运行程序和组织绩效,不仅会影响社区认同,更会动摇社区归属的根基和居民对集体的依恋和归属的培育。

亲密感的生产。从语义学角度而言,"亲密"一词在拉丁语中原意是指内心深处,彼此完全敞开的一种状态。作为一个社会学和心理学共同研究的议题,亲密程度的研究可以揭示出一些深层次的心理和社会现象④。人际关系领域内的亲密关系,主要表现为相互了解、彼此关心、持久信赖、频繁互动、信守承诺等,亲密关系能够为人们提供持久的有意义的社会支持网络,使人们在低落时可以寻求安慰、别人需要时给予帮助和关爱,进而满足人们对关爱、归属等基本需求。⑤ 费孝通的"差序格局"概念即是描述社区居民以自我为中心的亲密关系格局。虽然亲密感主要是居民相互之间的横向情感联结,但无论个体抑或群体,人们在时间、空间、社会地位方面都会经历从一种状态向另一种状态的转变,这种转变需要"过渡仪式"来调节,从而维持人们心理、文化以及社会

---

① MASLOW A H. A theory of human motivation [J]. Psychological review, 1943, 50 (4): 370-396.
② 吴铎等. 中国大百科全书·社会学 [M]. 北京:中国大百科全书出版社, 1991: 361.
③ 王亮. 社区社会资本与社区归属感的形成 [J]. 求实, 2006 (9): 48-50.
④ 张洪, 王登峰, 杨烨. 亲密关系的外显与内隐测量及其相互关系 [J]. 心理学报, 2006 (6): 910-915.
⑤ 莎伦·布雷姆, 罗兰·米勒, 丹尼尔·珀尔曼, 等. 亲密关系 [M]. 郭辉, 肖斌, 刘煜, 译. 北京:人民邮电出版社, 2005: 4.

关系的平衡。① 作为群体代表的自组织，业委会可以为居民交往提供便利：一方面，业委会塑造的认同感和归属感，可以为微社区内居民亲密感的培育提供规则、信任、责任、熟悉等基础；另一方面，业委会可以为居民集体交往提供平台、个体交往提供机会和资源等支持。

正是因为业主与业委会之间委托代理关系的特殊性，为最大可能地促进业委会当好居民的"管家"：首先，应当根据业主和业委会之间事实上的委托代理关系，一方面，给予业委会成员适当的物质激励，当然积极作为带来的包括业委会成员自身利益在内的集体利益的实现所具有的激励是第一性的，但除此之外也应给予业委会个人和集体以额外的物质激励，毕竟相对于普通业主，业委会成员付出更多；另一方面，也要给予业委会以有力的约束和监督，如通过规约的形式明确约定信息公开的范围、形式和程序，约定需要业主大会、业主代表大会和业委会集体决策的事项、形式和程序等，实行意志的表达和意志的执行分立②，业主大会和业主代表大会主要负责居民意志的收集和表达，而业委会主要负责以业主大会和业主代表大会决策为主要形式的居民意志的执行，执行过程和结果向居民公开。其次，由于业主与业委会之间委托代理关系的特殊性，应注重社会因素对业委会成员行为的影响，一方面通过强化社会关系网络、社会征信系统、社会法律体系、社会诚信教育等措施，夯实熟人信任、关系信任、系统信任、法律信任、人格信任、文化信任基础，在业主和业委会之间建立双边信任，因为代理人的努力程度和效率与委托人和代理人之间的双边信任程度呈正相关关系③；另一方面注重居民公共精神的培育和公共事务治理能力的提升，将集体行动中的公共精神启蒙、理性妥协、被动性邻里萌芽、公共规则诉求转化为治理中的积极参与、协商民主机制、主动性邻里复兴、公共规则重建④，实现由"破"到"立"的转变，从而为富有公共精神和治理能力的业委会的产生奠定基础。

---

① 张兆曙，王建. 制造亲密：虚拟网络社区中的日常生活：以人人网 SNS 人际互动平台为例 [J]. 青年研究，2013 (6)：56-64.
② WILSON W. The study of administration [J]. Political science quartly, 1887, 2 (2): 197-222.
③ 李正图. 委托—代理关系：制度、信任与效率 [J]. 学术月刊，2014, 46 (5)：84.
④ 王恩见，刘威. 从维权行动到秩序建构：后业主维权时期小区秩序的恢复与重建 [J]. 学习与实践，2015 (1)：110-116.

第二节 市场：居民的"亲家"

在城市社区"微共同体"生产过程中，以开发商和物业公司为代表的市场是一支不可或缺的重要力量。市场力量发挥自身组织、人力、财力、专业等方面的优势，为居民提供人性化服务。但市场力量在参与过程中遵循盈利逻辑，这种行为逻辑可能带来不同的关系类型。与关系性质越好越有利的常规思路不同，物业似乎越侵权越能激发居民的交往从而越有利于共同体的生产，进而陷入一种"侵权悖论"，这种悖论是否成立，如何解释这一现象并在此基础上厘清市场角色，直接关系城市社区"微共同体"的生产。

一、市场的行为逻辑与居民—市场关系

（一）不同行为逻辑下的居民—市场关系类型

以开发商和物业公司为代表的市场力量，参与城市社区居民的日常生活领域的方式体现为空间的生产。一是作为共同体承载载体的社区物理空间的生产，主要是由市场力量完成的。房地产开发商通过生活住宅的建设，为居民生活到一起提供了前期基础；二是社会空间的生产。在居民入住后，房屋的维修、物业的管理、日常生活事务的服务、公共收支的管理等，都离不开在专业、组织、时间、人力、资金等方面具有优势的市场力量的参与。虽然有观点认为物业服务社会化其实是不利于社区共同体建设的，因为它减少了居民直接交往的机会。但从另一方面讲，即便物业服务不社会化，居民也难以从事直接的物业管理工作，进而发生相互交往，因为居民在专业知识、时间、人力、资金等方面的不足，很难亲自进行物业管理和服务，只能是委托市场力量代为管理。而且从现实情况来看，市场力量的"缺场"往往会引起居民居住秩序的混乱，前述案例中世纪小区、JMHY 小区居民首先是因为市场力量的"缺场"而引发的，这种案例在现实生活中比较普遍。不同的市场参与生产出不同的社会空间。

市场力量积极参与城市社区空间生产，遵循着盈利的行为逻辑。根据一般的经济规律，利润是商业活动的唯一的结果，劳动和服务都作为商品购买和销售，而在一个寻求价值交换的制度中，这种劳动和服务必然要求得到一个等价

物。① 从市场生存和发展的角度而言，这种盈利逻辑本身并无是非优劣之分，盈利是市场主体生存和发展的"必需品"。但是盈利"量"的变化却能带来行为"质"的改变，超过"度"的利润追求则会导致社会与市场关系性质的改变。总体而言，市场的盈利逻辑可能带来三种不同的关系类型：

侵权型市场。当市场力量将盈利逻辑无限放大延伸出唯利是图，就会侵犯居民合法权益，成为"侵权型市场"。从侵权方式是否明显可见和立即感知角度而言，市场力量侵权的方式可以分为显性侵权和隐性侵权：显性侵权是指居民可以明显察觉和立即感知的侵权行为，如环境卫生脏乱差、停车"一位难求"、治安秩序混乱、绿化状况不佳、设施设备维护不及时、服务态度不佳，等等，这些本应由市场力量保质保量履行的合约，一旦出现质和量的下降居民则会明显察觉和立即感知，许多业主维权事件中居民维权的主要内容也集中在这些可以明显察觉和立即感知的事项，显性侵权事项能够在居民中快速形成共识。隐性侵权是指居民难以明显察觉和立即感知的侵权行为，隐性侵权行为主要集中于三个方面：

一是"内藏"的硬件建设问题，如开发商兴建楼盘时使用的建筑材料是否达标，居民由于专业知识、检测手段、时间、精力、资金等方面的限制可能并不能明显察觉和立即感知，尤其是在建筑交付之初和质保期限之内，但随着居住时间的推移，各种质量问题陆续暴露出来，居民生活开始为维权所困扰，以XSJY小区为例，该小区居民刚刚入住三年左右即开始陆续遇到供水管网破裂从而影响居民生活用水问题，十年不到开发商当初用的不达标地下管网问题又导致污水排放困难和路面、车库积水严重，这种隐藏在"面下"的侵权行为作为普通消费者的居民刚开始往往难以察觉。

二是以侵吞公共收益为代表的隐性侵权行为。按照法律规定，利用居民公共设施和场所经营取得的收入应归全体业主所有，如电梯、内外墙壁、入户门、灯箱、车库自动门、小区进出门等处的广告收入，利用地面和地下公共停车位收取的停车费收入，公共设施和场所出租取得的经营性收入等。这些公共收益，不少居民要么不知道应该由全体居民共同所有，有的甚至理所当然地认为应由物业公司所有，要么认为这些收入都是些"零打碎敲的小钱"无所谓或不需要"斤斤计较"，但事实上城市微社区的公共收益却有"大"价钱。以小区广告收益为例，城市居民小区广告由于受众面广、针对性强、性价比高等特征，在广

---

① 费迪南·滕尼斯.共同体与社会：纯粹社会学的基本概念［M］. 林荣远，译. 北京：商务印书馆，1999：127，131，132.

告市场深受商家青睐,因此很难看到小区广告牌长期闲置的。按照目前电梯广告费用一张 300 元每月计算,一部电梯 3 个广告位一年的收入在 1 万元左右,一栋两部电梯的居民楼一年的电梯广告费收入就有 2 万元左右。如果一个居民小区有 10 栋楼,一年电梯广告收入就有 20 万,这还不包括小区进出门、内外墙壁、单元门、灯箱、车辆进出抬杆等处的广告收入,以及其他公共设施和场所出租等收入,以 XSJY 小区为例,该小区虽只有 8 栋居民楼 500 多户规模,但根据其公示的包括广告费、停车费、设施设备租赁费在内的公共收入有近百万之多。居民规模越大公共收益越多。如果公共收益被侵吞,因为不会对居民日常生活带来显著影响,很多居民也难以明显察觉和立即感知。

三是自治权和公民权的侵权行为。除了物权外,居民的自治权和公民权也是居民权利的重要组成部分,但这两类权利往往是居民容易忽视的。从委托代理角度而言,居民是小区的主人,物业等市场力量是居民聘请的服务主体,生活区内的公共事务应该是居民"说了算",但现实生活中不少情况下会发生颠倒,即很多公共事务都是居民聘请的市场力量"说了算",这实际上是对居民自治权的隐性侵犯。还有的市场主体会"或明或暗"地阻挠居民成立业委会等自组织,或者阻挠居民参与居委会、人大代表选举等公民权的行使,一些市场力量认为业委会等自组织的成立或者居民成为居委会委员或人大代表,就意味着其可能受到以业委会为代表的居民或作为居委会委员以及人大代表的居民的监督,一些因为侵权获得的非法收益则可能难以为继。

服务型市场。当市场力量将盈利逻辑控制在合法合理范围之内,在服务中达到市场与居民的双赢,此时的市场则是"服务型市场"。根据主动性程度,市场力量对自身盈利逻辑的控制可分为主动型和被动型两种。主动型控制是指市场力量主动在法律法规的框架内追求合理的利润,凡是违背法律法规以及合约的事情不做,是"有底线的"企业,而在合法的范围内尽可能多地追求企业利润,使企业利润最大化。如 XGW 区田和公司是一家"红色"物业著称的物业服务企业,之所以以"红色"立企,不仅在于公司建立了党组织,用党组织和党员的标准严格自我要求,更因为企业对法律和公益的坚守,该公司招聘员工时优先聘用下岗再就业工人,在满足自身用工需求的同时协助解决下岗职工就业难这一社会问题,在入住居民区提供物业服务时首先公开承诺坚守法律和道德底线,在其提供物业服务的四十多个楼盘中尚未出现因违法和侵权而被居民投诉的案例,而且该公司服务的小区居民满意度都较高,平均物业费缴费率接近 90%。而被动性控制是指市场力量在主观上并没有严格的"底线",但由于客观上外在力量的有效控制使得企业没有或者说难有机会获取"不义之财",企业在外在力量的有效控制下从事着合法经营。

　　隐遁型市场。企业参与市场活动必须有利润，这是市场经济的基本规律，而且只有当利润大于成本时企业才能生存并有适当的发展。当无利可图或者没有稳定的盈利预期时，退出则成为企业的必然选择。无利可图退出的原因可以分为主观原因和客观原因：客观原因是指非人为原因导致的企业亏损，常见的多为居民规模太小而导致企业始终无法盈利而退出或者根本不进驻，如 XGW 区世纪小区由于只有一栋楼，因规模太小而实行自助物业；主观原因是指自身因经营不善导致常年亏损或者虽然能盈利但服务对象始终不能满足自身盈利预期而选择退出，常见的多为物业服务质量与服务价格之间的张力导致的利润和利润率降低，而且这种张力长期得不到解决或将来解决的可能性较小。物业服务质量与服务价格之间的张力出现的主要原因为：居民对服务质量的要求不断提高是一个永恒的主题，与此同时却希望服务价格不涨甚至降低，所以涨价在现实生活中往往是一个非常敏感的话题，CJRJ 小区居民之所以被原物业公司分化，其中一个重要原因就是担心新进物业涨价；而且从程序上看，物业费涨价需要得到大多数业主同意，而居民对物业服务满意度的主观感知、经济承受能力等存在差异，要大多数业主同意在现实生活中往往比较困难；但与此同时，企业的人力、物力等成本却在不断上涨，利润和利润率在不断降低。矛盾由此产生，如果长期得不到解决，企业可能只能选择退出。企业退出，微社区很可能自此暂时或长期陷入"四多一低"困境。

　　（二）微共同体生产的内生悖论

　　市场力量不仅参与城市社区物理空间的生产，同时也生产着社会空间。空间里弥漫着社会关系，空间不仅被社会关系所生产，也是社会关系再生产的中介和条件。① 市场力量在居住空间生产的社会关系包括市场与居民之间的关系、市场与业委会等社会组织的关系、作为居住空间内的市场与空间外的政府主体之间的关系等。任何一种社会关系的生产，都会再生产出不同的社会空间。从实际效果看，服务型市场可能生产出融洽的社会关系，侵权型市场和隐遁型市场会生产出紧张的社会关系。

　　无论是社区居民，还是市场力量，抑或政府主体，从主观愿望上说都希望社区关系融洽和谐。融洽的居民—市场关系是居民生活共同体的可能路径之一，从现实观察来看，完全由市场主导的和谐关系在城市社区的确存在，但从比例

---

① FREIBERG J W. Critical sociology：european perspective［M］//LEFEBVRE H. Space：social product and use value. New York：Irvington，1979：285-295.

上看并不高，而且事事由物业公司打理得井井有条后，居民反而失去了交往的事由和动力，至少在公共事务治理方面的"深层次"交往不再显得那么必要和重要，这种情况下居民的交往主要局限于文体活动等"浅层次"交往，以及以居委会为代表的政府力量和以物业公司为代表的市场力量举办的各种活动。当然，也可以通过"直接复制"的方式，先通过外在力量，如社区居委会、物业公司等，帮助居民建构一套完善的治理体系，如选举业主代表、业主代表大会、业委会等，让居民就公共事务的治理进行"深层次"交往。但这样一来，又会陷入目前不少社区共同体生产所走的"建构型"老路。建构型路径之所以难以有效促进社区治理尤其是自治向纵深发展，除了居民规模过大、利益密度不高等原因外，还有一个重要原因就在于居民没有经过集体行动的洗礼，从而使社区自治缺乏必要的公共精神启蒙和自治能力锤炼。换句话说，即便帮助居民"嫁接"一套完善的治理体系，也会因为居民参与不够、治理能力不足大概率"半途而废"，或者"形似而神不似"。

社区共同体天然是内生的，而内生的共同体必然有着强大的内生动力，基于共同利益的公共事务治理需要无疑为异质性突出的居民提供了强大交往动力，当开发商建设的小区出现质量问题，与居民朝夕相处的物业公司发生了侵权行为，或者因物业公司管理不善导致居民日常生活秩序遭到破坏，居民摆脱原子化生活状态的愿望开始变得强烈，公共参与行为开始酝酿并付诸实践，当居民"憋足了劲儿"积极参与公共事务治理时，就会"使出浑身解数"力图达到"善治"。正如 CJRJ 小区一位居民在回答为什么积极参与业委会选举时所说。

> 我们一定要成立业委会，把物业公司赶走，这个物业公司多年来从来没公示过财务收支，不晓得贪了多少钱，这些钱都是我们业主的钱。关键是它拿了钱服务还没搞好，你看微信群里经常抱怨，居民家里时不时被盗，电梯坏了好多天没人修，墙面砖时不时脱落，不知道什么时候会砸到人，而且掉了好多天也没人管，车子在小区乱停乱放也没人管……所以我们一定要把物业公司赶走（XGW 区 CJRJ 小区业委会委员 SHL 访谈：YW-CJRJ-SHL-20161126）

居民在处理日常生活领域的各种"问题"中，"身临其境"地体验了什么是公共精神、什么是公共事务治理，对如何动员群众、如何民主协商、如何建立居规民约、如何与市场和政府力量交往并建立良好关系等，也正是这一集体行动的"洗礼"过程，促使居民认同感、归属感开始产生，居民共同体开始形成和成长，人们逐渐在冰冷的现代性社会中找到温暖的感觉；另外，共同体似乎就"喜欢"或最容易孕育于"问题"的土壤，而且问题严重性程度越深，居民联合起来解决问题的愿望越迫切,采取集体行动的可能性越大,过上持久和真正的共同生活以及由此产生整体感与亲密感兼情感联结的可能性越大。

所以,城市社区"微共同体"的生产实际上陷入一个悖论:居民越不希望日常生活世界的无序,结果越是难以过上"持久和真正的共同生活",居民之间永远都是"互不相干的邻里",反而日常生活世界的秩序越混乱,居民却越有可能过上"持久和真正的共同生活",找回失去已久的认同感、归属感、整体感、亲密感和幸福感,实现原子化、个体化居民的再组织化;市场力量同样如此,市场力量从主观愿望上说是想摆脱共同体的束缚的,因为根据价值交换原则,商业提供的劳动和服务需要得到一个等价物,而这两样东西又不能在共同体中得到因为共同体中的劳动和服务不是以交换而是以共同占有和享受为目的的①,简而言之,市场经济中的理性权衡、等价交换在富有情感联结共同体中难以实现,而只能在"社会"里实现,因为资本家是"社会"天然的主人和统帅、"社会"天然为他们而存在、是他们的工具②,但市场力量越是要摆脱共同体的束缚,让社会长久地成为"社会",以更好地实行理性权衡和精确计算,越是可能侵犯居民的权益,从而越是可能激发居民对共同体的渴望,进而越是难以摆动共同体的束缚。所以,如何处理两者之间的关系,居民和市场力量都陷入了困惑,都显得徘徊和谨慎,甚至小心翼翼。

二、合同治理结构与双重委托代理

为什么不同的城市微社区会出现不同的居民—市场关系类型,学界对此进行了探索,比较有代表性的解释是合同治理理论。该理论认为,人类理性的有限性与交易内容的复杂性之间的张力,以及机会主义行为的存在,决定了合同的执行不仅有赖于前期的签订,更有赖于后期根据合约展开的互动,这种互动过程被称为"合同治理",合同签订之前合同主体之间是交易关系、合同签订之后合同主体之间是治理关系。③ 合同治理过程中形成的各种关系被称为"合同治理结构",合同治理结构有正式治理结构和非正式治理结构之分,前者是指合同约定的权利义务关系,而后者是指合同嵌入特定社会结构后合同主体形成的

---

① 费迪南·滕尼斯.共同体与社会:纯粹社会学的基本概念[M].林荣远,译.北京:商务印书馆,1999:128-132.
② 费迪南·滕尼斯.共同体与社会:纯粹社会学的基本概念[M].林荣远,译.北京:商务印书馆,1999:119.
③ 奥利弗·E.威廉姆森.资本主义经济制度:论企业签约与市场签约[M].段毅才,王伟,译.北京:商务印书馆,2002:99-118.

非正式治理关系。① 城市社区"微"场域内,居民与市场之间就建筑质量与物业服务事项,以合同的形式设定了双方的权利和义务关系,然而当这种正式治理结构嵌入到社区,必然受到社区社会结构的形塑和影响。

在城市微社区内,业主对除专有部分外的共有部分享有共同所有和共同管理权,非业主居民缴纳物业费也有要求享受相应服务的权利,所以物权的共有部分和基于共有部分提供的物业服务,是典型的准公共物品②,这就决定了市场力量不是与单个而是与全体居民形成合同关系,城市微社区内的正式合同治理结构是以业委会为代表的居民群体为一方,以物业公司为代表的市场力量为另一方的双边治理结构。在双边治理结构中,从居民视角看,业委会作为居民的法定代表,具有聘用和解聘市场组织的权力,居民通过业委会可以具有较强的谈判权力,市场力量的行为会得到比较有效的监督,但一旦没有或者失去业委会这一中介,单个业主就会失去这一谈判优势、解聘和续聘权力,而且利益诉求各异的业主难以形成统一的服务标准和考核,相反高度组织化的市场主体却可以利用自身人力、物力、财力、知识等优势,在力量不对等和信息不对称情况下实施侵权。

从市场视角看,失去业委会这一中介对市场力量并非好事,有业委会市场力量可以借助业委会对单个业主进行治理,而失去业委会这一中介市场力量就只有采取法律诉讼的方式,因为市场服务的整体性决定了服务难以分割而降低或停止对单个居民服务,但诉讼程序的复杂性和对双方关系和自身声誉恶化可能性限制了该方式的使用,所以市场主体对法律手段的使用一般都较为谨慎。

> 不到万不得已不会出此下策,以不交物业费的居民为例,第一年不交我们会时不时找他本人协商沟通,催缴,第二年不交我们还是会找他沟通,但会告知他我们将采取法律手段提起诉讼,如果第三年还是没交我们才会真的向法院诉讼给他送传票,除此之外没有别的办法。(XGW 区 CJRJ 小区物业负责人 TSY 访谈:WY-CJRJ-TSY-20160825)

双边正式合同治理结构的特性决定了业主能否实现内部整合,是正式治理结构能否完成合同治理的关键。但现实情况却恰恰相反,在许多城市微社区内,居民呈个体化的原子状态,相互之间关系相对松散,除非发生"重大"困境否则难以形成广泛共识进而实现再组织。特殊的社区社会结构决定了正式治理结构难以执行,以物业公司为代表的市场力量与以业委会为代表的居民群体为主

---

① 刘世定. 嵌入性与关系合同[J]. 社会学研究,1999(4):75-88.
② 张农科. 关于我国物业管理模式的反思与再造[J]. 城市问题,2012(5):3.

体的正式双边治理结构,就演变为众多独立居民对市场力量的非正式多边治理结构。① 合同治理结构的变形导致保证合同执行的治理关系破裂,导致合同双方的权利都处于无保护的状态之下,而要求对方执行合同义务的能力下降,结果机会主义行为频发。②

由于合同治理结构变形导致的机会主义行为频发,导致与商品房小区相匹配的物业管理问题日益成为现代城市社区治理的核心问题之一。在此语境下,作为政府在基层治理单元代表的居委会自然会积极介入,以防止出现危及社会秩序的冲突事件发生。政府介入的方式主要为帮助居民引进物业、调解居民与物业的纠纷等。但政府的介入又在不同程度上降低了居民自组织的必要性和重要性,使得居民缺乏必要的公共精神启蒙和公共事务治理能力锻炼而难以自组织,而且长此以往还会形成路径依赖,致使非正式的多边合同治理结构长期难以得到有效改变,正式双边合同治理结构预设的业主之间的共同体关系始终难以形成。

合同治理理论尤其是合同治理结构变形的论断,较为深刻地揭示了城市微社区内居民与市场关系尤其是物业纠纷的深层根源,该理论得出的通过社区共同体培育为正式合同治理结构提供社会支持③等结论也颇具理论和实践价值。但该理论还存在进一步完善之处,即居民自组织的成立并不必然导致良好的居民—市场关系和社区共同体的出现,因为居民、业委会与市场力量之间存在着双重委托代理关系,即作为初始委托人的居民会将议价、聘用、解聘、监督等一系列权力委托给自组织业委会,而业委会将以物业服务为代表的市场服务委托给市场力量,从而形成双重委托代理关系(见图6.1),而作为居民委托代理人的业委会是否能当好业主的"管家",同样是决定居民—市场关系的重要一环。合同治理理论预设的业委会始终能够忠实履行居民委托这一前提,而这在现实生活中并不总是成立。

---

① 仇叶. 住宅小区物业管理纠纷的根源:基于合同治理结构变形与约束软化视角的解读[J]. 城市问题, 2016 (1):78-84.
② 约翰·罗杰斯·康芒斯. 制度经济学[M]. 于树生, 译. 北京:商务印书馆, 2009:97-102.
③ 仇叶. 住宅小区物业管理纠纷的根源:基于合同治理结构变形与约束软化视角的解读[J]. 城市问题, 2016 (1):78-84.

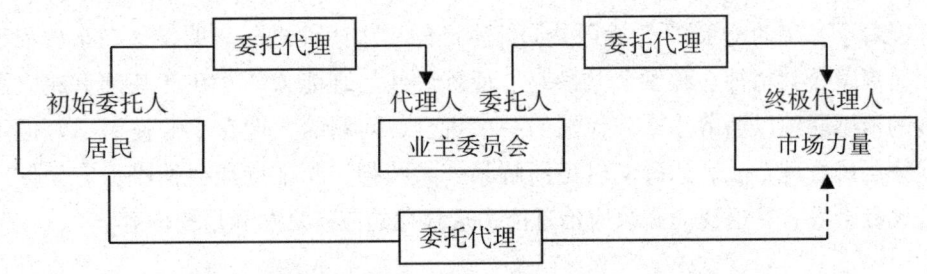

图 6.1 城市社区 "微" 场域内的双重委托代理关系

起源于"多代理人理论"的"双重委托代理",最初用来研究股份制企业中中小股东、控股股东与经营者之间的委托代理关系①,相对于股东和经营者之间的单委托代理理论更具解释力。城市社区"微"场域内,作为初始委托人的居民负责提出服务数量和质量要求,并委托业委会代表全体业主与市场力量签订合同,对双方权利义务关系予以明确,对服务过程予以监督和服务结果予以评估。② 虽然业委会的出现使业委会和市场力量正式双边治理结构形成,但同时形成了新的非正式多边治理结构,即单个居民尤其是业主与业委会之间的多边治理结构,单个居民与业委会之间同样存在信息不对称和力量不对等问题,业委会同样可能出现道德问题、逆向选择等代理风险的可能,甚至与市场力量形成"默契"的攻守同盟或者"沉默的共谋者",此时的侵权可能会从物业侵权转变业委会侵权甚至业委会和物业的联合侵权。

伴随着市场和社会力量的崛起,过去单一的整体性社会逐渐过渡为国家、市场、社会多元共治的社会。从市场视角审视,市场力量如果选择不遗余力地侵犯居民权益,其结果可能得到一时的利益,但最终会起到启蒙居民公共精神和锤炼居民公共事务治理能力,进而形成居民自组织以加强对自己监督的作用,最终还是必须回到与居民建立亲密关系的轨道上来。对于社会而言,居民当然希望市场力量能够诚实守信合法经营,但社区共同体生产的"内生悖论"表明,一个侵权的市场主体的出现也并非坏事,侵权主体的出现可能意味着居民离向往已久的共同体生活更近了;对于政府而言,政府同样希望市场力量合理合法追求利润,社会秩序稳定,人民安居乐业,但如果出现维权事件也不必"经常

---

① 冯根福. 双重委托代理理论:上市公司治理的另一种分析框架:兼论进一步完善中国上市公司治理的新思路 [J]. 经济研究, 2004 (12): 16-25.
② 陈天祥,郑佳斯. 双重委托代理下的政社关系:政府购买社会服务的新解释框架 [J]. 公共管理学报, 2016, 13 (3): 36-48.

弥漫着不稳定的幻象"①,社区共同体生产的"内生悖论"表明,这在某种程度上是启蒙公共精神、激发公共参与、锤炼公共治理能力,并在此基础上建立温暖的情感联结以消解冰冷现代性的一次机会,问题的关键在于如何引导好但不代替居民合理合法表达诉求以免消解其公共精神,既维持社会秩序稳定又促进公民社会发育,这反而是政府治理能力现代化的应有之意和重要内容。

三、市场的公共性及其角色定位

综合考虑社会成本,社会、市场、国家的共同利益,市场力量在城市社区"微共同体"生产中的社会角色应定位为居民的"亲家"。一方面,侵权是一次性行为,被提醒者会注重自我保护以免再次重蹈覆辙②,而维持良好的居民—市场关系符合市场力量的长远利益,因为和睦是绝大部分居民所向往的,正如一位居民所说。

> 我们小区很多居民都觉得,现在的物业最大的失败是对人冷冰冰的,没有一点儿亲切感,这个毛病所有员工身上都有,不像居委会的人那么亲热!我们有事儿请他们帮忙,随叫随到(主要是指网格员),能办的马上就办了,不能办的他会向上级反映,至于反映后能不能解决那是另一回事儿,起码他们的态度让人感觉很舒服,但物业就不同了,有事你得低三下四地求他,办不办得看他心情。(XGW 区 CJRJ 小区 QQ 群居民"儒林墨客"发言:M-CJRJ-RLMK-201709050611)

另一方面,启蒙居民公共精神、激发居民公共参与,促进居民的自组织产生,更有利于市场力量的生存和发展。根据合同治理结构理论,市场力量要想与居民形成正式的双边治理结构,作为居民自组织的共同体是不可或缺的力量。也就是说,企业也要具有公共性。

市场经济体制下,企业具有公共性可不可能?何以可能?一般而言,市场是一个追求利益尤其是个体利益最大化的私人领域,是人们满足私利的一种独特方式和手段,与社会福利和公共利益的实现没有太大关系。但自由主义学者通常认为,市场体制不仅能够带来经济的富足和效率的提高,而且能够带来社会福利的实现和公共利益的促进。市场经济体制作为一门科学的经济学之所以

---

① 王恩见.机会空间、基层治理与业主诉讼维权[J].吉首大学学报(社会科学版),2014,35(4):63.
② 费迪南·滕尼斯.共同体与社会:纯粹社会学的基本概念[M].林荣远,译.北京:商务印书馆,1999:122-123.

久负盛名，其中的一个重要原因就在于它能够很好地说明，市场经济中的人们怎样在个人利益追求中促进了公共利益的实现。① 市场既是追逐私利的过程，同时也是一个实现社会福利和公共利益的过程，尽管其具有"不自觉"的特征，或者说是一种"副产品"，但它却使市场成为一种提供公共产品、满足社会需求和创新社会管理的方式和方法，从而使市场具有了公共性。②

据此，不少学者提倡部门中立。也就是说，无论是哪个部门、何种组织，还是公共、私人抑或混合性质组织，只要其有助于公共价值和利益的实现，都可以根据其特长加以运用，事实上，随着现代性带来的复杂社会的形成，当今社会的组织已日趋复杂，不同类型组织之间的相互融合、彼此交叉、互相重叠的现象日趋严重，组织功能和社会角色日趋相同。③ 所以，在实现和维护公共价值和利益方面，很难再拘泥于某一组织类型，用简单的指标将复杂的组织性质厘清，公共价值和利益是否由效率最高的一个或一群组织来创造，而不是何种类型的组织基于何种目的创造，逐渐上升为最重要的考量因素。④

创造价值共享理论为企业的公共性可不可能和何以可能提供了答案。该理论认为，人们普遍将企业视为以公共利益为代价来追逐私人利益的组织，当下出现的经济、环境、社会等一系列问题皆缘于此，当这种低信任度传导到政治层面，会使政治领袖制定削减经济增长、限制企业竞争力的政策，而且，企业在承担社会责任方面越积极，越会加重这种观念，从而陷入恶性循环，这种市场—社会关系裂痕之所以产生，主要缘于企业过时的价值创造模式，即不少企业仍将最佳短期财务绩效当作创造价值的主要源泉，至于攸关企业长远发展的社会影响则置诸脑后。⑤ 为消弭这种裂痕，迈克尔·波特等人指出，企业应将社会问题的解决"嵌入"自身发展战略，不仅可以创造经济价值，还可以创造社会价值，从而实现价值共享。

创造共享价值理论显著发展了人们对市场—社会关系的认知，让人们意识

---

① 史蒂文·凯尔曼. 制定公共政策 [M]. 商正, 译. 北京：商务印书馆, 1990：204.
② KERKHOFF T. Public values and public interest: counterbalancing economic individualism [J]. Acta politica, 2009, 44 (4): 472-475.
③ BOZEMAN B. All Organizations Are Public: Comparing Public and Private Organizations [M]. Portland: Beard Books, 1987: 49.
④ PORTER M E, KRAMER M R. The big idea: creating shared value. how to reinvent capitalism and unleash a wave of innovation and growth [J]. Harvard business review, 2011, 89 (1-2): 62-77.
⑤ PORTER M E, KRAMER M R. Creating shared value: how to reinvent capitalism and unleash a wave of innovation and growth [J]. Harvard business review, 2011, 89 (1-2): 62-77.

到市场成功与社会进步之间的共生互融关系，尤其是让企业认识到，市场利润创造不仅遵循着追求最佳短期财务绩效的私人价值逻辑，还遵循着实现社会福祉和公共利益的社会价值逻辑，随着现代性的深入和社会的日趋复杂，企业只有与社会、政府一道，取长补短，相互合作，共同致力于社会问题的解决、社会需求的满足和社会价值的创造，才能在改善社会福祉中实现财务绩效指标、在解决社会问题中找到盈利机会、在创造社会价值中提升竞争力①。通过商业创新和自身核心资源的利用同时创造经济和社会两种价值②，必将为企业战略和自身角色调整，以及市场—社会关系改善提供广阔前景。而创造共享价值的关键，首先在于找到促进经济发展和解决社会问题的交会点，然后运用新的技术、新的管理手段、新的运营方法，针对其约束条件进行克服。③

第三节 政府：居民的"娘家"

以行政化的居委会、街办、房管局等部门为代表的政府主体，是微共同体生产不可忽视的重要力量。如何界定政府力量的社会角色，直接关系城市社区"微共同体"的生产。

一、微共同体生产中的自组织与他组织

社区共同体生产的本质就是在原子化、个体化的居民之间，重新建立起稳定的社会联系并形成普遍的情感社会网络，所以社区共同体化的过程本质上是社区内部组织化的过程。按照居民个体在自组织化过程中的主动性程度，社区共同体可以分为自组织共同体和他组织共同体两种理想类型。自组织共同体是居民通过自发、互动和持久、真正的共同生活，而产生的一种整体感和亲密感兼具的情感联结；而他组织共同体是居民通过外在力量推动而形成的一种以整体感为主的情感联结，居民之间的熟悉是一种"体制性熟悉"。

自组织共同体有以下几个显著特征：一是居民由于满足共同利益的需要，

---

① SCHMITT J J. Understanding Shared Value [M]. Wiesbaden: Springer Fachmeelien, 2014: 19-30.
② PORTER M E, KRAMER M R. Strategy and society: the link between competitive advantage and corporate social responsibility [J]. Harvard business review, 2006, 84 (12): 78-92.
③ PFITZER M. Innovating for shared value [J]. Harvard business review, 2013, 91 (9): 110-121.

相互之间建立社会联系的愿望迫切，相互交往、组织化要求的积极性、主动性和能动性强；二是居民遵守在充分酝酿和协商基础之上的居规民约，所以共同体自我约束能力更强；三是由于居民之间的组织化是建立在公共事务治理和非治理型需求基础之上，所以居民之间交往的群体更多、事由更广、层次更深，社会网络更密集、更牢固；四是由于共同利益和需求的持久性，建立在共同利益和需求基础之上的社会网络可持续性强，而且持久和真正的共同生活会逐步深化居民之间的情感联结。但自组织共同体也有明显的劣势：一是由于自组织需要诸多条件的具备，所以能否以及在多大程度上实现组织化并在成员间建立起亲密的情感联结，有很大不确定性；二是由于自组织需要诸多条件，而条件具备有一个积累的过程，所以居民自组织的过程比较缓慢，不同的微社区居民自组织化的速度和程度也相差较大。

他组织共同体的特征同样比较明显。一是速度快，效率高。他组织由于主要依靠政府力量推动，而政府拥有无可比拟的组织、人力、财力、物力等优势，尤其是以权力和权威做后盾，能够迅速补齐短板，所以以政府力量为主的他组织过程具有速度快、"标准化"和规范化程度高等特点。以XGW区为例，该区通过发动居民区党员、社工和网格员等体制性力量等方式，在不到2年的时间内业委会组建率达100%，并利用公共财政惠民资金支持自组织和自筹资金到位的老旧小区进行脏乱差空间改造，在短时间内解决了居民成立业委会难、自治资源匮乏等长期没有也难以解决的问题。二是居民公共利益实现的可能性大，社会秩序稳定。由于有政府的组织、人力、物力和财力保障，再加上有公权力和权威做后盾，居民的共同利益诉求很可能得以满足，日常生活领域的基本秩序能够得到有效维护。

但他组织共同体的劣势也比较突出。一是居民之间的社会联系密度可能并未得以加强。政府力量对公共利益和社会秩序的重视程度高于居民之间社会网络建立的重视程度，政府对居民日常生活领域的关注和人力物力财力投入，更多的可能是出于"问题导向"，主要是为了解决居民日常生活领域的紧迫现实问题，或维护社区正常社会秩序，虽然在解决具体问题过程中居民可能建立社会联系，但居民之间是否组织化并不是政府首要关注的问题，虽然政府也注重居民的幸福感，但这种对幸福感的关注可能更多出于希望建立居民对政府合法性的认同基础之上，当然如果居民之间能改变过去的冷漠而变得亲密熟悉，政府也乐见其成。二是可能存在方式方法简单问题，按照统一的标准或模式去解决不同微社区的实际问题或居民组织化问题，可能并不一定会取得预期的效果。三是政府可能将大量的行政事务分摊给微社区，将新的自治和共同体单元吸纳为新的行政单位，从而出现"行政吸纳社会"问题。四是部分政府部门可能会为快速、"出色"完成规定目标和任务，会发生"行政挤压社会"问题，居民在共同体化过程中可能并未得到公共精神的洗礼和自治能力的锻炼。

所以自组织共同体和他组织共同体各有优势和劣势，如何实现二者的优势互补，既快速实现居民内部组织化又实现居民内部社会网络的情感化和持久化，则成为发展的方向和追求的目标。为此，学界进行了诸多探索，如体制性熟悉①、社区共同体生产的政党逻辑②、政府从直接生成到培育主导③等，但其实际效果能否走出他组织共同体困境还有待观察，或者说在社区共同体生产过程中自组织与他组织二者的比例该如何确定，还是一个有待进一步深入研究的重要问题。作为分散个体组织化的两种不同机制，自组织与他组织各有其适用范围和作用条件，无视"约束条件"笼统地断言哪种机制更为有效不是科学态度和可行路径。④ 自组织和他组织在不同的微社区、居民组织化的不同时期的结合方式和程度应该有所不同。政府在宏观必须有位、有为，而在微观则必须坚持居民自组织的主体地位，在尊重居民主体地位的同时，在不同的时期，根据不同的事项给予不同方式和程度的介入，如居民自组织范围内的事项则应尽可能由居民自治完成不能继续"父爱式关怀"，居民做出的合法决策得不到执行则需要及时输入政府权威和组织力量等。

二、政府的行为逻辑与政社关系

政府在城市社区"微共同体"的生产中能否和在多大程度发挥作用，主要取决于政府的行为逻辑。关于政府的行为逻辑历来有三种旗帜鲜明的观点：一是公共精神论，早期的理论家倾向认为政府官员是追求公共利益的"公共人"而不是追求个人利益最大化的理性经济人⑤，政府是公共利益的代言人，政府行为受"公共精神"的支配⑥；二是理性选择论，以公共选择理论为代表的理论

---

① 李宽. 城市社区共同体的生成机理：从陌生人到熟人 [J]. 重庆社会科学，2016（5）：49-55.
② 郑长忠. 社区共同体建设的政党逻辑：理论、问题与对策 [J]. 上海行政学院学报，2009（5）：62-69.
③ 郑琦，乔昆. 论社区共同体生成的政府培育主导路径 [J]. 北京社会科学，2010，(12)：55-58.
④ 杨贵华. 自组织与社区共同体的自组织机制 [J]. 东南学术，2007（5）：117-122.
⑤ BUCHANAN J M, TULLOCK G. The Calculus of Consent: Logical Foundations of Constitutional Democracy [M]. Ann Arbor: University of Michigan Press, 1962: 20.
⑥ 史蒂文·凯尔曼. 制定公共政策 [M]. 商正，译. 北京：商务印书馆，1990：2.

家们认为，政府官员与普通公民一样，同样是理性的经济人，其在日常的公共治理过程中同样遵循个人利益最大化原则，官员个人利益最大化主宰着政府行为，所以政府经常出现失灵甚至是失败①；三是混合论，认为政府官员的行为既受个人利益的支配也受公共精神的影响，无论是公事、私事还是公共精神、自私自利，在现实生活中并非能完全分开，人们在实现公共利益的过程中可能会夹杂着私人行为，而在实现个人利益的过程中同样可能会渗入程度各异的公共行为。②

合法性问题对任何国家和任何时期的政府来说，都是一个具有根本性意义的问题，它直接关系一个政府存在的必要性和重要性。但不同时期不同的合法性理论关于政府合法性的来源认识却有所不同，古代的君权神授的天命观暂且不论，就是近现代关于政府合法性的来源的观点也各不相同，如理想主义认为政府的合法性来源于政府能有效维护公共理性③，保守主义认为政府的合法性来源于政府能够有效提供公共物品④，功能主义认为政府的合法性来源于有效提供公共物品和有效维护多党制民主⑤，西方马克思主义认为政府的合法性来源于一些与普通民众主观感受无关的客观指标⑥。而韦伯一改前述精英主义自上而下的路径，从民众对政府权力来源感受自下而上的路径进行理想型建构，将政府的合法性来源划分为传统型、魅力型和法理型⑦。赵鼎新在前述政府合法性理论基础上，按照意识形态、提供公共产品能力和统治者产生程序三个面向，建构了意识形态合法性、绩效合法性和程序合法性三种理想类型，分别表示政府的合法性来源于广为公众接受的意识形态、为公众提供公共物品的能力和影响政治

---

① TULLOCK G. On the adaptive significance of territoriality: comment [J]. The American naturalist, 1979, 113 (5): 772-775.
② 史蒂文·凯尔曼. 制定公共政策 [M]. 商正, 译. 北京: 商务印书馆, 1990: 213.
③ RAWLS J. Political Liberalism [M]. New York: Columbia University Press, 1993.
④ CROZIER M, HUNTINGTON S P, WATANUKI J. The Crisis of Democracy: Report on the Governability of Democracies to the Trilateral Commission [M]. New York: New York University Press, 1975: 101.
⑤ CONNOLLY W. Legitimacy and the State [M]. New York: New York University Press, 1984: 88-103.
⑥ CONNOLLY W. Legitimacy and the state [M] //HABERMAS J. What does a legitimacy crisis mean today? legitimation problems in late capitalism. New York: New York University Press, 1984: 134-155.
⑦ 马克思·韦伯. 经济与社会 [M]. 上卷, 林荣远, 译. 北京: 商务印书馆, 1997: 239-320.

过程的程序。①

作为"一个统治的可靠的基础"②，政府必定要寻求自身合法性，失去合法性的政府就失去了存在的必要性和意义，即便政府官员是理性经济人，寻求个人利益最大化，政府失去存在的必要性，其个人利益也无法实现，更遑论个人利益最大化，"皮之不存毛将焉附"的道理政府官员自然懂得。城市社区"微共同体"的生产，在冰冷的现代性中建立温暖的情感联结，实现现代性的突围，无疑可以有效提升政府合法性：其一，随着共同体生产的深入，人们会逐渐产生认同感、归属感、整体感、亲密感以及幸福感，产生广为接受的价值观，增强政府意识形态合法性；其二，政府积极合理参与社区共同体的生产，"输入外部权威和组织力量、拓展社会自治组织网络、分摊部分集体行动成本，以及作为集体行动的公共激励者"③，必然增强政府的政治绩效合法性，尤其是对城市政府特别是中心城区政府而言，当经济绩效难以有较大突破时政治绩效合法性就成为增强政府合法性的重要来源，本书所观察的XGW区政府之所以大力推进小区自治并将其作为一项工程由党政一把手亲自抓，可能就有这方面的考虑；其三，社区共同体的生产过程是社会、市场、政府三大结构性力量民主协商、真正的共同参与和共建共治共享的过程，这与过去政府自上而下的单向一元管理过程迥然不同，是政府行为程序的根本性转变或变革，必然给民众以完全不同的记忆和体验，并生成持久的认同感和归属感，从而大幅度增强政府的程序合法性。社区"微共同体"的生产可以有效缓解意识形态合法性、绩效合法性和程序合法性三者之间存在的"很大的紧张"④并使三者达到有机统一。

从政治和行政二分⑤视角而言，民意的表达讲求民主，而民意的执行讲求效率，政府激励官员提高效率正是建立在官员个体对个人利益追求的基础之上的，政府对官员公共性价值追求的考核之所以能发挥激励效果，与公共绩效和个人利益之间的勾连有着莫大关联。所以，政府行为既有对合法性的价值追求，也有官员的个人利益诉求，同一政府在不同时期、不同官员治理下会表现不同的行为，区别就在于不同政府行为混合的合法性价值追求和官员个人利益诉求之

---

① 赵鼎新. 国家合法性和国家社会关系［J］. 学术月刊，2016，48（8）：166-178.
② 马克思·韦伯. 经济与社会［M］. 上卷，林荣远，译. 北京：商务印书馆，1997：239.
③ 叶敏. 社区自治能力培育中的国家介入［J］. 南京农业大学学报（社会科学版），2015，15（3）：10.
④ 赵鼎新. 国家合法性和国家社会关系［J］. 学术月刊，2016，48（8）：177.
⑤ WILSON W. The study of administration［J］. Political science quartly，1887，2（2）：197-222.

间的比例不同,以及个人利益追求是否被有效限定在合法合理范围之内。然而令人遗憾的是,人类历史发展到今天仍然还没有一种制度能够绝对做到政府合法性与官员个人利益的完美统一,一个显著的证据就是,即便在世界清廉指数①排名靠前的国家,也存在着官员为逐利而损害公共利益和侵蚀政府合法性的行为,如贪污腐败等。

在城市社区"微共同体"生产中,按照行为性质政府可以划分为不作为的政府、积极作为的政府和过度作为的政府,而按照行为结果政府可以划分为作为居民维权对象的政府和作为居民靠山的政府。政府的不作为会消解自身的合法性基础,政府过度作为可能消解"微共同体"的内生性,使一个个的"微共同体",只不过是自上而下的"委托—代理"关系的一次次复制、"代理链"的一次次延长、居民从拥有一个"不在身边的保姆"——社区居委会到多拥有一个"贴身的保姆"——业委会而已,②无论是政府不作为还是过度作为,都可能引起居民的反感和反对甚至成为居民的维权对象;而政府的积极作为往往能得到居民认同和归属,"使人民获得感、幸福感、安全感更加充实、更有保障、更可持续"③。所以,无论是政府主导,还是市场机制,抑或志愿精神,只要政府、市场和社会秉持公共利益和个人利益的平衡,在追求公共利益中实现个人利益④;同时将个人利益的实现,有效限制在合法合理的限度之内,这样的政府就是具有合法性的政府,这样的官员也是守法的官员、"合理"的"公共人"。

三、微共同体生产中的政府角色

政府在城市社区"微共同体"生产中的角色,会因微社区的不同、"微共同体"生产所处时期或阶段的不同、具体事项的不同而有所不同。从政府角色履行的效果来看,政府在社区"微共同体"生产中的作用方式有退出论、介入论和有效介入论三种观点。其中,有效介入论认为,政府完全退出会导致转型乱象,不适当的介入会肢解社区社会力量,而有效的介入有助于社会力量的成长。

---

① 过勇,宋伟.清廉指数的腐败测评方法与局限性[J].经济社会体制比较,2013(5):151-160.
② 陈伟东,余坤明."转代理":转型期低收入社区居委会自我"减负"的行为模式:武汉市X社区"门栋自治"的背后[J].社会主义研究,2005,(4):86-90.
③ 习近平.决胜全面建成小康社会夺取新时代中国特色社会主义伟大胜利:在中国共产党第十九次全国代表大会上的报告[M].北京:人民出版社,2017:45.
④ 周红云.全民共建共享的社会治理格局:理论基础与概念框架[J].经济社会体制比较,2016(2).

城市社区"微共同体"的生产需要政府至少在以下四个方面的支持。

输入外部权威和组织力量。与政府类似,业委会、业主代表大会、业主大会等居民自组织同样存在合法性问题,即为什么可以代表居民治理居民日常生活领域的公共事务。居民自组织的合法性来源同样可以划分为意识形态合法性、绩效合法性和程序合法性:当自组织始终维持公平正义,坚持民主平等现代社区精神,积极倡导与邻为善、团结互助等优秀传统文化精髓,自组织的意识形态合法性就逐渐产生;当自组织代表居民较好实现、维护和发展了居民的共同利益,居民就会对自组织产生认同甚至归属,自组织的绩效合法性也随之产生并深化;当自组织及其成员经过居民民主选举产生,选举产生后的自组织及其成员始终坚持与居民及时沟通、民主协商并坚决执行居民集体决策,自组织及其成员的程序合法性也不存在质疑。意识形态、绩效和程序合法性同时具备是自组织合法性的理想类型,在现实生活中也确实存在,但不一定具有普遍性,即便具有普遍性也仍然离不开政府权威和组织力量的支持。

具体而言,在以下场域中需要政府权威与组织力量的及时输入。一是当异质性突出的居民对自组织成立必要性尚未达成共识而现实又迫切需要成立时。如 JMHY 小区由于居民之间的垂直分化程度较高。

> 即便居民面对脏乱差的恶劣生活环境,经历八年之久仍然是难以达成共识,由于不能达到法定"双过半"条件,业委会始终难以成立,结果导致脏乱差环境长期得不到改变。(XGW 区西高街办 XXL 访谈:ZF-XLJB-XXL-20170805)

所以这时需要政府及时输入外部权威和组织力量帮助居民成立自组织,然后支持居民积极开展自治,所以 XGW 区政府专门委派一名社工和一名网格员负责帮助居民成立业委会,最后小区业委会在 WXP 等一批积极分子的带领下取得自治成功。二是当居民对自组织的绩效和程序产生怀疑而这种分歧不能妥善解决时。由于公共事务治理的复杂性、信息不对称和力量不对等原因,当居民对自组织的绩效和程序提出疑问,而分歧一时得不到解决,如居民认为业委会处事不公、业委会不作为、信息不公开、作风专断等,此时则需要外部权威的介入。三是当居民之间的分歧一时难以调和而自组织又不具有执法权时。不平等和异质性突出或者说社会分化程度较高的居民之间出现分歧比较常见,一般情况下或者说在大多数情况下,居民之间的分歧可以通过协商解决,但也有难以解决的情况出现。如 JMHY 小区改造过程中的拆违,在常人看来明显违章和违法的建筑,但相关当事人由于利益等原因,始终极力反对拆除;XSJY 小区居民堵门事件中居民因为对停车的集体决策不满而采取极端方式堵住所有车辆出入口，虽经协商仍不能解决等。当公共利益受到威胁而不能协商解决时，则需要政府权威和组织力量的及时介入以定分止争。四是即便自组织意识形态、绩效和程序合法性同时受到外力阻挠时。如少数基层政府和单位、物业公司阻挠居民自组织的成立和依法开展自治，当居民与市场力量发生分歧；如物业公司被居民依法解聘但不愿撤离或者不按规定办理移交等，此时政府权威和组织力量必不可少。

分摊部分自组织成本。复杂社会居民的自组织成本较高，如果政府能够在自身职责范围内分摊部分自组织成本，则能促进居民的组织化。居民自组织成本主要包括物质成本和非物质成本两大方面。物质成本指居民自组织所需要的金钱、物资等耗费。如 JMHY 小区在空间改造过程中，如果改造费用完全由居民承担，每户需要承担 5000 元左右的费用，由于小区是老旧小区，居民纵向分化程度较高，部分居民经济承受能力有限，所以如果政府能够分摊部分居民自组织成本，则能促进居民交往发展。

我们区的小区改造采取的办法是，政府从民生角度在惠民资金中拨出一部分，采取"财政资金投入一点、辖区单位支持一点、受益业主缴纳一点、社会主体捐赠一点"的方式，帮助居民解决生活中的实际问题，居民的积极性都很高。（XGW 区党委 MWT 访谈：ZF-XLDW-MWT-20160720）

非物质成本主要是居民自组织的时间、精力、情感等投入，由于政府主体的积极辅助，业委会等自组织的动员、组织、协调等行动耗费的时间、精力等成本会大幅降低。如 JMHY 小区业委会在组建过程中，社工和网格员全力配合热心业主 WXP 的工作，协助其宣传、动员、组织等，大幅节约了居民的时间和精力投入。

权威激励者。公共精神、公共参与等行为需要不断予以正强化，从而提升其再次出现的概率。这种激励包括居民的认同、关心、赞扬等，同样包括政府的肯定和激励。政府激励的方式包括物质激励和精神激励，物质激励主要体现在提供资金和物资支持。

在给老旧小区改造拨付惠民资金时不是简单地提供资金，财政资金拨付的前提是居民自筹资金的到位和自组织的成立，否则惠民资金不予支持，而且还要延伸审计，改造不到位的要追缴。（XGW 区委组织部 WKC 访谈：ZF-XLZZ-WKC-20160720）

（居民在得到这一消息后纷纷表示）这么好的事情到哪里去找，大家赶快把自筹部分的钱交了，一家才 1500 块钱，然后我们再投票选出业委会，一起来把我们这个小区改造好，过几天舒舒服服的日子，反正我是受够了，天天像生活在难民营,再不当回事儿,过了这个村就没这个店了!(XGW区 JMHY 小区 QQ 群居民"丛林小屋"发言 JM-JMHY-CLXW-201606221926)。

精神激励主要体现为政府对热心居民和优秀自组织的肯定、表彰、嘉奖等强化。如 XGW 区多次专门召开领导班子成员全体出席的专题会议,表彰自治突出集体和个人,组织业委会成员相互参观学习交流等,积极给予居民和居民集体予以正强化并解决自组织过程中的能力欠缺和经验不足等问题。

拓展居民社会网络。共同体生产的本质是在居民个体之间重建社会网络。尽管居民内部社会网络是共同体是否生成以及生成水平的重要标志,居民内部社会网络水平事关共同体生产成败,但居民与共同体外部社会之间的网络对共同体的生产同样重要。内部网络与外部网络互构并共构为一个统一的有机体。居民内部社会网络主要靠居民自发建立,但政府也可以发挥辅助作用,为居民交往提供信息、场所等支持,因为行政化的居委会尤其是属地精细化管理的网格员队伍等政府主体对社区居民相对比较熟悉,可以为居民提供交往信息,如哪些居民有什么特长和资源等,再者现在居民区普遍存在设计上的缺陷,即缺乏居民公共活动空间和场所,而这正是居委会等政府主体所具有的。外部社会网络居民可以自发建立,但政府也可以发挥积极作用,因为政府无论是"强政府"还是"弱政府"都在某种程度上是社会网络的节点与核心,可以为居民拓展外部社会网络提供支撑,这种外部的社会网络为不同共同体居民之间的交流提供了机会。

除了在表彰会上安排自治水平较高的小区做交流发言,还定期组织业委会相互之间的现场参观考察交流,为不同小区居民相互学习和交流经验提供机会。(XGW 区委组织部 YXH 访谈:ZF-XLZZ-YXH-20161206)

总之,城市社区"微共同体"的生产,既不是可以简单移植又不是能够在短期内迅速生成的①。在城市社区"微共同体"生产过程中,政府首先要从观念上信任居民,认识到居民无论从意识还是从能力上都已经逐步具备自组织的条件;其次要逐步转变社会治理方式,从过去由政府向社会、自上而下的单向管理模式,向社会、市场、政府三大结构性力量"共建共治共享"社会治理格局迈进,当好居民的靠山和"娘家",通过"有效介入"逐步促进居民组织化,帮助居民在"冰冷的现代性"中逐步产生温暖的情感联结。

---

① 孙璐. 我国城市社区情感建设的可能性及路径:基于社群主义视角的分析[J]. 城市问题,2013(2):59-62.

第七章

城市社区微共同体的"生产要素"

同样是微社区,为什么有的能够形成"利益共同体—自治共同体—精神共同体"完整的"共同体链",而有的只能走完其中一个或两个环节,有的甚至一个环节都走不完?同样是微社区,为什么有的社会、市场、政府之间能够形成"管家—亲家—娘家"的良性关系,而有的始终难以走出"相见容易相处难"的困境。透过纷繁复杂的现象厘清城市社区"微共同体"生产的影响因素,对城市社区"微共同体"的再生产至为关键。

第一节 微社区内的资本与共同体的生产

作为社会科学领域使用频率最高的概念之一,要对"资本"做出一个确切定义几乎是一件永远不可能实现的事情,因为人们对资本的认识本质上是一个世界观问题,资本是什么以及什么形成资本,是人们对价值本质和价值源泉认识的逻辑结果,不同世界观的人们有不同的认识。[1] 但资本概念跳出经济领域而扩展到非经济领域已是不争的事实,经济资本、政治资本、文化资本、社会资本、人力资本等,已成为人们广泛使用的概念。在经济学领域,资本往往与财富密切相关,是可以生产更多财富的财富[2],或者说是"生产性的'财富'"[3];而以马克思为代表的思想家深刻洞见了资本的社会属性,认为资本不是物而是一种以物为中介的人与人之间的社会关系[4],只有在特定的社会关系下

---

[1] 杨文进. 关于资本本质与内涵的一种解说 [J]. 经济评论, 2003 (2): 23-27.
[2] Oxford Dictionary of Economics [Z]. Oxford: Oxford University Press, USA, 2003: 46.
[3] 保罗·A. 萨缪尔森, 威廉·D. 诺德豪斯. 经济学 [M]. 第16版, 萧琛, 等译. 北京: 华夏出版社, 1999: 6.
[4] 马克思. 资本论 [M]. 第1卷. 北京: 人民出版社, 1975: 834.

资本才能够称为"资本",而一旦脱离这种社会关系资本就不能称为"资本"了①。作为人类结合方式之一的共同体,其本质是人与人之间的社会关系,资本在城市社区"微共同体"的生产中同样发挥着至关重要的作用。

一、文化资本与社会资本

(一) 文化资本:智识与非智识

文化资本是布迪厄在研究学生学校教育成绩差异时提出的一个概念。布迪厄认为,文化已经渗透到社会生活的各个领域,并取代经济、政治等传统因素成为社会生活的首要因素,如果没有文化的大规模渗透,经济和政治因素都将缺乏活力。② 文化资本可以划分为三种样态。一是身体形态的文化资本。指通过家庭教育、学校教育、社会教育等方式获得,并内化为身体一部分的知识、技能、态度、习惯、教养、品味、语言、情趣等文化产品,文化资本可以通过后天学习积累,但需要花费大量的时间和巨大的精力,而且由于只能体现在特定的个体身上而不能买卖、馈赠或交换,但可以在劳动力、社交、学校、学术等场域投资并获取金钱、地位、尊敬、好评等物质和非物质回报。二是物质形态的文化资本。通常指以书籍、绘画、课本、工具、机械、道具、古董等实物形态表现出来、可以直接传递的文化资本,物质形态的社会资本消费仍然是身体化的,因为其消费能力与内化文化资本存量呈正向相关关系。三是制度形态的文化资本。通常指通过制度化方式,典型的如考试等,对个体身体形态的文化资本予以确认和认可后可以量化的文化资本形态,典型的如学历学位证书、奖励证书等,制度形态的文化资本只有通过投资才能取得,如将孩子送入学校接受学校教育,通过这种"社会炼金术"获得的文化资本具有"文化的、约定俗成的、经久不变的、合法的"价值。③④ 城市社区"微共同体"的生产,首先需要成员具有较高的文化资本,尤其是身体形态的文化资本。

现代社会是"复杂社会",高速发展的现代性将各种生产要素高度集中于城市,使居民日常生活领域的公共事务也变得异常复杂:从公共事务的种类来看,公共收益和支出、公共场所的使用、公共设备的维护、物业服务的监督、专项

---

① 马克思,恩格斯. 马克思恩格斯选集[M]. 第1卷. 北京:人民出版社,1979:362.
② 高宣扬. 布迪厄的社会理论[M]. 上海:同济大学出版社,2004:14-15.
③ RICHARDSON J G. Handbook of theory and research for the sociology of education[M]// BOURDIEU P. The forms of capital. New York:Greenwood Press,1986:244.
④ CARRINGTON V,LUKE A. Literacy and Bourdieu's sociological theory:a reframing[J]. Language and education,1997,11(2):96-112.

维修资金的使用和缴纳、业主大会和业委会的运行和监督、文明行为的倡导和实施、水电气等"生命线系统"的保障供应等,事务种类之多和事项之繁,前所未有;从公共事务的专业性质来看,现代社会日常生活事务的处理不再是凭常识、人工就可以解决的,需要专业的知识、专门的技术设备、机构和人员并耗费大量时间和精力才能解决,如物业服务中的地下管道探勘和维修、高压配电设施的检修、公共安全的维护等,都需要投入大量的技术设备、人力和物力,以及时间精力;从公共事务牵涉面或敏感程度来看,现代社会日常生活领域的公共事务往往动辄牵涉成百上千的居民,更牵涉社会、市场、政府等结构性力量的利益和神经,发生影响面广的"突发公共事件";从治理的复杂程度和难度来看,日常生活领域的公共事务对治理的主体多元性、程序合法性、方式民主性、过程高效性、目的公益性等,都提出了前所未有的要求,任何一个治理要素"不达标"都可能导致"合法性危机"和"合理性质疑"的双重累计叠加。

　　居民日常生活领域的复杂性,是现代性的后果和复杂社会在居民日常生活领域的反映,但同时也对城市社区"微共同体"的产生提出了更高的文化资本要求。城市社区"微共同体"能否和在多大程度上生成,取决于微社区内居民文化资本存量的高低和结构的合理性程度。一方面,复杂社会城市社区"微共同体"的生产,需要以知识和技能为代表的智识型文化资本。从内容上看,城市社区"微共同体"的生产需要居民尤其是作为业主的居民通晓物业管理、房屋产权、城市规划等方面的政策法规,公用设施和设备维护、公共收支经营管理、财务管理等专业知识,民法、行政法、合同法、诉讼法、行政和司法救济等纠纷解决或权利救济知识,民主选举、集体协商、信息公开、民主监督等居民自组织知识,以及与市场、社会、政府等不同主体协调沟通、阐明立场、表达诉求、说服他人、争取支持、达成共识的技能。另一方面,复杂社会城市社区"微共同体"的产生,还需要以态度、习惯、品位、教养、情趣,尤其是公共精神为代表的非智识型文化资本。因为公共事务的复杂性,城市微社区内居民公共事务的治理,需要居民尤其是作为自组织成员的居民,花费大量时间、精力甚至金钱,并将稳定的自治共同体推向能够满足居民更高"品位"和"情趣"的情感共同体。笔者跟踪观察的三个小区中,CJRJ 小区是高档小区,居民的文化资本并不比其他两个小区低,某种程度上反而比其他两个小区高,但该小区至今连利益共同体也没实现,其中与缺乏一批富于公共精神和文化资本的居民有很大关系。

　　从个体角度审视,同时具备智识型和非智识型文化资本的居民显然属于凤毛麟角,在某种程度上说甚至很难找到。现代性消解了"通才"或"全才"出现的可能性，高度发达的社会分工使绝大多数人们可能只是某一领域的"专家"，而难以成为精通所有领域的"全才"。但这丝毫不影响反而促进了城市社区"微共同体"的生产，因为城市微社区内的居民虽然在纵向社会分化上具有"整体上的一致性"，但在横向社会分化上却具有较高的异质性，这种异质性突出表现在职业和专业上。居民横向分化上的异质性带来文化资本的多样性，处于同一阶层但分属不同行业和职业、具有不同类型文化资本的居民，因为居住而共同生活在同一空间或场域，这恰好为城市社区"微共同体"应对"复杂的现代性"创造了绝佳条件。鲍曼认为，共同体是由同质性（homogeneity）、共同性（sameness）这一相同原材料做成的①。笔者以为，鲍曼所说的同质性在现代社会应该是指共同体成员纵向分化上的同质性，或者说阶层同质性，而非横向分化上的同质性，相反，居民横向分化上的异质性正是现代社区"微共同体"所需要的，为居民组织化既提供了必要性也提供了可能性。所以，居民纵向分化上的平等性和横向分化上的异质性，为现代城市社区共同体生产提供了理想场域。而楼栋、院落、小区等微社区，是这一场域的典型代表。

尽管城市微社区内居民纵向分化上的平等性和横向分化上的异质性，为共同体的生产创造了有利条件，但这种条件是必要而非充分条件。因为文化资本不仅有个体之分，还有集体之别，不同的微社区，居民的文化资本存量整体存在着高低差别，从社会结构角度而言，不同微社区所具有的文化资本存量处于不同的社会位置之上，而且不同微社区所具有的文化资本，内部结构的合理性同样存在很大差别。但这并不是说文化资本存量和结构"先天不足"的微社区注定难以生产出共同体，因为幸运的是，微社区所具有的文化资本存量和结构并非静态而是动态的，居民在实现共同利益的过程中也会逐渐学习和掌握更多的文化资本，从而提升个体水平和集体意义上的文化资本存量，并改善内部结构，从而使微社区通过"后天努力"逐步具备共同体生产的文化资本条件。

（二）社会资本：过程、制度到特征信任，对称到非对称性互惠

作为社会科学领域一个热门概念，社会资本不仅吸引了经济学、社会学、政治学等多个学科领域学者兴趣，还引起公众广泛关注，人们对社会资本理论的热衷程度被科尔曼形容为"理论强迫症"②。尽管研究社会资本的学者很多，但大家基本共享着一些公众人物，如洛瑞、布迪厄、科尔曼、普特兰、科恩、

---

① 齐格蒙特·鲍曼. 共同体：在一个不确定的世界中寻找安全 [M]. 欧阳景根，译. 南京：江苏人民出版社，2003：9.
② COLEMAN J S. Social capital in the creation of human capital [J]. American journal of sociology, 1988, 94 (1)：95-120.

林南等。共享公众人物对社会资本的理解,能够比较全面准确反映这一概念的内涵和外延。

洛瑞认为,社会资本是指那些能够帮助个人在市场中获得技能等有用或有价值资产的社会关系①;布迪厄认为,社会资本是群体或成员凭借相互认可、持久和社会化的人际关系网络,而拥有现实和潜在的资源总和,它是特定群体成员享有的共同财产,为群体成员提供非排他性资源支持②;科尔曼认为,人生来就具有可以相互转换的三种资本形态,即物质资本、人力资本与社会资本,其中,社会资本是行动者为实现自身利益而进行社会交换形成的、作为社会结构组成部分和个人资本财产的持续社会关系,其形式有规范、义务、期望、信息网络、权威关系、有效惩罚、多功能社会组织等③;普特南认为,社会资本是社会组织中的规范、社会信任感等,能降低组织交易成本、促进组织成员协同合作,以高效率形成共同利益的人际网络④;武考克认为,社会资本是个人社会网络之中能够带来互惠的信任、规范以及信息⑤;科恩认为,社会资本是能够将成员紧密团结起来,从而使社群之间将共享的信任、理解、理念、价值观等建立积极联系⑥;林南直接指出,社会资本是利用社会关系获得的资本,是隐藏在行动者社会网络中、可以使用并可以带来利益的资源。⑦

通过对社会资本概念的梳理可以发现,网络、信任、互惠、规范、理念、价值观等,是社会资本概念的核心内容或关键词汇。按照克里舒那等的观点,通过先例、规则、程序等建立起的社会网络和社会角色属于相对比较客观的结构型社会资本,而信任、价值观、理念、信仰等属于相对比较主观的认知型社

---

① WALLACE P A, LAMOND A M. Women, minorities, and employment discrimination [M] //LOURY G C. A dynamic theory of racial income differences. Lexington. D. C. Heath and Company, 1977: 153-186.
② BOURDIEU P, WACQUANT L J D. An Invitation to Reflexive Sociology [M]. Chicago: University of Chicago Press, 1992: 119.
③ COLEMAN J S. Foundations of Social Theory [M]. Cambridge: The Belknap Press of Harvard University Press, 1990: 176-187.
④ PUTNAM R D, LEONARDI R, NANETTI R Y. Making Democracy Work: Civic Traditions in Modern Italy [M]. Princeton: Princeton University Press, 1993: 84-97.
⑤ WOOLCOCK M. Social capital and economic development: toward a theoretical synthesis and policy framework [J]. Theory and society, 1998, 27 (2): 151-208.
⑥ COHEN D J, PRUSAK L. In Good Company: How Social Capital Makes Organizations Work [M]. Boston: Harvard Business School Press, 2001: 78-84.
⑦ NAN L. Social capital: A theory of Social Structure and Action [M]. Oxford: Cambridge University Press, 2003: 19.

会资本范畴。① 笔者以为,现有社会资本概念有以下三个特征:一是从性质上看,社会资本是一种社会关系或社会网络,是人们之间的一种社会联系;二是从内容上看,强调信任的地位和作用,科恩更是直截了当地指出,社会资本依赖于信任,关系、网络、合作、忠诚、团队等社会资本,只有依赖于一定水平的信任度才能存在,信任是测量社会资本最为关键的指标②;三是从结果来看,社会资本强调互惠性,即认为社会资本是可以带来收益的社会资源,所以称为"资本",但这种收益是依据成员资格获得的,这也就意味着没有任何一个人可以单独对社会资本拥有所有权,任何一个人退出都意味着因为不再具有成员资格而失去获得收益的权利③。在城市社区,居民在各种正式或非正式组织中基于互动形成的信任、合作、互惠、网络等④,是社区社会资本的主要内容。

　　城市社区社会资本与"微共同体"生产之间的关联主要体现在三个方面。首先,合作关系及其网络是利益共同体和自治共同体生产的基本形式。现代性带来城市社会的复杂性与居民个体资源和能力有限性之间的张力,决定了作为个体的居民不可能实现日常生活领域公共事务治理,合作是唯一逻辑进路,离开合作就难以甚至是不可能实现共同利益和稳定持久的自治,利益共同体和自治共同体也就难以生成。其次,信任是良性社会关系生成的基础。按照对象信任可以分为以业委会为代表的居民自组织信任、以物业公司为代表的市场信任、以行政化的居委会为代表的政府信任和居民之间的相互信任,无论是组织之间、居民个体之间,还是组织与个体之间,只有相互信任才能生成和维持"管家—亲家—娘家"以及守望相助、出入相友、亲密与共式的良好社会关系,进而生成城市社区"微共同体",XGW 区 CJRJ 小区之所以长期难以形成良性的社会关系,其中一个重要原因就在于各主体之间没有相互信任。最后,互惠是城市社区"微"情感产生的关键。作为人们社会结合的一种方式,共同体最大的特点就在于其在"冰冷的现代性"中建立起人们之间认同、归属、亲密等温暖的情感联结,现代性的冰冷与共同体的温暖之间的巨大反差和强烈对比让人们对共同体孜孜以求,当合作实现共同利益和稳定自治,居民会产生集体认同感和归

---

① KRISHNA A. Active social capital: tracing the roots of development and democracy [J]. Economic development and cultural change, 2005, 53 (2): 538-540.
② COHEN D J, PRUSAK L. In Good Company: How Social Capital Makes Organizations Work [M]. Boston: Harvard Business School Press, 2001: 44-48.
③ BURT R S. Structural Holes: The Social Structure of Competition [M]. Cambridge: Harvard University Press, 1992: 27-32.
④ 杨贵华. 社区共同体的资源整合及其能力建设:社区自组织能力建设路径研究 [J]. 社会科学, 2010 (1): 78-84.

属感,而要产生彼此之间的亲密感则需要居民之间互惠行为,尤其是非对称互惠行为的产生,因为互惠尤其是非对称性互惠,居民之间会产生感激心理,进而产生一种强烈的亲近愿望,守望相助、亲密与共的情感联结也就随之产生。

然而,城市社区是陌生人社区,居民来自"四面八方、五湖四海",有着不同的年龄、民族、职业、信仰等,如何在陌生且异质的居民之间建立信任、互惠、合作等社会资本,是城市社区"微共同体"生产的重要决定因素之一。根据佐克尔的观点,信任有三大来源:一是来源于过程的信任,即个人根据交往经历中产生的互惠历史和交往对象的声誉、承诺等对未来的保证,从而对未来产生稳定过程预期进而产生信任;二是来源于特征的信任,即信任是建立在年龄、性别、种族、经济和社会地位、家庭背景等个人特征基础之上,通过个人特征所具有的社会义务规范和相似性料想某人是否可靠;三是来源于制度的信任,即信任建立在社会制度和中间机制基础之上,与正式社会结构、个人所在组织属性密切相关。[①] 问题的关键在于,陌生且异质的居民由于没有共同经历,所以相互之间没有过程信任基础,而社会缺乏基于特征的信任,人们难以根据年龄、性别、地位等个体特征而无条件地信任他人。在此情况下,城市微社区内的信任生成机理演化为:从过程信任到特征信任,从制度信任到人际信任,从对称性互惠到非对称性互惠。

从过程信任到特征信任。城市社区居民由于来自不同的地方,相互之间"先天"没有共同的交往经历和记忆,而现代性带来日常生活领域和非日常生活领域的分离,叠加社会化服务机制的发达,导致居民之间难以产生"后天"的深度交往,所以居民之间长期处于"互不相干的邻里"状态。但如果出现"重大"事件,如严重的脏乱差、物业侵权、电梯停运、水电气等管网系统出现"保供"问题等,"互不相干的邻里"则会选择"团结起来"实现共同的利益,集体行动的产生也标志着居民交往的开始。如果居民通过交往实现了共同利益,则会对其所在集体产生认同,对同一微社区的居民产生信任感;如果居民能够将一次集体行动演化为稳定的自治,"大事小事"都能够得到有效的治理,居民则会对其所在集体产生持久的归属感,对同一微社区的居民产生特征信任,即简单假定本楼栋、院落或小区的居民都是值得信任的,进而实现从过程信任到特征信任的转化。

---

① 罗德里克·M. 克雷默,汤姆·R. 泰勒. 组织中的信任[M]//道格拉斯·里德,雷蒙德·E. 米尔斯. 组织中的信任. 载管兵,刘穗琴,译. 北京:中国城市出版社,2003:23-24.

从制度信任到人际信任。现代社会普遍强调契约精神、法治精神，倡导通过剔除差异的普遍法来实现社会秩序。对大多数居民而言，由立法机构制定、颁布实施并有国家权威和强制力保障的法律制度总体上是值得信任的，对绝大多数居民而言，法律也是权利的最后一道屏障。滕尼斯敏锐地意识到这一点，将传统社会和现代社会的特征，精辟地抽象为礼俗社会和法理社会①。现代社会的这一特征，为城市社区"微共同体"的生产，尤其是社区信任的建立提供了有益条件，即可以借助居民对社会普遍接受的法律制度的信任，建立、完善并严格执行城市社区"微"场域内的规约体系，重塑人们对"微"制度的信任。当居民建立起对"微"制度的信任，就会对同一"微"制度约束下的居民行为产生稳定预期，或者说简单假定同一制度约束下的居民会产生同样行为，即便没有产生也会受到相应惩罚或不会获取某项收益，从而完成从制度信任到特征信任的转化。

从对称性互惠到非对称性互惠。合作和信任是培育居民认同感、归属感，以及在此基础上的整体感的重要决定因素。居民之间的亲密感虽然与合作和信任有着重要的联系，但合作和信任本身并不必然产生亲密感。居民之间的亲密感，更多来源于建立在居民互惠行为基础之上的相互感激。互惠是人们之间给予帮助与履行回报义务的交往行为，互惠是一种能够稳固社会关系并适用于所有文化的社会现象。② 在中国自古有"投我以桃，报之以李"之说，西方也有"你帮我挠背，我也帮你搔痒"（You scratch my back and I'll scratch yours）类似的表达，当受惠方接受帮助或恩惠的同时，也就在双方之间建立起一种义务关系，受惠方会寻求在特定时机以特定方式回报施惠方，以此维系彼此信任的"关系"③。按照行为双方感知的互惠对等程度以及能否及时回报，笔者将居民之间的互惠行为划分为对称性互惠和非对称性互惠两种类型。当受惠居民感知施惠行为明显大于自己对对方的帮助，或者自己一时难以履行回报义务，笔者称这种互惠为"非对称性互惠"，反之，互惠居民都感觉自己的施惠和受惠程度相等，或能够即时予以对方回报，这样的互惠笔者称为"对称性互惠"。

在城市社区"微共同体"生产过程中，利益共同体和自治共同体阶段的居民合作，更多是一种集体合作和集体互惠，当居民实现共同利益后会产生集体

---

① 滕尼斯的《共同体与社会》一书同时也译为《礼俗社会和法理社会》。
② GOULDNER A W. The norm of reciprocity: a preliminary statement [J]. American sociological review, 1960, 25 (2): 161-178.
③ Bian Y J, ANG S. Guanxi networks and job mobility in China and Singapore [J]. Social forces, 1997, 75 (3): 981-1005.

认同、归属和社区信任，也会对部分"付出较多"者产生感激，但整体而言不会产生明显的相互感激和亲密感，因为居民会将自己的受惠看成是自己施惠行为的回报，或者说他人的施惠行为已经有自己参与的施惠行为实现的共同利益给予了回报。尽管如此，集体行动时期的对称性互惠却能带来"令人舒服的共同记忆"，以及认同、归属、信任，进而激励居民继续产生个体化交往。个体化交往大大提高了非对称性互惠行为发生的概率，当居民明显感觉自己的受惠程度大于施惠程度，或不能即时、不一定能够、对方不需要履行回报义务时，则会对施惠方产生明显的感激体验和亲近愿望。当对方需要帮助时，曾经的受惠者会毫不犹豫给予帮助，而这种施惠很难与当时的受惠程度对等，即便对等，曾经的施惠方也会因为时空条件的不同，而对此时的受惠程度有不同的感知，当曾经的施惠方、此时的受惠者感知到新的不对等时，则会产生新的感激和程度更深的亲密愿望，从而使居民之间的亲密关系进入良性循环格局（见图7.1），居民之间的横向亲密联结随之产生。

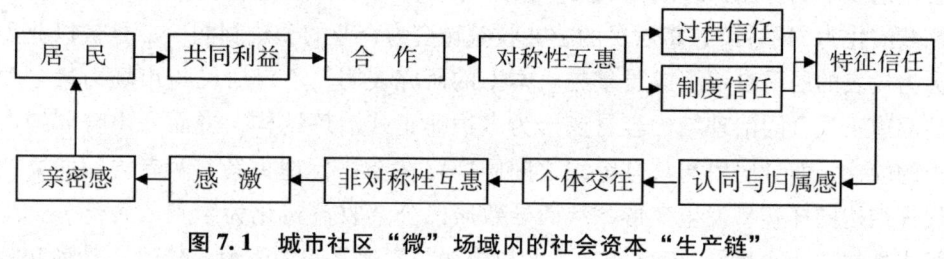

图7.1 城市社区"微"场域内的社会资本"生产链"

二、经济资本与时间资本

（一）经济资本与和睦、善治、情感

在布迪厄那里，经济资本的内涵与传统经济学理论主张类似，即经济资本主要是指那些可以量化并直接用来兑换成货币的物质财富和资源。[①] 在城市微社区中，居民的经济资本主要体现为现金和财产两种形式，其中，区分所有权财产尤其是共有财产，是居民经济资本的重要组成部分，也是居民经济资本的重要"源泉"。建立在居民区分所有权财产基础之上的公共场所使用、公共设施设备维修、公共收益归属和分配、公共支出渠道和方式等，往往是"微共同体"生产的重要内容，而且在某种程度上决定了"微共同体"能否和在多大程度上

---

① RICHARDSON J G. Handbook of theory and research for the sociology of education [M] // BORRDIEU P. The forms of capital. New York: Greenwood Press, 1986: 243.

生成。具体而言，这种作用机制的内容主要体现在以下几个方面。

经济资本与城市微社区和睦。滕尼斯认为，默认一致是一切真正共同工作、共同居住、共同生活的真实情况和内在本质的最简单表示。① 但何谓默认一致？滕尼斯认为，默认一致就是和睦，只不过在共同体中默认一致与和睦所指的对象不同，默认一致主要指共同体各个具体的关系和作用，而和睦指共同体整体的力量和本质。本书的研究表明，城市微社区内的纠纷，作为经济资本的物权是重要内容，所以，城市微社区内的经济资本关系能否理顺，是和睦关系产生的重要决定因素。按照现行相关法律法规的规定，居民的区分所有权财产尤其是共有财产，以及基于财产的收益支配权归居民或居民共同所有，但事实上居民或居民集体并不当然地能对共有财产和收益进行支配。

日常生活领域城市微社区内的经济资本支配权，会发生两种情况的"偏移"。一是被以房产开发商和物业公司为代表的市场力量掌控。由于房产开发商及其物业公司在居住区建设初期的优势，部分将盈利逻辑无限放大的市场力量，会借助变形的合同治理结构及其导致的约束软化②，将居民经济资本的"代管"逐渐演化为"掌管"，将居民的公共收益转变为企业的非法利润。二是被以业委会为代表的居民自组织成员掌控。本书的研究表明，不仅居民与市场力量之间的双边正式合同治理结构容易变形为多边非正式治理结构，进而发生合同约束力的软化，而且居民与其自组织之间同样存在委托代理关系，两者之间的委托代理结构同样容易发生变形，从而导致居民公共收益转化为个别或者部分自组织成员的"小金库"。经济资本支配权应然与实然之间的张力，导致"吵嘴和吵架这类干扰"③ 甚至穿防爆服、持盾牌对峙④这类群体事件层出不穷。

所以，如何确保居民牢牢掌握经济资本，维持社区"微"场域的和睦，就成为社区"微共同体"生产需要重点解决的问题之一。在笔者所跟踪观察的三个微社区：CJRJ 小区之所以长期矛盾重重，居民公共收益长期被物业公司侵占是焦点之一；JMHY 小区，包括其院落共同体阶段，和 XSJY 小区之所以能实现和睦格局，与业委会能代表居民掌握公共收益支配权有莫大关联，尤其是 XSJY

---

① 费迪南·滕尼斯. 共同体与社会：纯粹社会学的基本概念 [M]. 林荣远，译. 北京：商务印书馆，1999：74.
② 仇叶. 住宅小区物业管理纠纷的根源：基于合同治理结构变形与约束软化视角的解读 [J]. 城市问题，2016（1）：78-84.
③ 费迪南·滕尼斯. 共同体与社会：纯粹社会学的基本概念 [M]. 林荣远，译. 北京：商务印书馆，1999：74.
④ 孙玉春. JN 最大小区 6 年换 7 届业委会"掐架"不断 [N]. 现代快报，2016-09-06（F4）. 注：JN 为地名，遵照学术惯例，本书做了技术处理。

小区，居民在第二届业委会期间就收回公共收益支配权，并建立了业主大会和业主代表大会对公共收益支配的审批和监督制度，这些制度包括每年一度的物业满意度测评，测评结果将决定物业公司的公共收益"解返额"①，以及重大事项业主大会和业主代表大会审议制度、业委会定期报告制度、财务审计公开制度等。经济资本支配权的稳定和健康运行，对以物业公司为代表的市场力量和以业委会为代表的居民自组织都形成了"硬约束"，促使其尊重居民的意见并努力提高服务质量，从而维护"微"场域的和睦关系。

经济资本与城市微社区善治。微社区能否实现善治，直接影响居民的集体认同感、归属感，以及相互之间的亲密感。社区共同体的生产过程，也是居民共同治理公共事务、共同享受治理成果的过程，共建共享治理格局与社区共同体有着天然的逻辑勾连。滕尼斯认为，共同体的生活是一种相互占有和享受共同的财产的生活。②与非日常生活领域的治理不同，日常生活领域的治理，居民区分所有权财产是重要内容，尤其是在共同体生产初期。利益共同体往往基于"重大"经济资本产生，如建筑质量出现重大隐患或安全事件，电梯、供水管网、消防系统等建筑物部件停运或出现重大瑕疵，居住空间出现脏乱差局面，物业服务引发普遍不满等。但城市居民区的公共事务远非只有"重大事件"，居民日常生活中往往会有很多"非重大事件"需要得到有效处理，而且一时"重大事件"的解决，并不能代表未来"重大事件"不再出现与能妥善解决，所以社区"微"场域需要稳定、持久且有效的自治，以实现对基于居民财产的公共事务予以"良好的治理"，即"善治"③。

经济资本与城市微社区情感。城市社区往往是一个陌生人社会，来自不同地方、民族、职业、年龄、性别、信仰等的居民，因为居住而共同生活到同一物理空间，相互之间并没有普遍的血缘、地缘、业缘等社会联系，所以在聚居的初期总体上是"互不相干的邻里"并表现为社区"冷漠"。虽然个体化居民之间有着再组织化，尤其是打破冷漠、孤寂的客观需求，但由于信任的缺失人们对陌生人总是显得猜疑和戒备，相互交往总是限定在特殊的年龄群体，如

---

① "解返"是指小区的公共收入由业委会代表居民和物业公司按比例分成，所有收入由物业公司代收后先缴入业委会对公账户，年底核算后返还物业公司应得部分，即"先解后返"。
② 费迪南·滕尼斯. 共同体与社会：纯粹社会学的基本概念［M］. 林荣远，译. 北京：商务印书馆，1999：76.
③ 俞可平. 治理和善治：一种新的政治分析框架［J］. 南京社会科学，2001（9）：40-44.

"一老一少"群体,特定的领域,如文体娱乐,而占居民较大比重的中青年群体和深层次交往往往难以开展。然而,基于居民财产的公共事务治理,恰好为不同年龄阶段的居民交往提供了契机,正如一位社区书记对笔者所说。

> 现在有部分居民,不涉及他利益的事儿,他一般是不得管(不会参与)的。(XGW区XTW社区书记、主任LWM访谈:SQ-XTW-LWM-20161229)

因为个体化的居民个人能力和资源具有显著的有限性,共同合作和相互交往是克服这种有限性的当然逻辑进路。而随着有效共同合作和持久相互交往的产生,居民会逐渐产生对集体的认同感和归属感,以及相互之间的亲密感等社区情感,情感共同体生产历程也随即展开。

(二)时间资本:全面僭越与日常生活转向

时空社会学认为,时间有自然时间和社会时间之分,两者分别用来测量和表征地球运转和自然事物运动、社会生产生活和社会事件的顺序性和过程性。① 自然时间是不以人的意志为转移的,而社会时间则在较大程度上受到人的作用和影响,社会时间表征的社会事件过程和顺序无不刻着人的意志烙印。尤其是随着现代性的发展,社会时间出现了前所未有的变化,哈维用"时空压缩"、列斐伏尔用"时间在空间中固化"、吉登斯用"时空分延"等来表述时间加速、空间阻隔消失、时间消灭空间、时空延伸和分离等现象。社会时间的巨大变化是资本对利润无限追求的结果,当时空化资本和资本化时空相遇,则迅速纠缠在一起并共同形塑了当代社会。②

也正是资本对利润的无限追求,大大改变了劳动时间和自由时间的分配。时间在空间中的固化,通过人类行为尤其是与劳动相关的行为得以实现,劳动实践形塑时空节奏。③ 现代社会,无论组织与个人、自雇与他雇,普遍热衷通过延长劳动时间、压缩自由时间以追逐更多利润,或谋求更大发展,"加班加点"成常态。劳动时间的延长、自由时间的压缩,叠加工作空间和生活空间的分离,非日常生活领域实现对日常生活领域的全面僭越。在此情况下,作为日常生活领域突出代表的城市社区空间,则被居民的劳动时间大幅压缩,人们在社区停滞的时间、花费的精力等都大幅缩减,这也是为什么现代城市居民对社区事务

---

① 胡敏中. 论马克思主义的自然时间观和社会时间观[J]. 马克思主义研究, 2006(2): 38-43.
② 张雄, 速继明. 时间维度与资本逻辑的勾连[J]. 学术月刊, 2006(10): 25-29.
③ 包亚明. 现代性与空间的生产[M]//迈克·迪尔. 后现代血统:从列斐伏尔到詹姆逊. 上海: 上海教育出版社, 2003: 96.

关注度少，与邻居交流不多，彼此只是"互不相干的邻里"的重要原因之一。

所以，现实中常出现两难的窘境：一方面，非日常生活领域对日常生活领域的全面僭越，导致人们用于日常生活领域的时间被大幅压缩；另一方面，现代性带来的复杂性，使得城市社区日益成为一个"复杂社区"，日常生活领域的公共事务治理主体多元化、治理程序规范化、治理方式民主化、治理结果高效化、治理知识和技能专业化要求，又需要居民付出必要甚至大量时间以换取良好的空间。非日常生活领域和日常生活领域之间在社会时间上的张力，可以在某种程度上解释为什么非"重大"事件不足以引起居民的积极参与，或非"重大"事件不足以形成一致行动，也可以解释城市社区"微共同体"生产的"内生悖论"，即越是"严重"的公共事件，越是能激发居民"微共同体"生产的内生性。

城市社区"微共同体"生产对时间的要求，需要居民实现日常生活领域的转向。居民日常生活领域转向程度，与共同体生产水平呈线性相关关系。以笔者跟踪调研的三个微社区的业委会为例。

> 我们（CJRJ 小区业委会）一共有七个人，除了一人退休以外其他都在上班，平时大家都各忙各的，看不到人，有事才来，有两个有事都喊不动，真不知道他来竞选业委会是干什么的！（XGW 区 CJRJ 小区业委会副主任 SXW 访谈：YW-CJRJ-SXW-20170322）

> 常常感觉顾此失彼，心力交瘁，结果居民还是不满意。（XGW 区 CJRJ 小区业委会委员 SHL 访谈：YW-CJRJ-SHL-20170325）

> 他们（JMHY 小区业委会）都很积极，有什么事儿一喊就来，他们一般都是晚上开会，开会当天，白天就安排好工作，尽量把晚上的时间腾出来，搞再晚他们也会拿出个方案或结果出来。（XGW 区 JMHY 小区物业公司 DNB 访谈：WY-JMHY-DNB-20161223）

> 我们（XSJY 小区）小区 2016 年开了 76 次业委会会议，基本上每周都要开一次，有的一周要开几次会，除此之外我们还召开了 24 次业主代表大会和业主大会，这还不包括平时在群里的讨论，虽然有点辛苦，但大家都是为了共同的目标，共同把小区搞好（建设好），所以大家也没什么怨言。（XGW 区 XSJY 小区业委会委员 FJ 访谈：YW-XSJY-FJ-20161013）

而且 XSJY 小区还专门委托一名退休成员全天候处理小区日常事务，周末由其余成员轮流值班，确保业委会实际运行而非"空转"，所以该小区不仅能实现持久的自治，居民之间的相互熟悉和亲密程度也较高，共同体氛围也较浓。

所以，问题的关键在于：现代城市社区居民能否实现日常生活领域的转向，如何实现这一转向。在马克思看来，在社会时间一定的情况下，劳动时间和自由时间是此消彼长的关系，节约劳动时间就意味着增加自由时间，而要增加个人充分发展的自由时间，只有在生产力充分发展的社会才能实现，因为生产力的发展会逐渐将相当数量的自由时间游离出来。① 而随着生产力的日益发展和生产方式的逐步转变，自由时间的增多应该是发展方向和趋势。而且，从社会生活现实来看，以文化、健身、旅游、体育等休闲兴趣爱好活动，以及科学艺术等创造活动、公益志愿活动为代表的自由时间，有越来越得到重视和延长的趋势。而要实现日常生活转向，首先需要实现业委会成员中具有较多自由时间，且同时具有较强公共精神和治理能力的成员比例，其次以业委会等居民自组织为龙头，通过涉及不同年龄层居民共同利益、情感、全面发展等需求的活动，提高居民交往水平，增加居民熟悉和亲密程度，实现城市社区"微共同体"的生产，从而最终实现日常生活领域的转向。

第二节 居规民约与微共同体的生产

在滕尼斯那里，"自然法"在共同体生产中的重要性得以重视，其认为对共同体关系具有某种意义的东西就是它的法，法会将人们的真正的和基本的意志结合在一起，并受到人们的尊重，当享受和劳动的不同符合人们的真正本性和力量时，这种法就是一种自然的法。② 滕尼斯的观点清楚表明，作为人们自发制定的基于"本性和力量"的"自然法"，因为符合人们的"真正的和基本的意志而受到尊重"，维持着有着共同地缘的人们的共同生活秩序，从而使共同体得以可能。

一、现代性语境中规约的可能性与形成过程

（一）现代性语境中规约的重要性和可能性

滕尼斯所说的"自然法"实际上就是人们常说的规约：在乡村，村民制定或形成乡规民约或者村规民约；在城市，居民制定或形成街规民约或者居规民约。与官方正式的法律、规章、制度、政策等相比，规约具有典型的民间性和自发性，规约不是外部强加的，也不是少数人制定颁布后大多数人遵照执行的，

---

① 马克思恩格斯全集：第46卷下册［M］．北京：人民出版社，1980：225，147．
② 费迪南·滕尼斯．共同体与社会［M］．林荣远，译．北京：商务印书馆，1999：72．

第七章 城市社区微共同体的"生产要素"

而是村民或居民在日常生活领域和非日常生活领域中基于共同需要并通过共同参与、共同制定或约定俗成的。所以，规约是一种典型的"自然法"，"自然形成"的居规民约。在城市微社区内，居民规约主要是居民对以建筑物区分所有权为基础的物权、治权和公民权以及相应的义务，共同进行细化、补充、确认与巩固后所形成具有自治章程性质，并对"微"场域内全体业主、建筑物受让人、物业服务企业等具有约束力的规则约定，包括具有国家宪法和公司章程性质的管理规约和议事规则，以及针对具体公共事务制定的具体正式和非正式制度，如停车位分配和使用方案、隐患排查制度、门禁管理规定、违规业主认定处理办法、物业服务满意度测评标准、业委会办事操作规程、居民生态文明公约，以及各种未成文惯例、习俗①等。

绝大部分情况下，社会秩序的建构都难以由国家法律独立完成，即便在以国家法律为主导力量的社会，内生秩序和民间规约也发挥着不可替代的作用。中国居民规约自古以来就相当发达，尤其是在传统社会，甚至有着"官禁不如私禁""官有政法，人从私契"之说。② 政府一般实施着"皇权不下县"式的"集权的简约治理"③，县以下主要依靠乡规民约和士绅进行社会治理。之所以如此，其中一种比较有代表性的解释是政府财力与公共事务之间的张力，即建立在小农经济基础之上的国家并没有足够财力去处理基于辽阔疆域和众多人口产生的巨量公共事务④，国家对县以下的公共事务无力顾及，这为乡规民约留下了巨大的机遇和发展空间。笔者以为，传统社会人口的低流动性也是乡规民约

---

① 虽然不少文献将规约、惯例、习俗、习惯等做了区分，如刘笃才认为，规约是社会精英人士努力倡导和推动的结果，而习惯则是长期历史过程中形成的自然传承，参见刘笃才. 中国古代民间规约引论 [J]. 法学研究, 2006 (1): 135-147，康芒斯将习俗视为诸多个人习惯的相似点（参见 COMMONS J R. Institutional Economics: Its Place in Political Economy [M]. New York: Macmillan, 1934: 740），韦伯认为习俗是不经由任何人在任何意义上要求个人遵从的一种集体行动的方式（参见 WEBER M. Economy and Society [M]. New York: Bedminster Press, 1968: 315），但从性质和发挥的功能来看，无论是规约、惯例、习俗，还是其他的"自然法"，都是民间自发制定的具有自治性质，并发挥着明确权利义务、规范人们言行的功能。与经济学、法学、政治学等学科的研究不同，本书主要探讨的是规约的社会逻辑，尤其是规约在城市社区"微共同体"生产中的作用机制，所以对诸多"自然法"暂不做严格区分，而是从一种相对宽泛的意义上加以使用，将规约、惯例、习俗、习惯等统称为"居规民约"或"居民规约"，简称为"规约"。
② 刘笃才. 再论中国古代民间规约 [J]. 北方法学, 2009, 3 (2): 139.
③ 黄宗智. 集权的简约治理：中国以准官员和纠纷解决为主的半正式基层行政 [J]. 开放时代, 2008 (2): 10-29.
④ 刘笃才. 中国古代民间规约引论 [J]. 法学研究, 2006 (1): 135-147.

发展的重要原因。传统社会的人口流动性较低，人们经常交往的对象主要是生于斯、长于斯的熟人，乡规民约具有产生和发挥作用的条件。而现代社会是一个人口流动的社会，居民从四面八方汇集而居，彼此陌生、相互不了解，再加上非日常生活领域与日常生活领域的分离，使得彼此陌生的状态长期难以改变，传统熟人社会的声誉、颜面、舆论等压力机制难以在陌生人社会中发挥作用。但不能据此认为居规民约只是重要但难以可能，笔者以为，居规民约在现代城市社区不仅重要，而且可能。

现代城市微社区内的居民规约的重要性和可能性主要体现在两个方面：一方面，虽然建立在现代性基础之上的政府能力远非传统社会时期的政府所能比拟，但同时出现的复杂社会已经证明政府并非万能，现代性高速发展的政府也是"有限型政府"，事无巨细的全盘治理只能导致"政府失灵"，而且，能够发挥体制机制灵活性的市场本身容易出现"市场失灵"，逐利和充满竞争的性质限制了其在追求公益的公共事务领域一展身手的空间，所以社会领域需要来"一次全面系统的结构化调整和精细化修正"①，需要自发的运作机制以确保自身的良性运行和协调发展，这无疑为居规民约发挥作用留下了巨大空间；另一方面，"流动的现代性"并非只有流动而无静止基因，现代性是流动和静止的矛盾统一体，尤其是对于业主群体而言，绝大部分在城市置业尤其是购置房产的居民，住房都是其个人财富的重要组成部分，有的居民甚至透支了未来几十年，在高房价城市甚至透支了几代人的财富，所以对这部分业主居民来说，其流动尤其是频繁流动的可能性不大，而且随着人民财富水平的上升和国家城镇化战略的推进和相关政策的优化调整②，以及流动人口城市社会适应能力③的提高，有着内在"相对静止基因"的业主会越来越多，业主居民群体会越来越庞大，这为居民规约重新建立并发挥作用，在重要基础上可能提供了重要条件。

（二）现代性语境中规约的形成与约束机制

现代城市社区居民规约作用的条件发生改变，必然导致居民规约与国家法律之间的互动关系发生改变。总体而言，居民规约的形成与约束机制有"变"也有"不变"。

---

① 刘雅静. 全民共建共享社会治理格局：概念厘清、内生动力与实践进路［J］. 理论月刊，2016（11）：149.
② 江立华，张红霞. 流动与秩序：社会治理视野下流动人口的秩序整合［J］. 社会科学辑刊，2015（5）：40-44.
③ 江立华，谷玉良. 农民工市民化：向度与力度：基于对城市文化中心主义倾向的反思［J］. 中国特色社会主义研究，2013（6）：87-92.

居民规约与国家法制的关系发生"变化"。根据韦伯的观点,社会秩序按照性质可以建构为两种理想类型,一种是引导管理组织行动的行政秩序,另一种是约束社会行动,保证行动者享有公平的机会的规约式秩序,大部分组织兼有两种特征。① 研究表明,中国古代居民规约始终是社会秩序的建构基础,居民规约与官方法制之间是互为消长、时有冲突并存在一定的互补关系。② 由于熟人社会的存在,熟人之间的颜面、声誉、舆论等约束机制可以有效地发挥作用,如要求违约者"罚酒",即置办酒席宴请同村居民,在席间违约者向村民赔礼道歉,这既给违约者予以经济和声誉惩罚,对其他村民在娱乐同时也是一次生动的守约教育。虽然也有不执行惩罚之人,但拒绝惩罚的成本较高,而且民间士绅与政府官员之间往往有着良好的默契或"共谋",即士绅为维护规约效力会寻求官府支持,而官府为维护统治需要也会对民间规约予以保护,不执行惩罚的"强梗之人"往往面临着更为严峻的后果。所以传统社会民间规约的执行力较强、遵守概率较高。现代城市的陌生人社区性质决定了居民规约发挥作用的条件和方式会产生变化。总体而言,居民规约在城市微社区发生作用可以划分为三个时期。

一是"真空期"。在居民入住微社区之初,由于彼此陌生且异质性突出,日常生活领域的社会秩序主要靠外在的普遍规则即国家法律,以及居民个人与市场力量签订的具有"个人私契"性质的双边协定的约束,居民之间、居民与市场主体之间发生分歧和纠纷主要诉诸政府和法律,纠纷解决的成本高昂,所以很多"小"问题居民选择妥协、隐忍,但并未真正解决,结果导致出现一个个"大"问题。虽然以开发商和物业公司为代表的市场力量可以在微社区社会秩序的维护方面发挥作用,但市场的逐利特性往往会引发居民与市场新的也可能是更大的矛盾,现代城市社区普遍存在物业纠纷和层出不穷的维权事件即是最好的证明。所以事实证明仅仅依靠国家法律而缺乏居民规约的支撑,城市微社区的社会秩序难以得到有效维持。

二是孕育和成"形"期。当公共事务治理的需要,使一部分"热心""积极分子",即社区精英选择站出来带领居民维护共同利益时,居民规约则开始孕育。因为共同利益有哪些、如何维护、维护到什么程度,居民首先面临的问题就是要共同制定得到大多数人认同的规约。为规范居民规约制定行为,防止

---

① 韦伯. 社会学的基本概念 [M]. 顾忠华, 译. 桂林: 广西师范大学出版社, 2005: 69-70.

② 刘笃才. 再论中国古代民间规约 [J]. 北方法学, 2009, 3 (2): 139-144.

"私立禁条，武断乡曲"①，国家会制定专门的法律和规章制度对居民规约内容和制定程序做一规范，这也是国际通行做法②。居民也乐意按照国家法律规定制定管理规约对微社区的"重大"事项和基本规则做一规定，这既有节约成本的考虑又有赋予规约以合法性从而提高其执行力的考量。随着居民规约开始发挥作用，利益共同体也开始形成，但此时的规约因为国家的介入而同时具备了国家法律的某些特征，在某种程度上成为国家法律体系的组成部分，具有"半官半民"性质。而且，此时的居民规约更多是具备了规约的"外形"，即由于时间短暂居民并没有在较大程度上内化为自己价值并据此重塑自己的行为。

三是成熟和成"行"期。随着居民自治的稳步开展，自治共同体的形成：一方面，居民对规约的信任度逐步提高，规约在越来越多的居民心中得到认同，也得到居民越来越深的认同，规约慢慢内化为居民的价值观和行动"自觉"；另一方面，随着居民交往的加深，居民之间逐步从过去彼此陌生的状态变为"半熟人"和"熟人"社区，规约在传统社会具有的约束机制和功能开始逐步具备条件并逐步发挥规范作用。此时的居民规约开始逐步具有独立性，在不需要国家法律过多发挥作用的情况下即可相对独立地发挥作用，直到最后国家只是"特殊的例外"，即只在个别或少数事项需要时才输入外部权威。当居民规约日臻成熟，自治共同体和精神共同体时期的居民规约越来越具有民间性和自发性，也就标志着居民规约最终完成从成"形"到成"行"的"关键一跃"，或者说"质的荣归"。

居民规约的自发性机制"不变"。在现代社会，居民规约之所以能称为"规约"，主要缘于其民间性质仍然不变，居民规约仍然是居民在民主协商的基础上自发制定的用于明确群体成员权利与义务、规范居民社会角色与行为的规则和约定，规约能否发挥作用仍然取决于成员的认同程度。具体而言，居民规约对居民行为的作用机制主要体现在以下几个方面。

一是更高的知晓率。规约酝酿、讨论、完善、表决、实施的过程，实际上也是规约不断被学习和普及的过程。规约的表决通过也就同时意味着居民知晓、学习、理解和接受的过程，从而也就为遵守规约奠定了前期基础。二是更广泛的代表性。城市微社区内的居民规约主要围绕居民的物权、治权和公民权展开，与居民的切身利益密切相关，全体居民共同参与，表达诉求并使其在规约中得到充分体现，从而使规约能够最大程度地代表居民的根本利益，取得最大限度

---

① 云南省呈贡县志编纂委员会. 呈贡县志 [M]. 太原：山西出版社, 1992：516.
② 陈华彬. 论区分所有建筑物的管理规约 [J]. 现代法学, 2011, 33 (4)：49-58.

的共识，从而使规约集道德教化与功利追求于一身①，从很大程度上激发居民遵规守约的内在积极性。三是更高的认可度。只有得到广泛认同的制度，才能得到顺利执行，阻力最小。规约由于是居民在平等协商、共同修订完善的基础上制定的，在群体内部形成了普遍的认同，这种认同的过程实际上就是规约内化为居民行为的过程。四是更高的违约成本。居民规约是居民在有着广泛的必要性、可行性、合理性与可行性认同基础上后颁布实施的，居民在前期酝酿、讨论、完善、表决、实施等一系列环节中，投入了大量时间、精力、情感等成本，包括规约颁布实施前因为规约缺失所忍受的不便、教训甚至痛苦等成本，所以不执行规约将导致所有这些成本付诸东流，可预期的代价更大，而且，一旦违约，会受到同样投入大量时间、精力、情感等成本邻居的舆论压力、监督和阻止。规约得到严格执行会成为普遍共识和期望。

二、微共同体生产中居民规约的作用机制

居民规约与利益共同体的形成。共同体生产之前的城市社区是一个陌生人社区，居民之间没有共同的记忆，熟人机制没有发挥作用的条件；而且相互之间有着较高程度的社会分化，即便在微社区内居民纵向社会分化程度大为降低并具有"整体上的一致性"②，但横向的社会分化程度即异质性仍然存在，不同的居民有着不同的观念、信仰、习惯、习俗和利益诉求。在此情况下，居民要想达成一致行动，除了需要有共同的利益尤其是"重大"利益需求外，还需要有一个普遍认同的规则来确保居民达成一致，如哪些居民具有代表资格、代表如何产生、业委会如何规范运作和受到有效监督、集体行动的成本该如何分担、公共收益该如何分配和分享等。而这一规则的产生则需要全体居民在平等的基础上，经过充分的酝酿、讨论和协商制定，因为规则围绕居民的物权、治权和公民权等切身利益展开，缺乏广泛的居民参与和认同的规则实际上是对部分居民利益的侵犯，从而也得不到广泛认同、不具备合法性，利益共同体终将难以形成，或者即便生成也会经过曲折的过程、付出沉重的代价。在本书的三个案例小区中，利益共同体形成的速度和付出的代价均与居民规约的完备程度呈显著正相关关系：XGW区CJRJ小区之所以经过反复多次努力仍难以形成利益共

---

① 古开弼. 我国历代保护自然生态与资源的民间规约及其形成机制：以南方各少数民族的民间规约为例 [J]. 北京林业大学学报（社会科学版），2005（1）：40-48.

② 梁贤艳，江立华. 自治单元下沉背景下的城市社区"微自治"研究：以J小区从"点断"到"全覆盖"自治的内生探索为例 [J]. 学习与实践，2017（8）：100.

同体，其中一个重要原因就是居民没有健全、自发制定的居民规约体系；JMHY小区虽然"起步较晚"，居民经过8年才开始自治历程，但因为居民在民主协商规约方面的突出经验而很快完成改造；而XSJY小区从居民维权开始就制定了管理规约和议事规则，并逐步完善了一系列规约，从而使居民行动高度一致并取得了维权的胜利和利益共同体的形成，而且整个过程中小区秩序井然，居民付出的成本较低。

居民规约与自治共同体的产生。在利益共同体阶段，规约主要解决的是整合异质性突出的居民形成一致行动，进而实现共同利益尤其是"重大"共同利益的问题，此时的居民规约一方面目的性或者指向性非常强，规约主要是"奔问题而去的"，所以规约内容也主要是围绕解决具体问题展开的，主要聚焦于眼前而非长远；另一方面比较"原则"，从内容上看主要涉及一些基本的行动规则，如如何议事、如何分摊成本和共享收益等，而对"重大"共同利益或者说目标以外的一些具体问题该如何解决尚"无暇顾及"。而自治共同体阶段的居民规约则需要完成利益共同体时期的"未竟事业"，即在长远、具体的日常公共事务方面发挥更大作用。以本书XGW区JMHY小区和XSJY小区为例，JMHY小区居民集体行动的目标指向很明确，即改造小区改变多年来的脏乱差局面，实现居民"对美好生活的向往"，所以该小区在集体行动时期主要的规约就是如何议事，所以确定了一套较为稳定的议事规则，即民主协商，而小区改造成功后其他的具体公共事务则交由物业公司打理，业委会只负责决策监督，整个小区"重归平静"；而XSJY小区业委会在供水管网维权成功后，继续与居民一起制定了一系列规约，如门禁管理制度、隐患排查制度、车辆管理规定、广告设置与公共用房出租管理办法、违规业主认定处理办法、业主信访接待制度、财务与收支管理规定、物业服务满意度测评标准、业委会办事操作规程、业委会分工制度、养犬管理规定等。以小区处理城市居民区常见的"狗患"为例，XSJY小区养犬管理规定的产生，缘于一场自发的"线上讨论"和"线下执行"。

业委会发言人：友邻们，刚才七号楼的狼狗又把别人小孩吓着了，孩子哭了半天，大家有什么意见和建议，欢迎积极建言献策。阿尔卑斯：请养大型犬的带上狗罩，小孩子那么多，每次出来很恐怖，真的。山高水更远：是的，养狗的要讲公德。可口乐了：电梯里面臭烘烘的，关键是怕伤人。世外的桃源：休息时间乱叫，已经影响大家休息了。清凉一夏呗：出来遛狗还经常不用绳子牵，狗随地大小便，这些行为严重影响了其他业主的权益，应联系业委会或者物业管理处想办法加强管理。龙行满天下：物业对养狗的人一定要加强管理，我交物业费就是想得到好的管理，如果还这样放任,我有理由不交费。小木头:请养狗的邻居拴好绳子带好狗罩处理好狗的粪便,大家相互体谅。Fearlessness:牵绳,戴口罩,随时清理粪便。8-2:可以考虑疏堵结合,可以仿照隔壁小区在公共部位专门安放宠物拾便纸和拾便袋,虽然小区配套不行,这点还是蛮人性化的。我们小区可以考虑借鉴一下,这应该也要不了多少钱……业委会发言人:(两天后)各位业主,近日,业委会连续接到多宗关于小区养狗的投诉,小区的路上、草地上、电梯里经常有狗的排泄物;大型狗出门未牵绳、未戴口罩,扑伤吓着路人可能性存在;不停歇的狗叫声影响邻里休息;严重影响小区业主的生活环境,业主反响强烈。为创建和谐文明的小区环境,现通知如下:依法办证,并定期为狗注射狂犬疫苗;外出遛狗请使用牵引绳,必要时戴狗罩;外出时及时清理狗粪便,并妥善处置;承担因管理不慎伤人而引起的一切后果;睦邻友好,不让狗声扰邻。另:小区正在制定《XSJY小区养犬管理规定》,敬请关注。(XGW区XSJY小区居民QQ群2017年3月12至14日关于养犬问题的讨论:JM-XSJY-JMQ-2017031214)(公告发布后,居民纷纷点赞支持。《养犬管理规定》半月后经居民讨论、业主代表大会通过实施,内容略。)

XSJY小区不仅有着健全的规约体系,而且有着严格的规约执行。一方面,规约制定的自发性和全民参与性,本身就是一个规约认同并内化为居民自觉行为的过程;另一方面,如果此时有严格的规约执行,则会进一步强化居民对制度的信任。XSJY小区刚好是这样一个严格"按规矩办事"的小区,2017年10月20日,该小区某业主在单元门口靠围墙处私自安装不锈钢围栏,物业公司在接到业主举报后立即查看现场,在与业主电话沟通未果后,立即上报业委会。业委会在召开会议研究后决定,该业主未经任何人同意私自圈占公共场所,违反了小区管理规约,应予拆除。物业公司书面张贴整改通知2天后该业主仍未自行拆除,于是再次电话通知后组织保安进行拆除。业委会会议决定及拆除过程在小区网络群全程直播,并得到居民压倒性赞同。这种过程更加坚定了居民对规约的信任。健全的规约体系、严格的规约执行、有效的规约监督,使居民身份呈现明显的同体化特征,即同一微社区的成员既是规约的制定者,又是规约的执行者,还是规约的监督者,而且居民的规约制定、执行和监督,都与其权利、义务或者说利益休戚相关。居民身份的同体化和规约权、责、利的有机统一,使同一微社区的居民之间产生强烈依存关系和休戚相关、荣辱与共的认同感、归属感和整体感,从而直接催生出一个稳定且井然有序的自治共同体。

居民规约与精神共同体的生产。精神共同体的显著特征是居民之间通过持久和真正的交往后产生守望相助、亲密与共的情感联结。亲密感的产生首先取决于居民相互之间的信任,相互没有信任感的居民之间要产生亲密感是难以想象的,信任使人们在低落时可以寻求安慰、别人需要时给予帮助和关爱①。经历利益共同体和自治共同体阶段的居民,虽然经过持久的交往已经从陌生人变为"半熟人",但整体而言"相互之间"的信任尚未普遍建立起来,在利益共同体尤其是自治共同体阶段:居民建立的是过程信任,因为居民之间有着长期的成功合作经历和记忆;也已经建立起制度信任,因为居民在规约制定、执行和监督上,身份同体化和责权利的高度统一已经对规约形成高度信任;甚至已经建立起某种程度上的特征信任,因为长期的成功交往记忆和对规约的信任可能会使居民相信所在集体的居民都值得信任。问题在于,居民之间的这种信任是在集体交往中形成的,是一种"集体信任"。

从亲密感培育视角审视,集体信任是一个优势与劣势的统一体:一方面,集体信任中居民之间不会产生普遍的亲密感,因为作为集体行动的一分子,每位成员都会假定其他行动者也获得了自己应得的那份收益,或者说其他行动者之所以选择合作是为了获得收益,相应地,自己所获得的收益也是自己付出的回报,所以集体信任中的居民相互之间难以产生感激,没有感激的基础居民之间难以产生强烈亲近的内生需求;另一方面,集体信任又是居民产生亲密感的基础,因为有着集体的信任,居民才会信任同一制度、地域特征、经历的作为集体一分子的成员,而这份信任是居民产生个体化交往的基础,只有建立了集体信任,居民才有信心与同一集体成员的交往,即每个人均根据约定对他人"德业相劝,过失相规,礼俗相交,患难相恤",而且有信心预计他人也会表现出同样的行为,而不必每天算计、揣摩、周详考虑他人正在干什么、将要干什么,而只需简单假定他人也会遵循已有行为模式即可②,或者说有了集体信任的居民,在交往中才不会精密计算、理性权衡,因为他会简单假定他人将来在自己需要帮助时也同样会这么做。有了集体信任,个体化交往和非对称性互惠才会产生,而经历不对等性互惠行为的居民也同样会在邻居需要帮助时表现出同样的施惠行为,从而使整个微社区内的信任和互惠进入良性循环。精神共同体能否以及在多大程度上生成,与居民之间的互惠尤其是不对称性互惠交往密切相关,而互惠行为的产生离不开居民规约建立起的集体信任。

---

① 莎伦·布雷姆,罗兰·米勒,丹尼尔·珀尔曼,等.亲密关系[M].郭辉,肖斌,刘煜,译.北京:人民邮电出版社,2005:4.
② 韦森.习俗的本质与生发机制探源[J].中国社会科学,2000(5):39-50.

第三节　微共同体生产的结构要素

社会结构是众多社会现象发生的内在原因，也是实现社会目标的背后机制。涂尔干认为，社会结构分析是人们理解一切社会现象的基础和出发点。[1] 城市社区"微共同体"能否和在多大程度上生成，与"微"场域内的社会结构有着莫大关联。

一、微社区内的社会结构与共同体的生产

社会结构是"各个部分相互联系的方式"[2]。按照不同的标准，社会结构可以分为不同的类型。如孔德按照社会的构成要素，将社会结构划分为作为社会细胞的家庭、作为社会组织的阶级或种族、作为社会器官的城市和社区[3]；斯宾塞以功能需求为基础，对照生物有机体将社会结构划分为支持、分配、调节三大系统[4]；涂尔干根据社会分工程度的高低，将社会结构划分为以低社会分工为基础的机械团结和以高社会分工为基础的有机团结两种类型[5]；帕森斯根据系统的基本功能，将社会结构划分为经济、政治、社会、文化四个子系统[6]；施特劳斯按照决定社会事件和行为的是否规则整体，将社会结构分为深层结构与表层结构[7]；等等。当然，在社会结构的类型学建构中，还有一种非常重要的方式是将社会结构划分为宏观社会结构和微观社会结构。而且，长期以来，宏观和微观社会结构是对立的，以吉登斯为代表的一批社会学家的学术志向和突出贡献之一，就是试图运用规则、资源、实践、二重性等[8]，弥合两者之间的对立。

---

[1] émile Durkheim. The Division of Labor in Society [M]. New York: Free Press, 1964: 157.
[2] 戴维·波普诺. 社会学 [M]. 李强, 等译. 北京: 中国人民大学出版社, 1999: 94.
[3] COMTE A. System of Positive Polity [M]. London: Longmans, Green, and Co, 1975: 241-242.
[4] SPENCER H. The Principle of Sociology [M]. Volume 1. New York: D. Appleton and Company, 1925: 505.
[5] DURKHEIM E. The Division of Labor in Society [M]. New York: Free Press, 1964: 8.
[6] PARSONS T. Social System [M]. New York: Free Press, 1951: 26.
[7] STRAUSS C L. Structural Anthropology [M]. Translated by JACOBSON C and SCHOEPF B G. New York: Doubleday Anchor Books, 1967: 271.
[8] GIDDENS A. The Constitution of Society: Outline of the Theory of Structuration [M]. Oxford: Policy Press, 1984: 165-197.

以楼栋、院落、小区为代表的城市微社区，虽然规模不大，但仍然是现代城市"复杂社区"的重要组成部分，仍然存在着复杂的社会结构，而且这些社会结构在很大程度上决定着"微共同体"的生产。如从年龄结构来看，城市社区"微共同体"的生产，关键在于如何在保持"一老一少"群体的积极性基础上，调动中青年在职群体的积极性；从性别结构来看，城市社区"微共同体"的生产，关键在于如何在确保女性群体积极性基础上，调动男性群体的积极性；从构成要素来看，城市社区"微共同体"的生产，关键在于如何在以家庭为代表的血缘共同体基础上，提高楼栋、院落、小区等地域共同体的生产水平；从系统功能来看，城市社区"微共同体"的生产，关键在于如何实现以"经济"目标为主要内容的利益共同体，向以"政治"目标为主要内容的自治共同体，和以"文化"目标为主要内容的精神共同体转化；从决定因素是否规则整体来看，城市社区"微共同体"的生产，关键在于如何实现由某一次或几次"重大事件"或利益等的表层结构激发，向由体制、机制、情感需求等深层结构影响转变；等等。

笔者以为，从类型学建构依据的包容性来看，从宏观—微观视角对城市社区"微"场域内的社会结构进行划分，在宏观中审视微观，从微观反思宏观，无疑是包容性最强的一种类型建构方法之一。由于在现代性语境中复杂社会和复杂社区的存在，与传统社区共同体的生产主要是以居民为主体不同，现代城市社区"微共同体"的生产，不仅需要以居民及其自组织为代表的社会力量，而且需要以开发商、物业公司为代表的市场力量，以及以行政化的居委会、街办、房管部门为代表的国家力量的参与，这就需要科学界定三大结构性力量在"微共同体"生产中的社会角色，形成合理的"社会—市场—国家"宏观结构。但城市社区"微共同体"毕竟是以居民为主导的共同体，离开市场、政府的参与共同体"难以"生成，但没有居民的主导共同体则"不可能"形成，或者说不能称之为"居民生活共同体"。而且，本书研究表明，城市社区"微"场域内的宏观社会结构是否合理，往往在很大程度上与微观社会结构是否合理，尤其是居民能力及其自组织水平呈强正相关关系。所以，城市社区"微共同体"的生产，需要合理界定居民、居民自组织的社会角色，在居民之间、居民与自组织之间，以及自组织之间，形成合理的微观社会结构。简言之，城市社区"微"场域的微观社会结构，是共同体能否和在多大程度上生成的关键、落脚点和判断标准。

二、微社区内社会结构的理想类型与二重性

居民能否以及在多大程度上以全体大会及其代表大会、业主委员会、监督委员会或监事会为载体,分别搭建"当家""治家""持家"平台,是微社区内微观社会结构能否以及在多大程度上优化,进而促进居民的认同感、归属感、亲密感,并最终生成居民生活共同体的重要影响因素。

(一)业主大会和业主代表大会:居民"当家"的平台

城市微社区,是居民基于居住、以日常生活为主的场域。而"住有所居"是居民居住和生活的基础,所以住房就成了居民日常生活领域的主要财产之一。自主实现以所有权和收益权为主要内容的财产权,是每一个业主居民的基本权利和愿望或诉求。城市人口与土地资源之间的张力,使若干居民共享一块建筑用地的区分所有权建筑成为一种必然。居民除了拥有住房的独立产权外,还对共有建筑部分和共有场所设施享有共同所有权和收益权。虽然微社区内居民纵向社会分化具有整体上的一致性,但居民在横向分化上仍有较高的异质性,不同的居民有着不同的利益诉求和主张。如 XGW 区 CJRJ 小区在物业公司更换正式启动时,一部分人坚决主张而一部分人坚决反对更换,还有一部分人态度模棱两可;JMHY 小区在确定改造方案时,有的居民主张一次性彻底改造,而有的居民主张先解决燃眉之急;XSJY 小区在供水管网维权时,有的居民要求开发商彻底开挖更换,而有的居民主张集中开挖问题部分,以免大面积开挖对生活造成的影响;等等。

居民之间的异质性和利益诉求的多样性,决定了必须有一个诉求整合机制,否则很可能导致居民之间的紧张关系和微社区内居民的分裂,如纠纷频发[1]、维权活动愈演愈烈[2]、寡头统治和准派系斗争易生[3]等。紧张、分裂的关系格局,与守望相助、亲密与共的共同体显然背道而驰。虽然行政介入、居委会调解、司法诉讼[4],以及人民调解[5]等,可以为居民关系改善发挥积极作用,但除了诉

---

[1] 王迪. 城市社区的纠纷类型与居委会的调解功能 [J]. 理论月刊,2011 (6):98-101.
[2] 吴晓林. 中国城市社区的业主维权冲突及其治理:基于全国9大城市的调查研究 [J]. 中国行政管理,2016 (10):128-134.
[3] 石发勇. 业主委员会、准派系政治与基层治理 [J]. 社会学研究,2010,25 (3):147-153.
[4] 李德恩. 城市化进程中的社区纠纷解决机制:目标设定与系统优化 [J]. 广西社会科学,2012 (3):120-123.
[5] 王迪. 城市社区的纠纷类型与居委会的调解功能 [J]. 理论月刊,2011 (6):98-101.

求繁多复杂与政府资源和能力有限之间的张力、居委会调解功能弱化和空间萎缩①、司法诉讼成本高昂、人民调解的规范性和专业性以及合法性危机②以外，笔者以为，表层性是前述纠纷解决机制普遍被忽略的重要缺陷之一。外部的纠纷解决机制是"流"，而内部整合机制才是"源"。外部纠纷解决机制，只有与内部的深层次性利益整合机制结合起来，或者说"治标"只有与"治本"结合起来，才能发挥相得益彰的效果，真正、根本性解决问题。

业主大会和业主代表大会③，为居民内部深层次性的利益整合和社区情感的生产，提供了理想形式和方式。其一，业主大会和业主代表大会召开的过程，是居民尤其是业主提出议案，并进行质疑和辩论的过程④，在这一过程中，业主的利益诉求能够得以充分表达；其二，在业主大会和业主代表大会召开过程中，经过讨论和辩论，居民尤其是业主的认识会得以升华，思想会得到进一步统一，原有提案会照顾更多居民的利益，利益不断得以整合；其三，业主大会和业主代表大会最后会形成决议，无论决议是实行一致决还是多数决⑤，最终只有整合了大多数人的利益才能获得通过和执行；其四，业主大会和业主代表大会的召开过程，是充分动员居民的过程，因为共同利益的实现，需要动员全体范围内的居民参与，而业主大会和业主代表大会的召开，为居民了解公共事务始末、商讨利益实现方案、激发居民当家做主参与热情提供了有效途径，从而使居民的动员从口号走向现实；其五，业主大会和业主代表大会，也是防止分化瓦解和盲目无序，抵御外来压力的有效形式。

业主大会和业主代表大会不仅能最大限度地进行利益整合，动员和组织居

---

① 屈群苹，孙旭友. 城市社区邻里纠纷化解的治理逻辑［J］. 学海，2015（5）：182-186.
② 郑杭生，黄家亮. 论现代社会中人民调解制度的合法性危机及其重塑：基于深圳市城市社区实地调查的社会学分析［J］. 思想战线，2008，（6）：6-12.
③ 业主代表大会为业主大会的常设机构，以更好实现决策的效率和代表性的统一，业主代表一般按照一定比例，以楼栋或楼层为单位直选产生，涉及全体业主、法律规定和规约约定事项必须通过业主大会形式决策。
④ 没有质疑、论证和辩论环节，只是让业主或业主代表在拟订好的方案中选择，在现实生活中是容易出现问题的，业主当时可能只是认为某个备选方案"看起来不错"，至于在实施过程中会不会出现问题、会出现何种问题、有没有更优方案等，业主可能并没有仔细思考过，从而导致看似表决通过了的决议执行起来漏洞百出，居民怨声载道。没有经过质疑、论证和辩论的表决结果，还可能被利用，使业主大会或业主代表大会的决议流于形式。所以，只有形成一个充分质疑、论证和辩论、分权制衡的机制，才有可能形成真正有效的决策。
⑤ 陈华彬. 业主大会法律制度探微［J］. 法学，2011（3）：67-74.

民实现利益共同体的生产,而且是公共精神的"能量场"和治理能力的"训练营"。在业主大会和业主代表大会定期和不定期召开的"微"场域,居民尤其是业主经常就公共事务进行讨论、质证、辩论和决策。一方面,为居民公共精神的培育提供了绝佳的机遇,因为每一次讨论、辩论和决策的过程,都是居民关注公共利益、为集体献计出力,培育集体意识、累积公共精神的过程,经过长年累月的"大面积"稳定培育,居民公共精神稳定增长并达到和超过阈值就成为大概率事件,实现"以利为利"向"以义为利"的转变也就顺理成章;另一方面,居民参与共同利益的讨论、辩论和决策的过程,也是居民公共事务治理能力的锤炼过程,如真正的当家做主带来主人翁意识越发的强烈、民主精神的习得、妥协和大局意识的培育、协商技能的掌握、说服和动员能力的增长、决策水平的提高、成就感和自信心的增加等。当公共精神和公共事务治理能力兼具的氛围逐渐形成,自治共同体的生成也就水到渠成。

业主大会和业主代表大会有利于培养居民的社区认同感、归属感和亲密感。首先,业主大会和业主代表大会有利于培养居民对集体的认同感和归属感。由于微社区内的居民主要是因为居住而共同生活在一起,"微"场域内的居民可能有共享的公众人物但没有"权威"存在,居民之间是相互平等的主体,所以只有民主、平等和有效治理,而不是寡头、专权和失误挫折,能够使居民产生发自内心的认同和归属,而业主大会和业主代表大会恰好是居民实现直接民主、平等协商、集思广益群策群力,防止寡头垄断、专权腐败和武断失误的有效机制。其次,定期和不定期的业主大会和业主代表大会,为居民之间的交往和相互了解直至彼此熟悉提供了机会和条件,而认同和归属基础上熟人社会的形成,为居民之间产生亲密的情感联结奠定了坚实基础。最后,相比于业委会委员之间的交往,特定事缘、趣缘、业缘群体之间的交往,业主大会和业主代表大会提供交往在范围上看都具有最大限度的广泛性,业主大会直接提供了全员参与机会、业主代表大会提供了直接和间接相结合的全员参与机会,因为代表在参会之前会发动本楼栋、楼层居民讨论并带着集体决议参会,所以业主大会和业主代表大会生产出的认同感、归属感以及亲密感,都具有最大限度上的广泛性和深层次性。

业主大会和业主代表大会参与生产的情感共同体不仅情感程度更高,而且从持续时间上看更加稳定和成熟,这在 XGW 区 XSJY 小区体现最为明显。该小区之所以能步入情感共同体的生产阶段,与该小区业主大会和业主代表大会的稳定发挥作用有着密切关系。该小区管理规约和议事规则均明确规定了业主大会及其日常议事决策机构业主代表大会的成员产生、议案提出、质证答疑、议案优化、决策通过条件、表决方式等，尤其是哪些事项归业主大会，哪些事项归业主代表大会审议决策，哪些事项需要先行交由居民讨论、议案提出和表决条件和方式等，都分门别类做了详细规定，这为明确业主大会和业主代表大会职责、保障居民持久、真正当家做主提供了体制保障。

（二）业主委员会：居民"治家"① 的平台

如果说从"社会—市场—国家"三分的视角审视，业委会应当好居民的"管家"，或者说业委会应当定位为"管家"角色，为城市微社区内的宏观架构设计的话，那么居民如何通过业委会这一平台"治好自己的家"，则主要涉及这种宏观架构的微观运行问题。只有居民在微观领域通过业委会这一平台"治好家"，在宏观架构上业委会才能真正成为居民的"管家"，进而生产出居民的认同感、归属感和亲密感。具体而言，民主、公开、正义的业委会更容易得到居民认同和归属，也更容易为居民个体交往创造条件，促进居民之间亲密感的产生。也就是说，业委会能否以及在多大程度上能够成为一个民主、公开、正义的"治家"平台，在很大程度上决定着城市社区"微共同体"能否以及在多大程度上生成。

民主。城市微社区治理的对象具有特殊性，一类是居民所有的财产，另一类是居民的居住行为，居民自组织行使的一切权力都是全体居民尤其是业主赋予的，除了业主大会居民可以直接行使决策权外，业主代表大会的决策权、业委会的执行权，以及监督委员会或监事会的监督权，均来自居民尤其是全体业主的授权，或者说业主代表大会、业委会、监事会分别行使着全体业主让渡出来的决策权、执行权和监督权。所以，民主是平等业主之间最基本的处事原则，是"微"场域最基本的理念和能否实现"善治"、得到居民认同和归属最为关键的要素。"微"场域内所有的组织和个人、所有的事务处理，都应秉持民主理念、遵循民主原则。但最容易与民主相悖的就是业委会：一方面，从组织角色角度而言，由于业委会主要负责业主大会和业主代表大会决议的执行，执行需要讲求效率，而追求效率就需要权力适度集中；另一方面，从自组织成员角度而言，业委会委员一般都是党政、经济、社团和专业精英②，相比于普通业主具有智识上的优势，这种优势容易产生专断作风。

---

① 本书之所以用"治家"一词，主要取其"建立和保持一个健康的家庭环境"之意，"治"主要指自治。
② 孙璐. 社会微治理视野下的社区精英治理机制研究 [J]. 广州大学学报（社会科学版），2016, 15（12）：59-63.

权力集中在带来效率的同时,也可能为此付出高昂的成本和代价,如寡头统治①、准派系斗争②、贪污、寻租、挪用公款、决策失误等,从而导致"微"场域内社会秩序混乱,共同体难以形成。正如 XSJY 小区一个业主在描述第一届业委会时所说。

> 刚开始我们没人领头带领大家维权,大家都盼着有一个业委会,结果好不容易成立了业委会,主任又被开发商收买了,还利用职务之便插手小区工程,徇私舞弊,那段时间我们非常恼火!(XGW 区 XSJY 小区居民 TJY 访谈:JM-XSJY-TJY-20161206)

首先,业委会所有成员都需抛弃"为民做主"思想,树立"带民做主"理念,即带领居民当家做主,而居民也要实现从"臣民"向"公民"的转变,承担起积极参与当家作主的责任和义务;其次,用制度的方式明确需要交由全体居民讨论、业主大会或业主代表大会决议的事项;最后,业委会成员之间要形成民主决策制度,以 XSJY 小区为例,该小区业委会议事规则规定,业委会所有决议范围内的事项必须经集体讨论后主任签字后生效,业委会主任有"签字权",但既不能"管章",公章由副主任保管,也不能"管钱",小区公共账户由两位委员保管,分管财务的委员负责保管存折,而密码由另一位委员保管,存取款时需两位委员同时到场,并向负责日常工作的委员"交账"。民主理念及其有效的执行,确保了该小区业委会自第三届后一直处于健康运行状态。

公开。业委会信息公开的内容主要包括两大方面:一是公共事务公开,包括事项内容、处理进展、有利条件、尚存困难、备选方案、处理结果等;二是财务公开,包括共有资产盘点情况、公共收益构成、公共支出项目,年度盈亏状况、盈余分配方案、亏损原因及弥补措施、有效佐证材料等。由于城市社区是陌生人社区,陌生的居民相互之间没有共同的生活记忆,对对方的性格、信仰、品格、能力等知之甚少,彼此之间难以形成稳定的行为预期,或者说彼此都难以对对方的未来行为做出准确判断。所以,陌生人之间之所以难以生成社会资本,本质上是信息不对称问题,即相互之间都掌握着对方不知道也难以掌握的信息。如果业委会信息不公开,则会加剧居民的判断难度,从而引发猜忌、争议、矛盾甚至派系斗争等混乱局面。相反,及时有效的信息公开则能消除这

---

① 陈鹏. 城市社区治理:基本模式及其治理绩效[J]. 社会学研究,2016,31(3):67-74.

② 石发勇. 业主委员会、准派系政治与基层治理[J]. 社会学研究,2010,25(3):147-153.

种信息不对称现象,降低居民判断难度,增强居民对彼此行为预期的信心,从而提升"微"场域社会资本水平。

具体而言,业委会信息公开与社区"微"场域内的社会资本生产之间的逻辑关系,主要体现在以下几个方面。其一,公开是公共精神培育的重要方式。业委会及时主动公开公共事务有关的事项内容、处理进展、最终结果等信息,有利于居民及时关注事态发展,参与事件处理,长此以往必将有利于居民公共精神的培育和积累,XGW区XSJY小区居民之所以公共精神比较浓厚,与业委会及时主动的信息公开有很大关系。其二,公开是居民信任的必要条件。及时主动的信息公开,能够有效防止猜忌和谣言的产生,能够赢得居民信任,并防止居民之间的派系斗争引发的分裂,XGW区CJRJ小区在更换物业过程中,居民之所以对业委会不信任并陷入居民派系斗争局面,与业委会不注重信息公开,信息不公开和公开不及时、不主动、浅层次有很大关系。其三,公开的过程,也是集思广益、优化方案、防止失误、赢得认同的过程。公共事务公开后,无论居民公共精神高低,或多或少都有居民站出来发言[1],从而引发更多居民的参与,进而使方案不断得到优化,防止个别人"拍脑袋"决策带来的失误,并能够赢得居民的认同。最后,公开是赢得居民理解、支持与合作的重要渠道。公开的过程,是居民、自组织、市场以及国家各主体之间相互沟通的过程,这种过程有利于各主体之间的相互理解、支持与合作。

正义。在人类思想史上,关于"正义"的学说和理解可谓学派林立、异彩纷呈,不同历史时期、不同阶级、不同信仰和价值观的人们,对"正义"的理解各不相同。总体而言,人们对正义的追求可以分为两类:一类是对作为正义内容的权利义务的追求,这种正义一般被称为"实体正义";另一类是对作为正义实现形式的程序的追求,这种正义一般被称为"程序正义"。关于实体正义和程序正义谁更重要,存在着实体正义优先论、程序正义优先论、并重论三种观点。如哈贝马斯认为,决策是否正确完全取决于决策过程是否符合既定程序[2],程序许诺所有遵其得到的结果都是合理的。[3] 马克思一方面认为,寄希望于大公无私的判决去扭转自私自利的法律,无疑是愚蠢且不切实际的幻想;而另一方

---

[1] 以笔者跟踪观察的几个小区来看,随着时代的发展,居民常常以QQ群和微信群的方式公开相关信息,这为居民实行"脱域"讨论提供了可能。

[2] 尤尔根·哈贝马斯. 后民族结构 [M]. 曹卫东,译. 上海:上海人民出版社,2002:246.

[3] 哈贝马斯. 在事实与规范之间 [M]. 童世骏,译. 北京:生活·读书·新知三联书店,2003:377.

面又认为,程序和法之间关系,就像植物的外形和植物本身、动物的外形和血肉之间的关系一样密切,所以审批程序和法律具有同样的精神。①

虽然关于"正义"的理解、实体正义和程序正义的重要性的观点各不相同,但这丝毫不影响人们对正义的追求,人们关于"正义"的分歧反而说明人们对正义的渴望。人们对正义的追求,经历了从关注实体正义,到13世纪②后增加对程序正义的追求历程。作为身处"现代性学校的城市"居民,自然也追求实体和程序正义,或者说正义是城市居民普遍的价值追求,作为城市微社区内居民意志执行机构的业委会,自然也只有满足居民的这种追求才能获得居民的认同。在城市社区"微"场域:居民的实体正义追求主要体现在物权、治权和人权有关的权利的实现和义务的履行,居民对再组织化、认同、归属等社区情感需求的满足等方面,所以业委会是否以及在多大程度上具有实体正义性,就主要体现在其能在多大程度上满足居民的实体正义追求,以及实现的效率,即业委会的"绩效";居民的程序正义追求主要体现为,对实现实体正义的"顺序、方式和步骤"③这种"看得见的"优秀品质的追求,在居民眼里,程序正义能约束恣意妄为、确保最优判断力的产生,复杂社区使单凭一腔热情就能干好事的时代一去不复返。XGW区CJRJ小区居民对业委会不信任,除了业委会没有领导居民快速"赶走老物业"外,诸多程序上的争议引发的猜忌也是重要原因。

(三)监督委员会或监事会:居民"持家"的平台

业委会能否以及在多大程度上践行民主、公开和正义,主要取决于内外两大因素。

内在因素:业委会自身的素养和能力。以XGW区JMHY小区为例,该小区业委会之所以始终践行民主、公开、正义,与以业委会主任为代表的业委会成员的素质和能力有很大关系,但小区一位业委会委员也表示某种担忧。

> 我们现在这一班人开了个好头,大家有什么事儿都商量着办,要么我们内部商量、要么召集居民一起商量,有什么事情和开支我们都一五一十公开,然后大家一起尽最大努力把事情办好……但有时候我也在担心,一是我们退休了下一班人还会不会这样呢?二是我们这班人在"打江山"的时候严于律己,因为改造的事大家都关注,但改造完后还会不会这么严格要求自己呢?(XGW区JMHY小区业委会委员FWJ访谈:YW-JMHY-

---

① 马克思恩格斯全集[M]//马克思.第六届莱茵省议会的辩论:关于林木盗窃法的辩论.第1卷.北京:人民出版社,1995:287.
② 陈瑞华.程序正义论:从刑事审判角度的分析[J].中外法学,1997(2):69-77.
③ 彭语良.程序正义的理念、源流及现实意义[J].中国党政干部论坛,2014(7):64.

FWJ-20161114)

外在因素：有效的监督。监督一方面是处于理性的需要，虽然业委会主要负责居民意志的执行，但在执行过程中仍然需要决策，事事由业主大会和业主代表大会讨论决策既不现实也不高效，所以居民必须把一部分公共事务决策权让渡给业委会，为确保每一届集部分决策权和执行权于一身的业委会、每一位业委会成员都能够践行民主、公开、正义，有必要建立有效的监督机制，这是一种"底线思维"的产物；另一方面监督是保护"善"的需要，这种善的保护既是对非业委会居民的保护，也是对业委会成员的保护。

我们现在培养一个既有公益心又懂业务，还有能力的业委会成员不容易！你真正要胜任业委会这份工作的话，没有千锤百炼不行，但你看我们的第一届业委会主任，好不容易通过管网维权锻炼出来了，成绩有目共睹，呼声也很高，但最终还是倒在了经济问题上，好可惜！对我们小区是一个大损失！所以我坚决支持监督，监督实际上是对业委会的爱护，是一种保护。（XGW 区 XSJY 小区业委会委员 XML 访谈：YW-XSJY-XML-20170105）

民主、公开、正义是否和在多大程度上实现，需要得到有效监督，而监督本身需要有人来"主持""操持"，有效的监督才能"维持"民主、公开和正义，所以城市微社区内需要一个居民"持家"的平台。在现实生活中，这种平台可以以三种方式出现。

一是由业主大会及其常设机构业主代表大会负责，即业主大会和业主代表大会既负责审议决策，又负责业委会的监督，这也是目前较为常见的监督方式之一。但这种方式的监督效果往往不是十分理想。以 XSJY 小区为例，该小区实行的即是这种监督方式，但前两届业委会皆有委员出现违规问题，说明这种监督方式并不能有效监督业委会，主要原因有二：一方面，监督是一个专业性极强的事务，尤其是随着日常生活领域的公共事务日益复杂化，而现代社会是一个分工高度发达的社会，大部分人都只是专才而非通才，所以由业主大会来行使监督职能并不能保证其专业性，即便是选举出来的业主代表，由于其被选举的依据主要是"民意"即是否能够代表选民意志而非专业性，所以由业主代表大会行使监督权也不能保证监督的专业性；另一方面，由于业主及其代表既要负责审议、决策、立制，又要负责调查、监督、弹劾，既存在权力过于集中的问题，在非日常生活领域对日常生活领域全面僭越的语境中，又存在时间和精力等方面的局限性。所以，业主大会和业主代表大会监督业委会，容易出现监督"虚化"和监督不力等问题。

二是在业主大会下设监督委员会,专门负责监督而不负责决策事宜,委员需要具备一定的能够胜任监督工作的素养,如敢于较真碰硬、具有一定专业知识或善于发现问题等素养。这种架构的优势有二:一方面,有权威,由于是业主大会的下设机构,监督委员会可以利用业主大会是微社区内最高权力机构的权威,有效开展工作;另一方面,可以做到选民的意志和专业才能的结合,因为对被选举的业主限加了专业和品格条件,能够确保被选举出来的业主胜任监督工作。但这种结构设计也存在较为明显的不足:一方面,独立性和专业性受损问题,作为业主大会内生机构,监督委员会可能会受到来自业主大会和业主代表大会的干扰,或者说受到选民意志的干扰,从而对监督的独立性和专业性造成伤害;另一方面,人才匮乏问题,即微社区内可能很难有足够数量的集专业知识、品格素养和时间精力于一身的专门人才。

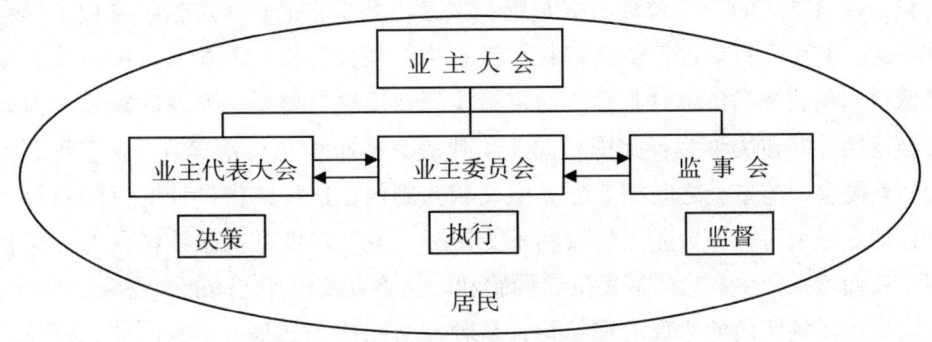

图 7.2 城市微社区的微观治理结构

三是由业主选举产生业主代表大会、业委会和监事会,分别履行(日常)决策权、执行权、监督权职能(见图 7.2)。这种治理结构除了可以做到将选民意志和专业才能有机结合外,还能够做到监督的独立性和专业性的有机结合,监事会由全体业主选举产生,非经全体业主大会不得被罢免,这就为监事会独立履行监督职能提供了制度保障。而且,这种框架设计还能够较为容易地启动调查、质询、弹劾、罢免等程序,因为人数较少,一般五人至七人即可,不需要动员 20% 以上的业主才能启动监督程序,而只需要内部形成相对多数即可。不仅如此,监事会由于机构精简、程序简化,能够做到权责明确、监督效率高,不会出现名为"集体负责"实则"无人负责",以及人数众多导致的权责不明、职能不清、监督效率低下等问题。

(四)微共同体生产的二重性

在城市微社区内,业主大会是最高权力机构,直接投票选举产生业主代表大会、业主委员会、监事会等所有自组织，并对所有的公共事务具有最终决策权①。由于诸多条件的限制，业主大会主要在法律规定和居民约定事项出现时才履行职能，如选举产生自组织、聘任和解聘物业公司、影响生活秩序的"重大"临时事件等，日常公共事务的决策主要由业主代表大会履行。所以，城市微社区的日常运转主要依靠业主代表大会、业主委员会、监事会负责。业主代表大会、业主委员会、监事会成员不相互兼任，组织设计和人员构成保持相互独立。

业主代表大会只负责行使日常公共事务的决策权，不负责具体的事务执行但对执行争议可做出裁判以"定分止争"，这种超脱的地位既有利于业主行使"当家做主"的权利，又有利于保持其权威，防止"既当裁判员又当运动员"带来的种种弊端；业委会只负责执行，专心于如何高效率地执行业主大会及其代表大会的决策，这既有利于业主意志的更好执行，又有利于避免集决策与执行权于一身带来的"一家独大"局面，以及由此带来的寡头统治、专权、寻租等问题；监事会只负责行使监督权，没有决策和执行权，不卷入具体决策事项和执行纠纷，专门负责对业委会的决策执行情况进行监督，发现问题及时向业委会反馈，并在决策执行完毕后向业主代表大会报告执行情况②。业主代表大会、业委会、监事会之间相互独立但又相互制衡，这种结构设计的目的只有一个，即尽最大可能保护业主的权利不受侵犯，最大限度维持微社区内的社会秩序，从而增强业主和全体居民的认同感和归属感以及相互之间的亲密感。

城市微社区内的微观治理结构，是利益共同体尤其是自治共同体，以及建立在此基础上的情感共同体生成的重要决定因素。但如果进一步追问这一微观治理结构何以形成则会发现，城市微社区内的微观治理结构具有吉登斯所说的"结构二重性"。与结构功能主义和结构主义认为社会结构决定着人们行动，解释社会学和现象社会学认为人们的行动构成社会结构不同，吉登斯秉承"执中"路线，认为社会结构既由人们的行为建构，同时又是人们行动建构的条件和中介，即"结构二重性"，这种在受制约场域生产制约的社会实践，使社会结构实现了生产与再生产的现象，吉登斯称为"结构化"。③ 城市微社区内的微观治理结构，同样具有这种特征，既由居民尤其是作为业主的居民的行为建构，但同

---

① 根据现行法律规定，业主对业主大会、业委会等自组织的决定不服的，可以采取诉讼等方式予以救济。
② 业主大会和业主代表大会的每一个决议，都需同时向监事会抄送一份，并要求监事会根据要求汇报业委会执行情况。
③ GIDDENS A. The Constitution of Society: Outline of the Theory of Structuration [M]. Oxford: Policy Press, 1984: 137.

时又建构居民行为。

其实,不仅城市微社区内的微观治理结构的生产具有"二重性",城市社区"微共同体"生产本身同样具有"二重性"。社会结构本质上是社会秩序问题,社会结构分析具有明确的秩序指向,作为结构功能主义杰出代表的帕森斯,将社会结构划分为经济、政治、社会、文化四大子系统,并认为这四大系统分别发挥着环境适应、目标达成、系统整合、模式维护等功能,各子系统通过彼此互动协调以实现社会秩序,秩序问题本质上是一个社会结构各个子系统互动协调以实现稳定的过程①。城市社区"微共同体",本质上也是一种社会秩序,是一种人们孜孜以求的人与人之间充满温暖情感联结的社会秩序,这种社会秩序的生产,受到微社区内社会结构的制约,但这种社会秩序同时也是社会结构的条件和中介,不同的"微共同体"又会生产出不同的"微结构"。所以,城市社区"微共同体"生产本身也具有"二重性"的特征。笔者将城市社区"微共同体"生产中具有的结构二重性和共同体生产二重性,合并称为"双重二重性"(见图6.3)。

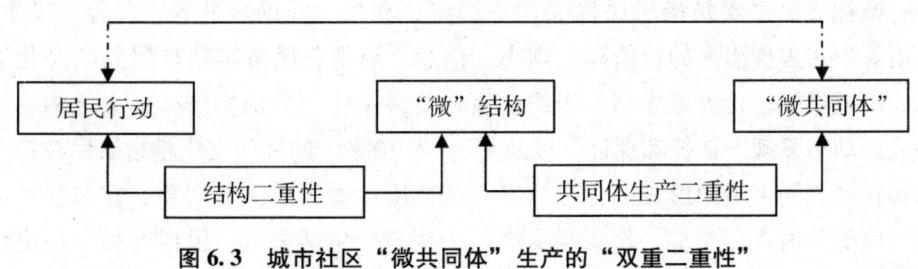

图6.3 城市社区"微共同体"生产的"双重二重性"

第四节 文化与微共同体的生产

文化是社区研究的核心所在,如果明白了文化便是了解了社区,也是了解了社会。② 相比于企业文化、校园文化、街道文化、商业文化、军营文化等文化形态,社区文化是围绕居住而形成的文化形态。文化对居民认同感、归属感以及亲密感的生产,具有举足轻重的作用。文化天然地具有情感的"基因",是城市社区"微共同体"重要的"生产要素"。

---

① PARSONS T. Social System [M]. New York: Free Press, 1951: 26.
② 吴文藻. 吴文藻人类学社会学研究文集 [M]. 北京: 民族出版社, 1990: 149.

一、文化与微共同体的逻辑勾连

(一) 社区文化及其层次结构

作为一个经典命题,对社区文化的理解研究多种多样。按照外延广度,人们对社区文化的理解有广义、中义和狭义之分。

广义上的社区文化是指某一社区居民所形成的独特的,在其生活各方面活动的结果,即生活方式,文化是一个民族应付物质、社会、概念和精神环境的总成绩。① 广义上的社区文化是物质文化与非物质文化的统一体,按照层次划分可以建构起"环境设施—行为方式—组织制度—精神文化"的多层次体系:环境设施主要包括图书馆/室、博物/展览馆、体育馆/场、棋牌室、手工坊、风情街、楼台亭榭、雕塑、广场、公园等文化设施和场所;行为方式主要是指以文化活动为形式和载体表现的健康和文明行为文化;组织制度主要是指居民在生活过程中形成的自组织,如业委会、业主大会、业主代表大会、舞蹈队、腰鼓队、模特队、棋牌协会、体育协会等,及其规章制度,如居民公约、自治章程等;精神文化主要是指居民以文明、团结、和睦、互助、平等、友爱、民主、法治等形式表现出来的价值观、理想、信念、道德、风俗等精神层面的文化追求。环境设施、行为或生活、组织制度、精神文化,分别构成社区文化的物质外表、动态显现、依托和保证,以及灵魂。② 中义上的社区文化是指居民在持久和真正的共同生活中形成的,在特定社区范围内通行的文化现象,它包括社区内居民的价值观、信仰、地方语言、行为规范、生活方式、风俗习惯、历史传统、特定象征等。③ 即行为方式、组织制度和精神文化层面的社区文化。而狭义上的社区文化,仅仅是指一系列精神现象的总和,即精神文化层面的社区文化。

作为社区生活的综合性反映,社区文化既贯穿于社区居民的物质生活,也浸透于社区居民的精神生活之中。④ 所以从广义上理解社区文化能够有效防止物质文化和非物质文化的割裂,也最为全面、科学。基于此,本书从广义上理解和分析社区文化在城市社区"微共同体"生产中的作用机制。在滕尼斯那里,

---

① 吴文藻. 吴文藻人类学社会学研究文集 [M]. 北京:民族出版社, 1990:149-150.
② 杨贵华. 重塑社区文化,提升社区共同体的文化维系力:城市社区自组织能力建设路径研究 [J]. 上海大学学报(社会科学版), 2008 (3):92-98.
③ 中国大百科全书编委会. 中国大百科全书·社会学卷 [M]. 北京:中国大百科全书出版社, 1991:367.
④ 杨贵华. 重塑社区文化,提升社区共同体的文化维系力:城市社区自组织能力建设路径研究 [J]. 上海大学学报(社会科学版), 2008, (3):92-98.

组织制度的作用并未得到充分认识，正如滕尼斯所说，合乎自然分配和神圣化传统的理念，强烈地统治着社会生活的一切现实和秩序，与此相比，契约和规章可能的作用微不足道。①但在现代性高度发达的城市社区"微"场域，居民虽然具有纵向分化上的整体一致性，但横向分化上的异质性仍然突出，居民之间的交往需要制度规范和引导，尤其是在居民交往和共同体生产初期，所以本书在上节将制度因素单列予以强调。也就是说，本书虽然从广义上理解和分析社区文化在城市社区"微共同体"生产中的作用机制，但该社区文化是文化设施、行为方式、精神文化三层次意义上的社区文化。

（二）文化与微共同体生产之间的关系

城市社区"微共同体"的生产遵循着交往逻辑，社区文化从交往事由、水平、过程、结果等方面影响着居民交往水平的提升和共同体的生成。

文化与微社区内居民交往事由。美国社会心理学家亚伯拉罕·哈罗德·马斯洛的需求层次理论认为，人有生理、安全、情感和归属、尊重、自我实现②，以及求知、审美③等需求，从需求属性来看，生理和安全的需求主要是一种物质需求，而情感和归属、尊重、自我实现、求知、审美等需求主要是一种精神文化追求。满足自身需求是人类行为产生的重要动因之一，但个体资源的有限性，决定了人们需要相互交往以满足自身需求。作为人们需求重要组成部分的文化需求满足，必然也要求人们相互交往。文化需求是城市社区居民相互交往的重要动因，并为居民相互交往提供了事由，所以人们经常会看到，当城市社区居民整体处于"互不相干的邻里"状态时，舞蹈、音乐、阅读、健身、棋牌、户外等文化活动仍然在居民之间自发兴起，只不过处于一种"无组织"和低水平状态，而当居民实现再组织化后，各种文化活动也会呈现组织化和制度化特征。社区文化的质量和水平，正逐渐成为衡量居民幸福指数的重要指标和维度，是否具有深厚的文化底蕴和强烈的文化氛围，正日益成为身处在现代性语境中的人们选择居家之所的重要因素。④

文化与微社区内居民交往水平。马斯洛认为，人的需求是有层次的，生理、

---

① 费迪南·滕尼斯. 共同体与社会：纯粹社会学的基本概念［M］. 林荣远，译. 北京：商务印书馆，1999：88.
② MASLOW A H. A theory of human motivation［J］. Psychological review, 1943, 50 (4)：370-396.
③ 亚伯拉罕·马斯洛. 动机与人格［M］. 许金声，等译. 北京：中国人民大学出版社，2012：34.
④ 尹德志. 增强居民幸福感的社区文化建设研究［J］. 学术论坛，2013, 36 (5)：65-69.

安全、情感和归属、尊重、求知、审美、自我实现需求层次逐渐提升，而人的需求实现总体上遵循着由低到高的原则，即当低层次需要满足后则转向实现更高层次的需求。① 或者说，当人们的物质需求得到满足后，非物质的文化需求则上升为主要需求。从居民整体而言，微社区内的居民集体在实现物权等物质利益后，会逐步将注意力转向精神文化层面需求的满足。根据马斯洛的需要层次理论，相对于物质需求，文化需求是一种更高层次的需求，文化交往相对于物质交往也是一种更高层次的交往。以笔者跟踪调研的 XGW 区 XSJY 小区和 CJRJ 小区为例，XSJY 小区在维权时期，中心工作就是团结起来解决供水管网恢复问题，当供水这一"燃眉之急"得以解决后，居民便开始着手小区一般公共事务的治理，如停车难、公共设施维护、公共收支管理、物业服务质量等，当这些问题逐渐得以解决，居民便将注意力投向精神文化需求满足上，棋牌协会、健身俱乐部、舞蹈队、模特队、器乐队、秧歌队等文化自组织逐渐成立，文化活动得以组织化开展，节日庆典、文明创建等活动得以制度化进行；与此形成鲜明对比的 CJRJ 小区文化氛围却很淡薄，尤其是组织化和制度化的文化活动鲜有开展，在笔者询问为什么不开展文化活动时，小区业委会主任只回答了一句话。

> 换物业公司的事都没摆平，哪还有那个精力和心思！（XGW 区 CJRJ 小区业委会主任 LCJ 访谈：YW-CJRJ-LCJ-20171201）

文化对微社区内居民交往水平的提升还体现在以下方面。一是交往主体的提升。城市微社区内居民之间的物质交往主要是建立在身份权基础之上，即建立在"业主"这一身份之上，只有业主才能参与业主大会、业主代表大会、业主委员会、监事会等自组织，进而实现物权、治权和公民权，以流动人口为主要代表的非业主的居民则没有资格参与，也就是说利益共同体和自治共同体阶段作为非业主的流动人口居民不具备成员权，尤其是财产的收益与处置，但文化交往却往往没有成员资格的限制，同一微社区举办的文化活动往往鼓励所有居民参加，不会事实上也很难限定特定群体参加，交往主体尤其是作为非业主的流动居民的参加，使居民交往主体的范围大幅扩大，居民生活共同体的水平提升。二是文化交往活动水平的提升。在居民实现自组织之前，居民之间就有一定程度上的文化交往活动，只不过这种交往活动主要局限在特定群体——"一老一少"、特定事由——"唱歌跳舞"和特定水平——个体化阶段，但当居民实现自组织后，有着更高精神文化追求的居民群体，则会将个体化的文化交

---

① MASLOW A H. A theory of human motivation [J]. Psychological review, 1943, 50 (4): 370-396.

往活动逐步组织化和制度化，从而使文化交往的水平和在居民交往中的比重上升到一个新高度。

文化与微社区内居民交往难度与结果。交往能否达成预期结果以及达成结果的难易程度，是影响居民是否相互交往以及交往深度的重要影响因素之一。居民之间的交往要"与一切令人舒服的印象和经历相互结合在一起"，就必须能够在相互之间较为容易地达成一致，默认一致是把单个个体团结起来成为一个整体的特殊社会力量和同情。① 相比于社区，微社区内的居民在纵向分化上的不平等性②，已大幅度降低并具有整体上的一致性，这为居民之间的默认一致提供了先决条件，但居民在横向社会分化上的异质性仍然存在，这种异质性突出体现为"世界观、价值观、理想、道德、情操等思想意识；兴趣、能力、气质、性格等心理特征；习惯、态度、动机、愿望等表现人们行为趋向的内在行为"③，即人格特征的差别。居民之间要较为容易地达成一致，就必须实现人格重塑，而人格是在特定的文化环境中熏陶形成的，耳濡目染、潜移默化、系统的文化教育，都是人们形成人格特征的重要途径。④

文化对城市微社区的居民交往难度和结果的影响，具体表现在以下几个方面。一是社区文化能够增强陌生居民之间的相互适应性。城市社区在居民入住初期一般都是陌生人社区，缺乏共同记忆的居民从四面八方汇集并因为居住而共同生活到一起。陌生的居民之间要建立起社会联系并形成共同体式的情感联结，居民个体之间必须能够相互适应，而文化是帮助居民适应外部物质环境和内部社会环境、把个体团结到稳定的群体结构中去、使秩序的社会生活得以可能⑤的心理基础和精神纽带。二是社区文化有助于共识形成、行为预期与集体行动困境。在利益共同体和自治共同体生产阶段，居民交往最大的障碍之一就是居民认识难以统一、对彼此行为难以形成稳定预期，以及"搭便车"的集体行动困境难以克服，而社区文化能够提高居民认识，通过提供共享的伦理道德、

---

① 费迪南·滕尼斯. 共同体与社会：纯粹社会学的基本概念［M］. 林荣远，译. 北京：商务印书馆，1999：71-72.
② 彼特·布劳. 不平等和异质性［M］. 王春光，谢圣赞，译. 北京：中国社会科学出版社，1991：16.
③ 班保申. 社区文化的涵义、特征与功能［J］. 学术交流，2012（12）：154.
④ 班保申. 社区文化的涵义、特征与功能［J］. 学术交流，2012（12）：151-154.
⑤ 拉德克利夫·布朗. 社会人类学方法［M］. 夏建中，译. 北京：华夏出版社，2002：57-58.

行为准则、生活方式、风俗习惯①，大幅降低居民之间的交往成本，提高了居民对彼此未来行为的预期，使居民之间的相互协调合作和集体行动困境的克服成为可能。三是社区文化有助于居民形成认同、归属和亲密感。一方面，完备的文化设施、丰富多彩的文化活动、积极向上的精神文化氛围，可以满足居民文化需求，陶冶居民情操，增进居民感情，形成互助人际关系和健康文明的生活方式；另一方面，文化能够统一人们的认同准则、塑造行动者价值内化后的人格结构，②同时文化也能够培育居民良好道德风尚、提高居民的思想境界、锤炼居民的整体素质、提升社区凝聚力③，培养居民对微社区和所在集体的认同、喜爱、依恋等心理感觉④，认同、归属和相互之间的亲密感是共同体生产的价值归属和关键指标。在笔者跟踪调研的三个小区中，XGW区XSJY小区之所以能进入情感共同体建设阶段，其最大的优势之一就在于其以"法治、文明、团结、互助、和睦"为核心的小区文化的形成。

二、微社区内文化的物质外表、动态显现与内在灵魂

文化设施是社区"微"场域内文化的物质外表。其一，文化设施是居民开展文化活动的场所和载体，离开广场、图书室、展览室、体育场馆、活动室等文化设施和场所，居民的文化活动就失去活动空间和物质载体；其二，文化设施的风格能够折射和反映居民的文化品位和特色⑤，尤其是能够反映出微社区的文化底蕴，无论这种文化底蕴蕴含的是传统文化还是现代社区精神，或者说特定的文化底蕴必然会有特定风格的文化设施与之相适应；其三，文化设施的多少能够在一定程度上体现居民的文化资本存量高低，尽管文化设施只是居民文化资本存量的重要表现形式之一；其四，文化设施是居民共同生活和记忆的象征，作为居民日常生活领域居民活动的集中发生点，文化设施由于承载着某一地区居民的生活和文化印记，而成为该地区重要的形象标志物⑥。

---

① 杨贵华. 重塑社区文化，提升社区共同体的文化维系力：城市社区自组织能力建设路径研究 [J]. 上海大学学报（社会科学版），2008（3）：92-98.
② 周怡. 社会结构：由"形构"到"解构"[J]. 社会学研究，2000（3）：55-66.
③ 于洪卿. 对我国社区文化建设的思考 [J]. 青海社会科学，2007（6）：11-14.
④ 尹德志. 增强居民幸福感的社区文化建设研究 [J]. 学术论坛，2013，36（5）：65-69.
⑤ 杨贵华. 重塑社区文化，提升社区共同体的文化维系力：城市社区自组织能力建设路径研究 [J]. 上海大学学报（社会科学版），2008（3）：92-98.
⑥ 吕斌，张玮璐，王璐，等. 城市公共文化设施集中建设的空间绩效分析：以广州、天津、太原为例 [J]. 建筑学报，2012（7）：1-7.

随着现代社会的发展，文化设施的重要性日益凸显，是否具有配套的文化设施是许多居民在选择居所的重要考量因素之一：一方面，并非所有城市社区都有便捷的公共文化设施和场所，每天花一个甚至几个小时往返于公共文化设施和场所，并非每个居民都有意愿和条件做到，进门和下楼就有文化设施可以满足自身需求无疑是理想类型；另一方面，即便社区或者社区周边就有便捷的公共文化设施和场所，微社区内的文化设施对居民来说也不可或缺，居民共有的文化设施更能培育居民的认同感、归属感以及建立在此基础上的整体感。

我们当时选择买CJRJ小区的房子，就是看中了它的配套设施，门口就是滨江公园，往那边走几分钟就是儿童公园和一个广场，平时一家人出去玩下太方便了。（XGW区CJRJ小区居民SQF访谈：JM-CJRJ-SQF-20170805）

虽然内部文化设施必不可少，但城市社区"微"场域内的文化设施整体仍十分缺乏。以笔者跟踪调研的三个小区为例，XGW区CJRJ小区基本没有自己的文化设施，JMHY小区改造之前完全没有文化设施，改造之后新开辟了文化墙、休闲庭院和活动室，XSJY小区文化设施则相对较多，有自己的广场、棋牌室、活动室和会议室，但总体仍不是十分完备。城市社区"微"场域内的文化设施整体匮乏，主要有主观、客观两方面的原因：客观方面，居民住宅受到城市土地资源日益紧张和房地产开发成本的双重压力，提高容积率即扩大单位面积土地上的建筑面积就成为必然选择，容积率的提高必然会挤压文化设施和场所的生长空间；主观方面，入住后的居民主观意识，如对文化的需求及其程度，尤其是解决日益紧张的停车用地等问题的能力，也会影响后期文化设施的建设。如何从国家立法、居民意识和能力等方面开拓居住区域文化设施的增长空间，则成为影响居民文化生活质量和共同体建设水平的重要影响因素之一。

文化活动是城市社区"微"场域内文化的动态显现。城市社区"微"场域内的文化最为生动地展现为文化活动。一方面，文化活动的数量多寡和质量高低，反映了居民的精神文化丰富程度和文化底蕴，与文化设施一样，文化活动同样是社区文化底蕴的反映；另一方面，文化活动是居民相互交往的重要途径，尤其是吸纳非业主居民参与的重要载体，居民交往程度的加深和交往范围的扩大，会增强居民的认同感和归属感，尤其是相互之间的亲密感，进而加速共同体的生产进程，非业主居民的加入，会使共同体的生产进入一个新的更高水平。具体而言，能够影响居民生活共同体生产的文化活动，主要体现在文化活动的举办形式、参与主体、参与方式等方面。

城市社区"微"场域内文化活动的形式有效性。尽管相比于社区，社区

"微"场域内的居民纵向社会分化程度大为降低并具有整体上的一致性,但居民横向分化上的异质性仍然存在,这种异质性包括文化需求种类和层次上的差异性。所以"微"场域内的文化活动形式必须多样,以有效满足不同群体的文化需求。从文化活动种类来看,可以举办节日文化、广场文化、庭院文化、家庭文化、娱乐文化、休闲文化、民俗文化、科普文化、体育文化①、公益文化、文明创建等;从文化活动形式或所涉及的文化产品种类来看,可以有读书看报、书法绘画、文艺演出、音像制品、时装表演、影视、棋牌、歌舞、器乐、艺术、体育、收藏、户外、旅游等;从文化的物质形态来看,可以有现实文化和网络文化,尤其是如何形成健康向上的网络文化是重要影响因素,如通过门户网站、微博、QQ、微信等"微"网络加强交流、形成共识、增进感情、凝聚人气,通过"虚拟"平台推进现实文化共建共治共享等。

城市社区"微"场域内文化活动的参与主体广泛性与方式有效性。社区"微"场域内文化活动的参与主体是否广泛,或者说文化活动能否吸引大范围的居民群体参与,以及参与深度,是影响和衡量文化活动效果的重要影响因素和尺度之一。从文化活动举办主体来看,社区"微"场域内的文化活动可以引进市场机制参与,以XGW区XSJY小区为例,该小区的节日庆典活动都有银行、企业等市场力量的参与,市场机制的参与不仅节约了文化活动成本,减少了居民公共资金支出,而且提升了文化活动层次和水平以及活动的可持续性。但无论市场力量参与的力度有多深,都不能影响居民主体地位,从活动方案策划、预算审批、活动组织等,都必须以居民及其自组织为主体,否则也就失去了文化活动应由的功能和意义。以XSJY小区的节日文化活动为例,该小区举办的节日庆典中的活动,绝大部分都以楼栋为单位自编自演的方式进行,这种方式最

---

① 社区体育文化是指一定区域内各种体育文化现象的总和,是社区居民在本地域内长期生活实践过程中积淀形成、富有个性特色的群体意识、价值观念、行为模式和生活方式等。广义的体育文化是指为丰富人类生活,满足生存需求,以身体为媒介,把满足人类需求的身体活动进行加工、组织和秩序化,形成获得社会承认的、具有独立意义和价值的文化,包括体育观念、意识、思想、言论等精神文化和体育行为、技术、规范、规则等行为文化两大部分;狭义的体育文化是指将生产于社会生活的体育作为有价值的活动加以肯定并赋予一定的知识文化内涵,从而使体育由自然活动变成文化活动,它包括与艺术、宗教、学术、文化娱乐以及传播媒介等有关的体育活动和体育作品,如体育舞蹈、艺术体操、武术、体育摄影、体育雕塑、体育建筑、体育音乐、体育文学、体育研究、体育大众传播等。参见田彤.社区体育文化建设:是促进社区体育和谐发展的落脚点[J].体育与科学,2006(4):50-53;易剑东.体育文化学[M].北京:北京体育大学出版社,2006:44-92;孙大光.体育文化概论[M].北京:高等教育出版社,2013:1-22.

大限度地提升了居民参与的广度和深度，居民在参与过程中逐渐建立起亲密的社会关系，并通过集体荣誉感，加之文化活动本身是一种仪式，而仪式是按一定文化传统集中安排的一系列象征意义行为①，能够促使居民认同感、归属感和亲密感的生成。

精神文化是城市社区"微"场域文化的内在灵魂。精神文化是文化最核心和最本质的内容和影响因素：一方面，无论是文化设施，还是组织制度，抑或行为方式、文化活动，都是精神文化的反映和外在表现形式，或者说精神文化外在表现为文化设施、组织制度、行为方式、文化活动等形式；另一方面，精神文化决定着文化的其他内容，如精神文化的高低决定着文化设施的多寡和风格品位高低、组织制度的健全程度、行为方式的健康文明程度、文化活动的丰富程度等。所以，城市社区"微"场域内是否以及在多大程度上形成积极向上的精神文化，是共同体能否以及在多大程度上形成的重要决定因素之一。

具体而言，能够影响城市社区"微共同体"生产的精神文化主要有以下内容。一是平等精神。与单位制社区不同，现代城市社区主要是一个居民"生活"的区域，居民因为"居住"而非其他原因而从四面八方汇集并共同生活在一起。

> 不管居民从事何种职业，还是家里住宅面积有多大，在居民区他只是一个普通居民，大家都是平等的，没有高低贵贱之分，只有抱着这样的观念大家才谈得拢。（XGW 区 JMHY 小区业委会主任 WXP 访谈：YW-JMHY-WXP-20161027）

JMHY 小区刚开始之所以难以收齐物业费和改造所需集体费，主要是因为少部分居民抱有特权思想所致，所以平等精神是社区"微"场域内精神文化的首要影响因素。二是民主精神。既然居民之间平等，那么日常生活领域的公共事务治理也应遵循民主精神，即协商和公开应成为基本的治理法则，XGW 区 JMHY 小区和 XSJY 小区能够实现稳定的自治，与协商和公开密不可分，凡事都经过协商，包括业委会内部的协商、居民之间的协商，和对全体居民公开，包括决策过程的公开、决策结果的公开，而 CJRJ 小区则屡次发生因信息公开不及时而被居民质疑的事件，业委会与居民、居民与居民之间因此缺乏基本的信任，更遑论建立认同、归属和亲密与共关系。三是团结和互助精神。无论是在传统社会还是现代社会，居民都面临着自身资源的有限性与需求无限性和社会复杂性之间的张力带来的压力，团结、合作、互助是居民以自身有限的资源去满足无限的需求和应对复杂的社会的不二法宝，或者说是居民能够"四两拨千斤"

---

① 陈国强. 简明文化人类学词典 [M]. 杭州：浙江人民出版社，1990：135.

"以小博大"的利器,所以能否以及在多大程度上意识到团结、合作和互助的重要性,是居民共同体能否以及在多大程度上生成的重要影响因素之一。四是文明、友爱、和睦精神。友好而非敌对、和睦而非纷争、文明而非愚昧是人类孜孜不倦的追求,反映了千百年来人们的"秩序情怀",社区"微"场域内是否以及在多大程度上文明、友爱和和睦,是共同体生产的重要影响因素之一,而且,和睦本身就是默认一致,只不过默认一致主要指的是共同体各个具体的关系和作用,而和睦指的是共同体整体的力量和本质,默认一致是一切真正共同工作、共同居住、共同生活的真实情况和内在本质的最简单表示[①]。

---

① 费迪南·滕尼斯. 共同体与社会:纯粹社会学的基本概念[M]. 林荣远,译. 北京:商务印书馆, 1999:74.

第八章

结论与讨论

面对社会转型带来的新情况和新问题，中国选择了"通过社区整合社会"的城市社会建设道路，将社区建设成为居民生活共同体成为人们孜孜以求的目标。国内外的研究表明，社区共同体的生产场域只有传统村落、宗教社区、单位制社区，以及唐人街、城中村等特殊社区四种理想类型。而一般城市社区，共同体要么只能是如雷蒙·威廉斯所说的"它总是过去的事情"，要么如齐格蒙特·鲍曼所说的"它总是将来的事情"[①]，而就是不能是"现在的事情"。然而，楼栋、院落、小区等"微共同体"的发展，为悲观的共同体生产带来新的希望。为什么规模小微化能够带来社区共同体的"重生"，城市社区"微共同体"的生产会呈现怎样的图景、需要哪些条件、不同的结构性力量在其中起着什么作用等，本书对此进行了探讨并得出以下结论。

第一节 主要结论

城市社区"微共同体"的生产逻辑，主要涉及规模小微化与社区共同体生产的关系，城市社区"微共同体"生产形式和基本单位厘定，生产过程、主体、要素等发生机制。

一、城市社区微共同体可不可能

共同体规模小微化与居民交往事由的产生。在滕尼斯那里，共同体与社会的区别在于前者是持久和真正的、后者是暂时和表面的共同生活，也就是说只有经过持久和真正的而非暂时和表面的交往才能形成真正的共同体。居民要持

---

① 齐格蒙特·鲍曼. 共同体：在一个不确定的世界中寻找安全 [M]. 欧阳景根，译. 南京：江苏人民出版社，2003：4-5.

久真正地交往,首先必须有"持久和真正的"交往事由。社区共同体之所以难以形成,一个重要原因就在于居民之间没有交往的事由。由于居民日常生活所需的基于共有权财产和居住行为的公共产品,要么只能以小区、院落、楼栋等为单位而难以以社区为单位提供,要么可以事实上也常常以小区、院落、楼栋等为单位提供。所以,在社区层面居民没有共同交往的事由,没有交往事由的陌生人之间难以发生交往进而形成亲密的情感联结。相反,在楼栋、院落、小区等微社区内,居民由于有着需要共同处理的日常生活事务,必然要发生各种形式和不同程度的交往,因为个体资源和生产能力有限性与需求无限性之间的张力,决定了单个个体必须联合起来解决生存和发展问题,"解决生活资料的生产实践和个体相互联合的交往实践"① 由此产生。这种交往为居民从陌生人转变半熟人进而成为熟人,并产生亲密的情感联结提供了绝佳的机会和条件,人们通过对话交流、交往沟通促进相互理解和包容,进而达成思想和行动共识,形成群体认同和归属感,以及相互之间的亲密感。

  共同体规模小微化与居民交往难度的降低。陌生的居民交往起始于作为一种集体行动的公共交往,其交往难度往往与集体规模呈正相关关系:一方面,动辄七八千甚至上万、十万居民的城市社区,面对需要共同处理的日常生活事务,集体交往的物质成本、时间成本、心理成本等,往往令居民望而却步,但如果把交往规模降低到小区、院落、楼栋,居民之间集体行动的成本则会大幅降低,而相应的收益率则会大幅上升;另一方面,选择性激励措施的实施有赖于可动用的选择性激励物品的多寡,及其可替代性程度和排他性程度,以居委会为代表的城市社区,无论是可动用的积极激励物品还是消极激励物品都非常之少,而且社区提供的公共物品多为纯公共物品,不能排除特定群体对其消费,更为关键的是,社区提供的公共产品很多具有可替代性,如可以通过市场机制予以替代,而微社区可动用的选择性激励尤其是消极激励物品较多,很多集体物品是付费群体的"私人财产",可以"先付费先享用、不付费不享用",而且不少集体物品是居民日常生活不可或缺的产品,如电梯、水电气、干净舒适的居住环境等,这些公共物品对居民日常生活而言具有不可替代性,电梯停运、水电气断供、环境脏乱差等,居民都难以忍受。对居民而言,居住就是最大的政治②。

---

① 袁祖社. 现代公民之理性生存品质与高尚德性人格的养成[J]. 唐都学刊, 2004(5): 111.
② 郭于华, 沈原. 居住的政治: B市业主维权与社区建设的实证研究[J]. 开放时代, 2015(2): 83-101.

共同体规模小微化与居民"在场"交往和情感密度的增加。按照交往方式人们之间的交往可以划分为面对面的"在场交往"和通过中介进行信息同时异地、异时异地传送的"缺场交往"或"脱域交往"。交往方式不同，对应的情感类型、深度和持久度不同。现代性的脱域机制虽然使共同体摆脱了地域这一曾经最为可怕和最难克服的屏障①，即便相隔遥远的人们也可保持或新建一种跨越时空的熟悉感、认同感、归属感和整体感，但作为能够深入人们意志深处从而融化"冰冷的现代性"的情感联结，共同体除了是一个整体之外还应是一个成员间亲密与共、守望相助的整体，彼此陌生的人们难以产生"纵横兼备"的情感联结，"持久和真正的共同生活"仍是共同体产生和维持的最重要维度，面对面的"在场"交往方式仍然不可或缺。面对面的在场交往不仅能够传递脱域交往难以传递的神态、肢体等语言，而且能够克服"缺场"交往"信息距离亲近而心理距离遥远"的困境和弊端，共识、信任、道德、社会网络等社会资本，主要以面对面、经常性的平等交往为先决条件，人们只有在面对面的直接交往中才能够洞察彼此的特性，所以要理解人就必须在实际上面对着人、面对面地与人交往②，而且，"缺场"交往只有建立在"在场"交往所形成的熟悉基础上，才能发挥促进居民社会资本和情感生产的功效。但面对面交往受群体规模限制，平均八千动辄上万甚至十万的人口规模，显然不适合面对面交往的开展，即便认识恐也难以实现，更遑论彼此熟知并建立和保持亲密关系。在一般的情况下，人们的情感密度总是与规模呈负相关关系。所以，缩小群体规模就成为一种必然选择。

共同体规模小微化与社会分化程度的降低。鲍曼认为，共同体是以同质性、共同性为原材料做成的，③ 笔者以为，共同体的同质性主要是指成员阶层分化上的整体一致性，同一阶层的人们产生基于本质意志的默认一致的可能性才高。滕尼斯也认为，人们的结构和经验相似性越大，或者思想、性格、本性、越是具有相同的性质，越是能够相互协调，默认一致的可能性就越高，而所有默认一致都根源于等级的划分。④ 但在城市社区，准入资格的获取逐渐由身份过渡到

---

① 齐格蒙·鲍曼. 生活在碎片之中 [M]. 郁建兴, 等译. 上海：学林出版社, 2002：4-5.
② 恩斯特·卡西尔. 人论 [M]. 甘阳, 译. 北京：西苑出版社, 2009：8.
③ 齐格蒙特·鲍曼. 共同体：在一个不确定的世界中寻找安全 [M]. 欧阳景根, 译. 南京：江苏人民出版社, 2003：9.
④ 费迪南·滕尼斯. 共同体与社会：纯粹社会学的基本概念 [M]. 林荣远, 北京：商务印书馆, 1999：72-73.

货币，居民的身份不再是带有浓厚"权力"和"地位"色彩的"单位人"和"街居人"，而是带有浓厚的"财富"色彩的"业主"和货币化租住的居民，而作为阶层划分重要依据之一的货币多寡，最直接地体现为不同档次的住宅，如别墅、高档商品房、普通商品房、经济适用房、拆迁安置房、廉租房、城中村等，不同档次住宅的同时并存将城市社区塑造为一个个"阶层社区"，分属不同社会阶层的居民，文化、价值观、利益需求等差别较大，难以形成共识并在此基础上形成认同、归属和亲密关系。尽管如此，社区阶层化浪潮在横扫"面上"的城市社区之时，却为"面下"的微社区留下了足够的生存和发展空间。现代性脱域机制将居民从韦伯所说的政治和社会因素中解脱出来的同时，以经济因素为维度将居民"再嵌入"城市社区，其直接后果就是同一楼栋、院落、小区的居民有着阶层分化上的整体一致性，尽管居民有着横向分化上的异质性。根据布劳的社会交往理论，垂直分化上的整体一致性、水平分化上的多样性，恰恰为居民交往提供了一个理想条件。① 从某种程度而言，微社区就是为居民交往而生，处于同一阶层的人们虽然有着种种分离但总体上仍保持着结合，仍然能够在相互交往的基础上形成"令人舒服"的共同记忆。

二、城市社区微共同体何以可能

（一）小区：微共同体生产的基本单位

交往对于共同体"有着本体的意义"②，不考虑成员之间的交往程度，对于共同体就意味着趋向于忽视那些能够保证其完整性的社会纽带和政治机制③，整体感和亲密感兼具意义上的共同体受到规模限制，这个限度就是居民能够经常地进行直接互动从而彼此熟知④，所有超过成员面对面交往范围的共同体都只是被想象的方式⑤。虽然小区、院落、楼栋内居民交往程度在同等条件下逐次加深，但社区共同体生产规模并非越"微"越好，社区"微共同体"生产的基本单位厘定不仅要考虑交往因素，还要考虑产权可分割性、经济性、碎片化等

---

① 彼特·布劳. 不平等和异质性 [M]. 王春光, 等译. 北京: 中国社会科学出版社, 1991: 8-16.
② 何煦. 村落还是共同体吗 [D]. 上海: 复旦大学, 2014: 23.
③ 约翰·C·卡尔霍恩. 卡尔霍恩文集 [M]. 上册, 林国荣, 译. 桂林: 广西师范大学出版社, 2015: 8.
④ 王小章. 何谓社区与社区何为 [J]. 浙江学刊, 2002 (2): 21.
⑤ 本尼迪克特·安德森. 想象的共同体 [M]. 吴叡人, 译. 上海: 上海人民出版社, 2011: 6.

因素。

在城市社区，居民之间的共同利益主要表现在共有产权的实现和维护上，而"产权"这一概念得以成立的前提条件和关键要素之一就是产权要明确，产权明确的要求决定了以空间为主要表现形态的居民共有产权必须与外界隔离开来，以有效实现和维护居民共同权益。与农村居民独门独户式住宅不同，城市有限土地与不断增长人口之间的张力，使得居民住宅多层或高层化成为一种普遍现象和趋势，若干居民住宅共用一块土地，专有权住宅分摊土地上之上的共有设施设备和场所建设费用，即便是同一楼栋的居民也共有部分公共设施和场所，如电梯、楼梯、外墙等。可以说，除了以住宅为主体的专有权财产外，其余的都是共有权财产。所以共同体生产单位的厘定首先需要考虑共权财产是否可以分割，即物理空间的区隔不能侵害共有权人的合法权益或给其他居民生产生活带来不便。

市场和政府都是共同体生产不可或缺的力量之一，但市场主体是以盈利为目标的经济组织，利润是企业生存和发展的生命线，共同体只有达到一定规模，市场参与主体才会达到盈利起平线，否则可能出现亏损从而威胁企业生存和发展，进而迫使企业退出居民居住空间；而共同体生产规模过小，也会增加政府行政成本，降低政府工作效率，影响政府绩效合法性，从而难以得到政府的支持。共同体规模太小，会加剧其本身固有的利益限制性和情感封闭性，进而加剧居住空间堡垒化和社会阶层的区隔以及社会关系的隔离，一个个"微共同体"将社区分割成若干个封闭的单元，在撕裂社区整体性的同时也使城市基层社会逐步成为"明日门禁城市"[1]，和一个个小共同体马赛克式拼接而成的群岛式社会[2]，尽管这种碎片化能够为居民提供持久交往事由，降低交往难度，提升情感密度，生产出"本能的中意"，并与脱域共同体在整体感培育方面的优势结合以发挥相得益彰的效果。

从产权可分割性角度来看，能够进行清晰的产权分割的小区所占比例有限，而且随着现代性的深入这一比例会越来越小；从经济性角度来看，共同体生产规模越小越不经济，虽然规模越小共同体水平在同等条件下会越高；从碎片化角度来看，虽然城市社区"微共同体"的生产并不必然会加剧社区和基层社会碎片化趋势，但也确实会在某种程度上加剧社会不同阶层群体之间的隔阂，虽

---

[1] WEBSTER C. Gated cities of tomorrow [J]. The town planning review, 2001, 72 (2): 165.
[2] 理查德·桑内特. 公共人的衰落 [M]. 李继宏, 译. 上海: 上海译文出版社, 2014: 51.

然在现实生活中有许多措施可以缓解这种阶层区隔效应,如建构社区公共空间促进不同阶层群体间的交流等,但从现实情况看,受各种主客观条件的限制,这种措施并未得到应有重视和取得预期效果;从已有数量看,整体型楼栋和永久型院落仍属少数,而"共权的小区"仍居于主体地位;从发展趋势看,小区仍代表着城市微社区的发展趋势,小区在城市微社区体系中所占的比例也将越来越高。所以,综合考虑产权可分割性、经济性、碎片化,以及城市微社区现状和未来发展趋势,小区应是城市社区"微共同体"生产的基本单位,但不排除楼栋和院落在特定时空条件下的适用性,在小区规模过大、小区共同体生产暂难成形等情况下,楼栋或院落共同体不仅具有很强的适用性,而且会与小区共同体发挥互促互进的功效。

(二)利益、自治与情感共同体:微共同体的三个阶段

现代性以其强大的力量形塑着城市社区空间,人们进入社区居住的条件不再是身份,而逐渐转变成货币。要么购买,要么租住,人们只要支付等量的货币,即可取得入住资格。尤其是在新建的商品房小区,不同民族、籍贯、职业的人们因为居住而共同生活到一起,彼此陌生、互不了解,社区共同体的生产过程实质上是地域基础上社会性再生产过程。要在彼此陌生的居民之间建立社会联系,交往无疑是一条必经之路,城市社区共同体的生产遵循着交往的逻辑。对于大多数甚至是绝大多数居民而言,住宅、商铺等区分所有权建筑都是其个人财产的重要组成部分,尤其是住宅,可能透支了其未来数年、数十年甚至是几代人的财富。所以,实现和维护以建筑物区分所有权、占有权、使用权、支配权、处置权、收益权为主要内容的财产权,即物权,以成立自治组织、确立自治规则、实现自主目标为主要方式的自治权,即治权,以民事权、政治权、社会权为主要内容的公民权,即人权①,对于大多数居民来说都有着特殊的意义和价值。物权、治权、人权分别体现着人与物、人与人以及人与社会和国家之间的关系,为居民提供了重要且理想的交往事由。当居民的权利受到侵犯,有着共同利益的居民,不得不谋求以个体联合即此类的方式②,解决个体资源和生产能力的有限性与需求的多样性和无限性之间的张力,当选择性激励的有效实施,集体行动则应运而生。如果集体行动能够顺利实现集体诉求,作为集体成员的居民则会强烈意识到"类性和社会性"的力量,感受到成为社群一员的好

---

① 陈鹏. 从"产权"走向"公民权":当前中国城市业主维权研究 [J]. 开放时代, 2009 (4):126-139.
② 袁祖社. 现代公民之理性生存品质与高尚德性人格的养成:"信用价值观"建设的理论定位与实践追求 [J]. 唐都学刊, 2004 (5):111.

处，从而产生强烈的认同感和整体感，促进利益共同体产生。

相对于"互不相干的邻里"状态，利益共同体是一种巨大进步：首先，它最直接表现为解决了居民的利益诉求，维持了居民日常生活世界秩序，保持了社会和谐稳定；其次，它使原子化居民再组织化，使现代性不再冰冷；最后，也是最为重大的意义，它重塑了社区社会网络，居民之间的社会关系从无到有、从弱到强，居民不再是互不相干的邻里而是休戚与共的伙伴，不再患有"社区冷漠症"而是有着社区意识和社区行动的群体。但利益共同体也有着明显的脆弱性、短暂性与被动性。利益共同体时期的居民交往是在共同利益需要下做出的一种被动反映，集体交往的产生在某种程度上说是理性居民个体全面权衡、精确计算的产物，是居民在共同的利益需要下才重新认识到邻居的重要性，进而通过联合实现共同利益而发生的交往过程，而且，一般利益不足而只能是"重大"利益才能在居民之中形成共识，居民之间的团结是一种"事件团结"，这种重塑的邻里主要是一种被动性邻里，具有典型的"以利为利"的特征，交往并不是居民的主要目的甚至不是目的之一，只是居民实现利益过程中的"副产品"。作为副产品的居民交往，面临着"以利交者，利穷则散"的风险，居民之间的联系在某种程度上是"没有结果的联系"，当居民在其认为重大、紧迫、不得不解决的共同利益实现后，利益共同体则很可能成为"当场消费的共同体"，在使用完后被抛弃，因为它并没有在居民之间编织一张道德责任之网和长期承诺之网[①]。

为巩固利益共同体在社区社会网络建设方面的效果，使尚很被动、脆弱、短暂的整体感稳固化与长期化，将被动性邻里的萌芽演化为主动性邻里的复兴，城市社区"微共同体"的生产需要完成从利益共同体向自治共同体的跨越，而结构性强化和居民自组织是成功实现这一跨越的两大逻辑进路：利益共同体的生产过程，是一个以团结、合作、自主、信任为主要内容的公共精神的启蒙过程，但启蒙并不意味着稳定形成，因为仅仅依靠一项对居民来说重大的集体事件，并不能保证居民下次在"不那么重要"，即便是"重大"集体事件来临时再次显现公共精神，只有经过社会、市场、政府主体持续不断的正强化和负强化，进而使居民不断调整自身心理状态以维持内外环境的动态平衡，将心理活动保持在一个相对稳定的状态，即心理稳态[②]，从而提升公共精神再次发生概

---

① 齐格蒙特·鲍曼. 共同体：在一个不确定的世界中寻找安全 [M]. 欧阳景根, 译. 南京：江苏人民出版社，2003：84，87.
② PARKER P M, TAVASSOLI N T. Homeostasis and consumer behavior across cultures [J]. International journal of research in marketing, 2000, 17 (1)：33-53.

率，最终将公共精神启蒙转化为持续的公共参与，产生遭到忽略或者原本没有的主体意识和家园意识，当公共精神稳定化、公共参与持久化，社区"微共同体"的生产才能"保证其未来"；利益共同体的生产过程，也是一个居民"微"自治预演的过程，但预演生产出的认同感和整体感具有被动性、脆弱性和短暂性，一次或一个阶段的预演提供的思想、伦理、技术和组织准备，远远不能使居民从公共产品的消费者转化为积极的提供者以真正获得"积极公民资格"①，随着现代性的深入即便是"微"场域内的公共事务也变得异常复杂，要产生良好的治理即"善治"，自组织无疑是最重要的逻辑进路之一，自组织使居民的自治锻炼机会从稀缺到常态、成本从高昂到低廉、方式从对抗到合作、途径从人治到"规治"。

与利益共同体时期相比，自治共同体时期的居民整体感具有显著持久性，这种持久性主要体现在居民个体对群体形成稳定的路径依赖，居民之间有着持久共享的公众人物，居民身份开始符号化，而居民身份符号化的过程，本质上是被给予某种名称、接受某个称号，内化与该名称或称号相关的角色要求并自觉按其行事②的过程。当居民之间的邻里交往不仅涉及重大和紧迫议题还涉及非重大和非紧迫事务，不仅被动涉及物权还主动致力于治权和公民权的实现，社会激励超过经济激励成为居民交往的主导因素，邻里之间尤其是在职居民群体不仅注重治理型交往而且开始主动参与文化型、趣缘型、业缘型等非治理型交往，邻里交往中理性因素不断下降而感性因素逐渐上升，则意味着主动性邻里的复兴。当居民的整体感具有显著持久性，主动性邻里得以复兴，也就意味着自治共同体的生成。

社区共同体建设的终极目标之一就是要在冰冷的现代性中重塑人们之间的情感联结，社区共同体的高级形态就是情感共同体。由于利益共同体和自治共同体主要是居民团结起来治理公共事务的过程，所以在利益和自治共同体中居民之间的交往主要是集体交往，居民之间的情感主要是对微社区的认同感和归属感，强调共同体的整体感，而居民之间的个体化交往尚处于从属地位，居民之间的深入了解和守望相助、亲密与共的首属关系尚未形成或深入。虽然社区共同体化的价值内核就在于全面增强居民认同感和归属感以提升社区凝聚力和

---

① SCHACHTER H L. Reinventing government or reinventing ourselves [J]. Public administration review, 1995, 55 (5): 530-537.
② GLEASON P. Identifying identity: a semantic history [J]. The journal of American history, 1983, 69 (4): 910-931.

向心力①，而且，社区共同体的基础也在于一种横向互动中感受的整体性②，但仅有认同和归属还不足以定义一个共同体③，共同体还应该包括作为居民横向情感联结的亲密感。共同体不仅是一个整体，还应是一个成员亲密与共的整体。而且，共同利益和公共事务主要基于"业主"这一成员资格或者说身份权展开，作为非业主的居民在基本物业服务外，既没有资格也没有太大动力参与。

利益共同体和自治共同体没有完成的情感建设和"主体吸纳"任务，精神共同体需要接着完成，即如何在集体交往和整体感塑造的基础上，通过个体化交往培养主体更为广泛、整体感和亲密感兼具且更浓厚的情感共同体。幸运的是，集体交往建立的认同感和归属感，以及相互之间熟悉程度的加深，为居民的个体化交往提供了前提条件，居民在充满认同、归属和信任的语境下很可能产生个体化交往。个体化交往的产生为互惠尤其是基于非对称性互惠产生的感激，以及建立在感激基础上相互亲近愿望的产生，提供了理想场域。有着本能中意的人们经过治理型、文化型、趣缘型、业缘型等低分化持久交往，很可能产生"令人舒服的"共同记忆，对地方价值和意义产生心理依恋④，以及认知联结、意欲联结和情感联结等⑤倾向，在整体感和亲密感兼具语境下，形成低分化持久交往下的情感共同体。社区"微共同体"的生产过程是一个居民熟悉程度和情感逐步生成和深化的过程，利益共同体时期短暂的认同感和浅层的整体感，自治共同体时期持久的归属感、深度的整体感和一定程度的亲密感，精神共同体时期普遍和深层的亲密感，随着居民交往和熟悉水平逐步增强，情感共同体的轮廓也逐步清晰。

（三）管家、亲家与娘家：微共同体生产中的社会、市场与国家

生产力不发达的传统社会是一个"简单社会"，自给自足的小农生活决定了市场力量和政府力量在传统社区并不发达，共同体生产主要由居民自我完成。但生产力发达的现代社会是一个具有表象复杂性、过程复杂性、本质复杂性、

---

① 姜方炳．共同体化：城市社区治理的功能性转向［J］．中共天津市委党校学报，2015（2）：74-81．
② 冯钢．现代社区何以可能［J］．浙江学刊，2002（2）：5-11．
③ 何煦．村落还是共同体吗？［D］．上海：复旦大学，2014：8，24．
④ BROWN B, PERKINS D D, BROWN G. Place attachment in a revitalizing neighborhood: individual and block levels of analysis [J]. Journal of environmental psychology, 2003, 23 (3): 259-271.
⑤ ALTMAN I, LOW S M. Place attachment [M] // LOW Setha M, ALTMAN I. Place attachment: a conceptual inquiry. New York: Plenum Press, 1992: 1-12.

认知复杂性等①的"复杂社会",问题的无限性和个人理性的有限性之间的张力,要求人们按照组织的方式思维②,社区共同体的生产离不开以居民和居民自组织为代表的社会力量、以房地产开发商和物业服务公司为代表的市场力量、以行政化的居委会和街办以及政府职能部门为代表的政府力量积极且有效的参与。多元主体的参与,在充实社区"微共同体"生产力量的同时,也带来了如何合理界定各主体的社会角色以确保各主体有序参与的问题。

业委会:居民的"管家"。业委会是原子化的居民组织起来,以应对现代社会复杂性和不确定性的产物。业委会所具有的意识形态、运行程序和组织绩效③,最为直接地影响着居民对其所处的集体的认同感和归属感;业委会为居民集体交往提供的平台和个体交往提供的机会和资源支持,最为直接影响着居民相互之间的熟悉感和亲密感。业委会是城市社区"微共同体"生产的中坚力量,但现实中并非所有的业委会都在事实上发挥着这种作用:斗争型业委会(业维会)能够培育居民的认同感、归属感和整体感,使居民的社区情感实现零的突破,但一时的维权成功并不代表着稳定整体感的形成;侵权型业委会(业违会)的寡头治理和以权谋私,使一小撮业主精英成为"制度化的搭便车者"④,居民群体可能分化、官僚化并陷入准派系斗争⑤,不仅居住秩序陷入"乱—治—再乱—再治"循环,而且居民难得重现的集体认同感和归属感也可能趋于幻灭;无为型业委会(业伪会)的存在,与业委会由外力建构、业委会自身能力欠缺、富有公益精神的积极分子匮乏、自治理想与复杂现实之间的张力等因素有关,但无论哪种情形都会使业委会成为"沉默的共谋者",既不能担当公共精神和参与孵化器的重任⑥,又不能直接培养居民的认同感、归属感和亲密感;治理型业委会(业为会)治理理念的民主、治理程序的协商、治理方式的规则化,不仅塑造了业委会的公共权威,使其成为居民眼中的自治领头羊、市场眼中的共赢

---

① 李东坡."复杂社会"视域下思想政治教育创新研究[J].教学与研究,2016(7):102.
② 埃德加·莫兰.复杂思想:自觉的科学[M].陈一壮,译.北京:北京大学出版社,2001:152.
③ 赵鼎新.国家合法性和国家社会关系[J].学术月刊,2016,48(8):166.
④ CLARK P, WILSON J. Incentive system:a theory of organizations[J]. Administrative science quarterly, 1961, 6(2):129-166.
⑤ 石发勇.业主委员会、准派系政治与基层治理[J].社会学研究,2010,25(3):147-153.
⑥ READ B L. Democratizing the neighborhood? new private housing and homeowner self-organization in urban China[J]. The China journal, 2003, 49(1):31-59.

合作者和政府眼中的社区管理抓手[①]，而且塑造了居民持久的认同感、归属感和整体感，随着居民交往范围的扩大和交往程度的加深，居民之间的亲密感开始孕育和形成。

从语义学上考察，"业主委员会"是受业主委托管理一个"大家庭"公共事务的"管家"，但同样是"管家"，之所以有着维权型、治理型、侵权型与无为型之分，主要缘于业主与业委会之间，既存在一般委托代理关系中委托人与代理人分离，即大部分业主与作为业委会委员的少部分业主之间的一般委托代理关系，也存在委托人与代理重合，即作为委托人的业委会委员与作为代理人的业委会委员之间"自己委托自己"的特殊委托代理关系。当一般委托代理关系发挥作用时，不对称信息的存在为部分不自律委员侵害其他业主合法权益留下了空间，当居民选举的业委会公共精神、自治能力和动力不足时，业委会则会成为无为型业委会；因为特殊委托代理关系的存在，当居民共同利益受到威胁或侵害时，业委会会带领全体居民为维护和实现共同利益而不懈努力，当居民区出现影响居民日常生活世界的公共事务时，业委会也倾向予以有效的治理。所以，为最大可能促进业委会当好居民"管家"，应一方面尊重一般委托代理规律，给予业委会成员以适当的物质和非物质激励，通过信息公开、居民意志表达与执行分立等措施，给予有力的约束和监督；另一方面考虑特殊委托代理现实，通过强化社会关系网络、征信系统、法律体系、诚信教育等措施，夯实熟人信任、关系信任、系统信任、法律信任、人格信任、文化信任基础，在业主和业委会之间建立双边信任以提升代理人努力程度和效率[②]。与此同时，注重将集体行动中的公共精神启蒙、理性妥协、被动性邻里萌芽、公共规则诉求转化为治理中的积极参与、协商民主、主动性邻里复兴、公共规则重建[③]，从而促进治理型业委会产生。

市场：居民的"亲家"。 在城市社区"微共同体"生产过程中，市场力量发挥着自身组织、人力、财力、专业等方面的优势，不仅参与城市社区物理空间的生产，而且生产着社会空间。市场力量在参与过程中遵循着盈利逻辑，这种行为逻辑可能带来不同的居民—市场关系类型：服务型市场可能生产出融洽

[①] 陈鹏．国家—市场—社会三维视野下的业委会研究[J]．公共管理学报，2013，10(3)：75-89．

[②] 李正图．委托—代理关系：制度、信任与效率[J]．学术月刊，2014，46(5)：84-92．

[③] 王恩见，刘威．从维权行动到秩序建构：后业主维权时期小区秩序的恢复与重建[J]．学习与实践，2015(1)：110-116．

的社会关系，侵权型市场和隐遁型市场可能会生产出紧张的社会关系。与关系性质越好越有利的常规思路不同，市场似乎越侵权越能激发居民的交往从而越有利于共同体的生产，进而陷入一种"内生悖论"。合同治理理论尤其是合同治理结构变形的论断，较为深刻揭示了居民—市场关系各异的深层根源，该理论得出的通过社区共同体培育为正式合同治理结构提供社会支持①的结论也颇具理论和实践意义。但该结论也还有一点不足，即居民自组织的成立并不必然促使良好居民—市场关系和社区共同体的出现，因为不仅业委会与市场力量之间而且居民②与业委会之间同样存在着委托代理关系，即作为初始委托人的居民会将议价、聘用、解聘、监督等一系列权力委托给业委会，而且业委会将物业服务委托给市场力量，作为居民委托代理人的业委会能否当好居民"管家"，同样是影响居民—市场关系的重要一环。

合同治理理论的前提假设是业委会始终能够忠实履行居民的委托，而这在现实生活中并不总是成立。虽然业委会的出现使业委会和市场力量的正式双边治理结构形成，但同时却形成了新的非正式多边治理结构，即单个居民与业委会之间的多边治理结构。单个居民与业委会之间同样存在信息不对称和力量不对等问题，业委会同样可能出现道德问题、逆向选择等代理风险，甚至与市场力量形成"默契的攻守同盟"或者"沉默的共谋者"。综合考虑社会成本，社会、市场、国家的共同利益，市场力量在城市社区"微共同体"生产中的社会角色为居民的"亲家"：一方面，侵权是一次性行为，被提醒者会注重自我保护以免再次上当受骗③，维持良好的居民—市场关系符合市场的长远利益，而且社会成本更低；另一方面，启蒙居民公共精神，吸引居民公共参与，促进居民自组织产生，更有利于市场力量的生存和发展。创造共享价值理论研究表明，市场不能只遵循追求最佳短期财务绩效的私人价值逻辑，需要从创造社会价值出发，与政府、市场和社会共同致力于解决社会问题、满足社会需求和创造社会价值，从而获得长足发展。

政府：居民的"娘家"。社区共同体化的过程本质上是社区内部组织化的过程，按照居民个体在自组织化过程中的主动性程度，社区共同体化的过程可以

---

① 仇叶. 住宅小区物业管理纠纷的根源：基于合同治理结构变形与约束软化视角的解读[J]. 城市问题，2016（1）：78-84.
② 由于非业主居民同样缴纳物业费，所以在物业服务方面仍然与业委会之间存在委托代理关系，所以此处用"居民"而非"业主"。
③ 费迪南·滕尼斯. 共同体与社会：纯粹社会学的基本概念[M]. 林荣远，译. 北京：商务印书馆，1999：122-123.

分为自组织和他组织两种理想类型。自组织的优势是居民的积极性、主动性和能动性强，居民之间交往的群体多、事由广、层次深，社会网络密集、牢固、可持续性强，但也存在需要条件多、不确定性大、过程比较缓慢且发展不平衡等问题；他组织的优势是速度快、效率高、资源丰富，但也可能出现居民组织化程度不如预期以及"行政吸纳社会"等问题。作为组织化的两种不同机制，自组织与他组织各有其适用范围和作用条件，无视"约束条件"笼统地断言哪种机制更为有效不是科学态度和可行路径。① 城市社区"微共同体"的生产可以有效缓解意识形态合法性、绩效合法性和程序合法性三者之间的关系②，并使三者达到有机统一。

在城市社区"微共同体"生产中，按照行为性质政府可以划分为不作为的政府、积极作为的政府和过度作为的政府，政府的积极作为往往能得到居民认同和归属。所以，问题的关键就在于政府如何"宏观正确有位、微观科学有为"以做好居民的靠山、"娘家"。从政府角色履行的效果来看，政府在社区"微共同体"生产中的作用方式有退出论、介入论和有效介入论三种观点。其中，有效介入论认为，政府完全退出会导致转型乱象，不适当的介入会肢解社区社会力量，而有效介入有助于社会力量的成长。在异质性突出的居民对自组织成立的必要性尚未达成共识而现实又迫切需要、居民对自组织的绩效和程序产生质疑而这种分歧不能妥善解决、居民之间的分歧一时难以调和而自组织又不具有执法权、即便自组织同时具备意识形态和绩效以及程序合法性也受到外力阻挠等情况下，需要政府及时输入外部权威和组织力量。在居民自组织的金钱、物资耗费等物质成本，时间、精力、情感等非物质成本较高，而居民自身负担有困难时，需要政府在自身职责范围内分摊部分自组织成本。对居民公共精神、公共参与等行为不断予以强化，从而提升其再次出现的概率，做好居民组织化的权威激励者。居民内部和外部社会网络主要靠居民自发建立，但政府也可以发挥辅助作用，为居民内部交往提供信息、场所等支持，利用自身作为社会网络节点与核心的优势，为居民拓展外部社会网络提供支撑，为共同体居民之间的交流提供机会和平台。

（四）资本、规约、结构与文化：微共同体的生产要素

其一，资本与城市社区"微共同体"的生产。

现代社会是"复杂社会"，高速发展的现代性将各种生产要素高度集中于城

---

① 杨贵华. 自组织与社区共同体的自组织机制 [J]. 东南学术，2007（5）：117-122.
② 赵鼎新. 国家合法性和国家社会关系 [J]. 学术月刊，2016，48（8）：177.

市,即便居民日常生活领域的公共事务,无论是从种类、专业性还是从牵涉面、敏感度、治理难度上看,都变得异常复杂,对治理的主体多元性、程序合法性、方式民主性、过程高效性、目的公益性等,都提出了前所未有的要求,城市社区"微共同体"能否和在多大程度上生成,取决于居民所拥有的以身体、实物、制度三种形态体现的文化资本①存量高低和结构合理性程度,从社会结构角度而言,不同微社区的文化资本处于不同的社会位置之上,所以共同体的水平也千差万别;与非日常生活领域的治理不同,日常生活领域的治理主要围绕居民的区分财产所有权展开,是对基于居民财产所有权的公共事务治理,当经济资本的支配权发生"偏移","吵嘴和吵架这类干扰"② 甚至穿防爆服、持盾牌对峙③这类群体事件便层出不穷,和睦这一共同体整体的力量和本质也就无法实现,基于居民财产的公共事务治理,为不同年龄阶段的居民交往提供了契机,因为个体化的居民个人能力和资源具有显著有限性,共同合作和相互交往是克服这种有限性的当然逻辑进路,而随着有效共同合作和持久相互交往的产生,或者说稳定、持久的"善治",会使居民逐渐产生认同感、归属感、亲密感等社区情感,情感共同体生产历程也随即展开。

社会资本概念的核心内容或关键词汇主要包括网络、信任、互惠、规范、理念、价值观等,其中信任的地位和作用尤其得到重视,社会资本只有依赖于一定水平的信任度才能存在④,而信任有过程信任、制度信任和特征信任三大来源⑤,陌生且异质的居民由于没有共同的经历,相互之间没有过程信任基础,而社会也缺乏基于年龄、性别、地位等个体特征的信任,但当一次集体行动演化为稳定自治,当居民建立起对"微"制度的信任,有着共同经历或者制度信任的居民,会简单假定同一微社区内的居民都是值得信任的,即便没有产生预期行为也会受到相应惩罚或不会获取某项收益,从而实现从过程信任到特征信任、

---

① RICHARDSON J G(ed.). Handbook of theory and research for the sociology of education[M]//BOURDIEU P. The forms of capital. New York:Greenwood Press,1986:244.
② 费迪南·滕尼斯. 共同体与社会:纯粹社会学的基本概念[M]. 林荣远,译. 北京:商务印书馆,1999:74.
③ 孙玉春. JN最大小区6年换7届业委会"掐架"不断[N]. 现代快报,2016-09-06(F4). 注:JN为地名,遵照学术惯例,本书做了技术处理。
④ COHEN D J,PRUSAK L. In Good Company:How Social Capital Makes Organizations Work[M]. Boston:Harvard Business School Press,2001:81.
⑤ 罗德里克·M. 克雷默,汤姆·R. 泰勒. 组织中的信任[M]//道格拉斯·里德,雷蒙德·米尔斯. 组织中的信任. 管兵,刘穗琴,译. 北京:中国城市出版社,2003:23-24.

从制度信任到特征信任的转化。集体交往时期的互惠具有同时性和对称性，是一种对称性互惠，居民会将自己的受惠看成是自己施惠行为的回报，整体而言不会产生明显的相互感激和亲密感，但却会激励居民继续产生个体化交往，而个体化交往大大提升了非对称性互惠发生的概率，当居民明显感觉自己的受惠程度大于施惠程度，或不能即时、对等履行回报义务时，则会对施惠方产生明显的感激情绪和亲近愿望，当对方需要帮助时，曾经的受惠者会毫不犹豫给予帮助，从而进入新的不对等互惠和相互亲近，亲密感由此产生。

社会时间表征社会事件过程和顺序无不刻着人的意志烙印，正是资本对利润的追求，当时空化资本和资本化时空相遇则迅速纠缠在一起并共同形塑了当代社会[1]，大大改变了劳动时间和自由时间的分配。现代社会，无论组织与个人、自雇与他雇，普遍热衷通过延长劳动时间、压缩自由时间以追逐更多利润，或谋求更大发展。劳动时间的延长、自由时间的压缩，叠加工作空间和生活空间的分离，非日常生活领域实现对日常生活领域的全面僭越。人们在社区停滞的时间、花费的精力等都大幅缩减，这也是为什么现代城市居民对社区事务关注度少，与邻居交流不多、彼此只是"互不相干的邻里"的重要原因之一。但"复杂社区"带来的日常生活公共事务治理主体多元化、程序规范化、方式民主化、结果高效化、知识和技能专业化要求，又需要居民付出必要甚至大量的时间以换取良好的空间。非日常生活领域和日常生活领域之间在社会时间上的张力，可以在某种程度上解释为什么非"重大"事件不足以吸引居民的积极参与，也可以解释为什么越是"严重"的公共事件，越是能激发居民"微共同体"生产动力的"内生悖论"。城市社区"微共同体"生产对时间的要求，需要居民实现日常生活领域的转向。

其二，居规民约与城市社区"微共同体"的生产。

滕尼斯认为，对共同体关系最具意义的东西之一就是它的"自然法"。[2] 城市微社区内，作为人们自发制定基于"真正的本性和力量"的"自然法"，居民规约主要是居民对以建筑物区分所有权为基础的物权、治权和公民权以及相应的义务，共同进行细化、补充、确认与巩固后所形成的具有自治章程性质，并对全体业主、物权受让人和使用人、物业服务企业等具有约束力的规则约定，包括具有国家宪法和公司章程性质的管理规约和议事规则，和针对具体公共事

---

[1] 张雄，速继明. 时间维度与资本逻辑的勾连 [J]. 学术月刊，2006（10）：25—29.
[2] 费迪南·滕尼斯. 共同体与社会：纯粹社会学的基本概念 [M]. 林荣远，译. 北京：商务印书馆，1999：72.

务制定的正式和非正式制度。居规民约因为符合人们基本和真正的意志而受到尊重，从而维持着具有共同地域的人们的生活秩序，使城市社区"微共同体"得以可能。

虽然建立在现代性基础之上的政府能力远非传统社会的政府所能比拟，但同时出现的复杂社会已经证明政府并非万能，事无巨细的全盘治理只能导致"政府失灵"，即便能够发挥体制机制灵活性的市场，同时逐利和充满竞争的性质也限制了其在追求公益的公共事务领域一展身手，从而出现"市场失灵"，所以城市微社区需要自发的运作机制以确保自身良性运行和协调发展；另外，"流动的现代性"并非没有静止基因，绝大部分在城市置业尤其是购置房产的居民，住房都是其个人财富的重要组成部分，有的透支了未来几十年甚至几代人的财富，这部分居民流动性并不大，而且随着现代性的发展有着"相对静止基因"的业主会越来越多，这为居民规约重新建立并发挥作用提供了重要条件。

居民规约在城市微社区发生作用主要有四个时期。一是"真空期"。在居民入住微社区之初，由于彼此陌生且异质性突出，居民之间、居民与市场和国家主体发生分歧和纠纷主要诉诸法律。二是孕育和成"形"期。当出现"重大"共同利益，居民急需明确如何维护、维护到什么程度、如何分摊成本和分配收益等事项，全体居民在平等的基础上，经过充分酝酿、协商和表决制定的规约应运而生，但此时的规约还须借助国家法律和规章制度的权威，赋予其合法性从而增强执行力，规约因此具有了"半官半民"性质，而且主要"奔问题而去"，目的性或指向性非常强，内容也主要聚焦于眼前而非长远，比较"原则"，对"重大"共同利益或目标以外的具体问题尚"无暇顾及"。三是发展期。随着居民自治的稳步开展，居民规约在长远、具体公共事务方面的规定更加详细，规约的长期有效执行提升着居民的制度信任和认同，逐渐内化为居民的价值观和"行动自觉"，在不需国家法律过多介入的情况下相对独立运行。四是成熟和成"行"期。居民规约在居民心中产生的制度信任，促进居民之间发生个体交往，因为居民不必每天算计、揣摩、周详考虑他人正在干什么、将要干什么[①]，而只需要简单假定对方也会遵循制度否则其会承担相应后果，从而催生大量互惠尤其是非对称性互惠行为，使居民心生感激并彼此亲近，守望相助、亲密与共的情感共同体开始生成。

其三，结构与城市社区"微共同体"的生产。

社会结构是众多社会现象发生的内在原因，也是实现社会目标的背后机制，

---

① 韦森. 习俗的本质与生发机制探源［J］. 中国社会科学, 2000 (5): 39-50.

社会结构分析因此也成为人们理解一切社会现象的基础和出发点①。城市社区"微共同体"能否和在多大程度上生成，与微社区内的社会结构有着莫大关联。微社区虽然规模不大，但仍然存在着复杂的社会结构，如居民年龄结构、性别结构、职业结构、深层结构和表层结构、宏观结构和微观结构等。从组织主体来看，如果"社会—市场—国家"是宏观结构的话，"业主大会（业主代表大会）—业委会—监事会"则构成微社区内的微观社会结构。居民能否以及在多大程度上以全体大会及其代表大会、业主委员会、监督委员会或监事会为载体，分别搭建"当家—治家—持家"平台，是微社区内微观社会结构能否以及在多大程度上优化，进而促进居民认同感、归属感、亲密感并最终生成居民生活共同体的重要影响因素。

居民之间的异质性和利益诉求的多样性，决定了必须制定一个诉求整合机制，否则很可能导致居民之间的紧张关系和微社区内居民的分裂，而紧张、分裂的关系格局和守望相助、亲密与共的共同体显然背道而驰。通过业主大会和业主代表大会这一"当家"平台，居民尤其是业主可以：充分表达利益诉求、升华和统一思想、兼顾大多数人利益、防止分化瓦解和盲目无序、抵御外来压力等，为居民内部深层次利益整合和社区情感生产提供了理想形式和方式；就公共事务进行讨论、质证、辩论和决策，为居民公共精神培育、公共事务治理能力锤炼提供绝佳机遇，是公共精神的"能量场"和治理能力的"训练营"；实现直接民主、平等协商、集思广益群策群力，防止寡头垄断、专权腐败和武断失误；业主大会、业主代表大会提供了直接和间接相结合的全员参与机会，所以据此生产出的认同感、归属感以及亲密感，不仅具有最大限度上的广泛性和深层次性，而且具有时间上的持久性和水平上的成熟性。

居民只有在微观领域通过业委会这一平台"治好家"，实现民主、公开和正义，在宏观架构上业委会才能真正成为居民的"管家"，进而得到居民的认同、归属并通过个体化交往生产出亲密感。由于居民是基于共同财产和居住所有权行为发生交往，所以微社区内的居民穿且仅穿一件外衣——业主或居民，居民之间彼此平等而无身份等级之别，业委会所有成员都需抛弃"为民做主"思想，树立"带民做主"理念，而居民也需实现从"臣民"向"公民"的转变，积极履行当家做主的权利和义务；公开是公共精神培育的重要方式，集思广益、优化方案、防止失误、赢得认同和信任的过程，赢得居民理解、支持与合作的重要渠道，所以微社区内所有公共事务，包括财务，都需要及时公开，包括事项

---

① Durkheim E. The Division of Labor in Society [M]. New York: Free Press, 1964: 157.

内容、处理进展、有利条件、尚存困难、备选方案、处理结果等;正义包括实体正义和程序正义,身处"现代性学校的城市"的居民,实体正义追求主要体现在物权、治权和人权有关的权利的实现和义务的履行,对再组织化、认同、归属等社区情感需求的满足等方面,程序正义追求主要体现为对实现实体正义的"顺序、方式和步骤"这种"看得见的"优秀品质的追求,作为城市微社区内居民意志执行机构的业委会,只有满足居民的普遍价值追求才能生产出居民的认同感、归属感和亲密感。

  有效的监督是理性的需要,也是保护"善"的需要。业委会能否以及在多大程度上践行民主、公开和正义,有效的监督是重要影响因素和条件之一。作为居民"持家"的平台,微社区内的监督机构有三种设置形式:一是由业主大会及其常设机构业主代表大会负责,既负责审议决策,又负责业委会的监督;二是在业主大会下设监督委员会,专门负责监督而不负责决策事宜,委员需具备一定能够胜任监督工作的素养;三是由业主大会选举产生专门的监事会,形成业主大会下"业主代表大会—业主委员会—监事会"分别履行日常事务决策权、执行权、监督权职能的微观治理结构。综合考虑专业性、独立性、权威性、监督成本和效率、权责要求等因素,第三种设置应是一种理想类型。这一架构何以形成?城市社区微观治理机构的生成具有吉登斯所说的"结构二重性",即城市微社区内的微观治理结构,既由居民尤其是作为业主的居民的行为建构,但同时又是居民行为的条件和中介。与此同时,作为一种人们孜孜以求的人与人之间充满温暖情感联结的社会秩序,城市社区"微共同体"既受微观治理结构制约,又是社会结构的条件和中介。所以,城市社区"微共同体"的生产具有"双重二重性"的特征。

  其四,文化与城市社区"微共同体"的生产。

  城市社区"微共同体"的生产遵循着交往逻辑,社区文化从交往事由、水平、过程、结果等方面促进着居民交往水平的提升和共同体的生成:作为人们需求重要组成部分的文化需求的满足,必然要求人们相互交往,文化需求是城市社区居民交往的重要动因,并为居民提供了持久的交往事由;当人们的物质需求得到满足后,非物质的文化需求则上升为主要需求,相对于物质需求,文化需求是一种更高层次的需求,而且文化交往能够完成利益共同体和自治共同体因为成员资格限制而难以完成的"主体吸纳"任务,将非业主居民纳入共同体的生产历程,使共同体生产水平大幅提升;居民之间的交往要与"令人舒服的印象和经历"结合在一起,就必须能够较为容易地达成一致,而文化能重塑居民的"世界观、价值观、理想、道德、情操等思想意识;兴趣、能力、气质、性格等心理特征；习惯、态度、动机、愿望等表现人们行为趋向的内在行为"①等人格特征。而人格是在特定的文化环境中熏陶形成的，耳濡目染、潜移默化、系统的文化教育，都是人们形成人格特征的重要途径。在长期的文化熏陶中，居民之间默认一致的概率也会大幅提升。

文化设施是居民开展文化活动的场所和载体，文化设施的风格能够折射和反映居民的文化品位和特色以及底蕴，文化设施的多少能够体现居民的文化资本存量高低，作为日常生活领域居民活动的集中发生点，文化设施由于承载着某一地区居民的生活和文化印记往往会成为该地区重要的形象标志物②；文化活动的数量多寡和质量高低，反映了居民的精神文化丰富程度和文化底蕴，文化活动是居民相互交往的重要途径，尤其是能够促使共同体进入吸引非业主居民参与的崭新阶段，居民交往程度的加深和交往范围的扩大，会增强居民的认同感和归属感，尤其是相互之间的亲密感，进而加速共同体的生产进程，作为文化的动态显现，文化活动的形式与方式的有效性、参与主体的广泛性等，都会影响城市社区"微共同体"的生产；无论是文化设施，还是组织制度，抑或行为方式、文化活动，都是精神文化的反映和外在表现形式，精神文化决定着文化的其他内容，如精神文化的高低决定着文化设施的多寡和风格品位高低、行为方式的健康文明程度、文化活动的丰富程度等，所以精神文化是文化的内在灵魂，城市社区"微"场域内是否以及在多大程度上形成平等、民主、团结、互助、文明、友爱、和睦等精神文化，是共同体能否以及在多大程度上生成的重要决定因素之一。

第二节　冰冷的现代性与温暖的共同体：经典命题与全新转向

没人会怀疑共同体的重要性。千百年来，人类对共同体有着近乎痴迷的追求，尤其是进入现代社会以来，现代性以其摧枯拉朽式的强大力量撕裂了人们之间的联系，将人们抛向个体化的泥沼难以自拔，游离的个体史无前例地渴望和追求与他人共享情感与经历，以及由此产生的确定性和安全感，形成基于共同记忆的亲密首属关系，以至于相信共同体总是好东西，无论共同体具有什么

---

① 班保申. 社区文化的涵义、特征与功能 [J]. 学术交流，2012（12）：154.
② 吕斌，张玮璐，王璐，等. 城市公共文化设施集中建设的空间绩效分析 [J]. 建筑学报，2012（7）：1-7.

含义有一个共同体并置身其中总是好事情①。共同体所具有的这种魔力,来自其被寄予的在"冰冷的现代性"中建立起"温暖的情感联结"的厚望。

一、共同体的本质与方向之争

(一)冰冷的现代性:共同体的本质决定因素

共同体问题的凸显,根源于现代性的发展和深入;共同体问题的本质,是如何在冰冷的现代性中建立温暖的情感联结。现代性对传统社会的解构,使个体价值得到极大张扬,但从传统社会游离出来的个体,与国家之间的距离越来越远、关系也越来越流于表面。② 在现代性语境中的"社会"是托克维尔所说的由原子化的个体组成的社会,马克思笔下高度分化的社会,涂尔干描述的具有高度异质性且缺乏充分社会联结纽带的松散型社会,齐美尔揭示在货币这一"脱域"机制作用下而从传统"封建同盟"或"法人团体"中挣脱出来的陌生人社会,以及韦伯判定的在价值信仰领域充斥激烈争斗的社会。现代性摧毁了传统社会的统一性,使现代社会不再是原先意义上的共同体,最多只能算是马克思论述的"虚假的共同体""伪装的共同体"。现代性摧毁了"共同体",在给予个性无与伦比的内外在活动自由的同时,也赋予现实生活无可比拟的客观性,事物自身的规律在各种组织、在职业内、在技术上,越来越摆脱个人色彩并逐步取得统治地位。③ 现代性有其"阴暗面"④,这种阴暗面总是与"创造性破坏"联系在一起⑤。

现代性在促进社会巨大发展的同时,也摧毁了传统社会以血缘、地缘、精神为代表的联结纽带。个体的重要性不言而喻,但社会产生于个体互动与联系之中。个体之间的互动是所有社会构形的起点,劳动分工、社会交换、攻击防卫、社会地位、社会凝聚力、政党组织、宗教团体、社会潮流等,都是个体互动和联系的表现或结果,社会只不过是对这些互动和联系的一个总体综合或总的名称而已。⑥ 现代性对传统社会联系纽带的解构,引发人们对"社会何以可

---

① 齐格蒙特·鲍曼.共同体:在一个不确定的世界中寻找安全[M].欧阳景根,译.南京:江苏人民出版社 2003:1-2.
② 埃米尔·涂尔干.社会分工论[M].渠东,译.北京:生活·读书·新知三联书店,2013:40.
③ 齐美尔.金钱、性别、现代生活风格[M].刘小枫,顾仁明,译.上海:学林出版社,2000:1.
④ 安东尼·吉登斯.现代性的后果[M].田禾,译.南京:译林出版社,2011:6.
⑤ 大卫·哈维.巴黎城记[M].黄煜文,译.桂林:广西师范大学出版社,2010:1.
⑥ 齐美尔.货币哲学[M].北京:华夏出版社,2002:107-108.

能"的反思，导致发出"我们能否共同生存"①的追问，重生"各美其美，美人之美，美美与共，天下大同"②的追求。如何从社会整体层面深化原子化个体之间的社会联结，从个体层面使逐步失去安全感、认同感和归属感的个体，重获温馨、互相依靠、相互理解、亲密和谐、信任、友善、安全、温暖等感觉，使社会得以可能，提高了人们巨大的"社会学的想象力"。

虽然游离出来的个体可以被社会伸出的"劳动分工"之手重新"捕获"以使社会继续得以可能，因为在劳动分工高度发达的社会，人们无法离开其赖以生存的社会各个组成部分③，但极度发达的现代性同时造就出一个高度理性、效率、庞大且复杂的世界。无论生产力多么发达，物质生活多么丰富，深处现代性洪流之中的人们始终没有相当亲近且牢固的联系，感到空虚、无所依附，觉得自己已然成为无形态和不真实的半肉体，如果没有一系列次级群体存在，不仅社会会解体，而且国家也不可能存在下去。④如何以"柔性"的情感"切入个人的意志深处"，化解"冰冷的现代性"，实现游离个体的再组织化，使社会不仅可能而且"更好"可能，自现代性以降就是一个经久不衰的话题。

随着现代性的深入，共同体的基础日益受到侵蚀，尤其是在作为"现代性的一个学校"的城市。在现代性语境中，城市已经成为人口、需求、享乐、资本、生产工具等的高度集中地，导致城乡关系一旦改变，整个社会也会随之改变。⑤城市已经成为"一个社会变迁的中心"⑥，是现代性的集中体现。现代化的历史是乡村城镇化的历史，也是农村屈服城市统治的历史、现代化大工业城市取代从前自然成长起来的城市的历史⑦，未来的社会也将不再是"工业社会"而是"都市社会"⑧，作为生活在"一种新型的具有象征意义的世界"⑨的城市社区居民，能否或如何建立共同体式的社会联结，一直是理论和实践探索的热

---

① 阿兰·图海纳. 我们能否共同生存？：既彼此平等又互有差异 [M]. 狄玉明，等译. 北京：商务印书馆，2003.
② 费孝通. 从反思到文化自觉和交流 [J]. 读书，1998（11）：9.
③ 埃米尔·涂尔干. 社会分工论 [M]. 渠东，译. 北京：生活·读书·新知三联书店，2013：89.
④ 埃米尔·涂尔干. 社会分工论 [M]. 渠东，译. 北京：生活·读书·新知三联书店，2013：18，19，40.
⑤ 马克思恩格斯文集 [M]. 第1卷. 北京：人民出版社，2009：556，618.
⑥ 费孝通. 费孝通文集 [M]. 第1卷. 北京：群言出版社，1999：115.
⑦ 马克思恩格斯文集 [M]. 第2卷，第1卷. 北京：人民出版社，2009：36，566.
⑧ 亨利·列斐伏尔. 空间与政治 [M]. 李春，译. 上海：上海教育出版社，2005：89.
⑨ 刘易斯·芒福德. 城市发展史 [M]. 宋俊岭，等译. 北京：中国建筑工业出版社，2005：39.

点和难点问题。

（二）脱域与地域：共同体方向之争

现代性对传统社会的解构，使社会何以继续可能尤其是更好可能成为经典研究话题。虽然方法论各异、价值立场不同，19世纪中叶至20世纪初的经典社会学家发展出共同关注的现代性的三大基本主题：个体层面自我意识与行动之间的"自由"问题，社会整体层面对应于社会结构或社会关系的"共同体"问题，个体和社会整体关系层面的社会制度的"正当性"问题。自由、共同体、正当性问题，是经典社会学理论绵续现代性话语体系、至今仍困扰着当代社会学家的核心问题和重大命题。[1]

为重塑人们的情感体验，人们思考过三种可能方案。一是工作共同体。现代城市社会，职业活动成为人们生活的轴心，但作为职业载体的工作单位更多的是人们实现利益的组织，不平等和相互竞争主体间更多的是一种利益联结，尽管越来越多的工作组织开始注重人性化管理[2]。工作单位可以防止从冰冷现代性中游离出来的个体直面国家，但仍然难以深入个体的心灵深处，总体而言单位是一种谋生的场所和工具，员工对其所在的工作单位或职业群体缺乏认同感尤其是归属感[3]。二是脱域共同体。现代性所具有的脱域机制把社会关系从具体时空语境中提取出来并再嵌入特定时空之中[4]，即便相隔遥远的人们也可保持或新建一种跨越时空的认同感、归属感和整体感，地域这个曾经是共同体防御中最为可怕和最难克服的屏障[5]，如今已经逐渐成为一个越来越薄弱的概念。不少学者由此认为，作为一种社会结合类型的"共同体"，与地域的关联性只是传统社会的一个普遍特征而非其本质属性，只要成员间能够形成一种基于本质意志的亲密关系，不应在乎其联系纽带是什么，更不应纠缠地域的限制，脱域共同体才是共同体的发展方向。[6]

---

[1] 王小章. 自由·共同体·正当性：经典社会理论与现代性的三个核心问题[J]. 学术论坛，2005（7）：106-110.
[2] 林振辉，谢康. 人性化管理模式及其在企业中的实践[J]. 中国人力资源开发，2009（6）：90-92.
[3] 徐明宏. 城市休闲的社会整合与管理创新研究：以杭州趣缘群体为例[J]. 浙江社会科学，2015（12）：82-88.
[4] 安东尼·吉登斯. 现代性的后果[M]. 田禾，译. 南京：译林出版社，2011：18.
[5] 齐格蒙·鲍曼. 生活在碎片之中[M]. 郁建兴，等译. 上海：学林出版社，2002：4-5.
[6] 兰亚春. 居民关系网络脱域与城市社区共同体培育[D]. 长春：吉林大学，2012：15-16.

在滕尼斯那里,作为社会结合方式的共同体与社会,两者之间的最根本区别就在于前者是一种持久和真正的而后者只不过是一种暂时和表面的共同生活。持久和真正地共同生活在一起的人们必然有着共同需求,如房屋维修、公共设施使用、公共收益支配、治安、环境、卫生、文化、体育、娱乐、休闲等,这些共同需求具有持久性而且不可能依靠单个个体实现,个体资源的有限性与需求的无限性之间的张力,要求人们产生"持久和真正的"共同交往,进而产生高度的道德操守、社会凝聚力、个体亲密性、情感氛围和时间上的连续性①。脱域共同体成员间的生活是否"持久和真正的共同生活"尚存疑虑,正如安德森曾所说,所有超过成员面对面交往的共同体都是想象的共同体,不同共同体之间的区别不在于它们之间的真实性或虚假性,而在于它们被想象的方式。②

由于横跨地域太大或者人口太多,许多脱域共同体成员间并不认识,穷其一生也不会见面即便是听说对方,这种彼此陌生的状态很难产生亲密的横向情感联结;即便成员在脱域交往之前就熟悉亲密,但脱域条件下的共同生活是否"持久"且"真正",脱域的交往能否建立起真正的认同感、归属感以及在此基础上的整体感,尤其这种情感联结作为一种社会结合方式是否稳固持久尚存疑虑,不少脱域共同体的情感体验具有短暂性和脆弱性,有时成员间的联系是"没有结果的联系",一味强调脱域共同体的整体感只会使其被还原为一种简单的心理结构。简言之,由于不能过上持久和真正的共同生活,脱域共同体要么只能生产出纵向的认同感、归属感以及在此基础之上的整体感,要么只能建立起成员之间的横向亲密感,但就是难以建立"纵横兼备"的情感联结。而且,脱域共同体的发展可以证明共同体可以摆脱地域限制,但并不能由此说明地域共同体不再重要或行将消亡。

随着现代性的深入,虽然社会关系已从时空中"脱域"并以各种形式实现"再嵌入",但只要人们"仍在万物之母亲的大地的怀抱中的状态"③,地域共同体就仍是"持久和真正的共同生活"的理想形式之一。人类发展历史和现实生存方式均表明,人们相互交往如果以共同生活为背景,则自然会受到地域的限制,因为持久和真正的共同生活,要求人们基于持久且真正的共同交往事由,

---

① Nisbet R A. The Sociological Tradition [M]. London: Heinemann Educational Books Ltd. 1970: 48.
② 本尼迪克特·安德森. 想象的共同体 [M]. 吴叡人, 译. 上海: 上海人民出版社, 2011: 6.
③ 大冢久雄. 共同体的基础理论 [M]. 于嘉云, 译. 台北: 联经出版事业公司, 1999: 9.

频繁互动、持久交往、彼此熟知,为此人们必须首先"生活在一起"。① 在地理上生活在一起的人们,比那些不能在地理上生活在一起的人们具有更大的过上"持久和真正的"共同生活便利、优势和可能性。脱域和地域共同体在成员情感联结上的差异性,将人们的视野重新拉回地域共同体,至少是难以放弃对地域共同体的追求。现代性的脱域机制一度使地域成为一个薄弱的概念,但经过脱域机制洗礼的共同体史无前例离不开地域的维度。

二、微共同体转向及其解释力

然而,地域共同体本身却未能幸免现代性的冲击,尤其是在作为"现代性的学校的城市"社区。随着现代性的深入,城市社区的进入标准逐渐变为赤裸裸的货币,不同种族、民族、信仰、职业、阶层的人们,只要能支付等量货币皆可入住同一个社区。慢慢地,精神生活让位于物质生活,社会需求让位于经济满足,人们在对商品价值的追求中,忽视了邻里关系的意义,失去了对生活意义和自我本质的追求,这几乎是世界各国普遍存在的问题,是人们长达数百年的精神迷失,现代人虽然得到了大地却失去了天空。②

国内外关于社区共同体的理论研究和实践探讨表明,基于居住的共同体只有四种理想类型:一是传统的村落,二是宗教社区,三是单位制社区③,四是"唐人街""日本城""城市村庄"等特殊社区④。换句话说,传统社会的亲密首属关系伴随着现代性的发展"脱域"出来后,无法在一般城市社区实现"再嵌入"。城市社区共同体要么只能是"过去的事情"要么只能是"将来的事情"⑤,而就不能是"现在的事情"。至于城市社区共同体为何难以形成,现代性带来的经济理性、现代科技、金钱媒介对情感的绞杀,社区成员流动性、结

---

① 孔凡建. 共同体语义演化史考辨[J]. 甘肃理论学刊, 2014(5): 89.
② 丁元竹. 滕尼斯的梦想与现实[J]. 读书, 2013(2): 44.
③ 李宽. 城市社区共同体的生成机理: 从陌生人到熟人[J]. 重庆社会科学, 2016(5): 49-55.
④ PAHL R E. Readings in urban sociology[M]//Herbert J. Gans. Urbanism and suburbanism as ways of life. Oxford: Pergamon Press, 1968: 95-118.
⑤ 齐格蒙特·鲍曼. 共同体: 在一个不确定的世界中寻找安全[M]. 欧阳景根, 译. 南京: 江苏人民出版社, 2003: 4-5.

构开放性、权力扁平化、公共服务社会化①等客观原因，社区社会组织②、社区公共精神③、政府角色定位④、社区居民交往⑤的强弱和合理程度等主观原因，是讨论的焦点。

本书的研究表明，共同体建设规模过大可能是一个长期被忽视的关键致困因子。全国社区人口规模平均近八千人，人口上万甚至超过十万的社区也不罕见。如此大规模人口，相互之间难以在相互交往的基础上建立相互了解、彼此信任直至守望相助、亲密与共的共同体关系。其一，社区规模过大，居民之间缺乏共同的需求或利益，以致难有共同的尤其是深度的共同交往事由；其二，由于规模过大，居民之间的交往成本太高，而且难以走出集体行动困境；其三，由于规模过大，居民之间的社会分化尤其是纵向分化程度较高，居民之间难以建立本质意志基础上的默认一直关系；其四，由于规模过大，居民之间的"在场"交往受到限制，彼此之间的情感密度难以提升。但如果将共同体的生产单位下沉到小区、院落、楼栋等微社区，前述问题则迎刃而解，由于有着共同的需求或利益、较低的交往成本、整体上一致的纵向社会分化、"在场"交往的现实可行等，经过持久的真正的共同交往，共同体氛围则会日渐浓厚。城市社区"微共同体"表现的旺盛生命力，为社区共同体的生产提供了崭新思路和逻辑进路，让社区共同体重拾久违的可能性。

从理论上看，本书在社区共同体困境的主流解释之外，突出规模对社区共同体生产的影响，并证实：与社区共同体总是过去或将来的事情相比，社区"微共同体"可能就是"现在的事情"，从而使得规模要素在社区共同体一脉相承的学术体系中占据久违的一席之地。在规模因子分析以及"社区共同体"这一概念基础上，本书提出了"社区微共同体"这一全新的概念（见图7.1）。与"社区共同体"相比，"社区微共同体"这一概念可能更具解释力，它不仅使社区共同体从难以可能走向可能，而且也为身处冰冷现代性中的人们找到温暖共同体体验提供了可能，为在现代性语境中的原子化个体再组织化、现代社会

---

① 何绍辉. 场共同体：陌生人社区建设的本位取向 [J]. 人文杂志, 2015 (4)：109-115.

② 赵欣, 范斌. 敦亲睦邻：社区公共空间的分类运行机制与共同体构建 [J]. 晋阳学刊, 2014 (6)：97.

③ 陈友华, 佴莉. 社区共同体困境与社区精神重塑 [J]. 吉林大学学报社会科学版, 2016, 56 (4)：54-63.

④ 梁绮惠. 治理视域下城郊发达社区共同体复归及其可能 [J]. 中共福建省委党校学报, 2017 (5)：72-76.

⑤ 雷霆. 共同体的重构：社区建设的目标模式 [J]. 理论月刊, 2015 (1)：143-151.

"更好"可能提供了借鉴参考。

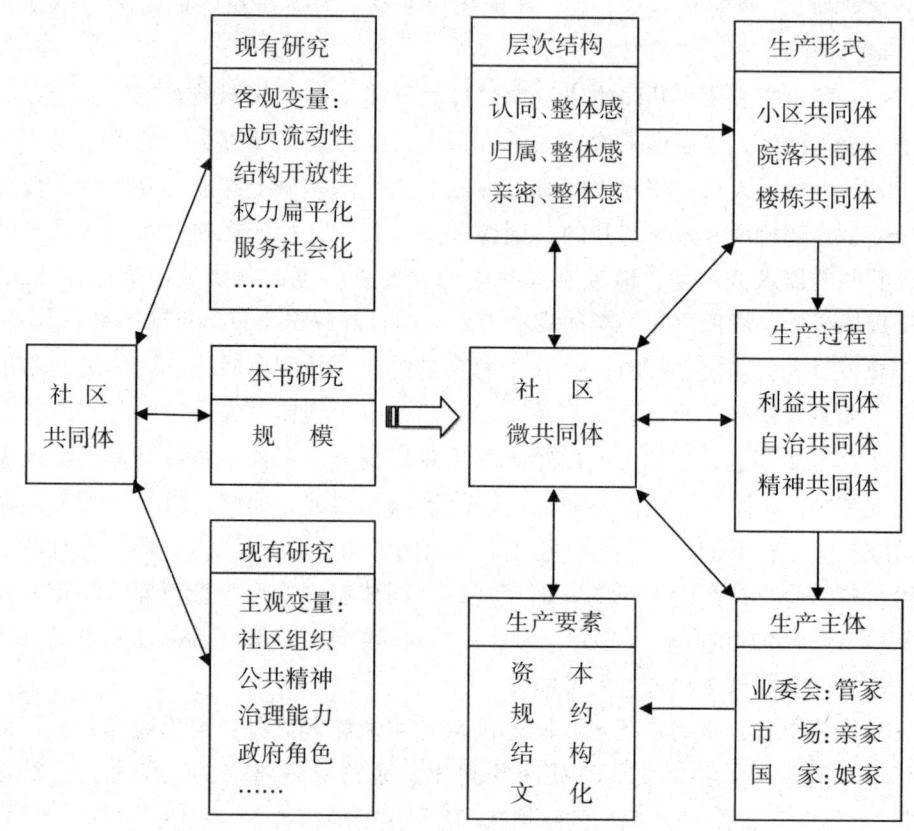

图 7.1 城市社区"微共同体"概念体系

从现实解释力来看,"微共同体"这一概念除了从认识论上使人们意识到,社区共同体生产单位下沉的意义外,同时在中观层面为共建共治共享社会治理格局的实现,社会治理体系和能力现代化提供了逻辑进路,因为"大蓝图"与"微幸福"之间有着天然的逻辑勾连。面对全球共同面对的"治理赤字"①,中国适时提出"国家治理体系和能力现代化"予以应对。作为"新时代"全面深化改革的关键会议,党的十八届三中全会明确提出"全面深化改革的总目标是

---

① "治理赤字"主要用来指代日益突出的治理问题与治理主体能力发展之间的不平衡状态。当今世界,"和平赤字、发展赤字、治理赤字,是摆在全人类面前的严峻挑战"。(参见习近平. 携手推进"一带一路"建设[EB/OL]. 新华网,2017-05-14.) 其中,治理赤字居于核心地位,表现为战争的和平赤字与体现为贫困的发展赤字均与国内、国际治理失效有着莫大的关联。而治理体系和能力的现代化,则成为消除治理赤字的必然选择和有效路径。

完善和发展中国特色社会主义制度，推进国家治理体系和治理能力现代化。"党的十九大进一步明确为通过两大阶段予以实现，即从2020年到2035年的"基本实现"阶段和从2035年到21世纪中叶的"实现"阶段。作为一个具有划时代意义的战略目标，国家治理体系和能力现代化被称为是继20世纪50年代至60年代提出的工业、农业、国防、科学技术等"四个现代化"国家战略目标之后的"第五个现代化"①目标。作为国家经济、政治、文化、社会、生态文明"五位一体"治理体系的重要一"位"，社会治理体系和能力现代化的总目标在党的十八届五中全会上明确为"构建全民共建共享的社会治理格局"，党的十九大进一步发展为"打造共建共治共享的社会治理格局"。

自此，如何实现共建共治共享的社会治理格局，就成为"新时代"的重大课题。目前，学界相关研究从内容上看主要集中于内涵、意义、原因以及进路等领域。作为焦点和重点的共建共治共享的进路研究总体可以归纳为"一念三制"，即转变思想观念，完善体制、机制、法制，但鲜有微观层面尤其是社区层面共建共治共享机制的关注，鲜有共同体视角的解决方案。然而社区治理格局对整个社会治理格局的构建具有决定性意义，正如习近平总书记于2016年"两会"期间在参加上海代表团审议时所说，社会治理的重心必须落到城乡社区，社区服务和管理能力强了，社会治理的基础就实了，而且随着城镇化水平的持续提高，城市社区在城乡社区体系中所占的比重和重要性将越来越高②；另外，共同体与共建共治共享具有高度的一致性，因为在一般情况下，任何一种形式的共同生活，都会形成并存在劳动和享受的不同分配，劳动和享受具有相互性。③共同体就是成员共同建设、共同治理、共同享受的统一体，如果社区能够建设成为居民共同体，共建共享治理格局则同步形成，社区"微共同体"恰好为这一宏伟蓝图提供了可能。

总之，社区"共同体"向"微共同体"转向所产生的解释力，主要体现在微观层面的城市社区建设、中观层面的共建共治共享社会治理格局构建、宏观层面的现代性与社会何以"更好"可能等方面。

---

① 虞崇胜，唐皇凤. 第五个现代化：国家治理体系与治理能力现代化[M]. 武汉：湖北人民出版社，2015：1.
② 国家统计局最新数据显示，2021年年末我国城镇常住人口已达7.93亿，常住人口城镇化率为64.72%，近5年平均每年增长1.24%，同年世界高收入国家已达81%。资料来源于国家统计局和世界银行官网。
③ 费迪南·滕尼斯. 共同体与社会[M]. 林荣远，译. 北京：商务印书馆，1999：62.

第三节 微共同体边界：未竟议题的讨论

作为人们社会结合的一种方式，社区"微共同体"最大的特点，就在于其能够在"冰冷的现代性"中建立起认同感、归属感、亲密感等温暖的情感联结，现代性的冰冷与共同体的温暖之间的巨大反差和强烈对比让人们重燃希望，但这一希望还须回答流动性与自由两大未竟议题，才能更加现实。

一、流动的现代性与稳定的共同体：流动与微共同体的生产

鲍曼认为，现代性依次经历了"固体的现代性"和"流动的现代性"两个阶段，相对于"固体的现代性"而言，"流动的现代性"的流动能力惊人，它就像"流体"一样或绕过或融解前面的障碍物，也可以把静止的物体打开一个缺口渗透着前行，与固体相遇流体完好无缺而固体却被改变。① 不少研究表明，流动性对共同体具有显著的冲击力，尤其是作为"现代性的一个学校"的城市，城市是人口、需求、享乐、资本、生产工具等高度集中的结果②。研究表明，由于收入较低或流动性较强，流动人口要么无力要么没有在流入地购买住房③，主要通过租赁解决住房问题，教育程度、就业性质、生命周期变量、所在地区等主客观条件④对住房选择影响明显，呈现显著的非居民化居住特征⑤，突出表现在居住地更换频繁等方面。流动人口的"两栖状态即循环流动的特性和过客心理"⑥使居民缺乏对居住地的认同感和归属感，虽然他们有着较强的与本地人为邻的意愿，但诸多条件的限制导致心仪行离的结果频繁出现⑦，彼此之间隔离

---

① 齐格蒙特·鲍曼. 流动的现代性 [M]. 欧阳景根, 译. 上海：上海三联书店, 2002：2-3.
② 马克思恩格斯文集 [M]. 第1卷. 北京：人民出版社, 2009：556.
③ 何炤华, 杨菊华. 安居还是寄居？不同户籍身份流动人口居住状况研究 [J]. 人口研究, 2013, 37 (6)：32.
④ 高波, 李国正, 陈琛. 新型城镇化过程中农民工居住现状及住房选择：基于2013年中国流动人口动态监测数据 [J]. 甘肃行政学院学报, 2015 (6)：81-91.
⑤ 康雯琴, 丁金宏. 大城市开发区流动人口居住特征研究 [J]. 城市发展研究, 2005 (6)：45.
⑥ 林李月, 朱宇. 两栖状态下流动人口的居住状态及其制约因素 [J]. 人口研究, 2008, 32 (3)：49.
⑦ 杨菊华, 朱格. 心仪而行离：流动人口与本地市民居住隔离研究 [J]. 山东社会科学, 2016 (1)：78-89.

的存在或交往的缺失,导致守望相助、亲密与共的横向情感联结难以建立起来。

共同体成员之间的生活是持久和真正的共同生活,而要持久和真正地共同生活,首先要共同居住在一起,而要居住在一起就必须有居住的载体——住房。从是否拥有住房产权来看,城市社区居民可以分为两类:一是业主,即拥有住房产权的居民,居民除了"居民"这一身份外同时还有一个身份——业主;二是租户,居民长期或短期租住在社区,但没有住房产权。有研究表明,"安居与寄居"的区别就在于:由于拥有财产或其他更深层次的联系,相比于租户,业主对居住地一般而言有着更高的关注度、满意率以及认同感和归属感①;与"寄居"的租户相比,"安居"的业主对邻里一般而言更加友善,与邻里之间的交往也更频繁和更深入②,业主参与社区组织和公共事务的可能性更高也更为积极③,这种参与包括居民组织、社区活动、选举投票等各个层面④。然而,同时也有大量研究表明,是否拥有房屋产权与社区参与可能性与积极性之间并没有明显的和必然的联系⑤,影响居民社区认同感、归属感以及居民参与的最相关的因素不是住房产权,而是居住年限、年龄、社会经济地位、家庭结构和邻里网络等⑥⑦要素。

根据笔者对 XGW 区及其三个小区的观察情况来看,产权是否对居民参与产生显著影响,或者说业主是否比流动人口具有更高的参与积极性,需一分为二分析:一方面,流动人口的确比业主"更具可选择性",当交往成本超过迁居成本,流动人口可以选择迁居其他社区,而业主在迁居方面的选择余地要小得多;另一方面,并非所有流动人口的参与积极性都不高,流动人口的参与积极性还

---

① Speare A. Residential satisfaction as an intervening variable in residential mobility [J]. Demography, 1974, 11 (2): 173-188.
② Kobrin F E, Fischer C. To dwell among friends: personal networks in town and city [J]. Contemporary sociology, 1984, 13 (5): 645.
③ Dipasquale D, Glaeser E L. Incentives and social capital: are homeowners better citizens [J]. Journal of urban economics, 1997, 45 (2): 354-384.
④ Read B L. Democratizing the neighborhood? new private housing and homeowner self-organization in urban China [J]. The China journal, 2003, 49 (1): 31-59.
⑤ Rohe W M, Stegman M A. The effects of homeownership on the self-esteem, perceived control and life satisfaction of low-income people [J]. Journal of the American planning association, 1994, 60 (2): 173-184.
⑥ Reingold D A. Public housing, home ownership, and community participation in Chicago's inner-city [J]. Housing studies, 10 (4): 445-469.
⑦ Grange A L, Ming Y N. Social belonging, social capital, and promotion of home ownership: a case study of Hong Kong [J]. Housing studies, 2001, 16 (3): 291-310.

需视情况而定,不同的事项流动人口参与积极性程度不同。如在 JMHY 小区改造过程中没有流动人口参与捐资,但 CJRJ 小区居民与物业公司的矛盾,不少流动人口都积极参与,因为流动人口同样缴纳了物业费,同样对物业服务质量不满,参与是其应有的权利和义务;XSJY 小区居民的供水管网维权,流动人口参与也较为积极,因为供水问题直接影响其日常生活,但参与的方式主要以参与讨论和"声援"为主。此外,在非治理型交往方面,业主和流动人口的参与并没有明显差别,如文化型交往、趣缘型交往、业缘型交往等,流动人口同样积极参与。而且,很多情况下并非流动人口不愿意积极参与,而是在许多以居民区分所有财产为主要内容的公共事务中,流动人口"没资格"参与,如维修基金的使用、公共收益的分配和使用、公共支出事项的审批、业委会、业主大会、业主代表大会、监事会等业主自组织选举等。

所以,流动人口是否参与社区"微共同体"的生产,以及参与的程度和方式等,同样需要由交往事由、成本、方式、结果等因素决定。产权是否对流动人口的参与产生影响,以及产生影响的程度不能一概而论。但相比于产权对居民交往影响的不确定性,居住时间的长短对流动人口的认同感、归属感以及亲密感的生产,影响的确定性要大得多。相对于短期居住,长期居住更能产生共同体式的情感联结。帕克对此有过生动的描述:伴随着时间的慢慢推移,城市的每个角落、一草一木,都在某种程度上不可避免烙上了居民的品格、特性和情感,其结果便是起初仅仅是呈几何形状的平面划分逐渐转化为有着自身历史、传统和情感的小地区,居民也从陌生人转化为邻里,这种邻里使得历史过程的连续性得以保持,往昔与当今的事物累积叠加,使得每个地区的生活在这种连续性中形成有着自己独特纪念意义的事物和独立性。①

所以,现代性的流动对城市社区"微共同体"生产的影响。其一,一方面并非决定性的,起决定作用的是包括业主和流动人口在内的居民的交往事由、成本、方式、结果等交往要素;但另一方面流动性确实对城市社区"微共同体"的生产产生了影响,短期居住的流动人口相对于长期居住流动人口和业主居民而言,参与积极性和程度整体较低,但这也仅限于治理型交往,并且需要考虑身份资格的限制。

其二,现代性对城市社区"微共同体"生产的影响并非总是消极的,也有诸多积极因素,而且很多看似消极的因素其实也有积极的一面,如"理性"这

---

① Park R E, Burgess E W, Mckenzie R D. The City [M]. Chicago: The University of Chicago Press, 1968: 6.

一看似共同体的敌人，其实恰恰是陌生居民迈出交往第一步所需要的，面对共同的需求和利益，理性的权衡会使居民选择通过集体行动实现共同需求和利益，从而迈出交往的第一步，本书关于"微共同体"生产过程的研究表明，只有迈开第一步，共同体的生产过程才可能持续深入，进而逐步实现理性因素的下降而情感因素的上升。

其三，现代性并非只有"流动"因素，也有"固定"基因，从全国流动人口数据（表7.1）来看，流动人口所占比例大体在20%左右，总体而言仍属少数，也就是说常住人口仍占绝大多数，对绝大多数常住人口尤其是有住房的业主居民来说，住房是其财富的重要组成部分，有的是透支了未来几年、几十年，在高房价城市甚至是几代人的财富，随意流动的可行性较小而长期居住的可能性较大。

表 7.1　2015—2021 年全国流动人口数据

项目	年份	2015	2016	2017	2018	2019	2020	2021
全国总人口/万人		138326	139232	140011	140541	141008	141212	141260
流动人口	总数/万人	24700	24500	24400	24100	23600	37600	38500
流动人口	占总人口比重/%	17.6%	17.6%	17.4%	17.1%	16.7%	26.6%	27.3%

数据来源：中国流动人口网 http://www.chinaldrk.org.cn/

其四，虽然流动人口以租住为主，但现代性的脱域机制仍然发挥着作用，货币、价值观等使流动人口从原有社会关系中"脱嵌"并"再嵌入"新的社会关系，这种新嵌入的社会关系从居住空间来看仍然呈现明显的阶层分化特征，即新入住的小区、院落或楼栋居民与原住民仍处于同一社会阶层，或者说具有社会分层或纵向社会分化上的整体一致性，这为流动人口融入新的微社区，尤其是建立滕尼斯所说的基于本质意志的默认一致提供了先决条件。

所以，问题的关键不在于现代性的流动，更不能"因噎废食"，而在于如何设计一种更加开放和更具包容性的方案，将流动人口纳入城市社区"微共同体"的生产，在提升城市社区"微共同体"水平的同时，促进流动人口的社会融入。

其一，交往事由的包容性。在治理型交往中，允许流动人口以适当的形式参与公共事务的治理，如在参与事项方面，有关物业服务的事项直接参与，行使讨论和决策等权利，在履行了缴纳物业费义务情况下参与物业服务监督是其应有权利，在涉及业主财产权时，允许作为物业使用人的流动人口列席业主大会或业主代表大会等有关会议、积极参与讨论并建言献策、在业主同意或授权的情况下代替业主参与决策等，在文化型、趣缘型、业缘型等非治理型交往中，则对流动人口完全开放。

其二，主体地位、情感密度和生产策略的包容性。可以先以业主居民为主体生产出"业主共同体"，然后再以包括业主在内的常住人口为主体生产出"常住居民共同体"，最后逐步将短期居住的流动人口纳入，生产出一个先后有序、地位作用呈现"内核—中核—外围"、情感密度呈现"强—中—弱"特征的具有差序格局性质的"居民共同体"（见图7.2）。当然也不排除以流动人口尤其是短期居住流动人口为主体建立"流动的共同体"[①]的可能性，研究发现，以进城农民工为代表的流动人口仍在很大程度上保持着乡村社会以己为中心、以亲情关系为纽带的行为方式和思维方式,[②] 这也是值得进一步研究的有意义课题。

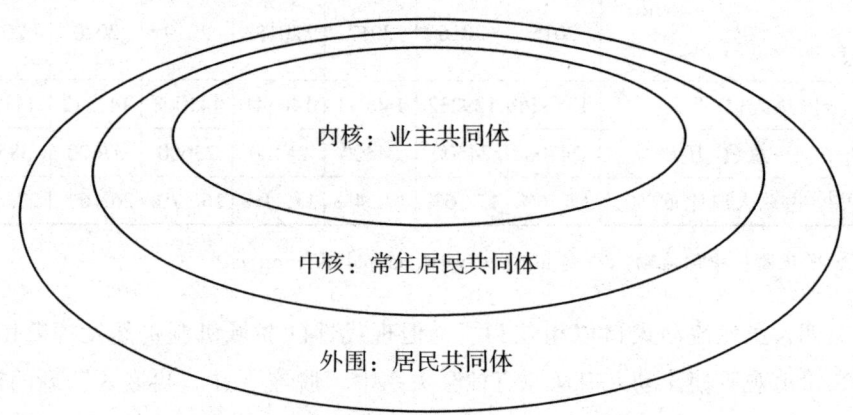

图 7.2　流动语境中的城市社区"微共同体"

二、共同体的居民还是居民的共同体：微共同体与居民自由

共同体与自由似乎始终是一对矛盾体。滕尼斯认为，共同体意味着义务，因为优先权往往与义务结合在一起，自由越是不依赖或感到不依赖共同体的意

[①] 张领. 流动的共同体 [D]. 杭州：浙江大学，2010.
[②] 刘少杰. 陌生关系熟悉化：优化市场交易秩序的本土化选择 [J]. 福建论坛（人文社会科学版），2014（4）：160-167.

志，自由的力度就越大。① 鲍曼的表述则更为直接，认为共同体意味着要求成员无条件忠诚，如果有成员缺乏忠诚则会被看作不可饶恕的背叛，如果人们想成为共同体的一员，那么共同体将要求人们呈现坚定的服从，以换取共同体提供或许诺提供服务，如果人们需要确定性，则需要以放弃自由，或至少是放弃很大一部分自由，或者说叫"自主""自决权""成为自我的权利"。② 在鲍曼眼里，共同体和自由是非此即彼的，人们"不能同时都拥有它们"，无论人们在两者之间如何选择，都将有所得的同时有所失，共同体意味着确定性和安全感，选择共同体也就意味着将很快失去自由。鲍曼断言，确定性与自由之间的对立，以及共同体与个体之间的争执，永远不可能解决。③

所以人们需要的是积极意义上的自由和具有实际行动能力的实质自由，而不是消极意义上和形式上的自由。所以问题的关键进一步明确为：如何在现代性的洪流中获得积极和实质意义上的自由？答案就是建立现代意义上的共同体。积极和实质意义上的自由实现前提是个体掌握着切实的物质和精神资源，进而拥有事实上的自由行动能力。④ 相比于传统共同体，身处现代性洪流中的人们或多或少掌握着一定物质和精神财富，并具有一定的实际行动能力，但绝大部分的人们依然面临着个体资源的有限性与需求的多样性和无限性之间的巨大张力，而共同体所具有的集体行动能力大幅消除了这一张力对人们的束缚，尤其是在认同、归属、亲密等情感需求的满足方面，共同体具有无可比拟的优势，而且情感本身就是一种巨大的行动力。所以，积极和实质意义上的自由需要以结社形式得以保证，越来越多的人已经认识到自由和共同体的关系，即没有自由的共同体意味着奴役而没有共同体的自由则意味着疯狂⑤。

---

① 费迪南·滕尼斯. 共同体与社会：纯粹社会学的基本概念 [M]. 林荣远，译. 北京：商务印书馆，1999：71.
② 齐格蒙特·鲍曼. 共同体：在一个不确定的世界中寻找安全 [M]. 欧阳景根，译. 南京：江苏人民出版社，2003：序言第6页.
③ 齐格蒙特·鲍曼. 共同体：在一个不确定的世界中寻找安全 [M]. 欧阳景根，译. 南京：江苏人民出版社，2003：序言第7页.
④ 王小章. 自由·共同体·正当性：经典社会理论与现代性的三个核心问题 [J]. 学术论坛，2005（7）：106-110.
⑤ 齐格蒙特·鲍曼. 生活在碎片之中 [M]. 郁建兴，等译. 上海：学林出版社，2002：41.

与此同时，现代城市社区"微共同体"并不意味着自由的终结。

其一，现代城市社区"微共同体"生产所具有的思想基础不同。现代性在摧毁传统封建思想或宗教桎梏的同时，也形成了自由、平等的现代精神，自启蒙运动以来广为传播并日益深入人心，尤其是在作为现代性的学校的城市，专制、束缚、奴役等已经不得人心。换句话说，传统社区共同体是建立在封建思想或宗教桎梏盛行的传统社会，所以人们与其所在的共同体之间存在人身依附关系，而现代城市社区"微共同体"建立在自由、平等的思想基础之上，虽然仍然可能出现寡头统治和准派系斗争①等现象，但始终难得人心，也注定不得长久。

其二，现代城市社区"微共同体"生产所具有的经济基础不同。由于传统社会生产力低下，社区共同体中的人们生产和生活高度统一，日常生活领域和非日常生活领域高度重叠，利益获取途径和方式相对单一，人们只有与其所在的共同体建立依附关系才能生存，这种依附关系在社会的封闭性和社会关系的固化下会得到进一步强化②；而现代社会生产力相对发达，日常生活领域和非日常生活领域高度分化，人们往往居住在社区而工作在社区之外，身处现代性洪流中的人们获取利益方式极其多元化，微社区内的财产收益并非其主要收入来源，人们的收入主要来源于社区之外，人们无须依附社区才能获益、生存和发展。所以，现代城市社区"微共同体"成员在经济上是独立和自由的。

其三，现代城市社区"微共同体"生产所具有的居民结构不同。传统社会虽然社会分工不发达，社区共同体居民之间的横向社会分化程度较低，是一个同质性社区，但社区共同体是一个有着内部阶层划分的集体，奴隶社会的奴隶主阶级和奴隶阶级、封建社会的地主阶级和农民阶级、资本主义社会的资产阶级和无产阶级，人们共同生活在同一社区，而且工作和生活空间高度重叠，同一社区共同体内的人们呈现一种垂直社会分化结构；而现代城市微社区内的居民是在现代性的脱域机制作用下实现"再嵌入"后，在阶层分化上保持着整体上的一致性的群体，而且人们仅仅因为居住而共同生活在一起的，日常生活领域和非日常生活领域高度分离，日常生活领域的人们无须像非日常生活领域里社会生产组织那样，需要一个高低有序、尊卑有别的严密组织以保障生产得以

---

① 石发勇. 业主委员会、准派系政治与基层治理[J]. 社会学研究, 2010, 25 (3): 147-153.

② Walder A G. Local governments as industrial firms: an organizational analysis of China's transitional economy [J]. American journal of sociology, 1995, 101 (2): 263-301.

顺利进行，日常生活领域的人们有且仅有一个身份——业主或居民。身穿同样一件"外衣"的人们，彼此之间不论微社区之外的身份多么显贵、权势多具影响力，回到日常生活的居住区，大家都是平等的。建立在水平结构基础之上的城市社区"微共同体"，并不会对居民的自由产生影响。

参考文献

中文著作：

[1] 阿兰·图海纳. 我们能否共同生存?：既彼此平等又互有差异 [M]. 狄玉明, 等译. 北京：商务印书馆, 2003.

[2] 埃德加·莫兰. 复杂思想：自觉的科学 [M]. 陈一壮, 译. 北京：北京大学出版社, 2001.

[3] 埃米尔·杜尔凯姆. 社会学方法的规则 [M]. 第2版, 胡伟, 译. 北京：华夏出版社, 1998.

[4] 埃米尔·涂尔干. 社会分工论 [M]. 渠东, 译. 北京：生活·读书·新知三联书店, 2000.

[5] 安东尼·吉登斯. 现代性的后果 [M]. 田禾, 译. 南京：译林出版社, 2011.

[6] 奥利弗·E. 威廉姆森. 资本主义经济制度：论企业签约与市场签约 [M]. 段毅才, 王伟, 译. 北京：商务印书馆, 2002.

[7] 奥塔·希克. 第三条道路：马克思列宁主义理论与现代工业社会 [M]. 张斌, 译. 北京：人民出版社, 1982.

[8] 保罗·A. 萨缪尔森, 威廉·D. 诺德豪斯. 经济学：第16版 [M]. 萧琛, 等译. 北京：华夏出版社, 1999.

[9] 保罗·西利亚斯. 复杂性与后现代主义：理解复杂系统 [M]. 曾国屏, 译. 上海：上海世纪出版集团, 2006.

[10] 包亚明. 现代性与空间的生产 [M]. 上海：上海教育出版社, 2003.

[11] 本尼迪克特·安德森. 想象的共同体：民族主义的起源与散布 [M]. 吴叡人, 译. 上海：上海人民出版社, 2011.

[12] 彼特·布劳. 不平等和异质性 [M]. 王春光, 谢圣赞, 译. 北京：中国社会科学出版社, 1991.

[13] 蔡禾. 城市社会学：理论与视野[M]. 广州：中山大学出版社，2003.

[14] 陈国强. 简明文化人类学词典[M]. 杭州：浙江人民出版社，1990.

[15] 陈伟东. 社区自治：自组织网络与制度设置[M]. 北京：中国社会科学出版社，2004.

[16] 达尼洛·马尔图切利. 现代性社会学：二十世纪的历程[M]. 姜志辉，译. 南京：译林出版社，2007.

[17] 大卫·哈维. 巴黎城记[M]. 黄煜文，译. 桂林：广西师范大学出版社，2010.

[18] 大冢久雄. 共同体的基础理论[M]. 于嘉云，译. 台北：联经出版事业公司，1999.

[19] 戴安娜·布赖登，威廉·科尔曼. 反思共同体：多学科视角与全球语境[M]. 严海波，等译. 北京：社会科学文献出版社，2011.

[20] 戴维·波普诺. 社会学[M]. 李强，等译. 北京：中国人民大学出版社，1999.

[21] 罗德里克·克雷默，汤姆·泰勒. 组织中的信任[M]. 管兵，刘穗琴，译. 北京：中国城市出版社，2003.

[22] 恩斯特·卡西尔. 人论[M]. 甘阳，译. 北京：西苑出版社，2009.

[23] 费迪南·滕尼斯. 共同体与社会：纯粹社会学的基本概念[M]. 林荣远，译. 北京：商务印书馆，1999.

[24] 费孝通. 费孝通文集：第1卷[M]. 北京：群言出版社，1999.

[25] 费孝通. 社会学的探索[M]. 天津：天津人民出版社，1984.

[26] 高春燕. 社区人口与发展[M]. 北京：中国环境科学出版社，1999.

[27] 高宣扬. 布迪厄的社会理论[M]. 上海：同济大学出版社，2004.

[28] 格奥尔格·齐美尔. 时尚的哲学[M]. 费勇，等译. 北京：文化艺术出版社，2001.

[29] 格奥尔格·西美尔. 西美尔文集：叔本华与尼采[M]. 莫光华，译. 上海：上海译文出版社，2006.

[30] 哈贝马斯. 在事实与规范之间[M]. 童世骏，译. 北京：生活·读书·新知三联书店，2003.

[31] 亨利·范·马尔赛文，格尔·范·德·唐. 成文宪法的比较研究

[M].陈云生,译.北京:华夏出版社,1987.

[32] 亨利·列斐伏尔.空间与政治[M].李春,译.上海:上海教育出版社,2005.

[33] 克利福德·格尔茨.文化的解释[M].韩莉,译.南京:译林出版社,1999.

[34] 拉德克利夫·布朗.社会人类学方法[M].夏建中,译.北京:华夏出版社,2002.

[35] 拉塞尔·M.林登.无缝隙政府[M].汪大海,等译.北京:中国人民大学出版社,2014.

[36] 赖特·米尔斯.社会学的想象力[M].陈强,张永强,译.北京:生活·读书·新知三联书店,2012.

[37] 李学举.社区建设工作谈[M].北京:中国社会出版社,2003.

[38] 理查德·桑内特.公共人的衰落[M].李继宏,译.上海:上海译文出版社,2014.

[39] 刘易斯·芒福德.城市发展史[M].倪文彦,宋俊岭,译.北京:中国建筑工业出版社,1989.

[40] 卢梭.社会契约论[M].何兆武,译.北京:商务印书馆,2003.

[41] 罗伯特·K.默顿.社会理论和社会结构[M].唐少杰,齐心,等译.南京:译林出版社,2006.

[42] 罗伯特·米歇尔斯.寡头统治铁律:现代民主制度中的政党社会学[M].任军锋,等译.天津:天津人民出版社,2004.

[43] 马丁·阿尔布劳.全球时代:超越现代性之外的国家和社会[M].高湘泽,冯玲,译.北京:商务印书馆,2001.

[44] 马克思恩格斯全集:第1卷[M].北京:人民出版社,1995.

[45] 马克思.资本论:第1卷[M].北京:人民出版社,1975.

[46] 马克思,恩格斯.马克思恩格斯选集:第1卷[M].北京:人民出版社,1979.

[47] 马克斯·韦伯.经济与社会:上卷[M].林荣远,译.北京:商务印书馆,2006.

[48] 马克斯·韦伯.社会学的基本概念[M].胡景北,译.上海:上海人民出版社,2005.

[49] 迈克尔·麦金尼斯. 多中心体制与地方公共经济 [M]. 毛寿龙, 译. 上海: 上海三联书店, 2000.

[50] 曼瑟尔·奥尔森. 集体行动的逻辑 [M]. 陈郁, 郭宇峰, 李崇新, 译. 上海: 格致出版社, 上海三联书店, 上海人民出版社, 2014.

[51] 孟德斯鸠. 论法的精神 [M]. 张雁深, 译. 北京: 商务印书馆, 1961.

[52] 欧内斯特·戴尔. 伟大的组织者 [M]. 孙耀君, 等译. 北京: 中国社会科学出版社, 1991.

[53] 潘小娟. 中国基层社会重构: 社区治理研究 [M]. 北京: 中国法制出版社, 2004.

[54] 齐格蒙·鲍曼. 生活在碎片之中: 论后现代道德 [M]. 郁建兴, 等译. 上海: 学林出版社, 2002.

[54] 齐格蒙特·鲍曼. 流动的现代性 [M]. 欧阳景根, 译. 上海: 上海三联书店, 2002.

[56] 齐格蒙特·鲍曼. 生活在碎片之中: 论后现代道德 [M]. 郁建兴, 等译. 上海: 学林出版社, 2002.

[57] 齐格蒙特·鲍曼. 共同体: 在一个不确定的世界中寻找安全 [M]. 欧阳景根, 译. 南京: 江苏人民出版社, 2003.

[58] 齐美尔. 金钱、性别、现代生活风格 [M]. 刘小枫编, 顾仁明, 译. 上海: 学林出版社, 2000.

[59] 桥与门: 齐美尔随笔集 [M]. 上海: 上海三联书店, 1991.

[60] 莎伦·布雷姆, 罗兰·米勒, 丹尼尔·珀尔曼等. 亲密关系 [M]. 郭辉, 肖斌, 刘煜, 译. 北京: 人民邮电出版社, 2005.

[61] 史蒂文·凯尔曼. 制定公共政策 [M]. 商正, 译. 北京: 商务印书馆, 1990.

[62] 宋书文. 心理学词典 [M]. 南宁: 广西人民出版社, 1984.

[63] 孙柏瑛. 当代地方治理: 面向21世纪的挑战 [M]. 北京: 中国人民大学出版社, 2004.

[64] 孙大光. 体育文化概论 [M]. 北京: 高等教育出版社, 2013.

[65] 孙立平. 现代化与社会转型 [M]. 北京: 北京大学出版社, 2005.

[66] 孙立平. 现代化与社会转型 [M]. 北京: 北京大学出版社, 2005.

[67] 王青山. 社区建设发展读本 [M]. 北京：中共中央党校出版社, 2011.

[68] 王威海. 韦伯：摆脱现代社会两难困境 [M]. 沈阳：辽海出版社, 1999.

[69] 王颖. 改革与城市治理结构变革 [M] // 李强. 中国社会变迁年. 北京：社会科学文献出版社, 2008.

[70] 吴铎, 丘士杰, 李业甫, 等. 中国大百科全书·社会学卷 [M]. 北京：中国大百科全书出版社, 1991.

[71] 吴文藻. 吴文藻人类学社会学研究文集 [M]. 北京：民族出版社, 1990.

[72] 西达·斯考切波. 国家与社会革命 [M]. 何俊志, 王学东, 译. 上海：上海人民出版社, 2015.

[73] 西美尔. 货币哲学 [M]. 陈戎女, 耿开君, 文聘元, 译. 北京：华夏出版社, 2002.

[74] 亚伯拉罕·马斯洛. 动机与人格 [M]. 许金声, 等译. 北京：中国人民大学出版社, 2012.

[75] 亚里士多德. 尼各马可伦理学 [M]. 廖申白, 译. 北京：商务印书馆, 2003.

[76] 亚里士多德. 政治学 [M]. 吴寿彭, 译. 北京：商务印书馆, 1965.

[77] 易剑东. 体育文化学 [M]. 北京：北京体育大学出版社, 2006.

[78] 英格尔斯. 从传统人到现代人 [M]. 顾昕, 译. 北京：中国人民大学出版社, 1992.

[79] 应星. 大河移民上访的故事 [M]. 北京：生活·读书·新知三联书店, 2001.

[80] 尤尔根·哈贝马斯. 后民族结构 [M]. 曹卫东, 译. 上海：上海人民出版社, 2002.

[81] 尤尔根·哈贝马斯. 交往行为理论：行为合理性与社会合理化 [M]. 曹卫东, 译. 上海：上海人民出版社, 2004.

[82] 俞可平. 社群主义 [M]. 北京：中国社会科学出版社, 1998.

[83] 虞崇胜, 唐皇凤. 第五个现代化：国家治理体系与治理能力现代化 [M]. 武汉：湖北人民出版社, 2015.

[84] 约翰·卡德威尔·卡尔霍恩. 卡尔霍恩文集 [M]. 上册, 林国荣, 译. 桂林: 广西师范大学出版社, 2015.

[85] 约翰·罗杰斯·康芒斯. 制度经济学 [M]. 于树生, 译. 北京: 商务印书馆, 2009.

中文期刊文章：

[1] 陈友华, 佴莉. 社区共同体困境与社区精神重塑 [J]. 吉林大学社会科学学报, 2016, 56 (4).

[2] 白雪娇. 规模适度: 居民自治有效实现形式的组织基础 [J]. 东南学术, 2014 (5).

[3] 白杨. 选举的仪式化功能: 从业委会选举来看城市基层民主实践中的博弈 [J]. 社会科学, 2003 (5).

[4] 班保申. 社区文化的涵义、特征与功能 [J]. 学术交流, 2012 (12).

[5] 边燕杰, 肖阳. 中英居民主观幸福感比较研究 [J]. 社会学研究, 2014, 29 (2).

[6] 陈华彬. 论区分所有建筑物的管理规约 [J]. 现代法学, 2011, 33 (4).

[7] 陈华彬. 业主大会法律制度探微 [J]. 法学, 2011 (3).

[8] 陈健民, 丘海雄. 社团、社会资本与政经发展 [J]. 社会学研究, 1999 (4).

[9] 陈明, 慕良泽. 社会分化、分层与民主: 基层民主研究的社会结构视角 [J]. 内蒙古社会科学（汉文版）, 2012, 33 (3).

[10] 陈鹏. 城市社区治理: 基本模式及其治理绩效: 以四个商品房社区为例 [J]. 社会学研究, 2016, 31 (3).

[11] 陈鹏. 从"产权"走向"公民权": 当前中国城市业主维权研究 [J]. 开放时代, 2009 (4).

[12] 陈鹏. 国家—市场—社会三维视野下的业委会研究: 以 B 市商品房社区为例 [J]. 公共管理学报, 2013, 10 (3).

[13] 陈瑞华. 程序正义论 [J]. 中外法学, 1997 (2).

[14] 陈天祥, 郑佳斯. 双重委托代理下的政社关系: 政府购买社会服务的

新解释框架[J].公共管理学报,2016,13(3).

[15] 陈伟东,余坤明."转代理":转型期低收入社区居委会自我"减负"的行为模式[J].社会主义研究,2005(4).

[16] 陈向明.扎根理论的思路和方法[J].教育研究与实验,1999(4).

[17] 陈幽泓.让社区走向开放[J].市民,2006(6).

[18] 陈友华,佴莉.社区共同体困境与社区精神重塑[J].吉林大学学报(社会科学版),2016,56(4).

[19] 陈宗章.城市社区"共同体意识"的现代性解构及其重建[J].理论导刊,2010(3).

[20] 成伯清.从同情到尊敬:中国政治文化与公共情感的变迁[J].探索与争鸣,2011(9).

[21] 池忠军.社区至社会生活共同体化的规范性分析[J].社会主义研究,2010(4).

[22] 仇叶.住宅小区物业管理纠纷的根源:基于合同治理结构变形与约束软化视角的解读[J].城市问题,2016(1).

[23] 邓遂.论城市商品房社区情感的生成:基础、障碍及建设路径[J].兰州学刊,2014(11).

[24] 丁元竹.滕尼斯的梦想与现实[J].读书,2013(2).

[25] 段建军.培育社区社群共同体:社区治理的基础条件[J].生产力研究,2011(6).

[26] 费孝通.云南三村英文版之导言和结论[J].民族社会学研究通讯,1998(13).

[27] 费孝通.从反思到文化自觉和交流[J].读书,1998(11).

[28] 冯钢.现代社区何以可能[J].浙江学刊,2002(2).

[29] 冯根福.双重委托代理理论:上市公司治理的另一种分析框架:兼论进一步完善中国上市公司治理的新思路[J].经济研究,2004(12).

[30] 弗朗索瓦·格扎维尔·梅理安.治理问题与现代福利国家[J].肖孝毛,译.国际社会科学(中文版),1999(1).

[31] 高波,李国正,陈琛.新型城镇化过程中农民工居住现状及住房选择:基于2013年中国流动人口动态监测数据[J].甘肃行政学院学报,2015

(6).

[32] 高春芽. 选择性激励与利益集团的形成机制：奥尔森"副产品"理论批判[J]. 云南行政学院学报, 2009, 11 (1).

[33] 古开弼. 我国历代保护自然生态与资源的民间规约及其形成机制：以南方各少数民族的民间规约为例[J]. 北京林业大学学报（社会科学版）, 2005 (1).

[34] 谷玉良. 突围现代性：解构"合理性的铁笼"[J]. 内蒙古民族大学学报（社会科学版）, 2012 (3).

[35] 管兵. 维权行动和基层民主参与：以B市商品房业主为例[J]. 社会, 2010, 30 (5).

[36] 桂勇, 黄荣贵. 城市社区：共同体还是"互不相关的邻里"[J]. 华中师范大学学报（人文社会科学版）, 2006 (6).

[37] 郭建斌, 张薇. "民族志"与"网络民族志"：变与不变[J]. 南京社会科学, 2017 (5).

[38] 郭于华, 沈原. 居住的政治：B市业主维权与社区建设的实证研究[J]. 开放时代, 2015 (2).

[39] 过勇, 宋伟. 清廉指数的腐败测评方法与局限性[J]. 经济社会体制比较, 2013 (5).

[40] 何海兵. 我国城市基层社会管理体制的变迁：从单位制、街居制到社区制[J]. 管理世界, 2003 (6).

[41] 何绍辉. 场共同体：陌生人社区建设的本位取向[J]. 人文杂志, 2015 (4).

[43] 何炤华, 杨菊华. 安居还是寄居？不同户籍身份流动人口居住状况研究[J]. 人口研究, 2013, 37 (6).

[44] 贺雪峰. 论半熟人社会：理解村委会选举的一个视角[J]. 政治学研究, 2000 (3).

[45] 胡敏中. 论马克思主义的自然时间观和社会时间观[J]. 马克思主义研究, 2006 (2).

[46] 胡晓芳. 公共性再生产：社区共同体困境的消解策略研究[J]. 南京社会科学, 2017 (12).

[47] 黄宗智. 集权的简约治理：中国以准官员和纠纷解决为主的半正式基

层行政[J]. 开放时代, 2008（2）.

[48] 江立华, 谷玉良. 农民工底层叙事: 讲述苦难与记叙幸福[J]. 宁夏社会科学, 2016（2）.

[49] 江立华, 谷玉良. 农民工市民化: 向度与力度: 基于对城市文化中心主义倾向的反思[J]. 中国特色社会主义研究, 2013（6）.

[50] 江立华, 张红霞. 流动与秩序: 社会治理视野下流动人口的秩序整合[J]. 社会科学辑刊, 2015（5）.

[51] 姜方炳. 共同体化: 城市社区治理的功能性转向: 走出社区治理困境的一种可能思路[J]. 中共天津市委党校学报, 2015（2）.

[52] 卡纳平. 传媒、意识形态、统治[J]. 逸蔺, 译. 国外社会科学, 1996（5）.

[53] 康雯琴, 丁金宏. 大城市开发区流动人口居住特征研究: 以上海浦东新区为例[J]. 城市发展研究, 2005（6）.

[54] 孔凡建. 共同体语义演化史考辨[J]. 甘肃理论学刊, 2014（5）.

[55] 孔娜娜. "共同体"到"联合体": 社区居委会面临的组织化风险与功能转型[J]. 社会主义研究, 2013（3）.

[56] 雷霆. 共同体的重构: 社区建设的目标模式[J]. 理论月刊, 2015（1）.

[57] 李德恩. 城市化进程中的社区纠纷解决机制: 目标设定与系统优化[J]. 广西社会科学, 2012（3）.

[58] 李东坡. "复杂社会"视域下思想政治教育创新研究[J]. 教学与研究, 2016（7）.

[59] 李汉宗. 血缘、地缘、业缘: 新市民的社会关系转型[J]. 深圳大学学报（人文社会科学版）, 2013, 30（4）.

[60] 李宽. 城市社区共同体的生成机理: 从陌生人到熟人[J]. 重庆社会科学, 2016（5）.

[61] 李培志. 走向治理的业主委员会: 基于18个业主委员会的观察[J]. 山东社会科学, 2014（8）.

[62] 李正图. 委托—代理关系: 制度、信任与效率[J]. 学术月刊, 2014（5）.

[63] 李左人. "回归社区"与社区精神重建[J]. 深圳大学学报（人文

社会科学版），2004（6）．

[64] 廉思，冯丹，芦垚．当前我国新社会阶层的特征分析、杠杆作用以及工作思考：关于新社会阶层的调研报告［J］．中国青年研究，2016（11）．

[65] 梁绮惠．治理视域下城郊发达社区共同体复归及其可能［J］．中共福建省委党校学报，2017（5）．

[66] 梁贤艳，江立华．自治单元下沉背景下的城市社区"微自治"研究：以 J 小区从"点断"到"全覆盖"自治的内生探索为例［J］．学习与实践，2017（8）．

[67] 林聚任，张月阳，向维．近十年来居民的社会分化和社会心态变化趋势与问题：基于 CGSS 有关数据的分析［J］．当代世界社会主义问题，2015（3）．

[68] 林李月，朱宇．两栖状态下流动人口的居住状态及其制约因素：以福建省为例［J］．人口研究，2008，32（3）．

[69] 林振辉，谢康．人性化管理模式及其在企业中的实践［J］．中国人力资源开发，2009（6）．

[70] 刘安．社区业主委员会的发展与城市社区自治［J］．南京社会科学，2006（1）．

[71] 刘笃才．再论中国古代民间规约［J］．北方法学，2009，3（2）．

[72] 刘笃才．中国古代民间规约引论［J］．法学研究，2006（1）．

[73] 刘继同．中国城市社区建设发展阶段与主要政策目标［J］．唯实，2004（3）．

[74] 刘少杰．陌生关系熟悉化：优化市场交易秩序的本土化选择［J］．福建论坛（人文社会科学版），2014（4）．

[75] 刘少杰．社会团体的交往成本与运行活力［J］．吉林大学社会科学学报，2013，53（1）．

[76] 刘少杰．新形势下中国城市社区建设的边缘化问题［J］．甘肃社会科学，2009（1）．

[77] 刘世定．嵌入性与关系合同［J］．社会学研究，1999（4）．

[78] 刘雅静．全民共建共享社会治理格局：概念厘清、内生动力与实践进路［J］．理论月刊，2016（11）．

[79] 陆丹．自致的共同体：城市社区发育的新路径［J］．社会科学战线，

2009 (2).

[80] 吕斌, 张玮璐, 王璐, 等. 城市公共文化设施集中建设的空间绩效分析: 以广州、天津、太原为例 [J]. 建筑学报, 2012 (7).

[81] 麻宝斌, 杜平. 结构分化、观念差异与生活经历: 转型时期社会公平感的影响因素分析 [J]. 江汉论坛, 2017 (3).

[82] 彭彩. 奥尔森集体行动理论对公共组织的若干启示 [J]. 经营管理者, 2014 (21).

[83] 彭语良. 程序正义的理念、源流及现实意义 [J]. 中国党政干部论坛, 2014 (7).

[84] 屈群苹, 孙旭友. 城市社区邻里纠纷化解的治理逻辑: 基于H市S社区居委会调解的实践分析 [J]. 学海, 2015 (5).

[85] 沙金. 走向有限政府: 洛克政府理论及其启示 [J]. 学术论坛, 2012, 35 (2).

[86] 邵亦文, 徐江. 城市韧性: 基于国际文献综述的概念解析 [J]. 国际城市规划, 2015, 30 (2).

[87] 申广军, 张川川. 收入差距、社会分化与社会信任 [J]. 经济社会体制比较, 2016 (1).

[88] 沈瑞英, 周霓羽. 行政体制改革视阈下城市社区自治模式探析: 以B市某花园社区为例 [J]. 中共福建省委党校学报, 2016 (11).

[89] 石发勇. 业主委员会、准派系政治与基层治理: 以一个上海街区为例 [J]. 社会学研究, 2010, 25 (3).

[90] 孙柏瑛, 游祥斌, 彭磊. 社区民主参与: 任重道远: 北京市区居民参与与社区决策情况的调查与评析 [J]. 国家行政学院学报, 2001 (2).

[91] 孙璐. 我国城市社区情感建设的可能性及路径: 基于社群主义视角的分析 [J]. 城市问题, 2013 (2).

[92] 孙璇. 社会微治理视野下的社区精英治理机制研究 [J]. 广州大学学报 (社会科学版), 2016, 15 (12).

[93] 索玮岚, 陈锐. 城市典型生命线系统耦联多维测度方法研究 [J]. 中国人口·资源与环境, 2013, 23 (3).

[94] 田彤. 社区体育文化建设: 是促进社区体育和谐发展的落脚点 [J]. 体育与科学, 2006 (4).

[95] 王迪. 城市社区的纠纷类型与居委会的调解功能 [J]. 理论月刊, 2011 (6).

[96] 王冬梅. 从小区到社区：社区"精神共同体"的意义重塑 [J]. 学术月刊, 2013, 45 (7).

[97] 王恩见, 刘威. 从维权行动到秩序建构：后业主维权时期小区秩序的恢复与重建 [J]. 学习与实践, 2015 (1).

[98] 王恩见. 机会空间、基层治理与业主诉讼维权 [J]. 吉首大学学报（社会科学版）, 2014, 35 (4).

[99] 王富伟. 个案研究的意义和限度：基于知识的增长 [J]. 社会学研究, 2012 (5).

[100] 王利明. 论业主的建筑物区分所有权的概念 [J]. 当代法学, 2006 (5).

[101] 王亮. 社区社会资本与社区归属感的形成 [J]. 求实, 2006 (9).

[102] 王铭铭. 小地方与大社会：中国社会的社区观察 [J]. 社会学研究, 1997 (1).

[103] 王小章. 何谓社区与社区何为 [J]. 浙江学刊, 2002 (2).

[104] 王小章. 自由·共同体·正当性：经典社会理论与现代性的三个核心问题 [J]. 学术论坛, 2005 (7).

[105] 王永益. 社区公共精神培育与社区和谐善治：基于社会资本的视角 [J]. 学海, 2013 (4).

[106] 韦森. 习俗的本质与生发机制探源 [J]. 中国社会科学, 2000 (5).

[107] 吴锦良. 用"智慧革命"推进我国基层共同体重建："浙江智慧社区网"对社区建设的价值分析 [J]. 中共浙江省委党校学报, 2012 (6).

[108] 吴晓林. 中国城市社区的业主维权冲突及其治理：基于全国 9 大城市的调查研究 [J]. 中国行政管理, 2016 (10).

[109] 吴效群. 对帕特南黏合性社会资本与连接性社会资本关系的研究：兼论西方的教会式社团与中国的香会式社团 [J]. 世界宗教研究, 2015 (2).

[110] 夏建中. 中国公民社会的先声：以业主委员会为例 [J]. 文史哲, 2003 (3).

[111] 肖伟. 论欧文·戈夫曼的框架思想 [J]. 国际新闻界, 2010, 32

(12).

[112] 徐明宏. 城市休闲的社会整合与管理创新研究: 以杭州趣缘群体为例 [J]. 浙江社会科学, 2015 (12).

[113] 宣晓伟. 中央集权与地方治理: "编户齐民" 与 "皇权不下县": 现代化转型视角下的中央与地方关系研究 [J]. 中国发展观察, 2016 (3).

[114] 杨贵华. 社区共同体的资源整合及其能力建设——社区自组织能力建设路径研究 [J]. 社会科学, 2010 (1).

[115] 杨贵华. 重塑社区文化, 提升社区共同体的文化维系力: 城市社区自组织能力建设路径研究 [J]. 上海大学学报 (社会科学版), 2008 (3).

[116] 杨贵华. 自组织与社区共同体的自组织机制 [J]. 东南学术, 2007 (5).

[117] 杨建华. 马克思、韦伯和卢曼的社会分化研究及启示 [J]. 浙江学刊, 2008 (5).

[118] 杨建科, 张振. 社交网媒在商品房社区共同体形成和治理中的作用 [J]. 城市问题, 2017 (12).

[119] 杨菊华, 朱格. 心仪而行离: 流动人口与本地市民居住隔离研究 [J]. 山东社会科学, 2016 (1).

[120] 杨君, 徐永祥, 徐选国. 社区治理共同体的建设何以可能?: 迈向经验解释的城市社区治理模式 [J]. 福建论坛 (人文社会科学版), 2014 (10).

[121] 杨敏. 作为国家治理单元的社区: 对城市社区建设运动过程中居民社区参与和社区认知的个案研究 [J]. 社会学研究, 2007 (7).

[122] 杨文进. 关于资本本质与内涵的一种解说 [J]. 经济评论, 2003 (2).

[123] 尧丽, 杨海帆, 吴美霖. 正强化和负强化: 概念、争议与神经机制 [J]. 心理科学, 2017 (5).

[124] 叶方兴. 社会分化与价值引导: 思想政治教育社会学的基本问题论析 [J]. 思想教育研究, 2015 (5).

[125] 叶航. 利他行为的经济学解释 [J]. 经济学家, 2005 (3).

[126] 叶敏. 社区自治能力培育中的国家介入: 以上海嘉定区外冈镇 "老大人" 社区自治创新为例 [J]. 南京农业大学学报 (社会科学版), 2015, 15 (3).

[127] 尹德志. 增强居民幸福感的社区文化建设研究 [J]. 学术论坛, 2013, 36 (5).

[128] 于洪卿. 对我国社区文化建设的思考 [J]. 青海社会科学, 2007 (6).

[129] 俞可平. 治理和善治：一种新的政治分析框架 [J]. 南京社会科学, 2001 (9).

[130] 袁祖社. 现代公民之理性生存品质与高尚德性人格的养成："信用价值观"建设的理论定位与实践追求 [J]. 唐都学刊, 2004 (5).

[131] 张宝锋. "单位型社区"居民政治参与的微观机制：对Z社区的个案研究 [J]. 晋阳学刊, 2006 (4).

[132] 张必春, 张彩云. 我国社区建设历程中居民主体性变迁分析 [J]. 社会主义研究, 2017 (4).

[133] 张帆, 周佑勇. 社会管理创新法治化视野下的业主委员会发展探析 [J]. 东南大学学报（哲学社会科学版）, 2012, 14 (5).

[134] 张宏亮, 邓恩远. 城市"棚改社区"共同体文化维系力的构建 [J]. 理论导刊, 2011 (11).

[135] 张宏志, 吴新叶. 城市社区公共精神的建构性路径：以上海"社区自治家园"建设为例 [J]. 上海行政学院学报, 2016, 17 (1).

[136] 张洪, 王登峰, 杨烨. 亲密关系的外显与内隐测量及其相互关系 [J]. 心理学报, 2006 (6).

[137] 张紧跟, 庄文嘉. 非正式政治：一个草根NGO的行动策略：以广州业主委员会联谊会筹备委员会为例 [J]. 社会学研究, 2008 (2).

[138] 张康之, 张乾友. 在风险社会中重塑自我与他人的关系 [J]. 东南学术, 2011 (1).

[139] 张磊. 业主维权运动：产生原因及动员机制 [J]. 社会学研究, 2005 (6).

[140] 张农科. 关于我国物业管理模式的反思与再造 [J]. 城市问题, 2012 (5).

[141] 张宛丽. 现阶段中国社会分化与性别分层 [J]. 浙江学刊, 2004 (6).

[142] 张文宏, 刘永根. 社会分化、生活体验与阶层冲突的主观建构

[J]．社会科学战线，2017（1）．

[143] 张雄、速继明．时间维度与资本逻辑的勾连［J］．学术月刊，2006（10）．

[144] 张翼．中国家庭的小型化、核心化与老年空巢化［J］．中国特色社会主义研究，2012（6）．

[145] 张兆曙，王建．制造亲密：虚拟网络社区中的日常生活：以人人网SNS人际互动平台为例［J］．青年研究，2013（6）．

[146] 张振，杨建科，张记国．业主委员会培育与社区多中心治理模式建构［J］．中州学刊，2015（9）．

[147] 赵鼎新．国家合法性和国家社会关系［J］．学术月刊，2016，48（8）．

[148] 赵小平，刘程程．业主维权与社区维稳能否兼得？：一个社会资本视角的考察［J］．新视野，2015（5）．

[149] 赵欣，范斌．敦亲睦邻：社区公共空间的分类运行机制与共同体构建［J］．晋阳学刊，2014（6）．

[150] 赵宇峰．重构基础社会：日常生活、共同体与社区建设［J］．社会科学，2017（4）．

[151] 郑杭生，黄家亮．论现代社会中人民调解制度的合法性危机及其重塑：基于深圳市城市社区实地调查的社会学分析［J］．思想战线，2008（6）．

[152] 郑琦，乔昆．论社区共同体生成的政府培育主导路径［J］．北京社会科学，2010（6）．

[153] 郑长忠．社区共同体建设的政党逻辑：理论、问题与对策［J］．上海行政学院学报，2009（5）．

[154] 郑中玉．沟通媒介与社会发展：时空分离的双向纬度：以互联网的再地方化效应为例［J］．黑龙江社会科学，2008（1）．

[155] 周飞舟．锦标赛体制［J］．社会学研究，2009（3）．

[156] 周红云．全民共建共享的社会治理格局：理论基础与概念框架［J］．经济社会体制比较，2016（2）．

[157] 周军，訾大丽．在合作行动条件的生成中辨识社会治理变革［J］．江苏大学学报（社会科学版），2017，19（4）．

[158] 周晓虹．认同理论：社会学与心理学的分析路径［J］．社会科学，

2008（4）.

[159] 周怡. 社会结构：由"形构"到"解构"：结构功能主义、结构主义和后结构主义理论之走向 [J]. 社会学研究，2000（3）.

学位论文：

[1] 董欢. 和谐社会视野中的我国城市社区建设研究 [D]. 北京：中共中央党校，2009.

[2] 兰亚春. 居民关系网络脱域与城市社区共同体培育 [D]. 长春：吉林大学，2012.

[3] 杨瑞玲. 解构乡村：共同体的脱嵌、超越与再造 [D]. 北京：中国农业大学，2015.

[4] 张大维. 中国共产党城市社区建设的理论与实践研究 [D]. 武汉：华中师范大学，2010.

[5] 张领. 流动的共同体 [D]. 杭州：浙江大学，2010.

[6] 董欢. 和谐社会视野中的我国城市社区建设研究 [D]. 北京：中共中央党校，2009年.

[7] 何煦. 村落还是共同体吗 [D]. 上海：复旦大学，2014.

[8] 兰亚春. 居民关系网络脱域与城市社区共同体培育 [D]. 长春：吉林大学，2012.

[9] 杨瑞玲. 解构乡村：共同体的脱嵌、超越与再造 [D]. 北京：中国农业大学，2015.

[10] 张大维. 中国共产党城市社区建设的理论与实践研究 [D]. 武汉：华中师范大学，2010.

[11] 张领. 流动的共同体 [D]. 杭州：浙江大学，2010.

[12] 何煦. 村落还是共同体吗？[D]. 上海：复旦大学，2014.

英文著作：

[1] ALASUUTARI P. Researching Culture：Qualitative Method and Cultural Studies [M]. Beverly Hills：Sage Publications，1995.

[2] ANDERSON N. The Hobo：The Sociology of the Homeless Man [M]. Chicago：University of Chicago Press，1923.

［3］ BELL C. NEWBY H. Community Studies: An introduction to the Sociology of the Local Community ［M］. Westport, CT: Praeger, 1973.

［4］ BERGER P L, BERGER B, KELLNER H. The Homeless Mind: Modernization and Consciousness ［M］. New York: Random House, 1973.

［5］ BOURDIEU P, WACQUANT L J D. An Invitation to Reflexive Sociology ［M］. Chicago: University of Chicago Press, 1992.

［6］ BOZEMAN B. All Organizations Are Public: Comparing Public and Private Organizations ［M］. Portland: Beard Books, 1987.

［7］ BUCHANAN J M, TULLOCK G. The calculus of consent: Logical foundations of constitutional democracy ［M］. Ann Arbor: University of Michigan Press, 1962.

［8］ BURT R S. Structural Holes: The Social Structure of Competition. Cambridge ［M］. MA: Harvard University Press, 1992.

［9］ COHEN D J. Laurence Prusak. In Good Company: How Social Capital Makes Organizations Work ［M］. Boston: Harvard Business School Press, 2001.

［10］ COLEMAN J S. Foundations of Social Theory ［M］. Cambridge, Mass: Belknap Press of Harvard University, 1990.

［11］ COMMONS J R. Institutional Economics: Its Place in Political Economy ［M］. New York: Macmillan. 1934.

［12］ COMTE A. System of Positive Polity ［M］. London: Longmans, Green, and Co, 1975.

［13］ CONNOLLY W. Legitimacy and the State ［M］. New York: New York University Press, 1984.

［14］ COOLEY C H. Social Organizations: A Study of the Larger Mind ［M］. New York: Charles Scribner's Sons, 1909.

［15］ CROFT W. Typology and Universals ［M］. Cambridge: Cambridge University Press, 1990.

［16］ CROZIER M, HUNTINGTON S P, and WATANUKI J. The Crisis of Democracy: Report on the Governability of Democracies to the Trilateral Commission ［M］. New York: New York University Press, 1975.

［17］ DAVIS D S (eds.). Urban Spaces in Contemporary China ［M］. New

York: Cambridge University Press, 1995.

[18] DAY G. Community and Everyday Life [M]. New York: Routledge, 2005.

[19] DELANTY G. Community [M]. London: Routledge, 2003.

[20] DENTLER R A. American Community Problems [M]. New York: McGraw-Hill Book Company, 1968.

[21] DURKHEIM E. Suicide: A Study in Sociology [M]. New York: The Free Press, 1951.

[22] DURKHEIM é. The Division of Labor in Society [M]. New York: The Free Press, 1964.

[23] ELSTER J. The cement of society [M]. New York: Cambridge University Press, 1989.

[24] ETZIONI A. The Spirit of Community: Rights, Responsibilities and the Communitarian Agenda [M]. New York: Crown, 1993.

[25] FISCHER C S. Networks and Places: Social Relations in the Urban Setting [M]. New York: The Free Press, 1977.

[26] FISCHER C S. The Urban Experience [M]. New York: Harcourt Brace Jovanovich, 1984.

[27] FUKUYAMA F. Trust: The Social Virtues and the Creation of Prosperity [M]. New York: The Free Press, 1995.

[28] GANS H J. The Urban Villagers: Group and Class in the Life of Italian-Americans [M]. New York: The Free Press, 1962.

[29] GEERTZ C. Local Knowledge: Further Essays in Interpretive Anthropology [M]. New York: Basic Books, 1983.

[30] GIDDENS A. The Constitution of Society: Outline of the Theory of Structuration [M]. Oxford: Policy Press, 1984.

[31] GOFFMAN E. Frame Analysis: An Essay on the Organization of Experience [M]. Boston: Northeastern University Press, 1986.

[32] HALLMAN H W. Neighborhoods: Their Place in Urban Life [M]. Beverly Hills: Sage Publications, 1984.

[33] HARDIN R. Collective Action. Baltimore [M]. Baltimore: The Johns Hopkins University Press, 1982.

[34] HOBSBAWM E. The Age of Extremes: The Short Twentieth Century 1911—1991 [M]. London: Michael Joseph, 1994.

[35] LEVI-STRAUSS C. Structural Anthropology. Translated by Claire Jacobson and Brooke Grundfest Schoepf [M]. New York: Doubleday Anchor Books, 1967.

[36] MAHONEY J, RUESCHEMEYER D (eds.). Comparative Historical Analysis in the Social Science [M]. Cambridge: Cambridge University Press, 2003.

[37] MARSHALL T H, BOTTOMORE T. Citizenship and Social Class [M]. London: Pluto Press, 1992.

[38] MOE T. The Organization of Interests [M]. Chicago: The University of Chicago Press, 1980.

[39] NAN L. Social capital: A theory of Social Structure and Action [M]. Oxford: Cambridge University Press, 2003.

[40] NELSON R H. Private Neighborhoods and the Transformation of Local Government [M]. Washington DC: Urban Institute Press, 2005.

[41] NISBET R A. The Sociological Tradition [M]. London: Heinemann Educational Books Ltd, 1970.

[42] OLSON M. The Logic of Collective Action [M]. Cambridge: Harvard University Press, 1971.

[43] OSCAR N. Defensible Space: People and Design in the Violent City [M]. London: Architectural Press, 1972.

[44] PARK R E, BURGESS E W, MCKENZIE R D. The City [M]. Chicago: The University of Chicago Press, 1968.

[45] PARSONS T. Social System [M]. New York: The Free Press, 1951.

[46] PUTNAM R D, LEONARDI R, NANETTI R Y. Making Democracy Work: Civic Traditions in Modern Italy [M]. Princeton: Princeton University Press, 1993.

[47] RAGIN C C. (ed.). Issues and Alternatives in Comparative Social Research [M]. Leiden: Koninklijke Brill, 2003.

[48] RAWLS J. Political Liberalism [M]. New York: Columbia University Press, 1993.

[49] ROSS M G, LAPPIN B W. Community Organization: Theory, Principles,

and Practice [M]. New York: Harper and Row, 1967.

[50] SANDLER T. Collective Action [M]. Ann Arbor: The University of Michigan Press, 1992.

[51] SCHMITT J J. Understanding Shared Value [M]. Wiesbaden: Springer Fachmeelien, 2014.

[52] SEALE C. The Quality of Qualitative Research [M]. London: Sage Publications, 1999.

[53] SIMMEL G. The Philosophy of Money [M]. London: Routledge and Kegan Paul Ltd, 1978.

[54] SKINNER B F. Science and Human Behavior [M]. New York: Simon and Schuster, 1953.

[55] SKOCPOL T. States and Social Revolutions: A Comparative Analysis of France, Russia, and China [M]. Cambridge: Cambridge University Press, 1979.

[56] SPENCER H. The Principle of Sociology [M]. Volume 1. New York: D. Appleton and Company, 1925.

[57] STEIN M R. The Eclipse of Community [M]. Princeton: Princeton University Press, 1960.

[58] SUTTLES G D. The Social Order of the Slum: Ethnicity and Territory in the Inner City [M]. Chicago: University of Chicago Press, 1968.

[59] The COMMISSION ON GLOBAL GOVERNANCE. Our Global Neighborhood [M]. Oxford: Oxford University Press, 1995.

[60] TILLY C. Big Structures, Large Processes, Huge Comparisons [M]. New York: Russell Sage Foundation, 1984.

[61] TONNIES F. Community and Society [M]. Oxford: Taylor and Francis, 1988.

[62] WARREN R L. The Community in America. 3rd Edition [M]. Chicago: Rand Mcnally & Company. 1978.

[63] WEBER M. Economy and Society: An Outline of Interpretive Sociology [M]. New York: Bedminster Press, 1968.

[64] WEBER M. Economy and Society [M]. New York: Bedminster Press, 1968.

[65] WEBER M. The Methodology of the Social Science [M]. New York: The Free Press, 1949.

[66] WILSON G. The Interest Group in America [M]. New York: Oxford University Press, 1981.

[67] WILSON J. Political Organizations [M]. Princeton: Princeton University Press, 1995.

[68] YIN R K. Case Study Research: Design and Methods [M]. Beverly Hills: Sage Publications, 1994.

[69] ZORBAUGH H. The Gold Coast and the Slum: A Sociological Study of Chicago's Near North Side [M]. Chicago: The University of Chicago Press, 1929.

英文论文:

[1] BARON A, GALIZIO M. The Distinction Between Positive and Negative Reinforcement: Use With Care [J]. The Behavior Analyst, 2006, 29 (1).

[2] BIAN YJ, ANG S. Guanxi Networks and Job Mobility in China and Singapore [J]. Social Forces, 1997, 75 (3).

[3] BLANCHFLOWER D G, OSWALD A J. Well-being over Time in Britain and the USA [J]. Journal of Public Economics, 2004, 88 (7-8).

[4] BRINT S. Gemeinschaft Revisited: Rethinking the Community Concept [J]. Sociological Theory, 2001, 19 (1).

[5] BROWN B, PERKINS D D, BROWN G. Place Attachment in a Revitalizing Neighborhood: Individual and Block Levels of Analysis [J]. Journal of Environmental Psychology, 2003, 23 (3).

[6] BURAWOY M. The Extended Case Method [J]. Social Theory, 1998, 16 (1).

[7] BUTLER T. In the city but not of the city? Telegraph Hillers and the Making of a Middle-class Community [J]. International Journal of Social Research Methodology, 2008, 11 (2).

[8] C1ARK A E, OSWALD A J. Unhappiness and Unemployment [J]. The Economic Journal, 1994, 104 (424).

[9] CARRINGTON V, LUKE A. Literacy and Bourdieu's Sociological Theory:

A Reframing [J]. Language and Education, 1997, 11 (2).

[10] CLARK P, WILSON J. Incentive System: A Theory of Organizations [J]. Administrative Science Quarterly, 1961, 6 (2).

[11] COLEMAN J S, Social Capital in the Creation of Human Capital [J]. American Journal of Sociology, 1988, 94 (1).

[12] DIENER E F. Subjective Well-being: The Science of Happiness and a Proposal for a National Index [J]. American Psychologist, 2000, 55 (1).

[13] DIPASQUALE D, GLAESER E L. Incentives and Social Capital: Are Homeowners Better Citizens [J]. Journal of Urban Economics, 1997, 45 (2).

[14] DOHERTY W J, JACOB J, CUTTING B. Community Engaged Parent Education: Strengthening Civic Engagement among Parents and Parent Educators [J]. Family Relations, 2009, 58 (3).

[15] DOLAN P, PEASGOOD T, WHITE M. Do We Really Know What Makes Us Happy? A Review of the Economic Literature on the Factors Associated with Subjective Well-being [J]. Journal of Economic Psyciwlogy, 2008, 29 (1).

[16] ETZIONI A. The Responsive Community: A Communitarian Perspective [J]. American Sociological Review, 1996, 61 (1).

[17] FISCHER C S. The Study of Urban Community and Personality [J]. Annual Review of Sociology, 1975, 1 (1).

[18] FISCHER C S. Toward A Subcultural Theory of Urbanism [J]. American Journal of Sociology, 1975, 80 (6).

[19] FREUDENBURG W R. The Density of Acquaintanceship: An Overlooked Variable in Community Research? [J] American Journal of Sociology, 1986, 92 (1).

[20] FROHLICH N, JOE O. I Get by with a Little Help from my Friends [J]. World Politics, 1970, 23 (1).

[21] GLEASON P. Identifying Identity: A Semantic History [J]. The Journal of American History, 1983, 69 (4).

[22] GOULDNER A W. The Norm of Reciprocity: A Preliminary Statement [J]. American Sociological Review, 1960, 25 (2).

[23] GRANGE A L, MING Y N. Social Belonging, Social Capital, and Promo-

tion of Home Ownership: A Case Study of Hong Kong [J]. Housing Studies, 2001, 16 (3).

[24] GRANOVETTER M S. The Strength of Weak Ties [J]. American Journal of Sociology, 1973, 8 (6).

[25] HILLERY G A. Definitions of Community: Areas of Agreement [J]. Rural Sociology, 1955, 20 (2).

[26] HOLLINGER D A. From Identity to Solidarity [J]. Daedalus, 2006, 135 (4).

[27] JOHNSON A. Political Groups & Agenda Responsiveness [J]. Polity, 1979, 12 (2).

[28] KERKHOFF T. Public Values and Public Interest: Counterbalancing Economic Individualism [J]. Acta Politica, 2009, 44 (4).

[29] KING D, WALKER J. The Provision of Benefits by Interest Groups in the United States [J]. The Journal of Politics, 1992, 54 (2).

[30] KNOKE D. Incentive in Collective Action Organizations [J]. American Sociological Review, 1988, 53 (3).

[31] KOBRIN F E, FISCHER C S. To Dwell among Friends: Personal Networks in Town and City [J]. Contemporary Sociology, 1984, 13 (5).

[32] KRISHNA A. Active Social Capital: Tracing the Roots of Development and Democracy [J]. Economic Development and Cultural Change, 2005, 53 (2).

[33] LEIGHTON B, WELLMAN B. Network, Neighborhoods and Communities: Approaches to the Study of Community Question [J]. Urban Affairs Quarterly, 1979, 14 (3).

[34] LEWIS O. Urbanization without Breakdown: A Case Study [J]. The Scientific Monthly, 1952, 75 (1).

[35] LIU X, HAIRSTON J, SCHRIER M (eds.). Common and Distinct Networks Underlying Reward Valence and Processing Stages: A Meta-analysis of Functional Neuroimaging Studies [J]. Neuroscience and Biobehavioral Reviews, 2011, 35 (5).

[36] MARSH D. On Joining Interest Groups: An Empirical Consideration of the Work of Mancur Olson Jr [J]. British Journal of Political Science, 1976, 6 (3).

[37] MASLOW A H. A Theory of Human Motivation [J]. Psychological Review, 1943, 50 (4).

[38] MCANDREW F T. The Measurement of "Rootedness" and the Prediction of Attachment to Home-towns in College Students [J]. Journal of Environmental Psychology, 1998, 18 (4).

[39] MCMILLAN D M, CHAVIS D M. Sense of Community: A Definition and Theory [J]. Journal of Community Psychology, 1986, 14 (1).

[40] MICHAEL J. Positive and Negative Reinforcement, A Distinction That Is No Longer Necessary; Or a Better Way to Talk About Bad Things [J]. Behaviorism, 1975, 3 (1).

[41] MIDDLEMISS L. The Power of Community: How Community-Based Organizations Stimulate Sustainable Lifestyles Among Participants [J]. Society and Natural Resources, 2011, 24 (11).

[42] NENGA S K. Not the Community, but a Community: Transforming Youth into Citizens through Volunteer Work [J]. Journal of Youth Studies, 2012, 15 (8).

[43] OMOFONMWAN S I, ODIA L O. The Role of Non-Governmental Organizations in Community Development: Focus on Edo State - Nigeria [J]. Anthropologist, 2009, 11 (4).

[44] PARKER P M, TAVASSOLI N T. Homeostasis and Consumer Behavior across Cultures [J]. International Journal of Research in Marketing, 2000, 17 (1).

[45] PFITZER M (eds.). Innovating for Shared Value [J]. Harvard Business Review, 2013, 91 (9).

[46] PIRKEY M F. Shared Belief, False Consensus, and the Experience of Community [J]. Qualitative Sociology, 2015, 38 (2).

[47] PORTER M E, KRAMER M R. Strategy and Society: The Link between Competitive Advantage and Corporate Social Responsibility [J]. Harvard Business Review, 2006, 84 (12).

[48] PORTER M E, KRAMER M R. The Big Idea: Creating Shared Value. How to Reinvent Capitalism and Unleash a Wave of Innovation and Growth

[J]. Harvard Business Review, 2011, 89 (1-2).

[49] PROSHANSKY H M, Abbe K. Fabian, Robert Kaminoff. Place-identity: Physical world Socialization of the self [J]. Journal of Environmental Psychology, 1983, 3 (1).

[50] PUTNAM R D. Bowling Alone: America's Declining Social Capital [J]. Journal of Democracy, 1995, 6 (1).

[51] READ B L. Democratizing the Neighborhood? New Private Housing and Homeowner Self-Organization in Urban China [J]. The China Journal, 2003, 49 (1).

[52] REINGOLD D A. Public Housing, Home Ownership, and Community Participation in Chicago's Inner-City [J]. Housing Studies, 1995, 10 (4).

[53] ROBERTSON D, MCINTOSH I, SMYTH J. Neighborhood Identity: The Path Dependency of Class and Place [J]. Housing, Theory and Society, 2010, 27 (3).

[54] ROHE W M, STEGMAN M A. The Effects of Homeownership on the Self-esteem, Perceived Control and Life Satisfaction of Low-income People [J]. Journal of the American Planning Association, 1994, 60 (2).

[55] SCHACHTER H L. Reinventing Government or Reinventing Ourselves [J]. Public Administration Review, 1995, 55 (5).

[56] SPEARE A. Residential Satisfaction as an Intervening Variable in Residential Mobility [J], Demography, 1974, 11 (2).

[57] STEVEN B. Gemeinschaft Revisited: Rethinking the Community Concept [J], Sociological Theory, 2001, 19 (1).

[58] STRANG V. Wellsprings of Belonging: Water and Community Regeneration in Queensland [J]. Oceania, 2008, 78 (1).

[59] STROOPEA S, BAKERB J O. Structural and Cultural Sources of Community in American Congregations [J]. Social Science Research, 2014, 45 (2).

[60] TRAN V C. (eds.). Participation in Context: Neighborhood Diversity and Organizational Involvement in Boston [J]. City and Community, 2013, 12 (3).

[61] TULLOCK G. On the Adaptive Significance of Territoriality: Comment [J]. The American Naturalist, 1979, 113 (5).

[62] VEENHOVEN R. Is happiness relative? [J] Social Indicators Research, 1991, 24 (1).

[63] WALDER A G. Local Governments as Industrial Firms: An Organizational Analysis of China's Transitional Economy [J]. American Journal of Sociology, 1995, 101 (2).

[64] WEBSTER C, GLASZE G, FRANTZ K. The global spread of gated communities [J]. Environment and Planning B: Planning and Design, 2002, 29 (3).

[65] WEBSTER C. Gated Cities of Tomorrow [J]. The Town Planning Review, 2001, 72 (2).

[66] WEBSTER C. Gated Cities of Tomorrow [J]. The Town Planning Review, 2001, 72 (2).

[67] WILLS J. (Re) Locating Community in Relationships: Questions for Public Policy [J]. The Sociological Review, 2016, 64 (4).

[68] WILSON W. The Study of Administration [J]. Political Science Quartly, 1887, 2 (2).

[69] WIRTH L. Urbanism as a Way of Life [J]. The American Journal of Sociology, 1938, 44 (1).

[70] WOOLCOCK M. Social Capital and Economic Development: Toward a Theoretical Synthesis and Policy Framework [J]. Theory and Society, 1998, 27 (2).

附 录

附录一：访谈提纲

一、结构化部分

（一）居民

1. 请问您参加过社区活动吗？如果参加，主要参与哪些活动？您在其中一般承担什么角色或起着什么作用？
2. 请问您参加社区各类活动的原因是什么？如果没有参加，为什么不参加？
3. 请问您参加过小区/院落活动吗？如果参加，主要参与哪些活动？您在其中一般承担什么角色或起着什么作用？
4. 请问您参加小区/院落各类活动的原因是什么？如果没有参加，原因是什么？
5. 请问您参加过楼栋活动吗？如果参加，主要参与哪些活动？您在其中一般承担什么角色或起着什么作用？
6. 请问您参加楼栋各类活动的原因是什么？如果没有参加，为什么不参加？
7. 请问您和同楼栋、院落/小区的邻居之间私交如何？
8. 请问您与邻居私交的原因是什么？如果没有交往，为什么没有交往？
9. 据您所知，您所在的社区、小区/院落、楼栋居民之间的交往情况分别如何？居民相互之间交往的原因是什么？如果没有交往，为什么不交往？
10. 您是业主还是租住居民？如果您是业主/租住居民，您与租住居民/业主之间的交往情况如何？为什么交往或不交往？

（二）业委会/自治小组

1. 请您介绍一下贵小区/院落/楼栋居民自治基本情况，您认为居民自治成功或不成功的原因是什么？

2. 请您介绍一下贵小区/院落/楼栋居民参与自治基本情况，您认为居民参与或不参与的原因是什么？

3. 请您介绍一下贵小区/院落/楼栋居民民主协商和民主公开基本情况，您认为民主协商成功或不成功的原因是什么？

4. 请您介绍一下贵小区/院落/楼栋制度和文化建设基本情况，您认为制度和文化建设成功或不成功的原因是什么？

5. 请问业委会/自治小组如何处理与开发商、物业公司等市场主体之间的关系？您认为成功或不成功的原因是什么？

6. 请问业委会/自治小组如何处理与社区、街办、房管等政府主体之间的关系？您认为成功或不成功的原因是什么？

7. 请您介绍一下贵小区/院落/楼栋居民文化型交往基本情况，您认为贵小区/院落/楼栋居民参与或不参与前述交往的原因是什么？

8. 请您介绍一下贵小区/院落/楼栋居民趣缘型交往基本情况，您认为贵小区/院落/楼栋居民参与或不参与前述交往的原因是什么？

9. 请您介绍一下贵小区/院落/楼栋居民业缘型交往基本情况，您认为贵小区/院落/楼栋居民参与或不参与前述交往的原因是什么？

10. 请您介绍一下贵小区/院落/楼栋居民互助互惠基本情况，您认为贵小区/院落/楼栋居民参与或不参与前述行为的原因是什么？

（三）市场

1. 请问贵公司基本经营理念是什么？近五年公司在该小区、院落、楼栋的经营状况如何？

2. 请问贵公司与居民交往主要在哪些领域？交往难易程度如何？

3. 请问贵公司如何处理与居民之间的分歧？您认为成功或不成功的原因是什么？

4. 请问贵公司与业委会等居民组织之间的交往主要在哪些领域？交往难易程度如何？

5. 请问贵公司如何处理与业委会等居民组织之间的关系？您认为成功或不成功的原因是什么？

6. 请问贵公司与社区、街办、房管等政府组织之间的交往主要在哪些领域？交往难易程度如何？

7. 请问贵公司如何处理与社区、街办、房管等政府组织之间的关系？您认为成功或不成功的原因是什么？

8. 您认为开发商/物业公司整体而言与居民及居民组织之间的困难有哪些？为什么会产生这些困难？

9. 您认为开发商/物业公司应有定位是什么？为什么？

10. 您认为居民/居民组织、开发商/物业公司、社区/政府之间应是一种什么关系？如何才能形成这种关系？

（四）社区

1. 请您简要介绍一下社区基本情况和社区自治开展情况。
2. 您认为当前社区工作包括社区自治存在的主要困难是什么？
3. 您认为上述困难出现的主要原因有哪些？出路在哪里？
4. 贵社区居民之间的交往情况如何？
5. 贵社区居民在相互交往过程中存在哪些困难和不足？
6. 您认为上述困难和不足的原因有哪些？出路在哪里？
7. 贵社区，包括上级政府，与居民及居民组织之间的交往情况和相互关系如何？您认为成功或不成功的原因是什么？
8. 贵社区，包括上级政府，与开发商、物业公司等市场主体之间的交往情况和相互关系如何？您认为成功或不成功的原因是什么？
9. 贵社区的居民、居民组织与开发商、物业公司等市场主体之间的交往情况和相互关系如何？您认为成功或不成功的原因是什么？
10. 您认为社会、市场、政府在社区应是一种什么关系？如何理顺这一关系？

（五）政府

1. 请介绍一下贵市/区/街道社会治理创新和社区工作基本情况。
2. 请问贵市/区/街道社会/社区治理创新的初衷是什么？或者说出于一种什么样的考虑？
3. 请问贵市/区/街道社会/社区治理创新的成效有哪些？取得成效的原因有哪些？
4. 请问贵市/区/街道社会/社区治理创新还有哪些不足？不足的原因是什么？
5. 请问贵市/区/街道如何处理与居民及其自组织之间的关系？有哪些典型经验和不足？
6. 请问贵市/区/街道如何处理与房地产开发商、物业公司等市场主体之间的关系？有哪些典型经验和不足？
7. 请问贵市/区/街道的居民及其自组织与房地产开发商、物业公司等市场主体之间的关系如何？有哪些典型经验和典型社区、小区、院落、楼栋？

8. 您认为影响居民及其自组织与房地产开发商、物业公司等市场主体之间关系的主要因素有哪些？

9. 您认为影响居民及其自组织与政府，房地产开发商、物业公司等市场主体之间与政府之间关系的主要因素有哪些？

10. 您认为应该如何定位社会、市场、政府之间的关系？如何才能实现这一关系？

二、非结构化部分

根据结构化部分补充提问和自由访谈。

附录二：访谈（引用）人员列表[①]

访谈编码	姓名	性别	单位	备注
ZF-WGZX-ZCG-20160628	ZCG	男	Y市网格中心	网格监管中心主任
SQ-LXJ-WJC-20160719	WJC	女	LXJ社区	社区居委会副主任
ZF-XLZZ-XRJ-20161025	XRJ	男	XGW区委组织部	副部长，具体负责业委会组建和小区自治工作
SQ-LXJ-HYT-20160812	HYT	女	LXJ社区	社区书记、居委会主任
JM-XSJY-LJM-20170322	LJM	男	XSJY小区	一号楼居民，十一楼
YW-XSJY-CYC-20170121	CYC	男	XSJY小区	业委会主任
SQ-LXJ-SJC-20170323	SJC	女	LXJ社区	社区副书记
YW-CJRJ-LWB-20161022	LWB	男	CJRJ小区	业委会委员
WY-CJRJ-HXF-20161224	HXF	男	XR物业公司	总经理
SQ-SBX-HRY-20161224	HRY	女	SBX社区	社区前任书记、主任

[①] 遵照学术惯例，访谈人员姓名、单位等信息都做了技术化处理；编码规则：单位类型—单位名称—访谈人员姓名—访谈日期，其中，单位类型分为政府、社区、物业、业委会、居民等，分别用 ZF、SQ、WY、YW、JM 表示，单位名称和访谈人员姓名均用首字母缩写表示；由于篇幅限制，本表仅简要介绍直接引用访谈对象基本情况，且排名不分先后，以文中引用先后为序。

续表

访谈编码	姓名	性别	单位	备注
JM-JMHY-WCJ-20161127	WCJ	女	JMHY 小区	一、二、三号楼自治小组成员
SQ-SBX-WLL-20161102	WLL	女	SBX 社区	社区书记、居委会主任
SQ-SBX-LLN-20161114	LLN	女	SBX 社区	JMHY 小区责任网格员
JM-JMHY-HBN-20161124	HBN	男	JMHY 小区	业委会委员
JM-JMHY-ZAY-20170322	ZAY	男	JMHY 小区	六号楼居民,三楼
JM-JMHY-LLS-20170320	LLS	女	JMHY 小区	四号楼居民,四楼
YW-JMHY-WXP-20170224	WXP	女	JMHY 小区	业委会主任
YW-XSJY-CYC-20170121	CYC	男	XSJY 小区	业委会主任
JM-XSJY-XSZ-20161226	XSZ	男	XSJY 小区	四号楼居民,九楼
YW-XSJY-WLP-20170121	WLP	男	XSJY 小区	业委会副主任
YW-XSJY-CBY-20170120	CBY	男	XSJY 小区	业委会委员,负责业委会日常事务
WY-XSJY-CQY-20161216	CQY	女	ZB 物业公司	XSJY 小区服务部经理
ZF-GXFG-WMQ-20161215	WMQ	男	XGW 区房管局	房管局副局长
YW-XSJY-XHL-20170104	XHL	男	XSJY 小区	维权小组成员,代理人
JM-CJRJ-HJC-20170322	HJC	男	CJRJ 小区	维权积极分子
JM-JMHY-QCD-20170426	QCD	男	JMHY 小区	六号楼居民,七楼
JM-XSJY-XQX-20170322	XQX	男	XSJY 小区	原业委会副主任
JM-XSJY-LJW-201609019	LJW	男	XSJY 小区	七楼居民,六号楼
JM-XSJY-QDF-20160919	QDF	男	XSJY 小区	十楼居民,三号楼
JM-XSJY-QHM-20160820	QHM	男	XSJY 小区	十三楼居民,八号楼
JM-XSJY-WDL-20161211	WDL	男	XSJY 小区	四号楼,书画摄影展现场参观居民
JM-XSJY-PJP-20161211	PJP	女	XSJY 小区	七号楼,书画摄影展现场参观居民
JM-XSJY-CWJ-20161214	CWJ	男	XSJY 小区	一号楼,书画摄影队员
JM-XSJY-LCX-20161029	LCX	男	XSJY 小区	露天电影《超级快递》播映现场居民
JM-XSJY-LWF-20161029	LWF	男	XSJY 小区	五号楼,影视负责人

续表

访谈编码	姓名	性别	单位	备注
JM-XSJY-LDS-20160812	LDS	男	XSJY 小区	二号楼，棋牌队负责人
JM-XSJY-ZLF-20160814	ZLF	男	XSJY 小区	七号楼，职业论坛总召集人
JM-JMHY-GJC-20160915	GJC	男	XSJY 小区	六楼居民，七号楼
YW-CJRJ-SHL-20161126	SHL	男	CJRJ 小区	业委会委员
WY-CJRJ-TSY-20160825	TSY	男	XR 物业公司	副总经理
ZF-XLJB-XXL-20170805	XXL	女	XGW 区西高街办	街办副主任，分管社会治理工作
ZF-XLDW-MWT-20160720	MWT	男	XGW 区委	常委，宣传部部长
ZF-XLZZ-WKC-20160720	WKC	男	XGW 区委组织部	组织科科长，社会治理创新文件起草人之一
ZF-XLZZ-YXH-20161206	YXH	女	XGW 区委组织部	组织科科员
SQ-XTW-LWM-20161229	LWM	男	XTW 社区	社区书记、居委会主任
YW-CJRJ-SXW-20170322	SXW	女	CJRJ 小区	业委会副主任
YW-CJRJ-SHL-20170325	SHL	男	CJRJ 小区	业委会委员，负责常务
WY-JMHY-DNB-20161223	DNB	男	DJ 物业公司	JMHY 小区服务部经理
YW-XSJY-FJ-20161013	FJ	女	XSJY 小区	业委会委员，负责财务
YW-XSJY-LLC-20161203	LLC	男	XSJY 小区	第一届业委会主任
JM-XSJY-TJY-20161206	TJY	男	XSJY 小区	五楼居民，四号楼
YW-JMHY-FWJ-20161114	FWJ	男	JMHY 小区	业委会委员，负责日常事务
YW-XSJY-XML-20170105	XML	男	XSJY 小区	业委会委员，负责公共设施
YW-CJRJ-LCJ-20171201	LCJ	男	CJRJ 小区	业委会主任
JM-CJRJ-SQF-20170805	SQF	女	CJRJ 小区	十楼居民，四号楼
YW-JMHY-WXP-20161027	WXP	女	JMHY 小区	业委会主任

附录三：网络民族志对象基本情况[①]

群属性	群名称	建群单位	群成员	观察起始日期
政府内部工作（微信）群	Y市社会治理创新工作群	Y市社会治理创新办公室	Y市社会治理创新成员单位负责人	2016年7月至今
政府内部工作（QQ）群	西高区社区自治工作群	西高区委组织部	西高区社会治理创新相关单位负责人	2017年2月至今
社区内部工作（微信）群	LXJ社区工作群	LXJ社区居委会	社区党委、居委会、网格站工作人员	2016年7月至今
社区居民（QQ）群	幸福LXJ	LXJ社区居委会	LXJ社区全体居民	2016年7月至今
小区居民（QQ）群	TLG业主群	TLG小区业委会	TLG小区全体业主	2016年10月至今
小区业委会内部（QQ）群	XSJY业委会	XSJY小区业委会	XSJY业委会全体成员	2017年1月至今
小区居民（QQ）群	XSJY小区居民群	XSJY小区业委会	XSJY小区全体居民	2016年12月至今
楼栋居民（微信）群	8号楼业主群	XSJY小区8号楼	8号楼全体业主	2016年12月至今
单元居民（微信）群	8号楼2单元业主群	XSJY小区8号楼2单元	2单元全体业主	2017年1月至今
单元居民（微信）群	7号楼1单元群	XSJY小区7号楼1单元	7号楼1单元全体居民	2017年2月至今
小区业委会内部（微信）群	CJRJ小区业委会	CJRJ小区业委会	业委会全体成员	2017年6月至今
楼栋居民（微信）群	CJRJ小区家人群	CJRJ小区业委会	支持业委会、支持更换原物业公司居民	2016年10月至今

---

① 遵照学术惯例，网络名称均做了技术化处理。

续表

群属性	群名称	建群单位	群成员	观察起始日期
楼栋居民（微信）群	CJRJ 小区业主群	CJRJ 小区一号楼居民	一号楼居民，支持留任原物业公司居民	2017年2月至今
小区居民（QQ）群	CJRJ 一家亲	CJRJ 小区所在街办	小区全体业主、街办社区相关工作人员	2016年10月至今
小区业委会内部（微信）群	JMHY 议事	JMHY 小区业委会	业委会全体成员	2016年12月至今
小区居民（QQ）群	JMHY 小区	JMHY 小区业委会	小区全体居民	2016年12月至今

后　记

　　本书是在博士论文基础上稍加修改而成。虽然博士毕业已4年有余，但这段经历仍然历历在目。于我而言，工作9年重回校园，既是一种难得的机会，因为脱产全职读博意味着能够全身心地投入学习，最大限度地吸取知识的养分，积累身体形态的文化资本；但正如布迪厄所说，文化资本可以通过后天学习积累，但需要花费大量的时间和巨大的精力，而且只能体现在特定的个体身上而不能买卖、馈赠或交换，所以重回校园的学习机会中又蕴含着角色的转换以及由此带来的一系列不适应，就如同社会转型会带来转型阵痛一样。身份上从老师重新做回学生，经济上从拿薪水到领补贴，家庭中也突然多了一个"学生"和一个"留守儿童"……我常常以"抛家舍业"这一略带悲壮色彩的词语来形容自己的读博经历。再加上从读本科开始算起的15年管理学背景，沉积多年的思维方式和话语系统转换，也是一个不小的挑战。所以读博过程中常常有一种"破釜沉舟""背水一战"的压力，于是重新拾起图书馆、调研点、宿舍"新三点一线"的"高考生活"；谢绝一切社交活动，一门心思沉入学校；走路，吃饭，睡觉，都思考着同一件事儿。

　　然而回首读博的过程，我觉得自己又是非常幸运的，有着众多的人为我战胜困难提供了宝贵的帮助和支持。首先，是我的导师江立华教授。江老师是一个淳朴、善良，设身处地、一心为学生着想的导师。承蒙老师不弃，将我收之门下，但考虑我跨专业的背景，江老师在我入校后说得最多的两个字就是——看书。江老师是众所周知的言语不多的人，但经过3年的相处我发现，老师虽然言语不多，但说出来的话句句都是经典，有时候一句话好久后回味更能领悟到它的真谛。老师平时话虽然不多，但谈起学术来却滔滔不绝，而且，平时再忙，只要学生有请求，老师都是有求必应，而且是很快就会有回应。学生的每一点进步，尤其是作为3年总结的博士论文，都凝聚了老师诸多心血。记得当时为了毕业论文选题，老师还特地借调研之机，请了几位博导一起讨论了一个晚上，专门为我开了一个高级别的小灶，当面临一些看似难以攻克的难题时，也是导师的鼓励让我坚持了下来。毕业论文写作期间，因为一个没办法的调研需要我参加一下，江老师还解释好几次，期间还专门抽出几天来让我专心写作，搞得作为学生的我都很过意不去。唯有尽最大努力做出成绩，以报答老师的良苦用心。

　　感谢在学业上给予我帮助的导师组各位老师，分别是李雪萍教授、李亚雄教授、徐晓军教授、陆汉文教授、杨生勇教授、符平教授、张兆曙教授、郑广怀教授，各位老师渊博的学识和为人处世的风格都给我留下了深刻的印象，也是我宝贵的人生财富。特别感谢符平教授和张兆曙教授在毕业论文写作方面给予的指导和支持，虽然由于本人资质愚钝论文到最后仍离两位老师的要求相去甚远。此外，还要特别感谢谭志松教授，相识十余年来，谭老师既是领导又是师长，在工作上和生活上一直给予关心、提点和帮助，让我学到了很多，尤其是他认真做事、踏实做人的精神，深深地感染着我，读博后也是对我一如既往地关心和支持，让我一直深受感动，也激励着我一路前行。感谢在调研过程中给予我鼎力支持的我称为Y市的"各级领导和社区居民"，以及本书参考文献的各位作者，没有各位孜孜不倦辛勤探索提供的丰富实践素材和高质量的前期研究成果，也就没有本书的写作。感谢3位匿名评审专家给予的认可，3位外审专家2位给予90分以上，感谢匿名评审专家和答辩委员会各位老师的真知灼见，各位专家的鼓励与指点为全书的完善指明了方向。

　　其次，感谢我的家人。在我读博期间，我的爱人既要工作又要照顾家庭，既要做家务又要辅导孩子作业，既当爹又当妈，尤其是在我博士的最后一年既要当好妈妈还要当好"准妈妈"，为我全身心地投入学习扫除了后顾之忧，个中辛苦不言而喻，所以我常常感到现代女性的不易和伟大。没有这个稳定的"大后方"，我也难以顺利完成学业。这3年，亏欠女儿的也太多，学习完全顾不上，陪伴就更少了，让女儿成为一个十足的"留守儿童"，每次打电话哭着说想我回去的时候，我只能稍加安抚就赶快挂断电话，因为我需要及时服下一粒"绝情丹"，然后硬起心肠继续学习，虽然爱人会在我挂断电话后给她一遍又一遍地解释爸爸为什么要去外地，但女儿未必能听得懂。今后唯有加倍疼爱，以弥补心中的愧疚了。

最后，要特别感谢光明日报出版社的资助，感谢光明日报出版社做的大量细致辛勤的工作，让我有机会记录一段宝贵学术历程。

作者

2022 年 9 月 19 日

于扬州大学·扬子津校区